하이데거의 철학세계

한국하이데거학회 펴냄

1997

철학과현실사

하이데거 연구
제 2 집

머 리 글

눈을 들어 주변을 둘러보면 요란스럽게 움직이고 있는 1996년의 한국이 펼쳐져 있다. 그 너머에는 더욱더 요란한 모습으로 이른바 '세계'가 돌아가고 있다. TV와 신문이 그리고 인터네트가 시시각각으로 그 모습을 전하여 우리들의 관심을 유혹한다. 모든 사람들이 제가끔의 현실적인 목적을 가지고 삶을 이끌어 나가기에 여념이 없다. 그 모습이 화면에 혹은 지면에 비쳐진다. 이른바 학문을 하는 사람들도 분주하기는 마찬가지다. 오랫동안 학문에게 자리를 제공해 준 대학도 근본적으로 그 틀이 변하려 하고 있다. 변하지 않으면 살아 남을 수 없다고 하는 구호가 거의 살벌한 느낌으로 와 닿는다. 철학을 필두로 하는 이른바 순수학문은 정부와 언론과 기업이라고 하는 초위력적인 3대권력으로부터의 눈총을 의식하며 숨을 죽인 채 몸을 도사리고 있다. 변해라. 개혁해라. 그래서 경쟁해라. 경쟁해서 성과를 올려라. 이윤을 창출하는 데 기여해라. 그것이 하나의 압도적인 분위기를 이루어 우리를 압박하고 있는 것이다.

이런 판국에 하이데거? 하고 누군가 눈을 부라릴지도 모른다. 혹은 적어도 코방귀를 뀔지도 모른다. 어쩌면 이것조차도 착각일까? 사실은 아예 거의 시선조차도 받지 못하는지 모른다. 그게 맞을 것이다. 하이데거는 기업이 돈을 버는 데 도움이 되지도 않으며 외부의 적으로부터 국가와 국민을 지키는 데도 무력하다. 그것은 이른바 후기 산업사회의 시대정신에도 걸맞지 않으며 이 시대의 '에피스테메'라고 볼 수도 없다. 모든 사람들의 관심은 집단최면에 걸린 듯 '이익'을 향하고 있으며 이것이야말로 이 시대를 규정하고 있는 시대정신인 듯하다.

그러나! '그러나'라고 우리는 항변한다. 이 '그러나'는 인간의 이름으로, 문화의 이름으로, 발설된다. 우리는 어디까지나 인간이며 인간이어야 하지 않은가. 인간은 이 세상에 존재하는 수많은 존재자 중에서 가장 특별한 위치를 차지하는 영광스런 자라고 자부하지 않는가. 도대체 무엇이 특별한가. 우리가 주변에서 만나는 것들은 무엇이나 다 '존재하는 것들'이지만 유독 우리 인간만이 그 '존재'의 문제를 '묻는다'는 점에서 특출나다고, 그래서 우리 인간은 '현존재'이며 '범례적 존재자'라고 일찍부터 하이데거는 강조했었다. 혹은 또 인간이 유일하게 '존재의 목자'이며 '존재의 진리의 파수꾼'이라는 점에서 특별하다고 그는 말했었다. 경제적 관점에서 이 특별한 지위를 스스로 버리는 것이 과연 온당한 일일까. 사실, 인간에게 존재의 한계가 주어져 있는 한 이 '존재'는 인간에게 문제일 수밖에 없다. 이 문제는, 물론 우리 인간들이 삶의 과정에서 부딪치게 되는 사회적 현실의 문제와는 그 종류가 다르지만, 어떤 점에서는 그것보다 더욱 근원적인 문제인 것이다. 이 문제는 결코 심심풀이삼아 물어 볼 수 있는 그런 유의 것이 아니다. 이것은, '모든 허공에 뜬 구성, 우연한 발견'과 구별되며, '외견상 중시된 듯이 보이는 데 불과한 개념의 답습'도 아니며, '종종 몇 세대를 통하여 문제로서 과시되는 거짓 물음'과도 근본적으로 다른 것이다. 이 문제는 자신을 묻지 않을 수 없도록 하는 그런 '스스로 문제적인 문제'이다. 언젠가 하이데거는 시인의 입을 빌어 말했다.

"친애하는 벗이여, 우리가 무언가를 매일같이 보고 있으면서도 그것이 무엇을 의미하는지 결코 묻지 않는다는 것, 그것은 칭찬할 일이 아니다"라고. (『지인-헤벨』21)

그렇다. 아무렴, 그렇고말고. 존재라고 하는 이 엄청난 사건이 바로 우리 코앞에서 벌어지고 있는데 언제까지나 그것에 등을 돌리고 눈을 감고 있다는 것은 결코 칭찬할 일이 아닌 것이다. 그것을 묻고 사유하고 발언한다는 것은 인간의 특권이며 의무이며 또한 영광이라는 것이 여기 모인 우리들의 입장이다.

적어도 그 점에서 하이데거는 뛰어나다. 그가 세상을 떠난 뒤 독일의 대표적 신문인 「프랑크푸르트 알게마이네 차이퉁」은 그를 이렇게 평가했다. "이 사람 안에 세계철학사의 모든 지혜가 결집되어 있으며…… 그가 남겨 놓고 간 어마어마한 작품은 지금까지 그 모든 철학적 문헌이 할 수 있었던 것보다도 더 깊이 그의 독자들을 물음의 심연으로 휘몰아 넣을 것이다"라고. 이 말은 절대 공치사가 아니다. 그가 떠난 후 20년이 더 지난 지금까지도 꾸준히 이어지는 그에 대한 관심이 그것을 뒷받침하고 있다. 그가 남긴 사유는 거의 하나의 세계라고 할 만큼 거대하다. '하이데거의 철학세계'를 그는 구축했던 것이다. 그 세계를 조금씩이나마 돌아본 우리들은 나름대로의 인상들을 모아 2년 전, 『하이데거의 존재사유』라는 책을 펴냈었다. 그러나 그것으로 만족할 수는 없는 노릇이다. 그래서 우리는 다시 한 번 그의 사상을 소개하기로 결심했다.

단, 이 책에는 독자들의 양해를 구해야 할 몇 가지 사항이 있다. 우선 이 책은 하이데거 용어의 통일이라고 하는 오랜 숙제를 이번에도 이루지 못하고 필진의 재량에 맡겨 버렸다고 하는 점이다. 저서약호의 통일도 마찬가지다. 적어도 그 점에 관해서는 필자들 나름의 집착과 자부가 지나치게 강해서 그것의 물리적인 통일을 요구하는 것은 편집진의 권한 밖이라고 판단되었기 때문이다. 그리고 이 책에 발표된 하이데거 해석의 내용에 관해서도 해석자들 사이의 견해가 반드시 일치하는 것은 아니라는 것이다. 사실 학회의 발표과정에서도 많은 논란들이 있었고 그 점에 관해 뚜렷한 합의점이 찾아진 것도 아니었다. 모두가 권위자인 만큼

누가 누구에게 '정답'을 가르쳐 주고 그것이 수용될 수 있는 그런 처지도 아니었다. 그래서 우리는 모든 책임을 각각의 필자가 지기로 결정했다. 자신의 이름을 내건 글에 대해 자신이 책임을 진다는 것은 당연한 사회적 절차일 것이다. 따라서 이 책의 내용은 우리 하이데거학회의 이른바 '당론'은 결코 아닌 것이다. 독자 여러분들께는 송구스럽기 짝이 없는 일이지만 그런 점을 염두에 두고 각자의 비판적인 시각에서 이 책을 읽어 주십사고 부탁드릴 수밖에는 도리가 없다.

그러나 아무튼, 그동안에도 독일과 국내에서 하이데거를 전문으로 연구한 분들이 속속 우리 학회에 가세하여 필진은 더욱 보강되었다. 이 어수선한 철학위기의 시대에 그나마 다행스런 일이 아닐 수 없다. 그동안 우리 학회의 발전을 위해 많은 수고를 아끼지 않으신 소광희 회장님을 비롯하여 이기상 교수님, 강학순 교수님, 전동진 교수님, 박찬국 교수님 등 여러 이사 선생님들 그리고 이번에 새로 편집위원을 맡아 수고해 주신 염재철 박사님, 이선일 박사님, 유재기 박사님 및 간사로 애써 주신 이동현, 김종욱 선생님께 깊이 감사드린다. 그리고 이번에도 이 책을 기꺼이 맡아 멋지게 꾸며 주신 철학과현실사 편집부 여러분께도 꼭 감사 말씀을 전하고 싶다.

1996년 가을
한국하이데거학회
『하이데거 연구』 편집위원 대표
이 수 정

차 례

■ 하이데거의 "존재사"와 "비은폐성"으로서의 진리   윤 병 렬

■ 니힐리즘의 기원과 본질 그리고 극복에 대한 니체와 하이데거 사상의 비교고찰   박 찬 국

Die Welt der Philosophie M. Heideggers

(Heidegger Studien Bd. 2)
hrsg. von Heidegger-Gesellschaft in Korea

하이데거의 철학세계

♣

하이데거의 사상길의 변천*

염 재 철

죽음을 며칠 앞두고 하이데거는 그의 전집발간을 위해 다음과 같은 기본방침을 남긴다 : "작품들이 아니라 길들[！] (Wege -nicht Werke)."[1] 그리고 전집의 서문을 위해 그가 따로 남겨 놓은 글에는 위의 수수께끼 같은 기본방침을 보다 구체적으로 해명해 주는 언급이 보인다. "[나의] 전집은, 여러 의미를 지닌 존재 물음이 변천해 갔던 물음 지평 내부에서, [그 물음길의 여정이] 도중(道中)이었음을 다양한 방식으로 보여 주어야 한다."[2] 전집의 편집방침으로서뿐만 아니라 그의 전집을 독자들이 어떻게 받아들이고 읽어 나가야 하는가에 관한 지침으로서도 볼 수 있는 이 말은, 결국 그의 사상이 걸어간 길이―그 길이 인간존재 분석(Daseinsanalytik)의 길이든 존재역사(Seinsgeschichte)의 길이든 존재언어(Sein-Sprache)의 길이든―그 마지막 발걸음에 이르기까지 결코 완결되거나 또 완결될 수도 없는 **변천의 길, 즉 도중**이었음을 보여 준다. 따라서 이같은 길 위에서 볼 때 앞서 걸었던 길들은 단지 긴 방랑길의 한 체류지점에 불과할 뿐, 정해진 유일무이의 길은 있을 수 없게 된다. 하이데거의 말을 들어 보자. "사유의 본래 모습은 우리가 도중에 머물 때만 드러나

---

* 이 논문은 1996년 6월 한국하이데거학회 및 한국현상학회 연합학술대회에서 발표된 글을 바탕으로 씌어졌으며, 『철학』 제48집 (1996)에 이미 게재되었음을 밝혀 둔다.
1) Heidegger, *Frühe Schriften*, 437.
2) 같은 곳.

리라. 우리는 도중에 있다. 이게 무슨 뜻인가? 우리는 여전히 길들 속에, 길들 사이에, 다양한 길들 사이에 있다. 우회할 수 없는, 때문에 아마도 하나뿐일 길은 여전히 정해지지 않았다. 그러니 도중[에 머물면서!], 우리는 우리의 발길이 스쳐 왔던 길 지점들을 특히 세심하게 주목해야 한다."[3] 이 글은 하이데거의 이러한 요청을 진지하게 받아들이면서, 60여 년에 걸친 그의 기나긴 사상적 방랑의 길을 그 중요한 몇몇 길목과 체류지에 관해 간략히 살펴보고자 한다.

그러나 생길 수 있는 오해를 줄이기 위해 분명히 밝히고 들어가야 한다면, 하이데거의 사상길은 길목과 체류지의 다양함에도 불구하고 그 주된 생각거리(Sache des Denkens)에서 볼 때, 오직 **동일한 길 말하자면 존재의 길**이라는 점이다. 주지하듯이 하이데거의 사상길은 번다한 사상들의 집합체가 아니다. 그의 길은 오로지 하나, 그 자신의 표현을 빌리자면 "서구의 사유 속에서 오래된 것 중에서도 가장 오래된 것"[4], 곧 존재에 관한 물음이었다. 이 점은 그가 사상길의 후반부에 들어서서 자신의 주된 생각거리를 더 이상 존재라는 이름으로 부르기를 꺼림에도 흔들릴 수 없는 사실이다. 하이데거는 『존재와 시간』이 출간되고 오랜 시간이 흐른 뒤 "시간과 존재"라는 제목 아래 마치 『존재와 시간』의 미완성된 장을 연상시키는 듯한 한 강연을 한다. 그 강연의 텍스트 참조사항에서 그는 이렇게 말한다 : "[『존재와 시간』 이후] 35년이 흐른 지금, [내가] 행하는 이 강연의 텍스트의 내용은 『존재와 시간』의 텍스트에 더 이상 연결될 수 없다. 그렇지만 그 주된 물음은 동일한 것으로 남는다. 이 말이 함축하는 것은 그 물음이 한층 더 물어야 할 만큼 모호하게 되어 버렸고 시대정신에 더욱 낯설게 되어 버렸다는 것이다."[5] 여기서 그가 말하는 동일

---

3) Heidegger, *Was heißt Denken ?*, 61.
4) Heidegger, *Zur Sache des Denkens*, 25.
5) 같은 책, 91.

한 물음이란 다름아닌, "옛부터 '존재'라는 말로써 사유해야 할 것으로 드러내었던 것, [동시에] 사유된 것으로 간주되었지만 아마도 일찍이 감춰져 버린 것"[6]에 관한 물음, 곧 존재에의 물음이다.

동일한 길 속에서의 변천이라 압축될 만한 하이데거 사상길의 이러한 독특한 색깔은 존재 물음길에 관한 그 자신의 요약에도 강하게 나타난다. "오르고 내림이 곧 '길(Weg)'이라 말할 수 있다면, 이 길 위에서는 언제나 '존재의 의미(Sinn des Seyns)'에 관한 동일한 물음만이 그리고 오직 그 물음만이 물어진다. 그러나 바로 그 [물음의 동일성] 때문에 물음의 체류지점들이 줄곧 달라진다. 본질적인 모든 물음들은 그것이 보다 근원적으로 물어지게 될 때마다 근본에서부터 달라져야 한다. 거기에는 정도의 차로써 파악될 뿐일 '발전'[따위]는 끼여들 여지가 없다. 더욱이 거기에는 이전 것 속에 이미 나중 것이 포함되는 그런 방식의 초기-후기 관계도 없다. 존재의 사유에는 모든 것이 하나(das Einzige)에 가 머물게 되므로 그곳에는 요컨대 뒤집음(Umstür-ze)이 규칙이다! 그러나 이 규칙은 또한 이전 것을 단지 '잘못된 것'으로 간주하여 포기해 버린다거나 또는 나중 것을 '이미' 이전 것 속에서 '사념된 것(Gemeintes)'으로 증명해 보이는 따위의 한갓된 역사학적(historisch) 수행방식도 거절한다. '변화'란 참으로 본질적인 것이어서, 오직 하나인 물음이 그때그때마다 그 물음의 장소에서부터 철저히 자신의 물음을 전개해 나갈 때에라야만 비로소 그 변화의 전모가 규정될 수 있는 것이다."[7] 약간 길게 느껴질 수도 있는 이 인용문 속에서 하이데거는 여일(如一)한 자신의 존재 물음이 변천의 길임을 또 왜 그런가를 분명히 밝히고 있고, 다른 한편으로는 그의 사상적 변천에 관한 당대의 잘못된 해석을 간접적으로 보여 줌으로써 우리로 하여금 변천의 참

---

6) Heidegger, *Wegmarken*, Vorbemerkung.
7) Heidegger, *Beiträge zur Philosophie*, 84.

된 의미에 주목하도록 요청하고 있다. 그의 말대로 하나 즉 오직 존재에의 동일한 물음이기에 그리고 바로 그 때문에 물음의 체류 지점이 근본적으로 달라진다고 한다면, 그렇다면 그 달라짐의 근 본에는 **하나인 존재에의 상이한 근원적 경험들**이 놓여 있으리라. 그리고 그 상이한 근원적 존재경험들이 존재물음의 상이한 체류 지점들을 형성함과 동시에 **존재사유에 근본적인 뒤집음**을 가져올 것이다. 이 글은 바로 이러한 "뒤집음"이 하이데거의 사상길 가 운데 결정적으로 두 번에 걸쳐 일어난다는 생각을 바탕에 깔고, 그의 60년 긴 사상적 방랑길을 세 단계로 나누어 살펴볼 것이다.

1. 하이데거 초기사상길

하이데거의 사상길은 **존재론적 차이**(Ontologische Differenz) **의 경험**과 더불어 시작한다. 존재론적 차이란 우선 존재는 존재 자와 근본적으로 다름을 말한다. 존재자와의 차이에서 경험될 때 존재는 선천적인 것(das apriori) 또는 초월적인 것(das trans- zendens)이 되며, 존재자는 바로 존재에 의해 그리고 그 속에서 존재자 그것이 되며 또 그것으로 보여지게 된다는 것이다. 그같 은 차이에 따르면 존재자(있는 것)가 어떻든 그런 방식과 그런 모습으로 있게 되는 것(Wiesein und Wassein)은 존재자를 그 렇게 해주는 존재(있음) 때문이다. 그러나 이때의 "있음"은, 존 재자가 그의 어떤 보편타당한 본질(Wesen im Sinne der Allgemeingültigkeit) 때문에 그렇게 "있다"라고 표상될 때와 같은 "본질적 있음"을 뜻하지도 않으며, 혹은 감관의 부정할 수 없는 감각적 실재성(Realität)에 입각하여 이런저런 감각되는 존 재자가 "있다"는 식의 "감각적 있음"을 뜻하는 것도 아니다. 하 이데거가 존재론적 차이와 더불어 뜻하는 "있음"은 인간과의 친 밀한 일상적인 교섭 속에서 드러나는 존재자의 "있음", 예컨대 책상 위의 저 종이컵은 물이 쏟아지지 않도록 그렇게 물을 담고 "있고" 또한 자신을 받치는 책상 위에 "있으며" 또 그러면서 누군가의 갈증을 달래 주고자 "있는" 그러한 단순한 "있음"이다. 그리고 그같은 단순한 "있음"을 통해 또 그 가운데 드러나 "있는 것"이 곧 존재자로서의 저 종이컵이다. 물론 이 "있음"을 방금 단순하다고 말했지만 그러나 실상 따지고 보면 그것은 그렇게 단순하지만은 않다. 얼핏 일상적 가까움으로 인해 단순하다고 표상될 수 있는 저 "있음"에는, 그러나 첫인상의 성급함들이 놓치기 쉬운 풍부함과 복합성이 깃들어 있다. 이를테면 종이컵의 저 "있음" 가운데는 그것을 떠받쳐 주는 책상의 "있음"이, 또 이것이 만들어지게 된 나무의 "있음"이, 더 나아가 그 나무가 속한 숲과 하늘과 땅의 "있음"이, 컵을 만든 작업장 노동자의 "있음"이, 그리고 물을 마실 사람의 "있음"이 함께한다. 우리는 대체로 명약관화한(실제로는 단지 그렇게 잘못 표상하는 데 불과하지만) 이같은 "있음"을 오랫동안 자명하다고 생각해 왔고(그러나 그것이 과연 그렇게 자명할까?) 그러기에 2800년에 걸친 서구철학의 전통에서 이 "있음"은 저 고고한 형이상학적 근본개념들에 비해 볼 때 이성의 환영받는 주제는 아니었다. 하지만 하이데거는 이 단순하나 풍부한 "있음"을, "있는 것"을 있게 해주는 가장 일차적인 "있음"으로 여기고 철학의 주된 물음거리로 가져온다.

하이데거가 볼 때 이상과 같은 뜻을 지닌 "있음", 즉 존재는 일단 존재자에 관한 앎을 기반으로 하는 모든 실증과학이나, 또 특정존재자의 존재영역을 탐구대상으로 하는 학, 곧 영역존재론(regionale Ontologie), 그리고 더 나아가 전통적으로 스스로를 존재에 관한 이론이라 해석해 왔던 형이상학이 그 자신 근원적이기 위해서 우선적으로 철저히 물어야만 할 것으로 간주한다. 그 점에서 초기의 하이데거는 모든 실증과학과 영역존재론 더 나아가 **형이상학을 자신의 존재 물음으로 정초**(Begründung)**해 보겠다는 의도**를 지니고 있었다. 그리고 그러한 정초의도는 존재를

그것의 가능지평인 의미에로, 더 분명히 말하자면 시간(Zeit)에
로 철저히 물어 감으로써 현실화된다. 이런 관점에서 존재 물음
을 그 지향점에 비추어 말할 때, 초기의 존재 물음은 다름아닌
존재의 의미(Sinn von Sein)**에 관한 물음**이라 할 수 있겠다. 하
이데거는 바로 이런 존재의미의 물음을 완전히 그리고 근원적으
로 수행함으로써 모든 실증과학과 영역존재론 더 나아가 형이상
학 일반을 새롭게 정초해 보고자 하는 의도를 가졌다.

　존재의미의 물음을 통한 형이상학의 쇄신과 정초. 이같은 의도
를 지녔던 존재 물음이 그 물음의 구체적 수행을 위해 눈을 돌리
는 존재자는 최고의 존재자인 신도 아니고, 또 보편적 존재자로
서의 존재자 일반도 아니다. 초기의 존재 물음은 전반적으로 인
간이란 존재자를 향하고 또 그것도 그의 존재에 관련지어 물어
나간다. 왜 그런가? 인간은 그 존재상 바로 이 존재 자체를 문
제삼고, 그리고 어떠한 경우에도 그에게는 존재와 그것의 의미가
개시되고(erschlossen) 드러나(da) 있다. 어떤 형태로든 존재가
드러나(da) 있고 따라서 존재이해(Seinsverständnis)를 필연적
으로 가질 수밖에 없는 인간, 인간자신의 바로 이러한 존재 내지
실존의 두드러짐 때문에 하이데거는 이같은 인간을 이성의 주체
(Subjekt der Vernunft)로서의 인간과 구별되게 "현존재
(Dasein)"라고 명명하고 또 그 현존재의 실존을 철저히 분석해
나가는 것이다. 다시 말하면 실존 자체에 그것의 두드러진 한 양
상으로서 존재이해가 속한다면 **실존의 철저한 분석은 곧 존재이
해의 철저한 자기화**가 아니겠는가. 그래서 하이데거는 현존재의
실존론적 분석작업의 정점에서 자신의 철학적 작업을 다음과 같
이 정식화한다 : "철학은 현존재의 해석학(Hermeneutik des
Daseins)에서 시작하는 보편적인 현상학적 존재론이다. 현존재
의 해석학이란 실존의 분석론(Analytik der Existenz)으로서
모든 철학적 물음의 끝마무리를 그곳에서 매듭지으며 또 바로 그
곳에서 모든 철학적 물음이 생겨 나오고 또 거기에로 되돌아간

다. "8)

실존의 분석론은 근본적으로 이해(Verstehen)라는 성격을 지
닌 존재사유에 의해 수행된다. 그러나 이 말을 가만히 생각해 보
면, 이 말은 곧 실존의 한 근본양상인 이해 자체가 다시금 실존
을, 즉 자기자신을 앎에로 받아들인다는 묘한 이야기가 된다.
『존재와 시간』의 초입에서 하이데거는, 존재의 물음에는 묻는 행
위 자체가 이미 그 행위에 앞서, 물어지는 것과 관련되어 있고
또 그런 선관련 가운데서 다시금 거기에로 관련해 가는 주목할
만한 사실이 담겨 있다고 말하는데, 9) 이 지적은 방금 말한 저 묘
한 이야기를 잘 해명해 주는 대목이라 할 수 있겠다. 그런 연유
로 이해는 우선 자기생산적인 앎(ein sich produzierendes
Wissen)으로 규정된다. 물론 여기서의 자기생산성이란 순수의식
의 내재적 자기생산성과 같은 것이라기보다는, 오히려 선천적으
로 세계 안에 있는(In-der-Welt-sein), 그렇기 때문에 일단 세
계를 괄호치고 순수의식으로 환원해 갈 가능성이 애초부터 배제
되어 있는 그런 실존의 실존함이 갖는 자기생산성이다. 실존이해
의 자기생산성에는 **세계이해와 더불은 자기이해**라는 전제가 붙는
다. 그래서 『존재와 시간』의 영역 내에서의 자기생산적인 실존이
해는, 세계-내-존재라는 현존재의 선천적인 존재틀(apriorische
Seinsverfassung)을 규명해 나가면서, 10) **실존과 세계일반에 대**
한 이해뿐만 아니라 이해라고 하는 존재사유 방식 자체의 이해도
풍부히 해나간다.

이상의 간략한 글에서나마 이미 짐작할 수 있듯이 하이데거가
뜻하는 이해는 모든 종류의 "의식적 인식"과는 구분되는, 요컨대
실존의 한 근본양상으로서의 이해다. 다시 말하자면 이해는 인간
의 인식방식 중의 하나가 아니라 인간의 **실존방식 중의 하나다.**

---

8) Heidegger, *Sein und Zeit*, 51.
9) 같은 책, 11.
10) 같은 책, §12-§38.

그에게 있어 이해는, 자기 앞에 주어져 있는 가능성에로 자신을 던짐(Entwurf)으로써만 그때그때 있음 가능(Seinkönnen)한 고유한 실존방식이요, 또 그같은 실존방식 속에서 존재연관 전체를 아는(Wissen) 그 나름의 고유한 앎의 방식이다. 그처럼 실존이해에 있어서는 삶과 앎이 서로 여의지 않는다. 한편 그렇게 기투하면서 이해해 가는 현존재는, 그때마다 "이미" 이러저러한 존재형편에 던져져 있으며(Geworfenheit), 또 "언제나" 그같은 형편에서 연유하는 어떤 기분(Stimmung)을 가지고 살아갈 수밖에 없다. 그리고 그 기분을 통해서 현존재는 (기투적 이해에 앞서) 세계 안에 던져져 있는 그때그때의 자신의 존재형편을 (이미) 안다[또는 개시한다, Erschließen]. 그런 점에서 볼 때 기투해 가면서 아는 이른바 기투적 이해는, 언제나 기분적 앎에 의해 선규정되어 있다는 측면에서 **기분적 이해**이다. 기분적 이해라는 말 자체 속에는 기투적 이해와 기분적 앎 사이에 근원적으로 성립하는 순환이 담겨 있다. 기분적 이해의 순환은 동시에 그 속에서 드러난 전체적인 존재형편을 보다 명료하게 분절(Artikulation)하고 해석(Auslegung)해 나가면서 이해를 심화해 나가는 이른바 **해석적 이해**로도 수행된다.

이해는 바로 이처럼 기분과 해석 사이의 순환 속에서 실존과 존재일반의 이해를 심화해 가면서 이해자신의 모습도 풍부히 해 나간다. 그 과정은, 달리 말하자면, 실존론적 이해와 또 그와 함께 현존재 자신에 본질적으로 속한 존재망각적 경향—하이데거의 술어로 표현하자면 퇴락(Verfallen)—과의 끊임없는 자기투쟁이자 또한 동시에 우선 대체로(zunächst und zumeist) 두루 뭉실하고 애매모호한 존재이해 곧 선존재론적(vorontologisch) 존재이해의 깊어 가는 자기명료화이다. 그 순환 속에서 실존론적 이해는 현존재의 존재 즉 실존을 처음에는 내존재(In-Sein)로, 그 다음에는 마음씀(Sorge)으로, 그리고 마침내는 실존의 근원적 전체성과 관련하여 실존을 죽음에의 존재(Sein zum Tode)

로 파악한다. 죽음에의 존재라는 현존재의 근원적 전체성으로부터 바로 현존재의 존재의미인 시간—그러나 철저히 실존론적인 시간—이 드러난다.

실존론적 시간의 규명을 발판으로 해서 하이데거는 "근원적 [즉 실존론적] **시간**에서 **존재** [자체]의 의미에로의 길"[11]을 계속 걸어가고자 원했다. 아마도 하이데거는 이 존재 [자체의] 의미 혹은 그것의 규정성 (Bestimmung)을 "시간과 존재", 즉 『존재와 시간』에서 완성하지 못한 채 남겨 놓았던 장에서 밝혀 보고자 했으리라. 하지만 하이데거는 『존재와 시간』의 입장 내에서 "시간과 존재"의 길을 결코 걸을 수가 없었다. 왜냐하면 『존재와 시간』의 존재 물음은 애초부터 **현존재[또는 그의 이해]에서 존재에로**라는 초월적인 (transzendental) 길[12]을 택했고, 그리고 그같은 현존재 중심적인 초월적 입장은 그로 하여금 실존론적 시간해명 이상으로 나아가지 못하게 했기 때문이다. 따라서 존재 물음 길의 현존재분석론적 단계에서는 오직 실존론적 시간만이 존재일반의 이해가 가능한 지평이며 또한 그런 연유로 존재일반의 의미를 형성한다. 그 지평 가운데서 실존론적 이해는 현존재 중심적인 초월적 입장에 입각하여 기분적·기투적·해석적 이해를 좌절 없이 수행해 나가면서 존재이해를 풍부히 해나가는 것이다.

---

11) 같은 책, 577.

12) 우리는 하이데거 스스로가 규정하는 이 "초월적"이라는 말을 근대의 인식론적 주관이 지니는 "초월적" 인식방식이나, 또는 순수의식 내에서 세계의 의미를 구성해 내고자 하는 일단의 현대적인 "초월적" 의미규명 방식과 혼동해서는 안 된다. 이미 하이데거가 인간을 인식론적 주관 (Subjekt)이나 자아 (Ich)가 아닌 "현존재"로 규정했을 때, 그리고 그 인간의 앎을 세계인식 (Welterkennen)과 구별하여 (*Sein und Zeit*, § 13) 세계 내적인 이해 (우리는 그것을 das In-der-Welt-verstehen으로 표시할 수 있겠다)로 규정했을 때, 그는 저러한 인식론적인 "초월적" 태도를 떠났다. 하이데거 자신에게 있어 초기의 "초월적" 입장이란, 존재는 존재자를 전적으로 넘어서 있는 "초월자" (51)요, 따라서 존재를 문제시할 수밖에 없는 현존재로서는 존재자를 넘어 존재에로 "초월"해 갈 수밖에 없고 (*Die Grundprobleme der Phänomenologie*, 425), 그리고 그 "초월의 방식"이라는 것은, "언제나" "이미" 존재의 거대한 연관으로서의 세계 안에 존재하면서 그 존재를 "이해"해 나간다는 것을 말한다.

2. 하이데거 중기사상길

그러나 존재에의 순환적인 실존론적 이해는 존재의 보다 근원적인 경험, 곧 **존재의 자기 숨김**(Sichverbergung des Seins)**의 경험**에 의해 좌절된다. 이 경험은 다름아닌 존재의 시원적(始原的, anfänglich)인 참모습은 그 "드러남"에 있는 것이 아니라 오히려 "자기 숨김"에 있고, 따라서 존재는 기투하는 이해의 측면에서 볼 때 "존재자의 유희가 연출되는 언제나 막이 올려져 있는 고정된 무대"[13]처럼 "언제나 드러나 있는 터"가 아니라 "그 자신 전회적인 생김(das in sich kehrige Ereignis)"[14]으로서 "드러나면서 숨음"이라는 것이다. "존재 물음 자체의 깊어 가는 심연에서 발생하는"[15] 이 경험은, 현존재에서 존재에로라는 초기 존재 물음의 초월적 입장을 근본적으로 뒤집어 놓고, 하이데거로 하여금 존재 물음의 새로운 길목으로 접어들게 한다.

그런데 하이데거의 이러한 독특한 존재경험은 존재와 등근원적(等根源的)인 것으로 파악되는 초기 희랍의 두 이름에 관한 그의 통찰과 깊은 관련이 있다. 이 통찰은 다른 어느 통찰보다도 중기 하이데거의 존재경험에 결정적이고 또한 우리의 측면에서도 그와 존재경험을 같이하는 데 중요한 지점이 될 수 있기에 간략히 살펴보기로 한다. 그 하나의 통찰은 초기 희랍의 퓌시스(physis)에 관한 것이다. 잘 알려져 있듯이 그는 우선 초기 희랍의 퓌시스를 오늘날 우리들이 자연(Natur, nature)이라는 번역어를 통해 머리 속에 그리는 여러 표상들, 예컨대 이런저런 자연물들의 총합(Summe)이라든가, 또는 시간·공간의 좌표 속에 위치하는 이런저런 자연물 등의 표상들로부터 엄격히 분리한다. 하이데거

---

13) Heidegger, *Holzwege*, 41.
14) Heidegger, *Beiträge zur Philosophie*, 185.
15) 같은 책, 85.

에 의하면 현대인들의 그러한 일상적인 자연표상들은, 서양중세
의 초기에 초기 희랍의 퓌시스의 근본적인 경험은 빠진 채 그 말
이 나투라(natura)로 번역되고, 그 이후 수학적·물리학적인 근
대 자연과학의 자연해석이 덧붙여지면서 형성되게 되었다는 것이
다. 여기서 하이데거는 우리에게 익숙한 이러한 자연표상과의 결
별과 함께, 자연을 그것의 시원으로 되돌려 놓으면서 초기 희랍
인들의 경험에 비친 퓌시스의 의미를 읽어 내려고 한다. 그가 읽
어 내는 초기 희랍의 퓌시스는 "스스로 피어 오름 [예컨대 장미
의 피어 오름], 스스로를 열치면서 펼침, 그러한 펼침 속에서 현
현하게 됨 그리고 그러한 펼침 속에서 스스로를 유지하면서 머무
름, 짧게 말한다면, 피어 오르면서 머무르는 압도적 주재"다. [16)]
그렇다면 한자말 자연(自然)이 자연물(自然物)과 혼동되지 않고
문자 그대로의 뜻대로 "스스로 그러그러함" 자체로 읽혀진다면,
저 초기 희랍적 퓌시스와 그리 멀리 떨어진 것만은 아니리라. 초
기 희랍인들은 이러한 뜻의 퓌시스를 곧 존재로 파악했다. [17)] 퓌
시스로서의 존재는 스스로 피어 오르고 전개하는 "밝음
(Lichtung)" [18)]이요, 그 밝음의 머무름이다. 그러나 그 밝음 자
체는 밝음을 통해 보이는 것들과는 달리 우리에게 좀체 보이지
않는다. 더 나아가 설혹 그 밝음에로 향한다 하더라도 밝음 자체
는 우리의 머무름을 물리친다. 예컨대 장미꽃을 그렇게 있게 해
주는 "있음" 자체, 즉 퓌시스는 장미꽃을 그렇게 밝혀 보여 주면
서도 막상 밝음으로서의 자기자신은 쉽게 보여 주지 않는다. 그

---

16) "das von sich aus Aufgehende [z. B. das Aufgehen einer Rose], das sich
eröffnende Entfalten, das in solcher Entfaltung in die Erscheinung-Treten und
in ihr sich Halten und Verbleiben, kurz, das aufgehend-verweilende Walten",
Einführung in die Metaphysik, 16.

17) 같은 책, 17ff.

18) 하이데거는 시적으로 경험된 초기 희랍의 이같은 존재 즉 퓌시스를 역시 시적이자
그림 같은 조형적 언어인 "숲속의 빈터(Lichtung)"로 기꺼이 바꿔 부른다. 어두운 수
풀 한가운데 난 빈터야말로 어둠을 뚫고 뭇 존재자들이 그 속에서 드러나게 되는 밝음
의 터 그 자체가 아니겠는가.

리하여 우리는 밝음 자체보다는 장미꽃의 색깔과 향기에 취하거나 꽃잎의 조화로움에 주목할 뿐이며, 또한 여기서 몇 걸음 더 나아가면 장미꽃의 조화로운 아름다움을 형식(Form)이나 주관(Subjekt)과 관련지어 철학적으로 생각해 보기도 한다. 왜 "있음의 밝음"은 그처럼 향하기도 또 향한다 하더라도 머물기가 힘든가? 왜 그리하여 우리로 하여금 우선적으로는 "있는 것"에 주목케 하고 결과적으로는 끝없는 존재망각 속에서 저 고고한 철학적 추상에 노닐게 하는가? 왜 "있음의 밝음"은 도대체 우리의 머무름을 물리치는가? 이 물음에의 답변을 우리는 퓌시스의 통찰과 같이하는 하이데거의 또 다른 희랍적 이름에의 근본적인 통찰에서 찾는다.

퓌시스와 마찬가지로 하이데거가 존재와 등근원적인 것으로 통찰하는 초기 희랍의 또 다른 이름은 알레테이아(aletheia)이다. 퓌시스의 통찰에서처럼 여기서도 그는 우선 초기 희랍적 알레테이아를, 오늘날 우리가 진리(Wahrheit, truth)라는 번역어를 통해 통상적으로 머리 속에 그리는 "일치(Übereinstimmung, correspondence)"라는 개념의 진리로부터 철저히 구분한다. 예컨대 "네가 방금 한 말 **참말**이니?"라고 일상적으로 말할 때, 우리가 우선 대체로 염두에 두는 것은 "너의 말(또는 진술, 판단 더 나아가 인식)이 그것이 가리키는 대상과 일치하느냐?"이다. 이른바 "상응론적 진리론"이라 불리는 이 이론은 오늘날에도 그것의 정당성과 관련하여 수많은 철학자들을 숨가쁘게 하는 이론이지만 역사적으로 보면 그 이론의 생성사는 짧지 않다. 하이데거는 토마스 아퀴나스("지성의 사물에의 동화 adaequatio")를 넘어 아리스토텔레스("영적 체험과 사물의 일치 homoiosis")까지 소급하는 상응론적 진리론을 전반적으로 고찰하면서,[19] 그러한 진리개념으로부터 진리의 참뜻을 글자 그대로 읽혀진 알레테

---

19) *Sein und Zeit*, 284ff. *Wegmarken*, 180-182 참고.

이아에로 되돌려 놓는다. 글자 그대로 읽혀진 초기 희랍의 알레테이아는 다름아닌 "숨겨짐으로부터 열쳐 나옴(a-letheia)"이며 그래서 "숨어 있지 않고 드러남(Unverborgenheit)이자 밝음(Lichtung)"이다. 하이데거에 의하면 이 "드러남 내지 밝음"이 진리의 고유한 뜻이며 존재가 곧 그러한 것에 다름아니라는 것이다. 이처럼 진리의 고유하고 참된 뜻을 "드러남 내지 밝음"에로 되돌려 놓으면서 하이데거는 바로 여기서 "존재 물음 자체의 깊어 가는 심연에서 우러나는" 결정적인 경험 곧 진리의 시원적인 실상(實相)에 관한 경험을 하게 된다. 그 경험을 우리는 다음과 같은 물음으로 전개해 보자. 진리가 "숨겨짐으로부터 열쳐 나와 드러나고 밝음"이라면, **"드러남 내지 밝음"으로서의 진리보다 더 시원적인 것은 "숨겨짐" 자체 즉 비진리 자체가** 아니겠는가 ? [20] 그런데 "숨겨짐"이 "밝음"보다 더 시원적이라면 **"드러남 내지 밝음"으로서의 진리에는 본질적으로 자신의 시원에로 되돌아가려는 경향**이 담겨 있지 않겠는가 ? 하이데거는 이 수수께끼 같은 물음에의 답을 헤라클레이토스의 잘 알려진 한 구절[21]에서 찾는다. 그는 그 구절을 해석하면서 다음과 같이 말한다. "존재는 그 자체로 숨기고자 하는 경향이 있다. 왜냐하면 존재는 숨겨짐으로부터 나섬이요 피어 오르면서 현현함이기에, 존재에는 본질적으로 숨겨짐이 속하고 그것으로부터의 유래가 담겨 있다."[22] "진리의 본질은 비진리", "존재는 드러남이자 동시에 숨김"이라는 이 충격적인 경험은, "있음"이란 실로 그것이 끊임없이 새로운 있어 감인 한, 등근원적으로 끊임없는 매 순간의 "자기 없앰"을 요청한다는 점에 연유하지 않을까 ?

존재 즉 "있음"은 끊임없이 자신을 "없애 가는" 새로운 남이요

---

20) Heidegger, *Vom Wesen der Wahrheit* 참고.
21) "physis kripthesthai philei", Diels, *Vorsokratiker*, Frag. 123.
22) "Sein neigt in sich zum Sichverbergen. Weil Sein heißt: aufgehendes Erscheinen, aus der Verborgenheit heraustreten, deshalb gehört zu ihm wesenhaft die Verborgenheit, die Herkunft aus ihr", *Einführung in die Metaphysik*, 122.

그러한 생겨남 자체이다. 어떠한 "있음"도 그때그때의 "자기 없앰"을 통하지 않고는 불가능하다. 저 나무의 있음도, 저 구름의 있음도, 저 바람의 있음도 그때그때 매 순간의 있음을 없애 감으로써만 새롭게 나지 않는가. 하이데거가 중기사상길에서 노리는 존재는 더 이상 초기사상길에서처럼 실존론적 세계-내-존재가 아니라, 저 거대한 연관으로 파악된 퓌시스로서의 "생김 (Ereignis)"[23] 자체요, 그 "생김"은 본질적으로 무(無, Nichts)를 품고 있는 유(有, Sein)다. 그 점에서 "있음"은 "없음"을 여의지 않는다. 한편 "있음"은 실로 끝없이 있어 가려고 함이요 그러한 펼침에의 "욕구", 굳이 우리에게 익숙한 표현으로 하자면 "무한에의 욕구"다. "무한에의 욕구"는 한정(限定)에의 거부다. 그럼에도 "있음"은 또한 등근원적으로 "있음"의 한정으로서의 무를 끊임없이 자신 속에 품어야 한다. 달리 말하면 무한성은 유한성을 담지해야 한다. 존재의 무화(無化, Nichten)란 바로 유한성의 담지이자 "있음에의 억제"다. 그런데 이러한 무는 한갓된 무 즉 단순한 끝나 버림이 아니라, 바로 이 무로부터 또 그것을 지반으로 해서만 무한에의 "욕구"로서의 저 "있음"이 생겨 나오는 바로 그러한 무다. 이 점에서 "없음" 또한 "있음"을 여의지 않는다. "무가 존재의 산맥(Gebirge)"이라는 하이데거의 수수께끼 같은 말은 이렇게 해서 짐작될 수 있다. "있음(存在)"과 "없음(無)", "끝없음(無限)"과 "끝있음(有限)", "욕구와 억제" 등의 회피할 수 없는 이같은 서로 건네주고 받음은, 그러나 존재에의 앎(Wissen)의 측면에서 볼 때는 "빛남과 숨김(Lichtung und Verbergung)"의 서로 건네주고 받음으로 번역될 수 있지 않을

---

23) 존재의 드러남 가운데서의 숨김, 유(有) 가운데서의 무화(無化, Nichten)를 근본적으로 경험한 1930년대 중반부터 하이데거는, "존재"라는 말 대신 "생김(Ereignis)"이라는 말을 전반적으로 쓰기 시작하며, 이 말은 후반기에 들어서서도 그가 뜻하는 존재를 지칭하는 중요한 단어가 된다. 존재는 드러냄과 동시에 자신을 숨기고 빼어 내는 —이 측면을 가리키기 위해 하이데거는 특히 Enteignis라는 말을 쓴다—독특한 "생김"이다. 때로 하이데거는 존재의 그 독특한 "생김"을 나타내고자 S̶e̶i̶n̶이란 고민에 찬 표시를 동원하기도 한다. (*Wegmarken*, 416)

까. "있음"이 "있는 것"을 그렇게 있게 해줌 자체라면, 그리하여
비로소 우리로 하여금 "있는 것"을 어떤 방식으로든 가능하게 만
나서 알게 해주는—그 앎의 방식이 감각을 통한 만남이든 또는
개념적 표상을 통한 만남이든—것이라면, 저 "있음"이야말로 앎
의 측면에서 볼 때는, "있는 것"을 그렇게 밝혀 드러내 주는 밝
음터 곧 빛남이 될 수 있겠기에 말이다. 그리고 동일한 맥락에서
"있음"의 무화(無化) 즉 "없음"은 그같은 드러남과 밝음이 없다
는 점에서 숨김으로 번역될 수 있겠기에 말이다.

다시 한 번 상기하면서 강조해 보자. "존재는 스스로를 숨기는
들춰냄 곧 시원적 의미의 퓌시스이다. 퓌시스는 알레테이아, 들
춰냄이요 그리고 그 때문에 숨기기를 좋아한다."[24] "존재의 자기
숨김"이란 다름아닌 존재가 본래 자신이 나왔던 유래처에로 되돌
아감을 뜻한다. 숨김은 "존재가 최초로 주는 최고의 선사이자 존
재의 시원적인 참모습이다."[25] 이처럼 존재는 본질적으로 스스로
를 숨기는 것이기에 그것에 향하기도 더욱이 그곳에 머물기도 힘
들다.

하이데거 중기사상길에 있어서의 존재 물음의 체류지는 "존재
의 자기 숨김"이지 더 이상 "형이상학적"으로 사유된 "존재론적
차이"가 아니다. "존재의 자기 숨김"이야말로 존재 물음이 일차
적으로 머물러야 할 새로운 장소며, 따라서 하이데거는 이제 존
재 물음의 이 새로운 장소에 들어서서 **존재의 진리**—초기에서처
럼 존재의 드러남(Entdecktsein)으로서의 진리라든가 그리하여
존재의 실존론적 폭로함(Entdeckendsein)인 현존재 자신이 일
차적 진리가 되는 그러한 뜻의 진리가 아니라 오직 존재의 자기
숨김 가운데서의 빛남(Lichtung für das Sichverbergen)인 진
리—를 물어 내보고자 한다. 바로 이 존재의 진리가 존재 물음

---

24) "Sein ist das sich verbergende Entbergen-physis im anfänglichen Sinne.
   physis ist aletheia, Entbergen und deshalb kryptesthai philei", *Wegmarken*, 301.
25) Heidegger, *Beiträge zur Philosophie*, 241.

의 초기사상길에서 밝혀지지 않고 남아 있었던 존재일반의 진정한 의미이리라. 이런 점에서 하이데거 중기사상길의 존재 물음의 기본형태는 **존재의 진리를 물어 냄**(Das Er-fragen der Wahrheit des Seins)이다. 여기에 관한 하이데거 자신의 고백을 들어 보자. "존재에 관한 물음은 이제 존재의 진리에 관한 물음이 된다. 진리의 본질은 이제 존재의 참모습―스스로 숨기는 것의 빛남이자 따라서 존재의 본질 자체에 속하는 것으로서 파악된―에서부터 물어져야 한다."[26]

전회하는 [또는 숨기는] 존재 자체에서 기인하는 이른바 전회의 사상길,[27] 즉 "생김으로부터(Vom Ereignis)" 시작하는 이같은 "다른 시작(anderer Anfang)"의 길 위에서, 형이상학 다시 말하면 철학의 저 "첫번째 시작(erster Anfang)"은 지금까지의 존재사상길에서와는 달리 극복(Überwindung)의 대상이 되어 버린다. 왜 그런가? "존재의 자기 숨김"은 언제나 존재자의 개시와 더불은 자기 떠남(Seinsverlassenheit)이다.[28] 이것을 사유의 측면에서 보면, 존재가 자신의 숨김과 동시에 존재자의 드러남을 사유에 안겨 주고 자신은 떠나 버린다는 말이 된다. 그 결과 인간의 사유는 그렇게 드러나게 된 존재자에 우선적으로 주목하고 결과적으로 존재망각의 깊은 늪에 빠져 든다. 그렇게 본다면 숨는 존재 자체야말로 현존재의 존재망각을 낳는 근원적 장소가 아닌가. 떠나가는 존재 자체야말로 비진리(Un-wahrheit)

---

26) 같은 책, 428.

27) 하이데거의 이른바 "전회(Kehre)"는 그 자신도 암시하듯이 근원적으로 존재 자체에서 비롯된다. (W. J. Richardson에 대한 하이데거의 편지 참조, Richardson, *Through Phenomenology to Thought*, xix) 존재자신이 스스로 숨기는 것으로서 "전회적"인 생김 자체다. (*Beiträge zur Philosophie*, 185) 그리하여 존재자신의 전회에 걸맞게 사유의 전회가 뒤따른다. 즉 존재가 그 시원(Anfang)에 있어서 숨김인 한, 존재에의 사유는 존재의 시원적 숨김으로 되돌아가 스스로를 숨기는 존재의 진리를 그 근본에서 경험해야 한다. 따라서 사유는, 그 자신 존재론적 차이의 경험에 따른 초월적 입장―초기의 입장―에서 숨기는 존재의 진리 자체로부터 그 뜻을 읽어 내려는 입장―중기의 입장―으로 바뀐다는 점에서, "전회적"이다.

28) Heidegger, *Beiträge zur Philosophie*, 111.

이자 잘못(Irre) 자체가 아닌가. 그 잘못이 인간으로 하여금 결과적으로 오직 개시된 존재자에게만 향하게 하고, 그리하여 "존재자에서부터 출발하여, 존재자를 넘어서서, 고안된 존재자의 존재자성[Seiendheit, 또는 본질]과 함께 다시 존재자에로(vom Seienden aus, über das Seiende hinaus, und mit der erfundenen Seiendheit des Seienden auf dieses zu)"라는 주관주의적 사유방식을 수행케 하는 것이 아닌가. 이같은 인간의 잘못됨의 장소(Irrtum)가 하이데거가 경험하기에 바로 서구 형이상학의 역사다. 그 점에서 **형이상학은 더 이상 쇄신하고 정초해야 할 대상이 아니라 오히려 결별하고 극복해야 할 것**으로 나타난다.

"존재의 진리를 물어 냄"으로 변화한 중기의 존재 물음은, "그 자체 전회적인 생김"이자 "빛남과 숨김 사이에서 벌어지는 존재의 근본적인 일어남(Grundgeschehnis)"인 **"존재의 역사(Geschichte des Seins)"**에로 눈을 돌린다. 이러한 방향전환은 하이데거 사상길의 전체 흐름에서 볼 때, 그 사상적 성격이 "세계성(Weltlichkeit)"에서 "역사성(Geschichtlichkeit)"으로 바뀜을 뜻한다. 그리하여 하이데거는 존재역사에로 향하는 이같이 변화된 존재사유를 특히 **존재사적 사유**(seinsgeschichtliches Denken)라 부른다. 말하자면 존재에 관한 물음은 이제 더 이상 실존과 실존적 세계에 관한 세계 내적 물음이 아니라 존재의 빛남과 숨김의 근본적 역사에로의 역사적 물음이라는 것이다. 존재의 역사에 잠기고자 하는 "존재사적 사유"는 한편으로는 존재역사에의 귀속성(Zugehörigkeit) 속에서 **존재로부터 근거를 받고**(gegründet) ―이 점에서 존재는 근거짓는 것(das Gründende) 자체가 된다―, 또 동시에 그러한 귀속성 속에서 역사를 함께 **규정하는 근거지움**(mitgründen)의 성격을 띤다. 그런데 이같은 기본성격을 지닌 "존재사적 사유"는, 존재역사 자체가 존재 탈고유화의 역사(Enteignisgeschichte, 즉 존재의 자기 숨김에 따른 존재망각의 전체 역사)와 존재고유화의 역사(Ereignisgeschichte, 즉 숨김 가운데서의 빛남이 그 자체로 빚어 내는 역사)로 특징지워짐에 따라, 그 자신 다음과 같은 양면성을 띠게 된다.

그 한 측면은, 탈고유화의 존재역사에 주도적으로 관계하는 존재사유로서 **숨겨짐으로부터 존재의 진리를 떼어냄**(das Der-Verborgenheit-Entreißen der Wahrheit des Seins)이란 성격을 지닌다. "떼어냄"의 존재사유는, 탈고유화의 존재역사인 형이상학과의 "존재사적 대결(Auseinandersetzung)"을 통하여, 형이상학적으로 사유되어 말해진 것들 속에 파묻혀 잊혀져 있는 존재의 진리를 들춰낸다. 그 사유는 저 위대한 철학의 대가들이 주장해 왔던 각각의 보편적 "존재자성"들이 선천적인 것들이라기보다는 사유의 차후적 개념들임을 밝히고, 형이상학의 그 과정에는 "존재자에서부터 존재자를 넘어서서 그리고 존재자의 고안된 존재자성과 함께 다시 존재자에로"라는 각양의 주관주의적 사유의 월권이 행사되고 있으며, 그러나 그 월권은 근원적으로는 존재의 자기 숨김에서 싹터 왔음을 밝히고, 따라서 이 모든 "존재 탈고유화의 역사"에 시원으로 자리잡고 있으면서 숨겨진 채 남아 있는 존재의 진리를 들추어내는 일이다. 이같은 일은 동시에 저러한 형이상학적 사유를 "멀리하고(Entfernung)", "거부하고(Verneinung)", "결별하면서(Scheidung)", 저 기나긴 "왜곡과 퇴락의 전과정을 뛰어넘어(Übersprung des ganzen Verlaufes der Verunstaltung und des Verfalls)", "그 속에 파묻혀져서 잊혀져 버린 존재의 진리(die darin verschüttete und so vergessene Wahrheit des Seins)"를 "쟁취(erobern)"하고 "근거짓는(gründen)" 일과 맞닿아 있다. [29]

바로 이러한 사유의 작업은 하이데거에 있어서 실질적으로는 **존재진리의 수립**(Stiften der Wahrheit des Seins), 더 분명히 말하자면 **작품 가운데서의 정립**(das Ins-Werk-setzen)이란 성

---

29) Heidegger, *Einführung in die Metaphysik*, 16. *Beiträge zur Philosophie*, 177, 178, 185, 307 참고.

격의 사유에 의해 수행된다. 존재는 스스로의 숨김 속에 자신의 가장 고유한 재산(Eigentum)을 보존하면서 그것을 자신에 귀속하는 존재사유에 지정(Zuweisung)해 놓는다. 따라서 "수립적 사유"는 존재의 이 재산에 주도적으로 관계하며 그것을 자신의 측면에서 보존하고자 한다. 그러나 여기서 잊지 말아야 할 것은 지정하는 존재는 언제나 등근원적으로 빠짐(Entzug)이라는 점이다. 앞에서도 이미 언급했듯이 존재의 충전한 실상은 "빛남과 숨김", "있음과 없음" 사이의 끊임없는 "틈벌림(Zerklüftung)"이요 그래서 "투쟁(Streit)"적 생김이다. 하여 존재의 진리를 생기는 그 자체로 수립하려는 사유는, 존재의 저 투쟁적 생김에 걸맞게 그 자신 투쟁적인 생기게 함(Er-eignung)이어야 한다. 하이데거는 이러한 성격을 갖춘 존재사유를 예술에서 찾는다. 그에 따르면 예술은 존재의 진리가 빚는 "근원투쟁(Ur-streit)"을 "세계(Welt)"와 "대지(Erde)"의 투쟁을 투쟁화(Bestreitung)시키는 방식으로 작품 속에 정립한다. 그리고 그렇게 작품 속에 설립된 세계와 대지의 투쟁은 작품 가운데 끊임없는 투쟁적 "움직임"을 일으키고, 그 움직임의 격렬함 속에 고요한 내밀성(Innigkeit)을 드러낸다. 이 내밀성이 곧 존재의 진리며, 바로 그렇게 "생기는" 존재의 진리가 하이데거의 중기사상길에서 우리가 만날 수 있는 "존재의 고유한 자기화의 역사(Ereignisgeschichte)"다.

존재의 진리를 물어 내는 "존재사적 사유"는 이처럼 양면성을 지닌 사유, 즉 숨겨짐으로부터 존재의 진리를 떼어냄과 동시에 존재의 진리의 수립함으로 수행된다. 전자가 형이상학적 존재망각과의 일관된 대결이자 그 대결을 통한 형이상학에의 **극복의지**(Überwindungswille)의 수행이라면, 후자는 형이상학적 존재망각으로부터 쟁취된 존재의 진리에의 **보존의지**(Verwahrungswille)의 수행이다. "존재사적 사유"는 이같은 극복과 보존의 의지를 지닌 채 십수년간의 기나긴 "숲길(Holzwege)"을 걸었다. 그리고 그때마다 사유하는 자로 하여금 숲속의 어둠을 뚫고 길을 나아가도록 인도했던 것은, "숲속의 밝은 빈터(Lichtung)"로부터 나온 가느다란 불빛이었고 그리고 거기로 나아갈 수 있다는 희망어린 욕구 즉 원함이었다. 그러나,

3. 하이데거 후기사상길

사상길의 마지막 단계에서 하이데거는 그때까지 존재사유에 남아 있었던 모든 형태의 알고자 원함(Wissenwollen)을 포기한다. 그것도 다음과 같은 깨달음과 함께 : "알고자 원함, 그것은 언제나 이미 자기의식의 숨겨진 월권이요…… 사유되어야 할 것 앞에 [진정으로] 서기를 원하지 않는 것이다."[30] 인간에게 있어 그러한 알고자 원함은 밝음터 앞에서는 "가장 타락한 것(das Verderblichste)"[31]이요, 그러기에 그것은 저 밝음터가 보내는 "눈짓(Wink)을 알아채기가 드물고 어렵다. [그렇다.] 많이 알면 많이 알수록 더욱 드물고, 단지 알려고 원하면 원할수록 더욱 어렵다."[32] 그러니 전적으로 밝음터에 "내맡기자(Gelassenheit)", "어떠한 욕구도 버린 채(Nicht-Wollen)."[33] 하이데거는 이러한 경험을 1949년의 어느 늦은 밤 기나긴 산책에서 돌아오는 "들길(Feldweg)"에서 처음으로 내비친다. 그 독백을 들어보자. "단순한 것이 보다 더 단순해져 버렸다. 언제나 똑같은 저 것이 낯설어지면서 우리에게서 멀어져 간다. 이제야말로 들길이 건네는 말이 완전히 분명해진다. 영혼이 말하는가? 세계가 말하는가? 신이 말하는가? 모든 것은 저 똑같은 것에의 체념을 말

---

30) Heidegger, *Unterwegs zur Sprache*, 95.
31) Heidegger, *Die Technik und die Kehre*, 41.
32) Heidegger, *Was heißt Denken ?*, 91.
33) Heidegger, *Gelassenheit*, 30.

할 뿐이다. 체념은 받으려 하지 않는다. 체념은 주고자 한다. 체념은 저 단순한 것이 지니는 고갈되지 않는 힘을 [그대로] 준다. [그리하여] 건넴말은 [그의] 기나긴 유래 가운데 안식한다. "[34]

모든 알고자 원함의 포기, 사유가 지니는 모든 형태의 자력성 (Eigenmächtigkeit)과 자의성 (Eigenwilligkeit)의 체념은, **존재가 사유에 전적으로 선행하는 규정성으로 주재하며 유일하게 사유를 규정하는 구속성이라는 경험**과 함께한다 : 존재는 "모든 사유거리를 구속하는 규정성 (Bestimmung)이요"[35], "사유가 사유되어져야 할 것의 지시에 순응하는 한, 그때그때의 모든 사유를 묶는 구속성 (Verbindlichkeit) "[36]이다. 이렇듯 사유를 지시하는 압도적 규정성의 존재경험에 입각해서 이제 존재사유는, 그때까지 존재사유가 지녀 왔던 최소한의 자발성과 자의성마저 끊고 오로지 지시하는 저 규정성에 자신을 내맡기면서 그 구속적 지시를 감내하는(Verwinden) 태도를 띤다. 그런데 **존재의 압도적 규정성에 관한 하이데거의 존재경험은 존재-언어에 관한 근원적 경험**과 같이한다. 그에 의하면 언어는 그 근원에 있어서 모든 존재하는 것을 그것 자체로 보이게 해주는 "보여 줌(Zeige) "이 외의 다른 것이 아니다. [37] 따라서 존재가 존재자를 그 참모습에서 보여 주는 "밝힘 (Lichtung) "으로서의 "보여 줌"이라면 존재가 곧 언어라는 것이다. [38] **압도적 규정성을 지닌 존재-언어에의 근원적 경험**이 바로 "숲속"의 중기사상길과 "들길"의 후기사상길

---

34) "Das Einfache ist noch einfacher geworden. Das immer Selbe befremdet und löst. Der Zuspruch des Feldweges ist jetzt ganz deutlich. Spricht die Seele? Spricht die Welt? Spricht Gott? Alles spricht den Verzicht in das Selbe. Der Verzicht nimmt nicht. Der Verzicht gibt. Er gibt die unerschöpfliche Kraft des Einfachen. Der Zuspruch macht heimisch in einer langen Herkunft." (*Aus der Erfahrung des Denkens*, 90)

35) Heidegger, *Wegmarken*, Vorbemerkung. *Zur Frage nach der Bestimmung der Sache des Denkens.*

36) *Zur Sache des Denkens*, 25.

37) Heidegger, *Unterwegs zur Sprache*, 241ff.

38) 같은 책, 251.

을 가르는 길목이며, 이 경험은 하이데거의 후반기 존재사유를 철저히 "언어적"으로 특징지우면서 그로 하여금 "언어에의 도중 (道中, Unterwegs zur Sprache)"에 머물게 한다. 언어에의 도 중이라고 한다면 여기서 길을 닦는 자는 누구인가? 존재자신, 곧 언어자신이 길(Weg)이다. 그가 스스로 길을 닦고 우리로 하 여금 길을 가게 한다(be-wëgen). [39] 그가 스스로 말하면서 우리 를 그 길 위에서 인도한다. 하여 존재-언어에 귀의하고 감내하는 존재사유는 이제 **존재-언어에 따라 말함**(Das Entsprechen der Sein-Sprache)의 성격을 띤다. 존재-언어에 따라 말함이 하이 데거 사상길이 걸어갔던 마지막 단계의 존재사유다.

존재-언어에 따라 말함으로 전환된 존재사유는 무엇보다도 먼 저 형이상학의 역사에 눈을 돌린다. 그 속에서 존재는 "서구사유 에 있어 오래된 것 중에서도 가장 오래된 것"으로서 이미 오랫동 안 말해 왔기 때문이다. 압도적 규정자로서의 존재는 형이상학의 역사 속에서 **빠짐의 역운**(歷運, Geschick des Entzugs)으로 말 해 왔다. 빠짐의 역운이란, 존재가 스스로를 빼어 내고(sich entziehen) 그 자신에 머무는(an sich halten) 동시에 또한 압 도적 보냄(Schicken)이라는 뜻이다. [40] 존재는 빼어 냄이자 동 시에 줌(Geben)이다. 그같은 줌의 소산(Gabe)이 곧 형이상학 의 다양한 시대적 존재주조물들(Seinsprägungen), 이를테면 저 위대한 철학의 대가들이 존재라는 이름 아래 존재자와 차이 (Differenz)지우면서 또한 절대적인 것으로 주장해 왔던 것, 예 컨대 이데아, 신, 절대정신 등이다. 이렇듯 형이상학의 역사 속 에서의 존재의 역운적 빠짐은, **존재자 전체를 지배하면서 그것에 앞선**(apriori) **존재로서의 차이라는 주장말**(Anspruch der Differenz)로 말해 왔다. 그러나 그같은 주장말보다 더 오래된 것[41]은 스스로를 빼내면서 머물러 있는 말, 다시 말하면 **주장말**

---

39) 같은 책, 250.
40) Heidegger, *Zur Sache des Denkens*, 8.

속에서 자신을 유보하면서 틀고 머물러 있는 건넴말(Zuspruch des Vor- und Aufbehaltenen)이다. 존재의 건넴말이 말해 올 때, 그것은 숨김과 밝힘, 없애 감과 있음의 방식으로 **스스로를 사이 가르는 구분**(Unter-Schied)으로 생긴다. 구분으로서의 건넴말이 바로 형이상학 속에 사유되지 않은 채(das Ungedachte) 남아 있는 것이요, 하이데거가 역사와의 대화에서 시원적으로 듣는 것이다. 따라서 역사영역에서의 "존재-언어의 따라 말하기"는 다음과 같이 성격지울 수 있겠다. 즉 그것은 한편으로는 **형이상학의 다양한 시대적 존재주조물들 속에 담긴 존재의 주장말을 회상**(Andenken)하면서,[42] 동시에 그 주장말로부터 되걸음질(Schritt zurück)치면서 그 속에 **유보된 채 머물러 있는 존재의 건넴말을 선사유**(Vordenken)하는 것이다.[43] **회상적 선사유의** 존재사유야말로 "숲길"에서의 형이상학의 "극복"과 구분되는 "들길"에서의 **형이상학의 "감내(Verwindung)"**자세를 특징짓는 것이다.

하이데거에게 있어 역사는 연속적이다. 그것이 끊임없는 존재 빼냄의 역사요 곧 존재망각의 역사라는 점에서 그렇다. 현대의 역사적 세계—하이데거에게 있어 현대세계는 본질적으로 기술공학적인 세계다—역시 예외는 아니다. 현대세계의 영역에서 존재의 역운적 빼냄은 주문(bestellen)적 탈은폐 방식, 그의 말을 빌리자면 **몰아세움의 주장말**(Anspruch des Gestells)로 나타난다.[44] "몰아세움"이란 이전의 역사적 존재주조물들과는—이데아, 신, 절대정신 등—색다른 현대적 존재주장말로서 기술공학적 현대를 규정하는 본질이다. 그 본질 속에서 모든 존재자는 주문된 물품(Bestand)—더 이상 근대적 주관성의 대상(Gegen-

---

41) Heidegger, *Der Satz vom Grund*, 209.
42) Heidegger, *Vorträge und Aufsätze*, 59.
43) Heidegger, *Identität und Differenz*, 30.
44) Heidegger, *Vorträge und Aufsätze*, 23.

stand)이 아닌—으로 드러나며[즉 탈은폐되며], 인간자신마저도 그같은 탈은폐적 주문에로 내몰린다. 압도적이고 전반적인 몰아 세움 속에서는[예컨대 저 산과 저 강이 오로지 에너지의 저장물 로서만 탈은폐되고 그리하여 오직 에너지의 산출에로만 내몰려진 다면], 존재의 밝음터 가운데서 존재자가 바로 그런 것으로 드러 날 여지는 전혀 없다. 뿐만 아니라 더 나아가 존재의 진리 자체 도 그 속에서는 깜깜한 망각의 진창 속에 깊게 파묻힐 뿐이다. 현대인의 귀는 그만큼 존재의 말에 귀먹어 있다. 이것은 [하이데 거에 의하면] **위험**(Gefahr)이요 존재의 극단적인 **멂**(Ferne)이 다. 하지만 존재의 빼냄의 비밀이 단순한 사라짐이 아니라 앞날 을 기약하는 간직(Bergung)으로서의 숨김이라면, 저 극단적인 멂 속에는 비밀스럽게 간직된 존재의 **가까움**(Nähe)이 있지 않 을까. 이런 맥락에서 하이데거는 현대 기술공학의 본질적 위험 한가운데서, "위험이 있는 곳에 구원도 자란다"는 횔덜린의 시구 절을 상기한다. 구원이 구원으로 다가올 수 있는 것은 오직 위험 을 위험 그 자체로 경험함으로써이다. 그 때문에 하이데거는 그 의 후기사상길에서 현대 기술공학의 본질에로 거듭 되물어 간다. 그리고 그 물음 속에서 그는 존재자신이 역운적 빠짐으로서 바로 위험 자체이며 또 멂 자체임을 근원적으로 경험한다. 그같은 위 험의 근원적 경험은 존재의 압도적 규정성의 경험을 불러오면서 그와 더불어 사유자신을 경건함(Fömmigkeit)에로 인도한다. 그리고 사유가 경건하게 머무를 때, "갑자기 (jäh) "[45] **오래된 존 재의 저 건넴말이 가까움**(Nähe) 자체로 다가온다. 이것이 "위 험으로부터의 전회"요, [46] 다시 말하면 존재자신이 그 빠짐과 멂 으로부터 다시금 줌과 가까움에로 "회귀 (Umkehr) "[47]하는 것이

---

45) Heidegger, *Technik und die Kehre*, 42.
46) 같은 곳.
47) Spiegel-Gespräch mit Martin Heidegger, *Der Spiegel*, Nr. 23, 214. 중기사상 길에서 하이데거가 주목했던 전회는 존재의 자기 숨김 (Sichverbergung)으로서의 전 회였다면, 후기사상길에서 하이데거가 주목하는 전회는 숨겨진 간직 (Bergung)으로부

다. "회귀"는 오직 멂으로부터 스스로 가까이 다가오는 존재자신의 회귀이며, 그 회귀 속에서 사물은 순수하게 사물화하며 (Dingen) 세계는 사자(四者)의 세계(das Geviert)—불사자(不死者)와 가사자(可死者), 하늘과 땅—로서 세계화한다 (Welten). 그때 사유는 스스로를 감사함(Danken)으로 규정한다.[48] 언제나 잊지 않고 그 고마움을 기억한다(Gedenken, Gedächtnis)는 의미에서.[49]

언어의 영역에서 존재사유는, 형이상학적으로 물든 언어 내지 언어관으로부터의 전반적인 되걸음질을 통해서[50] 자신을 유보하면서 틀고 머무르는 존재의 저 건넴말을 "순수히 말해진 곳"들 특히 횔덜린, 트라클, 게오르그 등의 시작품 등에서 듣는다. 거기서 존재는 **고요의 울림**(Geläut der Stille)으로 건네 온다. 고요의 울림으로서의 존재의 건넴말은 사자(四者)의 세계를 소리없이 부르고 모으면서 이 모음(Sammlung) 속에서 각각의 존재자를 그 멀음과 가까움, 조급함과 느긋함 가운데 드러낸다. 이같이 드러내어 주는 드러남 자체가 곧 밝음터로서의 존재 자체요, 존재는 그러한 "생김" 속에서 뭇 존재자를 각자 그것대로 보여 주면서 고요히 머물게 한다(stillen). 이것이 바로 성대와 혀를 굴려 내는 인간적 소리-언어와는 근본적으로 다른 고요의 울림 (läuten)으로서의 존재의 건넴말이다. 이 존재의 건넴말에 걸맞게 수행되는 존재사유는 오직 **고요의 울림을 듣고 따라 말하기** (das hörende Entsprechen)뿐이다 : "여기서 모든 것은 듣고 따라 말하기다."[51] "듣는다는 것은, 구분짓는 [존재의] 저 명령 (Geheiß des Unter-Schiedes)을 읽어 들임이다…… 그렇게 들

터의 또 다른 전회, 그의 말대로 하자면, "위험으로부터의 전회" 내지 "회귀"라 할 것이다.

48) Heidegger, *Aus der Erfahrung des Denkens*, 242. *Gelassenheit*, 65.
49) Heidegger, *Was heißt Denken ?*, 91.
50) Heidegger, *Unterwegs zur Sprache*, 12ff, 233ff.
51) Heidegger, *Vorträge und Aufsätze*, 179.

으면서 읽어 들이는 말함이 곧 따라-말함(Ent-sprechen)이다. "52) 하이데거 후기사상길에 있어서의 이 "듣고 따라 말하기"는, 존재의 진리를 정초하고 보존하고자 원하는 중기사상길의 수립(Stiften-Wollen)과는 구분되어야 한다. 후기사상길에서의 수립은 더 이상 인간의 몫이 아니다. 그것은 이미 존재의 몫이다. 53) 여기서 인간은 존재자신의 건넴말로 빚어지는 사자세계(四者世界)의 한 가지로서의 "가사적 운명자(der Sterbliche)"에 불과하다. 그러기에 그는 스스로 빚어 내는 존재의 말에 순수하게 따라 말할 뿐이다.

4. 글을 맺으면서

애초에 이 글을 길로 인도했던 것은 하이데거의 수수께끼 같은 다음의 말이었다 : "여러 의미를 지닌 존재 물음이 스스로 변천해 갔던 물음 지평 내부에서의…… [그 물음길의] 도중(道中)……." 이제 글의 말미에서 다시 한 번 묻는다 : 존재 물음의 여러 가지 의미란 무엇인가? 존재사유는 어떤 의미에서 변천이며 그래서 도중인가?

지금까지 걸어온 길을 회상하면서 답을 마련해 보자. 초기사상길의 존재 물음은 "존재의 의미를 현존재분석론을 통하여 증시하고자(das daseinsanalytische Ausweisen des Sinnes vom Sein)" 하였다. 중기에는 "존재진리의 존재사적 물어 냄(das seins-geschichtliche Er-fragen der Wahrheit des Seins)"이었으며, 후기에는 "존재-언어에의 따라 말함(das Entsprechen der Sein-Sprache)"이었다. 존재 물음의 이러한 다양한 뜻에 따라 존재사유는 세 가지 근본성격을 띠면서 변천해 갔다. 즉 초기에는

---

52) Heidegger, *Unterwegs zur Sprache*, 29.
53) 같은 책, 186.

"실존세계적 이해(das existenzial-weltliche Verstehen)"로, 중기에는 "숨겨짐으로부터의 떼어냄과 수립이라는 존재사적 사유 (das seinsgeschichtliche Der-Verborgenheit-Entreißen und Stiften)"로, 후기에는 "따라 말함이라는 언어적 사유(das sprachliche Entsprechen)"로 변천해 갔다.

"존재론적 차이"를 경험한 사유가 스스로를 "세계인식 (Welterkennen)"으로부터 구분하고(Sein und Zeit, 13) "세계 -내-존재의 이해"에로 자신을 규정했을 때, 이미 하이데거의 사유는 존재에로의 첫걸음을 내디뎠다. 그곳에서 존재는 마음씀 (Sorge)으로, 죽음에의 존재(Sein zum Tode)로 그리고 사물적 있음(Vorhandensein)과 구분된 용재적 있음(Zuhandensein)으로 드러났다. 그럼에도 존재사유는 철저히 현존재분석론적인 초월적 입장의 울타리 안에 머물고 있었기에 존재 자체에의 길은 열릴 수가 없었다. 오히려 실존론적 이해는 좌절할 줄 모르는 자기생산적 이해의 초월적 순환길 위에서 기분적·기투적·해석적 이해를 마음껏 수행했다. 그러한 사상길을 뒷날 회고하면서 하이데거는 다음과 같이 말한다 : "『존재와 시간』의 근본적인 결함은 아마도 내가 너무 일찍이 너무 멀리 나아가고자 감행했던 점인 것 같다(Vielleicht ist es der Grundmangel des Buches *Sein und Zeit*, daß ich mich zu früh zu weit vorgewagt habe)." (*Unterwegs zur Sprache*, 89)

"존재의 자기 숨김"을 경험한 존재사유가 초월적 입장으로부터 결별하고 "생기로부터(Vom Ereignis)"—이것이 *Beiträge zur Philosophie*의 실질적인 제목이다—라는 기본입장과 함께 "존재사적 사유"로 나아갔을 때, 사유는 존재 자체의 규정성에로 보다 가까이 다가갔다. 그럼에도 사유가 여전히 "알고자 원함(Wissen -wollen)"으로 머물면서 사유의 자발성과 자의성을 완전히 떨쳐 버리지 못했을 때, 사유는 규정적 존재-언어가 던지는 눈짓을 있는 그대로 받아들일 수 없었다. 「사유란 무엇인가?」라는 1952년

강의에서 하이데거는 이렇게 말한다 : "눈짓을 알아차리기 위해서
는 우리는 먼저 그것이 나온 곳에로 앞서 들어가 들을 수 있어야
한다. 눈짓을 받아들이는 일은 어렵고 드문 일이다. 우리가 보다
더 많이 알면 알수록 그 일은 드물 수밖에 없다. 우리가 오로지
보다 더 알고자 원할 때 그 일은 더욱 힘들다(Um einen Wink
zu vernehmen, müssen wir bereits in den Bereich vor- und
hineinhalten, aus dem er kommt. Einen Wink zu empfangen,
ist schwer und selten; um so seltener, je mehr wir wissen, um
so schwerer, je mehr wir nur wissen wollen)." (*Was heißt
Denken ?*, 91)

　"존재-언어의 규정성"을 경험한 사유가 모든 자발성과 자의성
의 체념 속에서 스스로를 "듣고 따라 말함"으로 규정했을 때 존
재 즉 규정하는 고요의 말은 그의 본래적 순수성으로 사유에 다
가온다. 그리고 그곳에서 존재사유는 비로소 "존재의 유한성"에
서 기인하는 그 자신의 유한성에 도달한다. 하이데거는 자신이
걸어온 기나긴 길들의 "이정표(Wegmarken)"를 되새겨 보면서
자신의 지난 사상길을 "사유의 주된 거리의 규정성에의 길(ein
Weg in Die Bestimmung der Sache des Denkens)" (*Weg-
marken*, Vorbemerkung)이었다고 말한다. 그에게 있어 사유의
주된 거리가 한결같이 존재였다고 본다면 그의 사상길은 오직 존
재의 규정성에의 길이었다고 말할 수 있을 것이다. 그리고 존재
사유의 측면에서 보면 그 길은 사유의 자발성과 자의성을 제거해
나가는 길이라 할 수 있다. 그 길의 마지막 지점에서 사유는 감
사해야 하기 때문에 감사해야 하는 그런 감사로 규정된다. 그러
나 사유는 언제 어떻게 감사해야 할지 모른다. 그것은 감사 자체
가 스스로 오는 "있음(Es gibt)"의 선사이기 때문이다. 바로 이
점에서 사유는 마침내 "기다림(Warten)" 즉 "다가오는 것의 열
린 터에로 스스로 귀의함(Sicheinlassen auf das Offene der
Gegnet)" (*Gelassenheit*, 48)으로써 "기다리는 그것을 열리게 해

주는 (das, worauf wir warten, offen lassen)" (42) 의미에서의
기다림이 된다. 이 기다림은 아무것도 하지 않은 단순한 기다림
이 아니라 "깨어 있음(Wachsamkeit)"이 수반된 "준비 (Vor-
bereitung)"이다. "깨어 있는 기다림(Das Warten mit Wach-
samkeit)"—바로 이것이 하이데거적 "도중(Unterwegs)"의 본
래적 의미이다.

참 고 문 헌

Aus der Erfahrung des Denkens, Heidegger Gesamtausgabe,
　Frankfurt a. M. Bd. 13.
Beiträge zur Philosophie, Gesamtausgabe. Bd. 65.
Der Satz vom Grund, 4te Aufl. Pfullingen, 1971.
Der Spiegel, Nr. 23, 1976.
Die Grundprobleme der Phänomenologie, Gesamtausgabe.
　Bd. 24.
Die Technik und die Kehre, 4te Aufl. Pfullingen, 1978.
Einführung in die Metaphysik, Gesamtausgabe. Bd. 4.
Frühe Schriften, Gesamtausgabe. Bd. 1.
Gelassenheit, 3te Aufl. Pfullingen, 1959.
Holzwege, Gesamtausgabe. Bd. 5.
Identität und Differenz, 6te Aufl. Pfullingen, 1978.
Sein und Zeit, Gesamtausgabe. Bd. 2.
Unterwegs zur Sprache, Gesamtausgabe. Bd. 12.
Vorträge und Aufsätze, 4te Aufl. Pfullingen, 1978.
Was heißt Denken ?, 3te Aufl. Tübingen, 1971.
Wegmarken, Gesamtausgabe. Bd. 9.
Zur Frage nach der Bestimmung der Sache des Denkens, St.

Gallen, 1984.

Zur Sache des Denkens, 2te Aufl. Tübingen, 1976.

존재론 혹은 현사실성의 해석학

김 인 석

마르틴 하이데거의 철학은 1927년에야 비로소, 하이데거의 첫 번째 주저이며 미완성으로 머무른 『존재와 시간』에 의하여 세간에 널리 알려지게 되었다. 그런데 하이데거의 프라이부르크 대학 사강사 시절부터의 제자들, 예를 들면 후에 유명하게 된 오스카 베커, 발터 브뢰커, 한스 게오르그 가다머, 한스 요나스, 칼 뢰비트 등은 하이데거가 『존재와 시간』의 내용일부를 1923년이래 썼을 뿐만 아니라, 이 시기 이전 이미 『존재와 시간』의 핵심적인 단초들을 뚜렷하게 보여 주는 독창적이고도 고유한 현상학적 해석학의 철학을 전개시켰다는 것을 알고 있었다. 제1차 세계대전이 끝난 직후 하이데거는 프라이부르크 대학에서 1919년 1월부터 후설의 조교로 근무하게 되었는데, 바로 이때부터 선험적 의식현상학과 비판적으로 논쟁함으로써, 선험적 의식현상학의 그같은 대안을 완성하기 위하여 정열적인 노력을 기울였다. 그런데 청년 사강사 하이데거의 이같은 사유의 노력은 일반이 쉽게 접근할 수 있는 자료들의 결핍 때문에 점차 어둠 속으로 묻혀 갔다. 그로부터 거의 반세기가 지난 1963년에야 오토 푀겔러가 『하이데거의 사유의 길』을 통하여 하이데거 자신과 당시 본 대학의 교수였던 오스카 베커의 증언을 토대로 하이데거의 초기 프라이부르크 대학 강의내용을 재구성하여 발표함으로써 어느 정도 빛을 볼 수 있게 되었다. [1] 하지만 당시 많은 사람들은 오토 푀겔러의 보고가 단지 "날조"일 뿐이라고 말하면서 초기 프라이부르크 사유의 실체를 인정하려고 하지 않았다. 이 모든 것은 근원적으로 그 당시 하이데거의 사유의 노력이 직접 담겨져서 눈으로 확인될 수 있는 자료들의 결핍에 기인하는 것이었다. 하지만 지난 10년 동안 사정이 근본적으로 달라졌다.

하이데거는 철학의 궁극적이고도 철저한 새로운 단초를 추구하고자 하는 발작적인 격정에 휩싸인 나머지, 자신이 1936년 이전에 쓴 모든 체계적인 저작들을 불태워 버렸다. 이에 반하여 그같은 자신의 철학적 탐구의 예비적 입문이라고 스스로 간주하였던 강의원고들은 보존하였다. 그동안 하이데거의 초기 프라이부르크 강의들이 바로 이 하이데거의 강의원고들과 당시 수강생들의 강의 노트를 기반으로 하여 편집되어 속속들이 책으로 간행되었기 때문에, 우리는 하이데거가 그의 고유한 철학의 최초의 형성기에 『존재와 시간』의 단초들을 어떤 형태로 전개시키고 있는가는 물론 철학전반을 새롭게 정초하기 위하여 어떤 노력을 기울였는가를 지금까지 그 어느 때보다도 더욱 깊이 음미할 수 있게 되었다.

하이데거 자신이 전하는 바에 따르면, 하이데거는 1922/23년 겨울학기에 『존재와 시간』의 결정적 단초를 발견했고,[2] 1923년 여름학기에 『존재와 시간』의 첫 원고들을 쓰기 시작했다.[3] 그는 아리스토텔레스와 논쟁함으로써 1922/23년 겨울학기에 다음과 같은 근본경험을 하게 되었다 : 서양전통은 존재를 우시아 (Ousia)로, 즉 현전성 (Anwesenheit)으로, 그로써 현재로 파악하였다. 그래서 존재가 일면적으로 체험된 시간의 하나의 특정한 측면으로 간주되었다. 이같은 비판적 통찰에 입각하여 하이데거

---

1) O. Pöggeler, *Der Denkweg Martin Heideggers*, Neske, Pfullingen ³1990, S. 27-45 참조.
2) O. Pöggeler, "Heideggers Begegnung mit Hölderlin", *Man and World* 10, 1977, S. 17 참조.
3) "Aus einem Gespräch über die Sprache", In: *Unterwegs zur Sprache*, S. 95(GA12) 참조.

는 1922/23년 이래 객관적 이론의 대상인물이라고 볼 수 없는 현사실적 인간의 삶의 존재를 시간성의 차원에서 규명하기 시작한다.

하이데거는 1923년 여름학기에 프라이부르크 대학에서 「존재론 혹은 현사실성의 해석학」이라는 제목으로 강의했다. [4] 하이데거가 후기에 스스로 밝히는 바에 따르면, 이 강의는 1922/23년 이전의 강의나 논문보다 『존재와 시간』에 더 가깝게 보인다. 사실상, 우리가 1922/23년 이전의 자료들과 1923년의 강의를 비교해 보면, 1923년 강의에서 『존재와 시간』의 술어들이 이미 사용되고 있음을 확인할 수 있다. 하이데거는 1923년 강의에서 자신의 독창적인 존재론을 '현사실성의 해석학', 즉 인간 삶, 현존재의 존재(현사실성)의 현상학적인 자기해석이라는 형태로 전개시키려고 하였다. 이것은 『존재와 시간』의 기초존재론적인 사유에 해당된다.

1923년 강의는 하이데거 고유의 해석학적 현상학의 가장 초기의 발전의 종점을 이룸으로써 하이데거가 초기 프라이부르크 시절에 기울였던 사유노력 중에서도 특출한 위치를 차지하고 있다. 즉, 1919년경에 구상되었던 탈-삶화시키는(Entleben) 모든 이론적인 꾸밈에서 벗어난 생동적인 실천적 삶의 체험에로 돌아가서 거기에서부터 철학을 시작하자는 현사실적이고 역사적인 삶의 현상학적 선이론적인 근원학문이 1923년 강의에서 아주 명백하게 현존재의 해석학적 존재론, 즉 현사실성의 해석학이라는 형태로 전개된다. 하이데거는 1919년 전후 보충학기 강의와 그에 이어진 강의들, 야스퍼스의 『세계관의 심리학』에 대한 서평에서 비록 명칭은 쓰지 않았지만 생생하게 그리고 특히 마르부르크 대학의 나토르프에게 보냈던 그의 1923년 겨울학기부터 마르부르크 대학 정원외 교수로의 초빙의 결정적 근거가 되었던 1922년 가을에 탈

---

4) GA63 참조.

고된 아리스토텔레스에 관한 현상학적 연구계획서에서 명칭을 써 가며 분명하게 제시한 "현사실성의 현상학적 해석학"의 프로그램을 바로 1923년 강의에서 체계적으로 이행하려고 하였다.

하이데거는 처음에 강의목록서에는 계획된 강의를 「논리학」이라고 공고하였다. 왜냐하면 철학함을 삶과는 구별되는 개념구성이라고 보고 싶었기 때문이었다. 그런데 그후 프라이부르크 대학교 교수 중의 한 사람이 역시 「논리학」이란 제목으로 강의하기를 원했기 때문에 강의제목을 「존재론」으로 바꾸기로 결심했다. 5) 강의 첫 시간은 존재론에 관한 논제로 시작된다. 전래된 그리고 동시대의 존재론 전체에 대한 부정적인 시각이 제시된다 : 그 존재론들은 바로 본다면 결코 존재론적이지 않다. 왜냐하면 존재론이라고 불려지기 위해서는 "존재 그 자체에 겨냥된 물음과 규정"6) 이 전개되어야 하기 때문이다. 하이데거는 후자의 의미로 존재론이란 명칭을 쓴다. 그에 따르면 "스콜라 철학과 현상학적 신스콜라 철학"은 존재론을 "대상존재, 무차별적인 이론적 의견의 특정한 대상들과 대상의 대상성"에 관한 이론으로 간주하고 있다. 그는 이같은 "존재론" 개념의 사용방식을 거부한다. 왜냐하면 전래되었거나 동시대의 존재론들이 존재를 이론적 인식에 의해 열어 보이려는 추구에 의해 현존재에로의 접근을 가로막고 있으며, 그로써 존재 자체에 대한 물음을 묻지 못하게 하기 때문이다. 존재 그 자체에 대한 물음은 주로 자기존재를 이해하는 현존재의 비은폐적 개시를 지향하는 현사실적-역사적 현존재의 해석학의 길에서만 설정될 수 있기 때문에, 하이데거는 그후에 "존재론"의 본래적이고 올바른 의미를 밝혀 주는 "현사실성의 해석학"이라는 결정적인 명칭을 도입한다.

하이데거는 후기에 한 일본인과의 대화에서 "해석학"이라는 명칭을 1923년 여름학기 강의에서 처음으로 사용했다고 회상하였

---

5) Käte Bröcker-Oltmans, Nachwort der Herausgeberin, in: GA63, S. 113 참조.
6) GA63, S. 1.

다. 하지만 사실은 그보다 한 학기 전 1922년 가을에 탈고된 아리스토텔레스 연구계획서에서 자신의 철학의 중심성격을 나타내는 것으로 "해석학", 즉 "현사실성의 해석학"이라는 술어를 처음으로 사용했다. 이 1922년에 탈고된 아리스토텔레스에 관한 연구계획서에 따르면 논리학과 존재론은 "현사실성 문제의 근원통일성에로 되찾아질 수 있으며", "현사실성의 현상학적 해석학"의 "돌출부들"이라고 파악될 수 있다.[7] 1923년 여름학기 강의에서 하이데거는 1922년 연구계획서에서는 상세한 설명없이 사용했던 "현사실성의 현상학적 해석학"이라는 연구계획 명칭을 체계적으로 해명하려고 한다. 1923년 여름학기 강의는 하이데거가 현상학적 해석학이라는 계획을 체계적으로 이행함에 있어서 자기를 철학사적으로 어떤 위치에 놓는가를 명백하게 보여 준다. 하이데거는 자기를 Phainomenon(현상), Logos 그리고 hermeneuein (해석)이라는 근원적인 어의에 소급하여 관련시킴으로써, 현상학적 해석학의 프로그램이 독창적인 것이 아니라, 서양철학의 근원을 계승하는 것으로 여긴다. 이같이 근원을 계승한다는 것은 한편으로 본래적이고 올바른 의미에서의 현상학과 해석학의 철학을 건립한다는 건설적 입장을 의미하고, 다른 한편으로 근원에서 이탈되고, 왜곡된 것으로 보이는 동시대에 유행하는 현상학(후설)과 해석학(딜타이)의 철학과 비판적으로 대결한다는 파괴적 의도를 함축하고 있다. 이래서 1923년 여름학기 강의는 당시 신세대에게 충격을 주었으며, 오래 지속되는 영향력을 발휘하게 되었다. 필자는 이 논문에서 주로 1923년 여름학기 강의인 「존재론 혹은 현사실성의 해석학」을 고찰함으로써 "현사실성의 현상학적 해석학"이라는 표현의 의미를 비교적 자세하게 밝히고자 한다.

---

7) "Phänomenologische Interpretationen zu Aristoteles" (Anzeige der hermeneutischen Situation), hrsg. von H.-U. Lessing, in: *Dilthey-Jahrbuch für Philosophie und Geisteswissenschaften*, hrsg. von F. Rodi, Bd. Göttingen 1989, S. 247. 필자는 하이데거의 위의 논문을 PA로 표시하겠음.

1. 현사실성 개념

현사실(Faktum)과 현사실적(faktisch)이라는 말은 괴테 시대부터 쓰여졌다. 칸트는 『실천이성 비판』에서 이성의 현사실(Faktum)인 보편적이고 인륜적인 법칙부여에 관해 언급한다. 『판단력 비판』에선 어떻게 순수하고 선천적인 의식이 현사실적 지식과 그리고 이것이 세계의 현사실(Faktum)과 일치될 수 있는가라는 물음이 다루어진다. 딜타이가 "현사실성(Faktizität)"이라는 술어를 1867년에 썼지만, 1905년에야 비로소 출판된 노발리스에 관한 책 『체험과시』에서 우연한 기회에 처음으로 사용했다. 딜타이는 여기에서 기독교적 종교성의 출발점을 이루는 그리스도이신 예수의 계시의 "역사적 현사실성"에 관해 언급한다.[8] 1883년의 책 『정신과학들의 입문』에서 "의지들, 현사실성, 역사, 즉 생동적인 근원적인 실재성"이라고 언급하였으나 말의 의미를 구체적으로 해명하지 않았다. 신칸트 학파는 자신이 (예술적이고 종교적인 영역에서의) 비이성적 것에 대한, 즉 구체적인 것과 역사에 대한 물음과 대결해야만 했을 때, "현사실성"과 "논리성"을 대립시켰다. 신칸트 학파는 초시간적인 것과 법칙적인 것을 뜻하는 논리성에 대립하는 시간적인 것, 역사적인 것, 개인적인 것, 우연적인 것인 "현사실성"이란 말을 사용한다. 브루노 바우흐의 『칸트 연구』(1917)[9]와 이 책에 대한 나토르프의 칸트 연구지(1918)[10]에 실린 서평에서 "현사실성" 개념이 "비논리적인" "무정형적인" 개인의 최종적 논리성의 문제와 연관되어 사용되었다. 이때부터 "현사실성" 개념은 인식론적 문제와 관련하여 철학적

---

8) W. Dilthey: Gesammelte Schriften, Ⅰ. Band. Stuttgart 1922, 141 ; 104, 138, 221, 254, 274, 350 참조.

9) B. Bauch, *Immanuel Kant*, Berlin/Leipzig 1917, Insb. 145 참조.

10) P. Natorp, "Bruno Bauchs>Immanuel Kant<und die Fortbildung des Systems des kritischen Idealismus", in: *Kantstudien* 22(1918), 426-459 참조.

개념으로서 빈번히 등장하게 되었다.

하이데거는 나토르프의 브루노 바우흐에 대한 서평을 1919/20 겨울학기 강의에서 인용했으며, "현사실적 삶"의 자세하고 풍부한 규정을 시도했다. 현사실적 삶이란 "생활세계"에서 내가 사는 삶이다. 하이데거는 여기에서 "생활세계"란 개념을 처음으로 사용한다. 한 학기 후인 1920년 여름학기 강의에서 처음으로 "현사실성"이란 단어를 나토르프의 "논리성" 개념과 대립되는 의미에서 사용했다. 이 1920년 여름학기 강의는 신칸트 학파가 문화가 치인 삶의 절대적인 규범적 내용을 얻기 위하여, 상대적인 것으로 보이는 역사적 일회성과 우연성의 특성을 가지는 현사실적 삶을 도외시하였다고 비판한다. 하이데거는 이 강의에서 "현사실성"인 구체적이고 개인적인 역사를 수행하는 삶을 자신의 철학함의 중심에 놓는다. 이로써 "현사실성" 개념이 더 이상 우연적이거나 부수적인 것이 아니라, 철학일반의 가장 중심적인 개념으로 등장하게 되었다.

이같이 하이데거는 자신의 현상학적 해석학 철학의 발아기라 할 수 있는 1919년에서 1921년 사이에 "현사실성" 개념을 "즉자대자적 삶", 결국에는 역사적인 것으로서 떠맡아야 할 "현사실적 삶(faktisches Leben)"이라는 개념의 핵심적 의미와 연관하여 사용하였다. 이 "현사실적 삶" 개념은 1923년 여름학기에 와선 무엇보다도 인간의 존재방식을 뜻함으로써, 명백하게 존재론적인 의미를 띠게 된다. 즉 "현사실적 삶"이라는 개념은 인간의 삶이 이론적으로 고찰되는 어떤 것으로서가 아니라, 선이론적으로 살아진 어떤 것으로서 "거기에(da)" "있다(ist)"라는 사실을 가리킨다 : "그리고 현사실적이라는 것은 그에 따르면 그렇게 존재하는 존재성격이 그 자체로부터 드러나 있으며 그와 같이 '있는' 어떤 것을 가리킨다. '삶'을 '존재'의 방식으로 간주한다면, '현사실적 삶'은 자기의 존재성격의 존재에 적합한 그 어떤 명확성에서 '거기에'로서의 우리의 고유한 현존재를 가리킨다."[11]

"현사실적 삶" 개념은 강의가 진행됨에 따라 점점 더 "현존재 (Dasein)"라는 술어에 의해 대치된다. "현존재"라는 개념은 인간의 본질규정을 가리킨다. 하이데거는 존재의 개방성을 "거기에 (Da)"라는 술어로 표현한다. 개방성이 단지 인간의 "곁의 존재 (Bei-Sein)"라는 수행에 의해서만 실현될 수 있기 때문에, 이같은 수행으로서의 인간의 존재방식이 "거기에"와 함께 결합되어 "현존재 (Dasein)"[12] 혹은 "삶의 현존재"[13]로 표현된다.

"현사실성"이란 "거기에"라는 것을 근본특징으로 갖는 그때마다 고유한 인간 현존재의 존재성격을 뜻한다.[14] 현사실성의 해석학은 이같은 존재의 현사실적 "거기에"를 해석하는 것을 주된 목표로 삼는다.

2. 해석하는 고지 (auslegende Kundgabe) 로서의 해석학

현사실성을 개시하는 데에 있어서 해석학적인 것은 어떤 역할을 수행하는가? 하이데거는 현사실성 개념 자체에 내포되고 있는 해석학적인 함축성 또는 요구에 대한 주의를 환기시킨다.[15] 현사실성은 자기 안에 인간의 자기-깨어 있음에로의 잠세적인, 가능한 경향을 담고 있다는 의미에서 해석소질 (Auslegungsfä-hig)이 있다. 그리고 현사실성은 대개 은폐되어 있고 단지 해석학적인 숙고에 의해서만 개시될 수 있기 때문에 해석을 필요로 한다. 접근방식으로서의 해석학은 자신의 주제적인 대상, 즉 해석소질이 있는 현사실성의 은폐성을 제거한다는 과제를 최우선시

11) GA 63, S. 7.
12) 같은 곳.
13) 같은 책, S. 40, 45.
14) 같은 책, S. 7.
15) 같은 책, S. 15 참조.

한다. 바로 이 점에 의하여 어째서 하이데거가 전달하는 해석으로서의 hermeneuein의 근원적인 의미에 관계하는지가 이해될 수 있다. [16] 하이데거는 1923년 여름학기 강의에서 그리스적 근원을 갖고 있는 해석학 개념의 역사적 변천에 관한, 『존재의 시간』에서는 결여되어 있는 상세하고 기다란 설명을 준다. [17] 여기에서 그는 슐라이어마허와 딜타이에 의해 수행된 해석학의 과학이론적인 전향을 비판한다. 그에 의하면, 슐라이어마허는 해석학의 이념을 "타자의 말의 '이해기술(기술론)'"이라고 협소화시킨다. [18] 하이데거는 딜타이가 사용한 "이해", "해석"이라는 개념, 그리고 "해석학"이란 술어를 이해하는 데에 있어서, 딜타이의 1900년의 논문「해석학의 생성」에 근거한다. 하이데거가 이해하는 바에 따르면, 딜타이는 정신과학들의 발전에 관한 연구를 해나갈 때, "이해의 규범"이라는 슐라이어마허의 해석학 개념을 이어받았으며, 이해 자체의 분석에 의해 그 개념의 기초를 닦았다. 하이데거는 슐라이어마허와 딜타이의 해석학 개념규정이 해석학의 문제를 특정한 과학들, 이를테면 역사적인 정신과학들의 방법론에로 너무 협소하게 제한시켜 버렸다고 비판한다. 하이데거에 있어서 해석학이란 근본적으로 슐라이어마허나 딜타이가 이해한 대로 "해석론"이 아니라, 해석 자체이다. 하이데거는 더 나아가서 "전달하다(Mitteilen)", "누구에게 ……을 고지한다"라는 것을 의미하는 hermeneuein의 특별한 측면을 강조한다. 그는 고지의 중심적 의미를 ἑρμηνεία와 λόγος 같은 단어들에서 찾아낸다. 하이데거는 아리스토텔레스의 『해석에 대하여(Peri hermeneias)』에 관하여 다음과 같이 언급한다 : "그것은 드러내고 존재자를 친숙하게 만드는 근본기능을 수행하는 로고스를 취급한다. " 이같이 하이데거는 ἑρμηνεία와 λόγος의 중심적 의미를 "은

---

16) 같은 책, S. 14 참조.
17) 같은 책, S. 9-14 참조.
18) 같은 책, S. 9-14 참조.

폐된 것을 비은폐되어 있는 것으로, 거기에 개방되어 있는 것으로 처리가능한 것으로 만들어 준다"[19]는 진리존재의 탁월한 기능에서 찾는다. 해석학적인 것의 본래의 기능은 바로 **대부분 은폐되어 있는** "그때마다 고유한 현존재의 존재성격"을 이 현존재 자신에게 은폐됨이 없이 "접근하게 만들고 전한다"[20]는 데에 있다.

이같은 맥락에서 하이데거가 이해개념을 어느 정도로 멀리 해석학 문제의 과학이론적이고 인식이론적 협소화로부터 풀려나게 해서는 이해개념에게 자기에 의해 재소생된 존재 물음의 빛 안에서 새로운 전향을 주는가가 명백해지게 된다. 하이데거는 한편은 해석학의 토대인 현사실적-역사적 삶의 범주론이라는 딜타이의 연구계획을 따른다 : "해석학에 의하여 현존재가 자기자신을 이해하게 되고, 이해될 수 있다는 가능성이 형성되었다."[21] 다른 한편 그러나 무엇보다도—바로 위에서 인용된 문구에서 역시 보여지는 것처럼—하이데거는 딜타이에 반대하여 다음과 같은 점을 고수한다 : 이해는 타자의 삶의 표현들과 문헌들의 이해일 뿐만 아니라, 현존재가 스스로를 이해하는 수행이기도 하다. 다시 말하면, 이해는 딜타이가 믿고 있듯이 특별히 역사적인 정신과학들에서 중요한 역할을 수행하는 "타자의 삶에 대한 인식하는 태도"라고 협소하게 파악되어서는 안 된다. 이해는 과학들의 인식적 수행이 아니라 "현사실적 삶의 가능하고 탁월한 존재성격의 어떻게"[22]로 간주되어야만 한다. 하이데거는 이같은 존재성격의 어떻게를 "현존재의 자기자신에 대한 깨어 있음"[23]이라고 표현한다. 해석학과 현사실성의 관계는 대상파악과 파악된 대상의 관계가 아니라, 해석학 자체가 바로 현사실성의 본질적 구성요소이다. 현사실성의 해석학의 과제는 바로 현사실성에 대한 비은폐적 깨

---

19) GA63, S. 10f
20) 같은 책, S. 14.
21) 같은 책, S. 15.
22) 같은 곳.
23) 같은 곳.

어 있음을 수행하는 데에, 즉 현존재의 존재를 이해하는 데에 있다. 해석학은 그 자신이 바로 가능존재, 존재할 수 있음인 한, 현존재의 수행방식이다.

하이데거는 1922년의 아리스토텔레스 연구계획서에서 현사실성을 "접근가능한 현사실적 삶 자체의 존재"인 "실존"이라는 술어와 관련시켰다. [24] 그는 1923년 여름학기 강의에서 이 현사실성을 가리키는 실존이라는 술어를 보다 상세하게 설명한다. 그는 인간적 삶의 현사실성, 인간적 삶의 실존을 "무차별적인 이론적 의견의 대상"[25]이 아니라, 자기자신의 "가능존재"[26]라고 규정짓는다. 우리 자신의 가능성을 가리키는 개념들이 1923년 강의에서 최초로 범주들(Kategorien)이란 술어 대신에 "실존주들[27] (Existenzialien)"이라는 술어로 표현된다. 현사실성의 해석학은 무엇보다도 일차적으로 실존으로부터 그리고 실존에로 현사실성을 해석하는 일에 관여한다. [28] 바로 여기에서 1923년 여름학기 강의가 비록 성숙하지는 않지만 『존재와 시간』의 "실존의 실존성의 분석"[29]이라고 칭해지는 프로그램을 이미 어떻게 기획하고 있는가가 나타난다.

3. 현사실성의 해석학의 현상학적 길

3.1 현존(Präsentsein)의 기술로서의 현상학

하이데거는 현사실성의 해석학이 "현상학적"이라고 말한다. 현상학적 철학을 "원본적으로 부여하는 직관"이라는 후설의 원리를

---

24) PA. S. 245.
25) GA63, S. 3.
26) 같은 책, S. 16.
27) 같은 곳.
28) 같은 곳.
29) GA2, S. 50, 51 참조.

선이론적 원리라고 새롭게 해석함으로써 전개하는 1919년의 전후 보충학기 강의 내지 1919/20년의 강의와는 달리, 1923년 여름학기 강의는 "현상"이라는 술어의 근원적 의미로부터 출발한다. 이로써 현상학적 봄의 본질이 더 정확하게 규명된다.

현상(Phänomen)이란 개념은 "자기를 나타내는 것"을 의미하는 phainomenon이라는 그리스어에서 유래한다. 현사실성의 해석학은 "그것 자체로서 거기에 있지, 어떻게 대리되어 있거나 간접적으로 고찰되어 있고 다시 꾸며 있지 않은"[30] 현상의 내보임을 지향한다. 현상은 이것이 이론적 관심의 다양한 영역들에로 분화되기 전에 어떤 것의 "그것 자체로서의 현존(Präsent-sein)"[31]을 의미한다. 이같은 현존으로서의 현상의 결정적인 특성은 이것이 사태적 내용과는 무관하다는 것이다. 이를테면 현상은 자신의 방법을 자연과학에게서 이어받은 심리학이 다루는 심리적 감각들이 아니다. 혹은 정신과학들의 해석학적 정초를 꾀하는 딜타이의 체험관련으로서의 삶이 아니다. 이것은 나아가서 후설의 선험적 의식도 아니다. 다시 말하면 현상은 하나의 특정한 학문의 대상인 사태내용을 가지고 있는 무엇이 아니라, 사태내용을 가지고 있지 않은 형식개념이다. 현상학의 이념은 바로 자기 자신으로부터 자기를 드러내는 것이 꾸밈없이 기술되어야 한다는 방법적 준칙의 원리에 놓여 있다.[32]

하이데거는 늦어도 1919년의 전후 보충학기 강의 이래 줄곧 자신의 해석학적인 것으로 파악된 현상학적 철학이 후설의 현상학과 구별된다는 점을 특별히 강조해 왔다. 그런데 1923년 여름학기 강의에선—모든 비판에도 불구하고—자신이 후설의 『논리적 연구들』의 근본노선을 따르고 있다고 말한다. 하이데거는 현상학 개념이 역사적으로 어떠한 의미변화를 겪게 되었는가를 상술함에

---

30) GA63, S. 67.
31) 같은 곳.
32) 같은 책, S. 68f 참조.

있어서, 우선 후설의 『논리적 연구들』이 생성되었던 토양인 학문적 상황을 소묘한다. 그는 무엇보다도 19세기의 자연과학들, 브렌타노, 삶의 철학이 현상들(사상들 자체)로부터 연구의 출발점을 삼는다는 점에서 그들의 탐구의 긍정적인 면을 본다. 그는 후설이 『논리적 연구들』에서 브렌타노의 기술적 방법에서 출발하면서 현상들 자체에 접근하자는 과제를 세웠다는 점을 높이 평가한다.[33] 『논리적 연구들』의 결정적인 점은 이 연구의 주제적 장인 논리학의 대상들이나, 논리학이 소급해서 관계하고 있는 심리적 체험들이 아니라, 논리학의 대상들에로 응용되었던 탐구의 방식이다. 하이데거에게는 『논리적 연구들』에 의해 처음으로 열렸던 "현상학"은 논리학이나 심리학이 아니라, 이것이 사상의 현존성을 개시하는 데에 매달려 있는 한, "탐구의 특출난 방식"이다.[34]

3.2 동시대의 현상학에 대한 비판

하이데거는 현상의 어원적 의미에 소급해서 관련하고 후설의 『논리적 연구들』을 새롭게 해석함으로써 현상학의 창시자인 후설 자신에게서는 물론 동시대의 현상학적 운동 전체에서 계속 작용하는 현상학 개념의 오해를 투시할 수 있었다. 그는 우선 수학과 수학적 자연과학의 학문적 이념을 절대화하는 후설을 비판한다. 후설은 『논리적 연구들』에서 기술을 수학적 엄밀로 이끌려고 함으로써, 수학을 현상학의 모범으로 삼았다는 것이다. 하이데거에 따르면, 이같이 수학의 엄밀을 학문의 엄밀의 모범으로 삼는 것은 선입견적, 즉 비현상학적이다. 왜냐하면 접근해서 개시해야할 어떤 대상영역에서는 수학이야말로 가장 최소한도로 엄밀한 학문이 될 수 있기 때문이다. 학문의 엄밀은 어떤 특정한 학문의 모범에 의해서가 아니라, 대상양식과 그것에 적합한 접근방식에 의해 규정되어야 한다. 하이데거에 따르면 학문이란 "명제들과

---

33) 같은 책, S. 70 참조.
34) 같은 책, S. 74 참조.

정초연관들의 체계"가 아니라, "현사실적 현존재가 그 안에서 자기자신과 논쟁하는 것"이다. [35] 현상학은 이러저러한 학문에서 모범을 찾을 수 없다. 이것은 자기를 나타내는 사상들(현상들)을 보는 눈을 얻어야만 한다. 하이데거는 바로 이 점에서 현상학적 기술의 엄밀을 본다.

더 나아가서 하이데거는 후설의 본질현상학과는 근본적으로 다른 철학을 전개한다. 해석학의 명증성은 형상의 "본질직관"의 명증성을 요구할 수 없다. [36] 왜냐하면 해석의 본래의 대상은 주관이 그 앞에 무차별적으로(Indifferent) 머물러 서서 인식할 수 있는 객체가 아니라, 바로 염려, 동요, 불안, 시간성, 죽음에 의해 각인되어 있는 "삶의 의문성"에 사로잡힌 채 자기자신을 찾는 도상에 있는 가능존재로서의 현존재이기 때문이다. [37]

하이데거는 동시대의 현상학이 "역사를 상실"하고 있다고 비난한다. [38] 하이데거에게는 "현상학"이란 표현은 "은폐하지 않는 사상파악"에의 요구와 그로써 사상의 모종의 은폐들을 벗겨 내야 할, 즉 "은폐의 역사"를 파괴해야 할 필연성을 함유하고 있다. 하이데거는 이같은 "역사의 비판"이 "철학 자체의 근본과제"라고 선언한다. 하이데거는 동시대의 선험현상학이 역사의 비판을 결여함으로써 현상을 은폐시키는 선입견에 사로잡히게 되어 현상학의 이념에서 이탈하고 말았다고 비판한다. [39] 그에 따르면, 동시대의 현상학은 "선험적 현상학"이 됨으로써, 선험적 관념론을, "객관들"에 대립되어 서 있는 "주관들"로부터 출발하는 "나쁜 전통"인 인식론적인 데카르트주의를 비판없이 현상학에 도입하였다. 주관-객관의 도식에는 주관들과 객관들, 의식과 존재자가 있다 ; 존재자는 인식의 객관이다. 의식은 "나는 생각한다"이다. 하

---

35) 같은 책, S. 72.
36) 같은 책, S. 32 참조.
37) 같은 책, S. 17 참조.
38) 같은 책, S. 75 참조.
39) 같은 책, S. 73f 참조.

이데거는 선험적 현상학을 지배하고 있는 이같은 주관-객관 도식에 대해 다음과 같이 확정적으로 언명한다 ; "이 자의적이고, 경화된 전통의 완고성에 의하여 거의 근절 불가능한 기도는 원칙적으로 그리고 언제나 현사실적 삶(현존재)에로의 접근을 가로막았다. 이 도식의 어떠한 변형도 이것의 부적당성을 제거할 수 없다."[40]

여기서 우리는 하이데거가 자기의 고유하면서도 새롭게 이해된 현상개념 및 현상학의 이념을 도입할 때에 얼마나 첨예화된 역설적 입장을 갖고 있었는가를 엿볼 수 있다. 다시 말하면 하이데거는 현상의 개방성과 소여성보다는 은폐성과 비소여성에 더 강한 악센트를 주고 있는 것이다. 그는 현상학의 이념을 현상의 은폐성과 이 은폐성을 제거시키는 드러냄으로부터 이해한다. 이같은 현상 및 현상학의 이념의 특성은 현상학적 탐구의 대상인 "현사실적 삶"의 근본성격에 기인한다. 하이데거는 1919년 전후 보충학기 강의에서 현상학적 철학의 사상(Sache)인 삶이 비객관화와 객관화, 비은폐와 은폐의 서로 다른 두 가지의 운동을 한다고 말한다. 하이데거는 여기에서 삶을 객관화시키는 광범위한 이론적 지배에 대해 말한다. 그는 1921/22년 겨울학기 강의에서 "삶은 흐릿하다(Das Leben ist diesig)"라고 말한다. 하이데거는 나는 생각한다의 명석판명한 지각의 원리 대신에 삶의 흐릿성에 대해 말한다. 다시 말하면 자기의식 안에서 완전히 해명될 수 있는 것이 아니라, 언제나 다시 흐릿해지는 즉 자기은폐하는 운동을 수행하는 것이, 삶 자체의 본질에 속해 있다는 것이다. 하이데거는 "현사실성의 범주적인 근본규정성"으로서 현사실적 삶이 자기자신을 끊임없이 오해한다는 것을 의미하는 "퇴락(Ruinanz)"을 도입한다. 철학의 과제는 삶의 이같은 제 오해를 지양하는 데에 있으며 바로 이런 의미에서 철학은 해석학이다. 왜냐하면 해석학은

---

40) 같은 책, S. 81.

바로 근원적으로는 이해에보다는 오해로부터 방어하는 데에 더 기여하기 때문이다. 이같은 맥락에서 어째서 하이데거가 "현사실적 삶"을 대상으로 하는 현상학적 탐구를 해석학과 관련시키는지가 명백해진다.

3.3 일상경험에 대한 기술과 잘못된 기술

하이데거는 1923년 여름학기 강의에서 후에 『존재와 시간』(§ 12ff)에서 성숙하게 발전되는 인간 현존재에 관한 현상학적 분석을 행한다. 현사실성의 해석학은 인간의 실천적으로 행위하는, 즉 존재적인 삶의 존재론적 구조의 직관적인 자기증시를 꾀한다. "현존재(현사실적 삶)는 세계 안에 있는 존재다."[41] 하이데거는 이 근본명제에 의해 주관-객관의 이론적 도식을 파괴한다. 그는 이 근본명제를 설명함으로써 본질적인 존재성격들이 이론적 관찰에서가 아니라 단지 실천, 즉 일상적인 활동과 물들(Dingen)과의 교섭에서만 파악될 수 있다는 것을 보이려고 한다. 세계 안에 있는 존재는 우선 평균적인 "일상성"에서 수행되는 사실적 삶(tatsächliches Leben)이다.[42] 하이데거는 일상적 활동성을 배려함(Besorgen) 혹은 염려(Sorge)라고 칭한다. 이 배려함은 "사용(Gebrauch)"에 의해 거기에 있는, 즉 "개시된(erschlossen)" 특정한 의미들이 그 안에서 우리와 만나는 "지시연관"을 지향한다. 세계는 일차적으로 보고 있는 주관에 마주서 있는 "객체"로서가 아니라, 활동연관으로 만난다. 하이데거는 바로 세계 안에 있는 존재로서 주관-객관 도식에 의해 각인되어 있지 않은 사상 자체를 기술한다.

하이데거는 자신의 "지시하는 교섭인 일상세계의 기술"에 "일상세계의 잘못된 기술"을 대립시킨다. 그는 양자의 기술에서 일상생활에서 가장 친숙하게 만날 수 있는 사물의 존재가 어떻게

---

41) 같은 책, S. 80.
42) 같은 책, S. 85 참조.

서로 다르게 파악되는가를 보여 주려고 한다. 그는 아리스토텔레스 이래 철학에서 빈번히 취했던 탁자의 예를 들어서 그 두 개의 기술들의 본질적인 차이점을 보여 준다. 그는 본래의 기술성격을 더 날카롭게 부각시키기 위해 잘못된 기술이 무엇인지를 먼저 보여 준다. [43] 우리의 시각에는 언제나 지각될 수 있는 물질적 공간물(Raumding)의 특정한 측면만이 나타난다. 이 측면들은 변한다. 물의 이같이 구신적인 이러저러한 존재(leibhaftes Sosein und Dasein)로부터 그러한 대상들의 존재의미가 얻어질 수 있다. 그런데 탁자는 물질적인 공간물(자연물)인 동시에 가치물이기도 하다. 자연물의 존재는 가치물의 존재의 기초층을 이루고 있다. 이에 따르면 탁자의 본래적 존재는 물질적인 공간물이다.

우리는 하이데거가 이같은 자기서술에서 후설의 현상학적 기획에 대한 직접적 비판을 피하고 있지만, 이 잘못된 서술이라는 것을 통해 바로 후설의 현상학적인 지각분석의 오류를 보여 주려는 의도를 가지고 있음을 알 수 있다. 하이데거에 의해 "잘못된 기술"이라고 칭해진 것은 전형적인 후설 식의 분석이다. 후설의 현상학적 기술은 동시대 철학의 모든 꾸미는 선입견을 거부함으로써 특히 자연과학주의를 비판함으로써 돋보였다. 현상학적으로 기술되어야 할 현상들은 후설에게는 소박한, 자연의 소요성들이 아니라, 지향적 작용들(노에시스)의 상관자들, 그들의 지향적 대상들, 의미되어진 것이다. 하이데거는 1923년 여름학기 강의에서 현상학의 이념을 후설과 유사하게 현존(Präsentsein), 사상(Sache)의 기술로부터 파악한다. 그러나 하이데거의 단초는 후설의 것보다 더 철저하다. 하이데거는 후설에게서 기술적 단초의 실행의 불충분성을 본다. 그래서 그는 위에서 자기가 보여 주었던 후설 식의 기술이 "겉으로는 옳게" 보이지만, 사실은 "매우 꾸민" 것이라고 말한다. [44] 여기에서 우리는 후설이 동시대 철학

---

43) 같은 책, S. 88f 참조.
44) 같은 책, S. 42.

의 이론적 꾸밈을 능가한다고 여긴, 현상학적 기술의 빛나는 한 부분으로 최고로 정교하게 발전시킨 물지각의 기술적 분석이 하이데거에게는 파르메니데스 이래 서구철학의 은폐시키는 "거의 근절시키기 불가능한 선입견들"에 여전히 사로잡혀 있는 것으로 나타난다는 것을 알 수 있다. 하이데거는 후설이 탁자를 물질적인 공간물(존재)로 인지하고 현존하게 하는 단적인 지각에 매달리게 된 것은 인지하는 사유와 존재는 동일하다고 하는, 즉 "존재하는" 모든 존재자는 사유, 의식에서 구성된 것으로 존재한다고 하는, 즉 의식 안에서의 현존에 의하여 최종증시를 얻어야만 한다는 파르메니데스적 독단적 선입견에 사로잡혔기 때문이라고 본다.[45]

하이데거는 후설 식의 관상적이고 이론적인 기술과 대립하여 실천-분석을, 즉 물의 실천적인 기능연관에 대한 기술을 보여 준다. 그는 이 물을 1923년 여름학기에서 세계의 "현존하는 것 (Daseiende)"이라고[46] 그리고 후에 『존재와 시간』(§§15와 16)에선 "도구(Zeug)"라고 부른다. 이같은 하이데거의 현상학적 기술은 다음과 같은 생각에 의해 주도되어 있다 : 어떤 의미에서 탁자가 "직접적으로 곁(unmittelbare Zunächst)"에 본래적으로 "거기에" "있는가"라는 물음에 대한 대답은 관상적으로 보는 의식에 있는 소여성 방식들이 아니라, 실천적인 삶의 수행들과 관련하는 탁자의 고지방식들, 즉 "만남의 성격들(Begegnischarak-tere)"[47]을 분석함으로써만 얻어질 수 있다. 기술되어야만 하는 현상, "현존(Präsentsein)"[48] 즉 현사실성은 지각된, 이미 의식 안에서 재구성된 구신적인 물의 "이런-현존재(So-Dasein)"가 아니라, 그것 자체로 거기에 있어서 전혀 재꾸밈을 알지 못하는,

---

45) 같은 책, S. 97f 참조.
46) 같은 책, S. 91.
47) 같은 책, S. 91.
48) 같은 책, S. 67.

존재자 옆에서 실천적으로 교섭하는 체류함(Verweilen), "거기 -곁에(Da-bei)"[49], "어떤 일에 종사함(Beschäftigtsein mit Etwas)"[50]을 뜻한다. 하이데거는 바로 이러한 현상에서 본래의 존재의 의미가 얻어질 수 있다고 본다.

4. 삶의 현상에서 존재현상까지

하이데거는 1923년 여름학기 강의에서 1919년부터 1921년 사이에 얻어진 단초들을 넘어서는 기본적이고도 결정적인 발걸음을 내딛는다. 1919년부터 1921년 사이의 강의들의 주된 목표는 "이론적인 것 자체가 거기에서 자신의 근원을 취하는" 본래적인 선이론적 근원학문인 삶의 해석학적 현상학의 창립이다. 이 현상학적 철학의 주제적 장이 "삶"이라는 "근원현상"이다. 하이데거는 1923년 여름학기 강의에서 이같은 "삶"이라는 "근원현상"을 그것의 존재성격들에서 해명한다. 그럼으로써 현-존재를 그의 존재에서 탐구하는 데에 확실한 노선을 제시하였다. 물론 하이데거의 사유 전체를 주도하는 존재에 대한 물음도 하이데거가 삶 철학의 문제들과 씨름하는, 하이데거의 독창적인 현상학적 해석학의 배아기에 이미 형태를 갖추고 있다. 이를테면 하이데거가 1919년 2월부터 4월까지 행한 전후 보충학기 강의에서 당대의 신세대 철학도들을 매혹시켰던 표현인 "발현(Ereignis)", 즉 인간적 삶의 자기개시로서의 세계화함(Welten)은 명백하게 존재론적인 핵심 체험이다. 그런데 하이데거는 그 시기에는 그것을 단지 희미하게 존재현상으로 보았을 뿐 명백한 존재의 중심현상으로 경험하지 못했다. 이같은 환경세계 체험들의 "발현"이 1923년 여름학기 강의에선 인간적 현존재의 실천적 태도들의 존재의 가장 고유한 방

---

49) 같은 책, S. 7.
50) 같은 책, S. 87.

식인 "배려함(Besorgen)"으로 그리고 현존재의 가장 고유한 존재방식인 "염려(Sorge)"로 파악된다. 1919년 전후 보충학기 강의에서 "의미적인 것(Bedeutsame)"[51]이라고 불리어졌던 것이 1923년 여름학기 강의에선 존재를 인간적 삶에 개시시키는 일상성 가운데 "만나는 것(Begegnende)"[52]이라고 표현된다. 하이데거는 1919/20년 겨울학기 강의에서 도입한 "의미(Bedeutsamkeit)"를 1923년 여름학기 강의에선 만나는 세계의 존재성격이라고 확정짓는다: "의미적이다라는 것은 존재, 특정한 의미함의 현존재다."[53] 하이데거는 1919년 전후 보충학기 강의에서 의미적인 것, 환경세계적인 것이 환경세계 체험에 의해 나에게 만나지는 방식으로 "의미함" 내지 "세계화함"을 도입했다[54] ; 그런데 그는 이같은 "의미함" 내지 "세계화함"을 1923년 여름학기 강의에선 만나는 것이 그것으로부터 존재의 거기에로 나타나는 "개시성(Erschlossenheit)"으로 규정한다. [55] 1919/20년 겨울학기 강의에서 처음으로 떠오르는 "생활세계"의 한 양태인 "공동세계(Mitwelt)"[56]라는 단초가 1923년 여름학기 강의에서 "세인(Man)"이라는 명칭으로 주제화된다. "세인"이란 "현존재의 고유성과 가능한 본래성을 은폐시키고 있는" 것이다. [57]

하이데거는 1923년 여름학기 강의에서 후에 "『존재와 시간』에서 인간 현존재의 중심의미로서 규정되는 "세계-안에 있는 존재"이며 현존재의 근본현상인 "염려"를 완성했을 때, 더 이상 후설의 의식의 지향성의 현상학을 따르지 않는다. "염려함"은 "근원적으로 세계를 거기에 가지며 그것에 대해 그리고 그 안에서 세계가 만나지도록 시간성을 주는 것이다."[58] 그러한 염려는 존재,

51) GA56/57, S. 72f.
52) GA63, S. 97.
53) 같은 책, 93.
54) GA56/57, S. 73.
55) GA63, S. 96.
56) GA58, S. 45.
57) GA63, S. 85.

배려이다. "염려함"이란 "생산함, 업무를 봄, 소유함, 방해함, 상실하지 않도록 간직함 등"을 뜻한다. [59] 하이데거는 총괄적으로 다음과 같이 요약한다 : "염려는 세계 안에 있는 존재다. 의식의 작용(Akt im Bewusstsein)으로 이해되어서는 안 된다. "[60]

요약컨대, 우리는 1923년 여름학기 강의에서 오늘날의 하이데거 연구에도 중요한 의미를 지닐 수 있는 하이데거의 고유한 존재 물음의 본래적 원천이 무엇인지를 알 수 있다. 하이데거는 후기에 여러 번 자신이 고등학교 시절에 접했던 브렌타노의 박사학위 논문인 『아리스토텔레스에 있어서 존재의 다양한 의미들에 관하여』가 자신을 처음으로 존재 물음의 길로 인도하였다고 술회하였다. 이래서 당시 항간에 하이데거가 아리스토텔레스의 형이상학에 관한 꾸준한 숙고에 의하여 존재 물음을 발전시키게 되었다는 추측이 나돌았다. 하지만 존재에 대한 물음은—바로 이것을 1923년 여름학기 강의가 단적으로 가르쳐 주는 바—아리스토텔레스적으로 진리존재, 속성존재 그리고 가능존재의 통일적 의미에 대해서가 아니라 현존재의 존재(현사실성)에로의 적합한 접근에 대해 묻는 것을 의미하는 것이다. 현사실성의 해석학의 가장 긴박한 철학적 관심사는 현존재의 특유한 존재성격을 전통의 고전적이고, 비반성적인 존재파악에 대항하여 개시하는 것이다. 1923년 여름학기 강의의 근본 테제는 다음과 같다 : 철학의 전통에서 인간의 존재가 물들의 존재를 파악하는 이론적 관찰방식에 의해 규정되었다 ; 그러나 인간의 존재는 끊임없는 현전성으로, 즉 자기동일하게 머무르는 본질이라고 볼 수 없다. 하이데거는 존재에 대한 물음에 답변을 주었던 아리스토텔레스적 형이상학의 전통의 의미에서가 아니라, 존재에 대한 올바른 접근방식에 대한 물음을 설정하자는 요구를 하면서 강의를 "존재론"이라고 부른

---

58) 같은 책, S. 102.
59) 같은 책, S. 102.
60) 같은 책, S. 103.

다. 하이데거의 존재물음의 설정은 결코 아리스토텔레스적 형이
상학의 답변을 받아들였던 스콜라 철학에서 솟아오르는 물음의
무비판적이고, 무반성적인 다시 받아들임이 아니라, 철학적 전통
의 무반성적, 비현상학적 전제들과의 극도로 비판적인 논쟁이다.
이같은 연관에서 우리는 존재물음이 어떤 의미에서 현상학적인가
를 원천에서 재인식할 수 있게 된다. 그리스적 존재론은 중세의
스콜라 철학에서는 물론 후설 현상학에까지 광범위하게 영향력을
발휘하였다. 하이데거는 후설 현상학을 "현상학적 신스콜라주의"
라 부른다. 그는 순수하게 현상학적으로 묻는다 : 후설 자신에게
서 수행된 사상(Sache)의 존재론적 파악은 현사실적 인간의 존
재에 과연 적합한가? 그것은 비현상학적인, 무비판적인 선입견
에 사로잡혀 있는 것이 아닌가? 하이데거는 후설이 존재란
νοεῖν에 현시되는 항상 현전성이라는 존재에 대한 일면적 파악에
사로잡혀 있다고 본다.

　현사실성의 해석학은 원칙적인 현사실적 삶의 "선이론적 근원
학문"이다. 이 해석학은—의식적으로 역설적인 방식으로—관상
에 의해선 대상화될 수 없는, 단지 활동적, 실천적 인간의 삶에
서만 개시될 수 있는 존재를 대상으로 삼는다. 해석학의 본래적
과제는 삶의 존재를 이론의 객체로 보는 것을 파괴하고, 본질적
인 존재성격들을 비이론적인 학문적 방법을 가지고 개시시키기
위하여 선이론적으로 살아진 삶으로 되돌아가는 데에 있다. 하이
데거는 바로 1919년부터 줄곧 실천의 존재론을 세우려고 하였다.
1919년 이래 근원적으로 일상적인 실천적 문제에서 출발하는 하
이데거의 창의적인 해석학은 1923년 여름학기에 일상적이고 "친
숙한(bekannt)" 인간 삶의 존재구조의 발견으로 이른바 확고한
지반에 설 수 있게 되었으며 그로써 후에 『존재와 시간』의 1부 1
편에서 상세하게 전개되는 기초존재론을 향한 전향적인 발걸음을
내딛을 수 있었다.

참 고 문 헌

1. 하이데거의 저술들

GA 2.
GA 12.
GA 56/57.
GA 63.
"Phänomenologische Interpretationen zu Aristoteles(Anzeigeder hermeneutischen Situation)", hrsg. von H.-U. Lessing, in: *Dilthey-Jahrbuch für Philosophie und Geisteswissenschaften*, hrsg. von F. Rodi, Bd. Göttingen 1989, S. 247.
필자는 하이데거의 위의 논문을 PA로 표시하겠음.

2. 그 밖의 문헌들

O. Pöggeler, *Der Denkweg Martin Heideggers*, Neske, Pfullingen 3, 1990.
O. Pöggeler, "Heideggers Begegnung mit Hölderlin", *Man and World* 10, 1977.
W. Dilthey, *Gesammelte Schriften*, Ⅰ. Band. Stuttgart 1922.
B. Bauch, *Immanuel Kant*, Berlin/Leipzig 1917, Insb. 145.
P. Natorp, "Bruno Bauchs >Immanuel Kant< und die Fortbildung des Systems des kritischen Idealismus", in: *Kantstudien* 22(1918), 426-459.

하이데거의 현상학

이 수 정

1. 머리말

하이데거의 철학에 어떠한 형태로든 관심을 갖고 그 진상에 접근해 들어가고자 할 때, 그것은 하나의 거대한 숲과 같이 우리 앞에 가로놓여 이해의 발걸음을 머뭇거리게 한다. 평생에 걸쳐 그가 전개한 사유의 깊이와 폭이 그만큼 깊고 넓은 것이었음을 우리는 인정하지 않을 수 없다. 그런데 다행스럽게도 하이데거는 그 자신의 학적 행위 내지 수행방식, 또는 양태와 관련된 것들을 도처에서 그 스스로 주제화시켜 거론하고 있다. 예컨대 '철학', '현상학', '해석학', '존재론', '기초존재론', '현존재의 실존론적 분석론', '형이상학', '언어화', '사유'…… 등등의 주요개념들이 바로 그러한 것들이다. 이것들은 제각기 그때그때의 고유한 문제의식에서 말미암은, 그러나 궁극적으로는 동일맥락에서 이해될 수 있는, 하이데거 자신의 주제 수행방식[1] 내지 주제에 접근하는 —하이데거를 포함한— 우리 인간들의 관련방식과 연관된 것으로 볼 수 있는 것이다. 이것들은 하이데거의 철학세계를 안내하는 훌륭한 이정표가 되어 줄 수 있다.

이중에서 우리는 특히 '현상학'이라는 것을 주의해 보기로 한다. 왜냐하면 이 '현상학'이라는 것이야말로 하이데거 철학 자체

---

1) Pr, 103 참조.

의 근본적인 성격을 가장 특징적으로 대변해 주고 있는 것이라고 우리는 보기 때문이다. 이 점은 그의 철학이 전기의 대표작 『존재와 시간』(1927)에서도 "현상학"(SZ 38)으로 규정되고, 후기의 대표작 『사유의 사태에로』(1969)에서도 여전히 "현상학적"(SD 48)이라는 사실과, '현상학'이 애당초 연구의 "대상"이나 "사상내용"을 성격짓기보다, "이 학에 있어서 논해질 그것을 어떻게 제시하고 취급할 것인가 하는 것에 관해 해명"하는 것(SZ 35)이라는 그의 천명에 의해 정당화될 수 있을 것이다.

따라서, 하이데거가 그의 말대로 평생토록 "한 줄기 긴 외길"(Gl 11)을 걸어왔다고 한다면, 그 외길은 다름아닌 '현상학의 길'이라 불러도 좋을 것이다. 실제로 '하이데거의 철학'은 "현상학이라는 가능성의 철저한 추구"라고 평가하는 사람도 있으며,[2] 우리가 이에 적극적으로 동의한다는 것은 말할 것도 없다.

2. 하이데거 현상학의 형성과정

그런데 주지하는 대로 현상학은 일단 하이데거의 스승인 후설에 의해 제창된 '후설의 철학'이다. 그것이 어떻게 해서 그리고 왜 하이데거의 것이 될 수 있었는지 그 사정을 미리 살펴보는 것이 결코 헛된 일은 아닐 것이다. 이하에서 우리는 주로 「현상학으로 들어간 나의 길」을 참조하면서 그의 진술을 따라가 보기로 한다.

하이데거와 현상학의 인연은 1909년 그가 프라이부르크 대학 신학부에 입학하면서부터 시작된다. '첫 학기부터' 그는 후설이 쓴 두 권짜리 『논리학 연구』를 대학 도서관에서 빌려다 읽었다. 이 책은 다른 학생들의 청구가 거의 없었기 때문에 언제나 손쉽

---

2) 『理想』No. 542, 東京, 1978. 7., 28면 참조.

게 그 대출기간을 연장할 수 있었다고 그는 술회하고 있다. (SD 81) 그렇다면 도대체 어떤 연유에서 그는 이 책에 접하게 되었는 가? 사정은 이렇다. 널리 알려진 일이지만 하이데거는 1907년 고등학교 시절에 아버지의 친구인 당시 콘스탄츠의 사제 콘라트 그뢰버로부터 프란츠 브렌타노의 학위논문 『아리스토텔레스에 따른 존재자의 다양한 의미에 관하여』를 선물받고 그것을 통해 그의 평생의 과제가 된 존재문제에 눈뜨게 되었었다. 그후 그는 많은 철학잡지들을 통해서 '후설의 사유방식'이 바로 그 '브렌타노를 통해서 규정되고 있다'는 것을 알게 되었고(SD 81), 따라서 브렌타노의 학위논문을 통해 야기된 그 물음에로의 어떤 '결정적인 추진'을 후설의 『논리학 연구』로부터 '기대'하게 되었다는 것이다. (SD 82) 그러나 그 노력은 '헛된' 것이었다고 그는 고백한다. 왜냐하면 '올바른 방식으로 그것을 추구하지 않았기 때문'이라는 것이다. 그러나 그럼에도 불구하고 그는 그 작품에 계속해서 '사로잡혀' 있었고 그후 몇 년 동안도 무엇이 그를 매혹하고 있는지 충분히 알지 못한 채로 거듭 그것을 읽게 된다. 그가 당시 얼마나 이 책에 매료되어 있었는지는 '이 작품으로부터 발산돼 나오는 마력이 인쇄된 면과 표지의 외양에까지 미쳤다'고 하는 말에서 충분히 짐작될 수 있다. 아무튼 바로 이 책 『논리학 연구』의 제2권 부제에서 하이데거는 '현상학'이라는 명칭을 처음으로 만나게 된다. 물론 그에 대한 이해는 아직 '빈약하고 불확실한' 것이었다. (SD 82)

역시 널리 알려진 일이지만, 4학기가 지난 후 하이데거는 철학부로 전과하여 리케르트의 지도를 받게 된다. 리케르트는 세미나에서 자신의 제자였던 라스크의 작품들[3]을 다루게 되었는데, 그것들이 후설의 『논리학 연구』에 영향받아 이루어진 것이었던 관계로 하이데거는 '새삼스레' 그것을 철저히 연구해 보지 않을 수

---

3) 『철학의 논리학과 범주론-논리적 형식의 지배영역에 관한 연구』(1911) 및 『판단의 학설』(1912)을 말한다.

없게 되었다. (SD 83) 그러나 이 거듭된 시도도 역시 '불만족스러운' 것이었다고 그는 말한다. 그 이유는, '현상학이라 일컬어지는 그 사유의 수행방식을 어떻게 따라 수행해야 할 것인가' 하는 하나의 '주된 어려움'을 '넘어서지 못했기 때문'이었다. 그 어려움은 후설의 『논리학 연구』에서 보여지는 외견상의 '이중성', 즉 제1권은 ('사고와 인식에 관한 이론이 심리학에 기초할 수는 없다'는 것을 증명함으로써) 논리학에서의 심리주의를 비판하는 것인데 비해, 제2권은 ('인식의 구성에 본질적인 의식작용의 기술' '의식현상의 현상학적 기술'을 포함하고 있는 이상) 또다시 심리주의로 되돌아가는 것이 아닌가 하는 인상에서 말미암은 것이었다. 이 어려움은, '만일 후설이 그런 중대한 과오를 범할 리 없다고 한다면 의식작용의 현상학적 기술이란 무엇인가? 현상학이 논리학도 심리학도 아니라고 한다면 그것의 고유한 점은 어디에 있는가? 여기에 완전히 새로운 종류의 철학분과가, 더욱이 고유한 지위와 우위를 지닌 그런 철학분과가 나타난 것인가?' 하는 의문을 자아내게 했다. (SD 83f) 그러나 당시의 하이데거로서는 이 물음들을 명확히 파악할 수도 올바로 해결할 수도 없었다. (SD 84) 요컨대 현상학이라는 것이 도대체 무엇인지를 그는 제대로 이해할 수가 없었던 것이다.

그 해답은 1913년에 나온 후설의 이른바 『이덴』에 의해 주어졌다고 그는 술회한다. (SD 84) 즉 '순수현상학'이란 '철학의 근본학'이며, '순수한'이란 '초월론적'이란 뜻이며, '초월론적'이란, '인식하고 행동하고 가치정립하는 주체의 주관성'을 꾀하는 것이라고 그는 파악하게 된 것이다. 다시 말해, 현상학은 '의식체험들'을 '주제적 영역'으로 삼고 있으며, '작용들 속에서 체험되는 대상들을 그 대상성의 측면에서 탐구하는 것' 그것과 더불어 '체험작용의 구조에 대한 체계적으로 기획되고 보증된 탐구'라는 것이다. 바로 이것이 그의 눈에 비쳐진 현상학의 본질이었다. 바로 이런 점에서 그는 현상학이 의식적으로 그리고 결정적으로 '근세

철학의 전통' 속으로 선회해 들어갔으며 현상학에 의해 '초월론적 주관성'이 '보다 근원적이고 보편적인 규정가능성에 이르렀다'고 평가하는 것이다. 또한 그는 이 『이덴』을 『논리학 연구』 및 『엄밀한 학으로서의 철학』에 체계적인 자리와 충분한 기초를 부여하는 '보편적인'(SD 84) 것으로 받아들였다.

당시 사람들은 '현상학'을 '유럽 철학 내부에 대두된 하나의 새로운 경향'(SD 85)이라고 받아들였지만 하이데거는 그런 식의 '역사적 평가'가 현상학을, 즉 이미 『논리학 연구』에 의해 발생했던 바를 올바로 적중시키지 못했을 뿐 아니라, 현상학이 그 이전의 모든 사유를 부인하는 그런 철학의 시작을 요구하는 것인 양 '오해'했다고 단정한다.

그런데 하이데거는 『이덴』이 나온 후에도 『논리학 연구』에서 나왔던 마력에 계속해서 사로잡혀 있었다. 그 마력은 근거를 알 수 없는 새로운 '동요'를 일으켰다. 그러나 그 동요가, '그저 책을 읽는 것만으로는 현상학이라는 이 사유방식을 수행할 수 없다'고 하는 '무능력'에 기인하는 것임을 그는 '짐작'하고 있었다. (SD 85)

그러나 현상학에 대한 하이데거의 혼란은 1916년 후설이 프라이부르크 대학에 부임하여 직접 지도를 받을 수 있게 되면서 서서히 그리고 힘겹게 해소되어 갔다. 후설의 가르침은 '현상학적으로 보는 것을 한 걸음씩 훈련한다'고 하는 형태로 이루어졌으며(SD 86), 그것은 '철학적 지식들의 음미되지 않은 사용을 도외시한다'는 것과 '위대한 사상가들의 권위를 대화 속에 끄집어들이는 것을 포기한다'는 두 가지 성격을 지닌 것이었다. 1919년 이래 하이데거는 그러한 '현상학적 보기'를 연습했다. 그러면서 그는 새롭게 『논리학 연구』에, 특히 그중 '제6장'에, 관심을 기울이게 되었다. 왜냐하면 거기서 부각된 '감각적 직관과 범주적 직관의 구별'이 그 자신의 고유한 관심사였던 '존재자의 다양한 의미'를 규정하는 데에 중요한 시사를 주었기 때문이었다. (SD 86)

이러한 사정에서 하이데거는 『논리학 연구』를 자신의 강의나 연습 등과는 별도로 나이든 학생들과의 특별한 연구회에서 매주 철저히 공부해 나갔다. 이 공부를 위한 준비는 하이데거에게 있어 성과있는 것이 되었다. 그러나 후설은 (이미 『이덴』쪽으로 관심이 옮아가 있었던 관계로,) 너그럽게 이것을 지켜봐 주기는 했지만, 근본에 있어서는 '거부적'이었다. (SD 87)

그러나 하이데거는 이미 이 무렵 자기 나름의 현상학적 시선을 가다듬어 가고 있었다. 그것은 대체로 이런 것이었다. 즉, '의식작용의 현상학에 있어 현상들의 자기-고지로서 수행되고 있는 것은, 보다 근원적으로는 또한 아리스토텔레스에 의해서 그리고 전 그리스적 사유와 현존재에 있어서 '알레테이아'로서 사유되고 있다는 것, 다시 말해 현존자의 비은폐성, 그 드러냄, 그 자기-시현으로서 사유되고 있다'(SD 87)는 것이다. 그리고 '현상학적 연구가 사유의 주된 태도로서 새롭게 발견한 것은, 철학 그 자체의 근본특징은 아닐지라도, 그리스적 사유의 근본특징으로서 입증된다'는 것이다. 물론 그가 당시 경험한 이러한 내용은 근거있는 통찰에 의한 것이라기보다는 어떤 '짐작'에 의한 것이기는 했다. 이러한 통찰이 결정적으로 밝혀져 옴에 따라 하이데거는 이런 절박한 물음을 지니게 된다. 즉, "현상학의 원리에 따라 '사태 그 자체'로서 경험되어져야 하는 것은, 어디서부터 그리고 어떻게 규정되는가? 그것은 의식 그리고 의식의 대상성인가, 혹은 비은폐성 및 은폐에 있어서의 존재자의 존재인가?" 하는 것이다. 이렇게 해서 그는 '존재 물음의 길'로 들어서게 되었다. (SD 87) 하이데거는 이미 후설의 '초월론적 현상학'과는 구별되는 '존재론적 현상학'으로 자신의 방향을 잡아 가게 되는 것이다. [4]

---

[4] 1919년 여름학기 이후 하이데거는 자신의 강의에 직접 "현상학"이라는 명칭을 내걸고 자기 나름의 현상학을 모색해 나가기 시작한다. 이를테면, 1919년 여름학기 「현상학과 초월론적 가치철학」, 1919년 겨울학기 「현상학의 근본문제들」, 1920년 여름학기 「직관과 표현의 현상학」, 1921년 겨울학기 「아리스토텔레스에 대한 현상학적 해석. 현상학적 연구입문」 등이 그것이다. 한편, 1919년 겨울학기, 1920년 여름학기, 1921년

이러한 차이점은 이른바 '브리태니커 논문'을 둘러싼 후설과 하이데거의 교류과정[5]에서 단적으로 드러나게 된다. 널리 알려진 대로 영국의 '대영 백과사전'은 1927년 이 사전에 '현상학'이라는 항목을 새로 추가하기로 결정하고 그 집필을 창시자인 후설에게 직접 의뢰하게 된다. 후설은 이것을 자신의 현상학이 세간에 알려질 수 있는 좋은 기회로 생각하고 의욕을 보이는 한편, 기대했던 셸러에 이어 하이데거마저도 자신의 노선과 멀어져 가는 것을 의식한 탓인지 하이데거에게 그 공동집필을 제안하게 된다. 하이데거는 하이데거대로 이 제안에 적극 호응하게 된다. 작업은 1927년 여름부터 연말에 걸쳐 이루어졌다. 우선 여름방학 기간 동안 하이데거는 프라이부르크의 후설 곁에서[6] 오랜 기간 머물면서 이 일에 몰두했다. 작업의 진행은 우선 두 사람이 협력해서 제1초안을 마련하고, 그런 다음 각자가 수정보완한 복사본을 서로 교환해 충분한 협의를 거치고, 그후 제2초안을 집필하는 형태로 이루어졌다. 제2초안의 집필은 제1초안을 기초로 해서 하이데거가 전반을 그리고 후설이 후반을 나누어 맡았다. 그런데 하이데거는 이 제2초안을 쓰는 과정에서 제1초안에 없었던 '현상학의 이념과 의식에의 회귀'라는 제목의 짤막한 '서론'을 덧붙였다. 그 뒤 이 제2초안에 관해서도 제1초안 때와 동일한 절차를 거치게 되었다. 두 사람은 이 제2초안의 교정작업을 여름방학 중에 마무리하고 나머지 일은 편지를 통해 처리해 나간다. 그런데 후설은 이 초고들에서 하이데거가 집필한 부분을 대부분 삭제한 형태로 제3초안을 만들었고 그것을 정리하여 연말까지 결정고를 완성해 브리태니커사로 송부했다. 여기서 양자의 차이를 본격적으로 논

여름학기, 1921년 겨울학기 등의 강의에 따르면, 철학의 출발점이자 목표로서 「현사실적인 생의 경험」이 제시된다. 하이데거가 생각하는 현상학은 내용면에서 바로 이 「현사실적인 생의 자기해석」 쪽으로 방향을 잡아 간다.

5) 이에 관해서는, 일차적으로 Husserliana Ⅸ S. 237-301을, 그리고 Walter Biemel, "Husserls Encyclopaedia-Britannica-Artikel und Heideggers Anmerkungen dazu", 및 木田元, 『現象學』, 岩波書店, 東京, 1970, 76-85면을 참조바람.

6) 당시 하이데거는 마르부르크 대학에 근무하고 있었다.

의할 여유는 없지만 적어도 삭제된 하이데거의 서론에서 하이데거적 현상학의 특징을 확실히 해둘 필요는 있을 것이다. 그 핵심적 내용은 무엇보다도 그가 이미 여기에서 '존재론적 시각'을 명백히 드러내고 있다는 것이다. 즉 그는 여기에서 '그리스 철학은 그 결정적인 시초부터 존재자를 물음의 대상으로 삼았던 것이 아니었던가'고 묻고 '사실이 그렇다'고 단정한다. 그러나 '그것은 이런저런 존재자를 규정하고자 해서가 아니라, 존재자를 존재자로서 즉 그 존재에 관해서 이해하고자 해서였다'는 지적을 잊지 않는다. 또한 그는 '그 문제설정과 따라서 그 대답도 오랫동안 어둠의 영역을 벗어나지 못했다'는 사실에도 언급한다. 이것이 『존재와 시간』의 서두에서 펼쳐지는 내용과 거의 일치하는 시각임은 두말할 필요도 없는 것이다. 물론 그는 여기서 '의식에로의 회귀'를 언급하고 있기는 하다. 즉 '존재자로부터 의식에로 시선을 전향한다는 것은 과연 우연히 일어나고 있는 것일까. 이러한 의식에의 회귀의 필요성을 원리적으로 해명하는 일, 이 회귀의 길과 그 수행방식을 근본적이고도 명확히 규정하는 일, 그리고 이 회귀에 있어서 개시되는 순수주관성의 영야를 원리적으로 한정해 체계적으로 답사하는 일, 이것이 곧 현상학'이라고 설명하는 것이다. (이상 HuaⅨ 256) 그러나 이것은 그가 그후 결코 의식과 주관성을 그 자신의 주제로 부각시키고 있지 않다는 점에서 볼 때 어디까지나 인간 현존재가 가진 존재이해의 특출함을 염두에 둔 것이라고 해석하는 것이 타당할 것이다. 참고로 말하자면, 후설은 제1초안의 서두에서 '현상학'을 '학적인 철학의 철저한 새 기초부여와 그것을 통해 모든 학문들의 철저한 새 기초부여를 목표삼는 것' 그리고 '이러한 목적들에 이바지하는 근본적인 학의 새로운 존재방식을 지시하는 것'으로 규정하고 있다. (이상 Hua Ⅸ 237) 그런가 하면 최종고에서는 '현상학'을 '새로운 기술적 방법' '이러한 방법으로부터 생겨 나온 아프리오리한 학' '엄밀한 학적인 철학에 대한 원리적인 오르가논을 부여하고 모든 학문들의 방법적인 혁신을 가능케 하도록 규정되고 있는 학'으로 규정하고 있으며, 그러한 '철학적 현상학'에의 예비적 전단계로서 '현상학적 심리학' 내지 '심리학적 현상학'의 중요성을 말하고 있는 것이다. (이상 HuaⅨ 277f) 깊은 숙고를 거치지 않더라도 두 사람의 시각이 서로 상이함을 여기에서 쉽게 알 수 있는 것이다.

그러나 하이데거의 그러한 존재론적 방향설정이 어디까지나 '현상학적 태도에 의해 깨우쳐진' 것이며, '예전에 브렌타노의 학위논문으로부터 생겨났던 물음들에 의한 것과는 다른 방식으로 새롭게 동요된' 것 (SD 87)이었음을 간과해서는 안 될 것이다. 하이데거의 현상학이 어쨌거나 현상학인 한, 그것이 후설의 현상학에서 유래하는 것임은 말할 것도 없는 것이다. 아무튼 이렇게 해서 형성된 존재 물음의 길을 하이데거는, '수많은 체류지와 우회로와 옆길' 등을 거치면서 걸어 나가게 되는 것이다. (SD 87) 그 길은 그 자신이 생각했던 것보다 훨씬 긴 것이 되었다.

후설의 현상학에 대해 하이데거는, '금세 시대의 정신을 더할 나위 없이 다양한 영역에 걸쳐 규정했다'(SD 90)고 평가한다. 그러나 1963년의 시점에서 하이데거는 '현상학적 철학의 시대가 이미 지나간 듯이 보인다'(SD 90)고 피력한다. '현상학은 이미 철학의 다른 경향들과 나란히 오직 역사적으로만 기록되는 지나간 어떤 것으로서만 유효하다'는 것이다. 그러나 그것은 어디까지나 일반적인 이해일 뿐, '현상학은 그 가장 고유한 점에 있어서 어떠한 경향도 아니다'(SD 90)라는 것이 하이데거의 근본적인 생각이다. 7) 그에게 있어서의 현상학은 어디까지나 '때에 따라 변천하고 그리고 오직 변천함으로써만 머무르는 사유의 가능성, 즉 사유해야 할 것의 말걸음에 응답하는 그런 사유의 가능성'인 것이다. 그래서 하이데거는 '현상학은 사유의 사태를 위해서 표

---

7) 『현상학의 근본문제들』에도 이런 생각이 보인다. "우리는 현상학이라고 불리는 철학의 현대적 경향이 어떠한 사정에 있는지를 역사학적으로 알려고 하는 것이 아니다" (GP 1)라고 그는 말하고 있다.

제로서는 사라질 수 있다'고 말하는 것이다. (SD 90)

3. 하이데거 현상학의 기본적 의미

그렇다면 하이데거에게 있어 현상학이란 도대체 무엇이었던가. 그 불변하는 근본의미는 무엇이었던가. 『존재와 시간』 및 『현상학의 근본문제들』 그리고 『시간개념의 역사에 대한 서론』에서 확립된 형태로 나타나는 그 내용을 들여다보기로 하자.

그의 생각에 따르면, '현상학(Phänomenologie)'은 우선 '현상(Phänomen)'과 '학(-logie)'이라는 두 구성요소의 결합으로서 이해되고 있다. (SZ 28, Pr 110) 따라서 그는 이 두 요소의 희랍어 어원에까지 거슬러 올라가 제각기의 특별한 의미를 찾고 있다.

(1) 먼저 '현상'이란, 희랍어의 φαινόμενον에서 유래하는 것으로, '자기를 나타내는 바의 것', '자기시현하는 것', '드러나 있는 것'이라 설명되며(SZ 28, Pr 111), '자신을 자기자신에 있어서 나타내는 것', '백일하에 드러나 있는 것'이라는 의미가 확보되어야 한다고 말한다. 따라서 희랍어 φαινόμενα는 '백일하에 있는 것 내지는 밝은 곳에 드러내 놓을 수 있는 것의 총체'로서, '희랍인들이 τὰ ὄντα(존재자)와 동일시했던 것'이라고 그는 말한다. (이상 SZ 289, Pr 111, 114)

이러한 것으로서 현상은 '은폐성(Verdecktheit)'과 반대되는 것이며(SZ 36), '가상(Schein)', '나타남(Erscheinung)', '단순한 나타남(bloße Erscheinung)'과 구별되는 것이다. (SZ 28ff, Pr 111ff) 따라서 현상은 결코 그저 나타나 있는 것이 아니다. 그러나 모든 나타난 것은 확실히 현상에 의거하고 있는 것이다. 현상이란 '어떤 것이 만나질 때의 그 어떤 두드러진 양식'을 의미하는 것이라고 그는 설명한다.

그런데 하이데거는 이 현상이란 개념을 세 가지 차원으로 구별한다.

1) 첫째, '어떠한 존재자가 현상으로 간주되는지' 규정되지 않은 경우, 또 '자신을 나타내는 것이 그때마다 하나의 존재자인지 아니면 존재자의 한 존재성격인지'가 애당초 '미해결'인 경우, 그것은 다만 '형식적인 현상개념'이다.

2) 둘째, 자신을 나타내는 것이, 예컨대 칸트적 의미에서의 '경험적 직관을 통하여 접근할 수 있는 존재자'를 말하는 경우, 그것은 다만 '통속적인 현상개념'이다. (이상 SZ 31)

3) 셋째, 자신을 나타내는 것이 '존재자의 존재'일 때, 그것이 명백한 의미에 있어서의 '현상'이며, 바로 '현상학적인 현상개념'이 되는 것이다. (이상 SZ 37)

이러한 현상학적인 현상으로서의 존재는, '나타나지 않는 그 어떤 것(예컨대 사물 자체 같은 것)이 그 배후에 아직도 버티고 있는 것 같은 그러한 것일 수는 결코 없는 것'이다. 그러나 이 존재라는 현상에는 '은폐(Verdecktheit)'가 있을 수 있다. 이 은폐에는 일반적으로 세 가지 양식이 있는데 '은닉(Verborgenheit)' 과 '매몰(Verschüttung)'과 '위장(Verstellung)'이 그것이다. (SZ 36) 전혀 미발견이라는 형태로 감추어져 있는 것이 '은닉'이고, 이전에는 알려져 있었으나 감추어져 버린 것이 '매몰'이고, 전면적으로 은폐되지 않고 일부가 가상의 형태로 나타나 있는 경우가 '위장'이다. 이 경우가 특히 속기 쉽고 위험하다. 그리고 은폐가 이 셋 중 어떤 것으로 해석되든, 은폐 자체에는 이중의 가능성이 있다고 그는 말한다. 즉 '우연적 은폐'와 '필연적 은폐'가 그것인데, 특히 필연적 은폐는 폭로된 것의 존립양식 안에 그렇게 될 필연적 경향이 있다고 그는 지적한다. (이상 SZ 36, Pr 119)

(2) 그렇다면 현상학의 '학'이란 어떤 것인가. '학'은 하이데거에게 있어 어떤 의미를 부여받고 있는가. 그에 따르면 '학

(-logie)'이란 희랍어의 λόγος에서 유래하는 것으로, 이것은 λέγειν 즉 '말함'이라는 근본의미를 갖는 것으로 설명된다. (SZ 32, Pr 115) 말함이란, δηλοῦν, 즉 "말함에 있어서 그것에 관해 '말해지고' 있 는 바의 것을 드러나게 한다"는 것이며, ἀποφαίνεσθαι, 즉 '어떤 것을 보게 하는 것', '그것에 관해 말해지고 있는 바의 것을 [그것을] 말하고 있는 자에게 있어서, 내지는 서로 말하고 있는 자들에게 있어서 보게 하는 것'이다. 따라서 이 경우의 '말함'은, 물론 자신의 내용을 만들어 내는 것이 아니라, 다만 '말해지고 있는 것 자신 쪽으로부터 (ἀπο)' '보게 한다 (φαίνεσθαι)'는 것이다. 이 말은, 즉 '그 말함이 진정한 것인 한, 말해지고 있는 바 내용은, 그것에 관해 말해지고 있는 바로 그 화제로부터 가져와져 있어야' 한다는 것인데, 이러한 것으로서 '말함'은 또 '전달'이라는 성격을 갖는 것이다. 말하면서 전달할 때의 이 '전달'이란, '이 전달이 그것에 관해 말하고 있는 바의 것을 말해진 전달내용 안에서 드러나게 하고, 이렇게 해서 타인에게 접근가능하게 하는 것'으로 설명되는데, 이것이 '아포판시스로서의 로고스의 구조'라고 하이데거는 말하고 있다. (이상 SZ 32, Pr 115)

그리고 이러한 것으로서 로고스는 또 ἀληθεύειν, 즉 '진리를 말하는 것'이라는 성격을 갖기도 하는데, 이는 로고스의 '진리'적 성격이, '말해지고 있는 바 존재자를 아포파이네스타이로서의 레게인 즉 말함에 있어서, '은닉되지 않는 것 (ἀληθές)'으로 '보게 하는 것, 즉 폭로하는 것'이라는 의미를 갖고 있다는 뜻이다. (SZ 33)

이상과 같은 것으로서 현상학의 '학'은 또한 '어떤 것을 제시하면서 보게 하는 것', '어떤 것을 그것이 어떤 것과 일체가 되어 있는 그대로 보게 하는, 어떤 것을 어떤 것으로서 보게 하는 것', '솔직하게 바라보면서 인지하는 것', '어떤 것을 솔직하게 보게 하는 것', '존재자를 인지시키는 것'이라는 의미도 부여받고

있는 것이다. (SZ 33f)

(3) 이상과 같은 기본적인 생각에 의해 결국 '현상학'은, λέγειν τὰ φαινόμενα 내지 ἀποφαίνεσθαι τὰ φαινόμενα 즉 '자기를 나타내는 것을, 그것이 자신을 자기 쪽에서부터 나타내는 그대로, 자신에서부터 보게 하는 것'(SZ 34, Pr 117)이라는 의미를, 단 '형식적인 의미'를 갖게 된다.

이와 같이 하이데거의 현상학이란 '스스로를 나타내는 것'으로서의 '존재'라는 '현상'을, '말하는 것', 말함에 있어서 '그것을 밝히는 것', '그것을 폭로하는 것', '그것을 보게 하는 것', '그것을 전달하는 것'을 그 가장 기본적인 의미로 삼는다.

여기서 한 가지 주의할 것은, '현상학'이란 것이, 하이데거 자신이 말하고 있듯이, 두 개의 '구성요소'를 갖는다는 것이다. 즉, '현상'과 '학', 다시 말해 '존재'와 '말함', 다시 말해 '가리워져 있지 않고 스스로를 나타내는 것'과 '(그것을) 밝히고 보게 하고 전달하는 것'이 그것인데, 전자는 현상학의 '무엇(Was)'을, 후자는 현상학의 '어떻게(Wie)'를 각각 해명하는 것이라고 할 수가 있다.

그런데 주의해서 보면, 이상의 해명은 현상학이 또 하나의 요소를 자체 안에 지니고 있음을 암시하고 있다. 즉 현상학은 그것이 '말함'인 한, 말을 들을 자가 있다는 것이며, '보게 하는 것'인 한, 보게 될 자가 있다는 것이며, '전달하는 것'인 한, 전달받을 자가 있다는 말이 될 것이다. 사실 하이데거는 위의 해명 중 '타인에게(dem anderen)……'라는 말로써 이를 살짝 비치고 있는데, 우리는 이 타인이란 것에 '현상학'을 필요로 하는 근본사정이 (예컨대, 하이데거가 말하는 존재망각 내지 그가 『존재와 시간』 1절에서 지적하는 제반사정 등이) 포함될 수 있고, 또 이것은 나름대로 중요한 의미를 가지는 문제이기 때문에 이를 현상학의 또 한 요소로, 현상학의 '왜(Warum)'와 관련된 제3의 요소로 간주할 수 있다고 보는 것이다.

결국 하이데거의 현상학은 세 가지 성립요소의 결합에서 그 의미를 찾을 수가 있다. 즉 이 세 가지 요소가, 1) 말해질 내용으로서의 '현상', 2) 말함 그 자체로서의 '학-로고스', 3) 말로써 내용을 전달받을 자로서의 '타인'(그 제반사정)이라고 할 때, 현상학 그 자체의 근본의미는 결국 1)을 3)에게 전달하는 2)에 있다고 단정할 수 있을 것이다. (그러나 궁극적으로 중요한 것이 1)자체의 제반모습이라는 것은 말할 필요도 없다.)

3.1 달의 비유

그런데 현상학의 의미를 이와 같이 해석하는 것은, 사실은 필자의 창작이나 독단이 아니라, 하이데거 자신의 또 다른 설명방식에 근거를 둔 것이다. 그 또 다른 설명이란 그와 동향의 시인 Hebel을 기념하는 1957년의 강연 "Hebel-der Hausfreund"에 전개되어 있다. 이 강연에서는 Hebel 자신에 의한 한 비유를 둘러싸고 이야기가 진행되는데, (약간의 무리를 감수한다면) 이 이야기야말로 현상학이라는 수행방식의 근본성격을 가장 잘 대변해 주는 것이라고 우리는 해석하는 것이다.

그 비유는 다음과 같은 것이다.

"……달은, 그 부드러운 빛으로, 그 빛은 태양빛의 반사이거니와, 우리들의 밤들을 밝히고, 그리고 어떻게 소년들이 소녀들에게 입맞추는지를 지켜 본다. 달은, 우리들의 지구에게 있어 고유한 '지인(知人)'이며…… 그리고 다른 사람들(die andern)이 잠들어 있을 적에는 밤을 지키는 최상의 야경대장인 것이다."(「세계구조에 관한 고찰」, 달 Ⅰ, 326ff)

이 비유에 있어서는 주제로서 '달'이 등장하고 있으며, 그리고 이 달과 관련해서 '태양'과 '지구'가 함께 등장하고 있다. 우선 이 3자의 역할과 관계를, 위의 비유가 주는 설명에 따라 정리하면,

아마도 다음과 같이 될 수가 있을 것이다.

1) 태양—이것은 그 자신 빛으로서, 지구를 직접 비추면서 동시에 달에게도 빛을 보내고 있다.

2) 달—이것은 다들 잠자고 있는 지구의 밤에, 홀로 깨어나 밤을 지키는 야경꾼같이 미리 태양으로부터 빛을 받아—즉, 저 자신이 직접 발한 것이 아닌 빛을 받아—이 빛을 지구에 되비추는 전달자의 역할을 한다.

3) 지구—이것은 빛을 받는 자로서, 이것에는 다들 잠들어 있는 밤이라는 것이 있다.

이와 같이 이해해 보면, 이 삼자의 관계, 즉 1)'태양'의 빛으로 3)'지구'의 밤을 2)'달'이 되비추어 밝힌다는 관계가, 다름아닌 1)'현상'을 3)'타인'에게 2)'말함'으로써 전달하는 '현상학'의 기본 구조와 너무나도 흡사하다는 것이 표면에 드러나게 된다.

이런 전제하에, 이제 우리는 위의 비유에서 '달'이 가지는 의미를 좀더 천착해 보기로 하겠다. 왜냐하면 이 '달'이야말로 '현상학'의 살아 있는 가장 본질적인 모습이겠기 때문이다.

그런데 이 달에 관해 하이데거 자신은 다음과 같은 점을 지적하고 있다.

"달은 우리들의 밤들에 빛을 가져다 줍니다. 그러나 그 달이 가져다 주는 빛은 그 스스로 발한 것이 아닙니다. 그 빛은 (되비추는) 반사일 따름입니다. 즉 달이—태양으로부터—미리 받은 것의 반사일 따름입니다. (그리고) 태양의 빛남은 동시에 지구를 밝히기도 하는 것입니다."

그리고 그는 이 말의 의미를 다음과 같이 확대해서 해석한다.

"달이 부드럽게 지구에 되주는 태양의 반영은, 이러한 반영으로서 '지인'에게 말하여진 것을, 그가 말함(Sagen)에 대한 시적인 비유입니다. 즉 이 말은, '지인'에게 말하여져, 그렇게 해서 '지인'은 조명되어, 이렇게 그는 그에게 말해진 것을, 그와 함께 지상에 사는 사람들에게 다시 말해 주는 것입니다." (HH 16)

이 설명에 따르면,

1) 태양의 빛은 '언어'를,
2) 달은 '지인'을, 그리고 반사하는 것은 '다시 말해 주는 것'을,
3) 지구는 '그(지인)와 함께 지상에 사는 사람들'을,

각각 비유적으로 말하는 것이 된다.

그렇다면 2)의 '지인'이란 어떠한 존재이고, '언어'를 '다시 말해 준다'는 것은 어떠한 행위인가.

'지인'이란, 통상의 의미로는, 별로 이렇다 할 볼일도 없이 때때로 찾아와서는 이야기나누고 가는 가정의 친구를 말한다. 그러한 친구는 가족은 아니지만 가정에 있어, 특히 그 가정의 분위기에 있어, 경우에 따라서는 가족의 일원보다도 더 없어서는 안 될 그러한 존재이다. 바로 이러한 의미의 '지인'으로서 맨 먼저 시인 Hebel이 칭송된다. 그러나 '지인'은 결코 Hebel과 같은 일개인에 한정되는 것이 아니라, 오히려 '시인'(HH 19)일반의 본질을 나타내는 말로서 성격지워진다. 즉 '시인'이 '지인'이며, 이 '시인'은 '세계'라는 '집(Haus)'에 있어서의 '친구(Freund)'라는 것이다. 그렇다면 '시인'이란 어떤 자인가.

'시인'이란 물론 '시적으로 말하는 자'를 가리킨다. '시적으로 말한다'는 것은, 어원적으로 이해된 '설교하는 것(Predigen : praedicare)', 즉 '어떤 것을 앞질러 말하는 것, 그렇게 함으로써 칭송하는 것, 그리고 그렇게 해서 말해져야 할 것을 그 빛 안에 나타나오게 하는 것'(HH 20)을 의미한다는 것이 하이데거의 해석이다. 이러한 것은, '세계를 어떤 하나의 언어 안에 모아 들

여, 그 언어에 속하는 말은 어디까지나 하나의 부드럽게-억제된 비침으로 머물고, 그 비침에 있어서 세계는, 그것이 지금 처음으로 보여진 듯이 나타나오게 하는 것'으로서, '단순한 교훈을 주고자 하는 것'이 아니고, '교육하고자 하는 것'도 아니며, '독자(그와 함께 지상에 사는 사람들)의 임의에 맡겨, 그가 우리들과 함께 말하고자 하기 위해 미리 마음을 기울이고 있는 본질적인 것에 독자가 그 스스로 마음을 기울이기에 이르도록 하는 것'이다. 단, 이렇게 하는 것은 실은, '독자들을 세계라는 건축물에 관한 보다 바람직한 지식에로 이끌고, 그들을…… 무지로부터 해방하고자 바라고 있는 것'이며, '독자들로 하여금, 우리들이 사는 세계를 관철하고 있는 자연의 갖가지 일들이나 상태 안에 고지되어 있는 사항에 침잠하는 일, 그 일에 마음을 기울이도록 원하고 있는 것'이다.

이러한 것은 결국, '세계라는 집을, 인간들이 살도록 하기 위해 언어에로 가져온다'는 것이라고 집약될 수 있겠는데, 이 경우 '언어에로 가져온다(언어화시킨다)'는 것은, '이전에는 말해지지 않은 것, 결코 말해지지 않은 것, 그러한 것을 처음으로 말 안에로 문제삼아, 지금껏 은폐되어 있었던 것을 말한다는 것에 의해 나타나오게 하는 것'(HH 25)이라고 그는 설명한다.

이러한 그의 설명을 들으면서 우리는 '지인'의 근본의미와 '현상학'의 그것과의 유사성을 확고히 포착하게 된다. 물론 『존재와 시간』에서 '현상'이라 말해진 것이, 『지인-헤벨』에서는 '언어'라든지 '자연'이라든지 '세계'라든지 하는 모습을 하고 있고, 전자에서 '학'인 것이 후자에서는 '시적으로 말하는 것'이고 해서, 후기의 고유한 관심 영역을 나타내고 있는 것이기는 하지만, 1) 문제 또는 주제 그 자체의 성격, 2) 그에 관련하는 방식의 기본적인 구조, 맥락, 의미, 3) 그 관련의 방향, 이런 것들의 상호유관성은 확고히 나타나 있다고 우리는 보는 것이다.

이렇게 해서 현상학의 기본의미는 다음과 같이 보충정리될 수가 있을 것이다.

1) 현상학은 '현상'자신을 기초로 한다. 이 '현상'은 현상학에 의해서 만들어 내어지는 것이 아니라, 마치 태양의 빛과 같이 '그 자신에 있어서', '스스로를 나타내는 것'이며, 따라서 현상학 자체의 유일하고도 원천적인 권리근거가 되는 것이다. 이것은 결국 '존재'라는 것으로, 이에는 '은폐'의 가능성이 있다.

2) 현상학은 '말함'이라는 방식으로 수행된다. 이 '말함'으로써 현상학은 '현상'을 '언어에로 가져오고', 그로써 '밝음 가운데에 드러나게 하는 것'이며, 그로써 '보게 하고', '알게 하고', '접근가능하게 하는 것'이다. 단, 이러한 수행은, 마치 달의 반조가 태양의 빛을 받아 비로소 가능하듯이, 현상 자체가 현상학적 수행 앞에 미리 드러나 있음을 전제로 하고 근거로 하는 것이다.

3) 현상학은 '타인들'에게 현상의 참모습을 '전달'하고자 하는 것이다. 이 '타인들'은, 마치 다들 잠들어 있는 지구의 밤이 태양의 빛을 받지 못하는 어둠의 상태이듯이, 스스로를 나타내는 현상의 실상을 아직 보지 못하고, 접근하여 있지 않은 몽매한 상태에 있다. 하이데거 자신이 이 점을 표면적으로 강조하는 일은 없으나, 그의 현상학의 근본취지에 이러한 사태인식이 가로놓여 있다는 것은 결코 부인할 수 없다. (이른바 '존재망각'과 '현상학적 파괴'라는 그의 주제도 바로 이러한 사태인식에서 나온 것으로 보지 않으면 안 된다.) 따라서 현상학의 역할은 이들을 현상에로 향하게 하려는, 말함으로써 이들에게 현상을 보도록 전달하려는, 마치 달이 태양의 빛을 반사해서 지구의 밤을 밝히는 것 같은, 그런 중개적인 역할인 것이다.

4. 하이데거 현상학의 포괄적 의미

이상으로써 하이데거 현상학의 '기본적인 의미'는 확보되었다. 이제 그와 아울러 다음 몇 가지 측면이 동시에 언급되어야 '하이데거의 현상학'이 갖는 포괄적인 의미가 보다 완전히 드러날 수 있을 것이다.

(1) 첫째, 이상과 같은 '현상학'의 규정이 갖는 뜻은, 실은 "사태 자체에로! (Zu den Sachen selbst!)"라고 정식화된 준칙이 갖는 뜻과 다른 것이 아니라는 것이다. (SZ 34, Pr 117) 이 말은 무슨 뜻인가. 이것은 다음과 같은 뜻이다. 즉, 이 말은 '현상학'이라는 것이, "모든 허공에 뜬 구성, 우연한 발견", "외견상 증시된 듯이 보이는 데 불과한 개념의 답습", "종종 몇 세대를 통하여 문제로서 과시되는 거짓 물음", 이런 모든 것들에 반대하여, 오직 "사상 그 자체"를 근거로 한다는 뜻이며, 즉 "사상자신과의 대결 안에…… 근원적으로 뿌리박고 있다"는 뜻이며 (SZ 27), "역사적으로 전승된 이런저런 존재론이라든가, 이런 유의 갖가지 시도에 조언을 구하는" 그런 "최고도로 의심스러운 것"이 아닌, "특정의 물음을 발하지 않을 수 없는 사태적 필연성과 사태 자체로부터 요구되고 있는"(SZ 27) 것임을 뜻하며, "우연적인, 직접적인, 무사려한 관상이 갖고 있는 소박함"이 아니라, "현상들을 본원적으로 직각적으로 포착하고 설명"하는 것임을 의미한다. (SZ 36f)

따라서 현상학은 단순한 우연성, 임의성을 배격하고, 현상의 자기현시에 따른 그 어떤 문제성 내지 사태적 필연성에 의해 촉발되는 것이고, 오직 그에만 관련하는 것이다. 단, 이러한 태도는 사실은 "너무나도 자명"한 것으로 "모든 학적 인식의 원리"를 언표한 것에 불과하다고 하이데거는 말하고 있다. (SZ 28)

그리고 현상학은 위와 같은 고유한 의미를 부여받고 있기 때문에, 전승된 역사에 의존하지 않고 또 의존할 수도 없다. 따라서 "볼프 학파에 있어서 성립되었다고 생각되는 현상학이라는 이 말 자체의 역사"도 물론 중요하지 않은 것이다. (SZ 28)

이상과 같은 태도는, 그가 후설에게서 받았다는 가르침, 즉 "현상학적으로 본다는 것 (Phänomenologisches Sehen)", 그러니까 "철학적 지식의 음미되지 않은 사용을 도외시"한다는 것과, "위대한 사상가들의 권위를 이야기 안에 끌어들이는 것을 포기" (SZ 86)한다는 것과도 맥을 같이하고 있는 것이며, 그가 "현상학적 파괴"라고 부르는 것, 즉 "우선 필연적으로 사용해야 할 전승된 개념들을, 그것들이 처음 길러 와진 그 원천에로 비판적으로 해체하는 것"(GP 31)과도 연관되어 있는 것이다. [8] 바로 이 점을 그는 "현상학적 방법의 세 가지 근본요소들" 즉 "환원" "구성" "해체" 중의 하나로 꼽는다. 물론 이것은 하이데거 자신이 말하고 있듯이, "전통을 부정하거나 무효화시키는 것"이 아니라, 오히려 반대로 "전통을 긍정적으로 자기 것으로 만드는 것"(GP 31)임을 간과해서는 안 된다.

(2) 그리고 둘째는, 역시 위의 준칙의 기본 뜻에 포함되는 것이지만, '현상학'이 우선 무엇보다도 사태 자체 (Sache selbst)가 갖는 두 가지 측면에, 아니 두 가지 '인력'에 그 발생의 근거를 두고 있다는 것이다.

첫째는, 그 사상이 "우선 대개 자신을 드러내는 것에 본질상 속하고, 더욱이 이것의 의미와 본질을 이룬다고 하는 식으로 속하고 있는 그 어떤 것"(SZ 35)이고, 그리고 "제멋대로 자신을 드러내는 것이 아니고, 하물며 나타남이라는 것도 아닌" 즉 "나타나지 않는 어떤 것이 그 배후에 남아 있는 그런 것일 수는 결코 없는" 것으로서, "두드러진 의미에 있어서, 즉 가장 고유한 사상 내실 쪽에서부터 현상이 될 것을 요구하고 있는 것"이기에

---

8) Bacon의 이른바 '극장의 우상'을 타파하는 것도 이 태도에 포함되어질 수 있을 것이다.

(이상 SZ 35, 36), 즉 그것이 "특정한 물음을 발하지 않을 수 없는 사태적인 필연성"(SZ 27)을 가진 것이기에, 자신을 묻도록끔 "요구"(같은 곳)한다는 것이다. 다시 말하자면, '사태'라는 것이 결국 "문제적인 것(das Strittige)"—즉 "사유⁹⁾에 관련하는 바의, 전적으로 사유에 있어서 문제되는 논점, 혹은 논쟁점", 더구나 "결코 사유에 의해 처음으로, 말하자면 시비붙여지는 것이 아닌", "어떤 싸움의, 그 자체에 있어서의 문제적인 것"으로서, 이것이 '사유를 곤란케 해서, 그 사태가 사유를 사유의 사태에까지 가져와, 이 사태로부터 사유 그 자체에 나아가도록 하는"(ID 31) 그런 것이기에 자신을 묻도록끔 한다는 것이다.

결국 사태라는 것 자체가 '드러나 있는 것'이고 또 '문제적인 것'이기 때문에 그것을 문제삼지 않을 수 없도록 한다는 것이다. 이것이 첫번째 인력이고,

그리고 둘째는, 그것이 동시에 "우선 대개 자신을 진정으로 드러내지 않는 바의 것, 즉…… 자신을 나타냄에 대해 은닉되어 있다"(SZ 35)는 것, "각별한 의미에 있어서 은닉된 채로인 것, 혹은 은폐 안에로 또다시 떨어지는 것, 혹은 변장해서만 자신을 드러내는 것"이기에, 자신을 묻도록 한다는 것이다. 그러니까 "현상이 될 바의 그것이 은닉되어 있다는 사실이 확실히 있을 수 있다"(SZ 36)는 것, "현상이 우선 대개 주어져 있지 않다"고 하는 것(같은 곳), 결국 앞서 지적한 현상의 은폐적 경향, 바로 이것이 '현상학이 필요'해지는 이유인 것이다. (SZ 36)

이상의 두 가지 사정을 근거로 해서 현상학은 비로소 '사태 자체에로!' 향하게 된다. 따라서 현상학은 결코 우리들의 어떤 의욕적인 학적 조작에 의해서만 성립될 수 있는 성질의 것이 아닌 것이다.

(3) 그렇다면 이 '사태 자체'란 무엇인가, 하이데거가 생각하는

---

9) 이는 그의 후기사유를 특징짓는 또 하나의 주제이지만, 실은 현상학의 변화·발전된 형태로 간주해야 한다고 우리는 본다.

"두드러진 의미에서 현상이라 불리워야 할 것"(SZ 35), "현상학적인 현상"은 무엇인가. 그것은 이미 보았듯이 "존재"(SZ 37), 즉 "존재자의 존재"(SZ 35), 내지 "이 존재의 의미, ……, 제 변양, 제 파생태"(같은 곳)이며, "이런저런 존재자" 자체는 "아니다."(같은 곳)[10]

그는 이렇게 '존재자'와 '존재'를 구별하며[존재론적 차이], '존재자'로부터 '존재'에로 시선을 전환하는 것을 특히 강조한다. 이런 "……존재자의 한정된 파악으로부터 이 존재자의 존재의 이해[그 비은폐성의 방식에로 기투하는 것]에로 현상학적 시선을 전향시키는 것" "탐구의 시선을 소박하게 파악된 존재자에서부터 존재에로 환원한다"는 것을 그는 "현상학적 환원"이라고 규정한다. (GP 29) 바로 이 점을 그는 또한 "현상학적 방법의 세 가지 근본요소" 중의 하나로 꼽는다. 단, 존재를 제대로 밝히기 위해서는, 존재자 자신을 올바르게 제출하는 것이 미리 필요하며, 이 존재자는 이 존재자에 순전히 귀속되어 있는 통로양식에 있어서, 마찬가지로 올바르게 자신을 드러내야 하기 때문에, 현상 내지 사태를 '존재자'로 규정하는 "통속적 현상개념"도 현상학적으로 "중요"하다고 하이데거는 말한다. (SZ 37)

바로 이 점으로 해서, 즉 현상학이 향해야 할 사태 자체가 '존재'라고 하는 점으로 해서, '현상학'은 내용상 "존재자의 존재에 관한 학—즉 존재론"(SZ 37)이 된다는 것이 하이데거의 생각이다. 따라서 현상학과 존재론은 철학의 두 전문분야가 아니라, 동일한 것, 즉 철학 자체를 대상면에서 말하면 "존재론"이고, 방법면에서 말하면 "현상학"이라는 것이 그의 기본생각인 것이다.

아무튼 결국 그의 현상학은 이렇게 해서 '존재론'이라는 모습을

---

10) 『현상학의 근본문제들』에서도 하이데거는, "존재일반의 의미에 대한 근본 물음과 그로부터 발원하고 있는 문제들에 대한 논의가 현상학의 근본문제들 전요소를 그 체계와 근거제시에 있어 구성하고 있는 바로 그것이다"(GP 211)라는 말로써 이 점을 분명히 하고 있다.

하기도 하는 것이다. (단, 이것은 우선 『존재와 시간』에서 천명된 기본적 입장이며, 실질적으로는 '현존재의 존재', '실존'이 그 내실을 이룬다. 이 내실은 그후 현존재의 차원을 넘어 존재 자체에로 진입하면서, 갖가지 다양한 형태에 있어서 논의되고[예컨대 Wahreit, Ding, Physis, Sprache, Geviert, das Selbe…… 등], 또 갖가지 다양한 측면으로부터 논의되어[예컨대 Geschick, Es gibt…… 등], 결국 발현(Ereignis)이라는 것에로 도달하게 된다.

그러나 이것들을 구체적으로 논의하려면, 하이데거 철학의 핵심부분 전부를 언급해야 하게 되므로, 여기서는 더 이상의 논의를 삼간다. [11]

단, 이와 같이 '사태'의 내용이 변화되어 간 점을 생각하면, 궁극적으로는 소위 '실천적 현실'까지도 현상학의 내용이 될 수 있다는 '가능성'을 우리는 부언해 두고 싶다. (실제로 Rombach, Schmitz 등은 이러한 입장, 즉 의식의 분석 대신, 일상, 현실을 근원적으로 보아 나가려는 입장에서 현상학을 진전시키고 있다고 전해지고 있다.)

(4) 그리고 현상학은 무엇보다 "주제가 될 것에로 접근하는 통로의 양식"(SZ 35)으로서, "논해져야 할 그것을 어떻게 제시하고 취급할 것인가" 하는 것에 관해 해명(같은 곳)하는 것인데, 그 구체적인 모습은 이미 현상을 '말하는 것', '드러내는 것', '보게 하는 것', '전달하는 것' 등으로 밝혀졌었다. 그러한 것으로서 현상학은 특히 '진리'적인 성격을 갖는다는 것이 주의되지 않으면 안 된다.

'현상학'이 '진리'적인 것이라는 말은 좀 어색하게 들리기는 하

---

11) 그것에 관하여는, 졸고 「하이데거의 궁극적 문제―Ereignis에 관하여」(『창원대 논문집』 제9권 제2호, 1987.12., 창원대)와 「『SZ』에서 『ZS』에로―'존재'와 '시간'의 문제를 중심으로 본 하이데거의 사유」(『철학논총』 제5집, 1989.4., 영남철학회)가 참고될 수 있을 것이다.

지만, 그것은 '현상학'이, 특히 그 '로고스'가, $\dot{\alpha}\lambda\eta\theta\epsilon\dot{\nu}\nu\epsilon\iota\nu$, 즉 "진리를 말하는 것"으로서, "말해지는 바의 존재자를, (아포파이 네스타이로서의 레게인에 있어서) 그 존재자의 은닉성으로부터 끄집어내어, 은닉되어 있지 않은 것[$\dot{\alpha}\lambda\eta\theta\eta s$]으로서 보게 하는 것, 즉 폭로하는 것"(SZ 33, vgl. SZ 219)이라는 것 이외의 다른 것이 아니다. 즉 그는 "폭로하는 것", 따라서 결코 은폐할 수 없는 "순수한 노에인(사유)", 즉 "존재자 그 자체의 가장 단순한 제 존재규정을 솔직하게 바라보면서 인지하는 것" 그 자체가 "진"이라고 생각하는 것이며(SZ 33), 현상학은 바로 이러한 '진'의 성격을 근본적으로 갖는다고 생각하는 것이다. 이에는 그의 독특한 '진리'관이 게재되어 있으므로, 이를 상세히 논할 여유는 없다 하더라도, 핵심적인 내용 두 가지는 밝혀 둘 필요가 있다. 즉 "진리"란 "존재"와 "제휴"하고 있는 것으로서, "사태" 즉 "자신을 나타내는 것"과 "같은 것을 의미"하며(SZ 213), 따라서 "현존자(Anwesendes)의 비은닉태", "현존자의 현현", "현존자의 자기시현"(SZ 87), "존재자가 자신을 나타내는 것 일체"(Vw 398), "존재자"가 "자신을 나타내 비은닉태"로 되어 "현현하고 있는 사태"(Vw 398)로서, "본래적으로 사유되어야 할 것"(같은 곳), "현상학에 있어 제 현상의 자기고지로서 수행되고 있는 것"(SZ 87)인데[12] 이것을 그는 "제2차적 의미"에서의 진리, 즉 "폭로되어 있는 존재"라 부른다. (SZ 220) (단, 『존재와 시간』에서 이렇게 규정할 때는 세계내부적 존재자의 존재에 초점이 맞추어져 있는 듯하다. 후에는 이것이 확대·변모해 간다.) 아무튼 이것이 그 하나이며, 또 하나는 '진리'라는 것이 "현존재의 하나의 존재양식"(SZ 220)으로서, "폭로하는-존재"(같은 곳), 즉 "존재자를 그 존재자 자신에 즉해서 폭로하는 것", "존재자를 그 피폭로성에 있어서 진술하고, 제시하고, 보게 하는 것"(SZ 218)을

---

12) 이 사실을 그는 1922년경 Husserl의 『논리학 연구』를 연구하는 과정에서 하나의 '예감'으로 알아차린 듯하다. (SD 87 참조)

의미한다는 것이다. 이것을 그는 "제1차적인 의미"의 "진리"라 부른다.

단 이 두 가지 '진리'는 "가장 근원적인 의미에서 이해된 진리" 인 "하나의 실존범주" 즉 "현존재의 개시성"(SZ 226)에 근거를 두는 것으로서, 근본적으로 분리할 수 없는 것임을 간과해서는 안 된다. (이 점은 아마도 사유와 존재의 동일성을 말한 Parmenides의 영향인 듯하다.) 아무튼 이러한 "폭로", 은폐의 "박탈"(SZ 222)로서의 진리라는 성격을 현상학은 갖는 것이다.

(5) 그리고 또한 '현상학'은 다음과 같은 점에서도 특징지어질 수 있다. 즉 그것은 "이 학의 제 대상에 관해 논구되는 모든 것 이 직접적 제시와 직접적 증시에 있어서 논해져야 하도록, 그런 식으로 그들 제 대상을 포착한다"는 성격을 갖는데(SZ 35), 이 는 달리 말해 현상학이 애당초 "기술적"이라는 것을 의미한다. (SZ 35, Pr 107) (이 점에서 그는 '기술적 현상학'이라는 것이 동 어반복이라고까지 말한다.) 즉 그것은 "증시하는 바가 없는 모든 규정을 멀리한다"고 하는 "하나의 방식에 있어서 학적 규정성에 로 가져와져야 할 그것의 사태성에 기초해서 우선 확정될 수 있 다"는 말이다.

이는 결국 현상학적 수행 자체가, 현상 자체의 자기증시에 대 해 수동적으로 이루어지는 것이라고 해석할 수 있을 것이다. [13] 그러니까 현상학은 주제를 오직 "증시하면서 규정"(SZ 35)할 뿐 인 것이며, "제시나 설명"(SZ 37)할 뿐인 것이며, 결코 그 스스 로 임의적으로 그려 내어서는 안 되는 것이다. [14]

단, 한 가지 주의할 것은, 그렇다고 해서 현상학의 주제인 존 재가 존재자처럼 우리 앞에 주어져 있고 우리가 그것을 발견만

---

13) 이 점에 관련해서 필자는 '하이데거 철학에 있어서의 Apriorismus'를 논한 적이 있 다. (東京大學 文學部 哲學研究室, 『論集』 Ⅱ, 1983, 참조)
14) 이 점이 또한 그의 현상학이, 개선된 현실을 직접 만들어야 한다는, 세계를 설명하 기보다 그것을 변화시켜야 한다는 마르크스 류의 철학과 가장 구별되는 점이라고 할 수 있다.

하면 되는 그런 성질의 것은 아니라는 것이다. "존재는 존재자처럼 접근되지는 않는다." "우리는 그것을 눈앞에서 단순하게 발견할 수는 없다"고 하이데거는 단언한다. 오히려 그는 존재가 "그 때그때 자유로운 기투에서 시야 안에 끌어들여져야 한다"는 점을 강조한다. 바로 이러한 점, 즉 "앞서 주어진 존재자를 그 존재와 구조에로 이렇게 기투하는 것"을 그는 "현상학적 구성"이라 규정하고, 이를 '현상학적 방법의 세 가지 근본요소들' 중의 하나로 꼽는 것이다.

(6) 그런데 이러한 의미에서의 '기술'의 방법적 의미가 "해석"(SZ 37)이라는 점을 하이데거는 또한 부언한다. 그러니까 "……현상학의 학(logos)은, 헤르메네우에인, 즉 해석한다고 하는 성격을 갖는다"(같은 곳)는 것이다.

단, 이러한 측면은 현상학이 현상-사태-존재를 드러내기 위해서, 우선 존재적 존재론적으로 특별한 한 범례적 존재자, 즉 현존재(인간)에 정위하는 한에서 그러한 것이다. 즉 현존재는 "평균적인 막연한 존재이해"를 하나의 "현사실"로서 갖고 있는데(SZ 5, 8), 아니 보다 근본적으로, "그 자신의 존재에 있어서 이 존재에로 태도를 취한다"는 "실존"이라는 측면을 갖는데, 이러한 "현존재 자신에 속해 있는 어떤 본질상의 존재경향", "전존재론적인 존재이해"[15]를 "철저화"(SZ 15)한다는 방식으로 현상학은 우선 수행되어야 한다고 그는 보는 것이다. 이러한 "선-이해"의 "철저화", 즉 "다듬기"(SZ 148)가 다름아닌 "해석"인 것이며, 이러한 해석의 결과로서 결국 "존재의 본래적 의미와 현존재에 고유한 존재의 근본구조들"이 "현존재 자신에 속해 있는 존재이해에" 그러니까 인간에게 "고지된다"(SZ 37)는 것이 그의 기본 생각인 것이다.

그런데 이 '해석'은, 현존재의 평균적인 존재이해가 이른바 '퇴

---

15) 이에는 豫持, 豫視, 豫握이 포함될 수 있는데 상세한 논의는 생략한다.

락'으로 말미암아 자신의 존재를 '사물적 존재성'으로 이해·파악하려는 경향을 강하게 가지기 때문에, 이러한 통속적인 존재이해를 파괴하면서 "폭력적으로"(SZ 311) 수행될 수밖에 없다고 그는 보고 있다. 즉 우리 인간의 근본적인 태도변경을 통해서 사태 자체에 접근해야 한다는 것이다. 이 점이 그가 말하는 해석학의 특징적인 점이다.

아무튼 이상과 같은 '해석'이 현상학에 포함된 또 하나의 의미인 것이고, 이렇게 해서 결국 그의 '현상학'은 '해석학'이라는 모습을 하기도 하는 것이다.[16]

[단, 이것은 『존재와 시간』의 실질적 입장으로서, 이것이 동일한 형태로 일관되게 지속하는가 하는 데는 문제가 남는다. 왜냐하면, 해석학은 어디까지나 "현존재의 해석학"(SZ 38)으로서, 그것은 어디까지나 '현존재'에 정위해서 '존재'를 밝혀 보자는 "실존의 분석론"(SZ 38)인 한에서만 유효한 것이기 때문에, 그러한 '기초적 존재론', '실존론적 분석론', '현존재분석론'의 입장을 지양하고, 존재 자체의 말걸음에 직접 귀기울이고자 하는 이른바 후기에는, '해석학'이 더 이상 거론되지 않는 것이다.

바로 이 '해석학'적 입장의 포기에서부터 후기의 현상학은 '사유(Denken)'라는 형태로 변모해 간다고 우리는 보는데, 이로 해서(그리고 특히 그 사태내용의 미묘한 차이도 있고 해서) 전기의 현상학과 후기의 현상학이 갖는 내적 차이가 지적되기도 하는 것이다. (『理想』 14, 28면 참조) 단 우리는 그 미묘한 차이에도 불구하고, 사태 자체에 의거해서 그것을 밝히고자 하는 '현상학의 본질적 정신'은 변함이 없다고 하는, 즉 "현상학적으로 보는 것의 본질적 원리를 견지"(MH 41)하고, "현상학의 원리를 사태에 더 한층 적절한 형태로 고지"(Vw 399)하고, "본래의 현상학을 보존한다"(SD 48)고 하는, 그래서 그 자신의 방식은 여전히 "현

---

16) '해석학'이라는 용어는 1923년 여름경부터 본격적으로 사용된다. 이 해의 강의 「존재론」의 부제가 '현사실성의 해석학(Hermeneutik der Faktizität)'으로 되어 있다.

상학적"(SD 48)이라고 하는 하이데거 자신의 변명을 이의없이 수긍하고 있다.]

(7) 아무튼 '현상학'이 이상과 같은 한, 그것은 어떤 "입각점"이나 "경향"이 결코 아니라는 것을 그는 또 강조한다. (SZ 27, SD 90) 그리고 그 본질적인 점은 "철학적인 '방향'으로서 현실화된다"는 것에 있지도 않다. (SZ 28) 즉, 현상학이 여러 철학적 경향 또는 방향 중의 하나로서 현실적인 세력을 획득하는 일 같은 것은 그로서는 중요하지 않다는 것이다. 그러한 것으로서의 현상학은 가변적이고, 또 실제로 그 자신 후년에, 그러한 경향으로서의 현상학의 시대는 "지나갔다"(SD 90)고 선언하는 것이다. 중요한 것 "가장 고유한 것"은, 현실성보다도 "고차의 가능성", 특히 "현존재(인간)" 자신의 실존에 속한 "가능성"(Pr 104)으로서 현상학을 이해하여야 한다는 것이다. (SZ 38, SD 90) 이런 한에서 그는 "현상학이 오늘날에 와서 활발하게 되었기는 하지만, 그것이 추구하고 원하는 바는 이미 처음부터 서양철학 속에 생생하게 살아 있었다"(GP 28)고 말한다.

(8) 이 가능성의 구체적 내용은 현상학이 결국 하나의 "방법"(SZ 27)이라는 것이다. 그는 이 점을 분명히 밝히고 있다. 즉 "현상학이란 존재론, 다시 말해 학문적 철학의 방법에 대한 명칭"이며, "현상학은 올바르게 이해될 때 하나의 방법개념"(GP 27)이라는 것이다. 이는 그것이 철학적 탐구의 대상들이 내용상 '무엇'인가를 성격지우는 것이 아니라는 것이다. 다시 말해 "현상학이 존재자에 대한 그 어떤 특정한 내용적인 논제를 발언하고 있으며, 이른바 어떤 입장을 대변하고 있다는 주장은 애초부터 배제된다"(GP 27f)는 것이다. 현상학은 어디까지나 철학적 탐구 [자체]의 "어떻게"를 성격지우는 것(같은 곳)이며, 따라서 이것은 이론적인 전문분야들 안에 다수 있는 "기술적 조작"과도 거리가 먼 것이다. (같은 곳)

따라서 '현상학'은 우선은, 예컨대 신학, 생물학, 생리학, 사회학과 마찬가지로 "현상에 관한 학문(Wissenschaft von den Phänomenen)"을 의미하지만(SZ 28, Pr 110), 그러나 사실은 "신학이나 기타의 표시법과는 다른"(SZ 34, Pr 117) 것으로서, 그 연구의 "대상"을 명기하고 있는 것도 아니며, 또…… 그 연구의 "사상내용"을 명기하고 있는 것도 아니며, [17] 오직 그리고 어디까지나, "이 학에 있어서 논해질 바의 그것을 '어떻게' 제시하고 취급할 것인가" 하는 그 "어떻게", 그 "방식"에 다름아닌 것이다. (SZ 34f, Pr 117)

5. 맺는 말

그렇다. 하이데거의 '현상학'이란, 결국 이상에서 살펴본 그런 특별한 의미를 지닌 것이며, 그러한 것으로서의 '현상학'을 하이데거 자신 철저하게 그리고 끈질기게(구체적으로는 저 80여 권의 전집이라는 방대한 형태로), '실천'했던 것이다. 즉 그는 드러나오는 사태 자체를, 그 자체에 있는 그대로의 모습에 있어서, 보고, 밝히고, 말함으로써, 다들 더불어 함께 그것에로 향하고자 하였던 것이었고, 그리고 오직 그것뿐이었던 것이다. 그것이 현상학의 핵심이요 전부인 것이다.

그런 의미에서 하이데거는 지금도 현상학의 깃발을 높이 쳐들고 이렇게 우리에게 호소하고 있다. 즉,

"친애하는 벗이여, 우리가 무언가를 매일같이 보고 있으면서도 그것이 무엇을 의미하는지 결코 묻지 않는다는 것, 그것은 칭찬할 일이 아니다"라고. (HH 21)

---

17) 이렇게 그는 말하지만, 이미 보았듯이 이에 관한 논의도 실제로는 행해지고 있다. 이 말은 명칭 자체가 그것을 명기하지는 않는다는 말일 것이다.

참 고 문 헌

Gelassenheit, 1959 (Gl).

Grundprobleme der Phänomenologie, 1927년 강의, 1975년 간행 (GP).

Hebel-der Hausfreund, 1957 (HH).

Identität und Differenz, 1957 (ID).

Prolegomena zur Geschichte des Zeitbegriffs, 1925년 강의, 1979년 간행 (Pr).

Zur Sache des Denkens, 1969 (SD).

Sein und Zeit, 1927 (SZ).

Über den Humanismus, 1949 (UH).

"Ein Vorwort, Brief an P.W.J. Richardson", in: Richardson, *Through Phenomenology to Thought*, 1965 (Vw).

Husserliana Ⅸ, *Phänomenologische Psychologie* (Hua Ⅸ).

하이데거와 자연의 문제 1

이 선 일

1. 여는 말

하이데거 철학의 근본의도는 존재자 전체가 그 자체로서 드러
날 수 있는 존재의 단일한 지평 즉 "존재의 다양성의 단일성"
(GP 33)[1]을 확보하는 것이다. 그런데 『존재와 시간』은 아직 그
의 근본의도를 충족하지 못하고 있다. 『존재와 시간』에서 하이데
거는 현존재(인간)의 실존을 해명함으로써 존재의 단일한 의미에
이르고자 하나, 여기에서는 인간 현존재와 가용존재자 그리고 과
학적 대상의 존재만이 드러날 뿐 근원적 자연의 존재 자체는 주
제적으로 다루어지지 않고 있다.

그런데 우리는 하이데거의 1929/1930년 프라이부르크 대학 겨
울학기 강의록인 『형이상학의 근본개념들』(GA 29/30)에서 자연
적 생 자체의 존재를 경험하게 되며 이로써 존재의 단일성을 확
보할 가능성을 찾게 된다. 하이데거는 이 강의록에서 세계개념을
"존재자의 개방성"으로 사유함으로써 "존재의 상이한 양식들의
다양성"을 "가능적 단일성"(GdM 404)에 따라 묶을 수 있는 지
평을 발견한다. 따라서 자연적 생의 존재를 그 자체로서 드러내
고자 하는 자연해석학은 기초존재론에서 후기의 존재사유에 이르
는 전회의 분기점 역할을 하게 된다.

---

1) 하이데거의 원전은 본문에 직접 약호로 표기하였음. 각 원전의 약호는 참고문헌을 참
조할 것.

아마도 이 논문의 성패는 필자의 이러한 주장을 얼마나 설득력 있게 입증하느냐에 달려 있을 것이다. 따라서 우선 논문의 2절은 『존재와 시간』을 중심으로 한 하이데거의 초기철학에서 자연이 어떻게 파악되고 있는지 그리고 왜 근원적 자연의 의미는 아직 제대로 드러나지 못하는지를 논의하고자 한다. 그리고 논문의 3절은 『형이상학의 근본개념들』에서 시도된 자연해석학을 중심으로 기계론과 생기론을 비판해 나가는 과정에서 자연적 생의 존재를 드러내고자 한다. 아마도 이러한 논의를 통해 우리는 인간중심주의에서 벗어난 하이데거의 새로운 생태학적 관점을 엿보게 될 것이다. 그리고 논문의 4절에서 필자는 하이데거의 자연해석학이 어떤 점에서 전회의 분기점 역할을 하는지를 결어의 형식을 빌어 간략히 밝혀 보고자 한다.

필자는 하이데거의 자연관에 관한 하나의 논문이 완성되려면 그의 후기철학에서의 주요용어인 피지스에 대한 충분한 논의가 이루어져야 한다고 생각한다. 그러나 이 논문은 제목이 암시하고 있듯이 존재역사와 관련된 하이데거의 후기사유는 다루지 않고 있다. 즉 이 논문은 하이데거의 사유가 피지스에 이르는 그 길목까지만을 다루고 있기에, 필자는 「하이데거와 자연의 문제 1」을 논문제목으로 선택하였다. 본 논문은 전체 논문의 1부에 해당한다. 필자는 존재역사 안에서의 피지스에 대한 구체적 논의는 전체 논문의 2부로 남겨 놓는다.

2. 현존재분석론을 통해 만나게 되는 자연의 존재양식

2.1 전통존재론의 자연해석에 대한 하이데거의 비판

종래의 존재론은 자연에 의거해서 세계를 이해한다. 이때의 자연이란 눈앞에 있는 존재자의 총체를 의미한다. 예컨대 데카르트는 세계에 관한 물음을 자연사물성에 관한 물음으로 축소·강화한다. 이러한 연관에서 그는 수학적 인식에 맞추어 세계의 근본 규정을 자연사물의 연장성으로 파악한다. 그런데 데카르트의 이러한 시도가 가능했던 까닭은 그가 수학을 특히 선호해서가 아니라 오히려 그의 사유가 '지속적으로 눈앞에 있는 것'에로 언제나 이미 정위되어 있었고 수학적 인식은 그러한 존재자를 양화하여 탁월하게 인식할 수 있기 때문이었다. [2]

그러나 하이데거는 세계로부터 자연을 이해한다. 하이데거에게서 세계란 존재자의 총체를 의미하지 않고 오히려 인간 현존재의 존재이해가 기투된 지평을 의미한다. 세계란 존재자 전체가 자신을 내보일 수 있는 인간 현존재의 선이해의 지평이다. 물론 "세계는 현존재가 실존할 때—또 그러한 경우에만—존재하며 자연은 어떠한 현존재가 실존하지 않아도 존재할 수 있으나"(GP 241) 엄격한 의미에서 존재는 존재를 말하는 현존재가 있을 경우에만 있을 수 있으므로 현존재 이전에 자연이 **존재한다**라고 말하는 것은 하이데거에게 무의미한 명제가 되고 만다. [3] 즉 눈앞에 있는 존재자로서의 자연이 인간에 앞서 있고 또한 인간없이도 존재할 수 있다라는 명제는 존재적(ontisch) 명제에 불과하며, 오히려 존재론적(ontologisch)으로는 현존재가 즉 현존재의 세계가 자연에 앞서 있고 자연은 현존재의 세계-내-존재의 특정한 양상 안에서만 발견될 수 있다.

자연은 세계내부적 존재자이다. 따라서 자연의 존재를 모든 것을 근거지우는 "실체성"(SuZ 63)으로 파악한 종래의 존재론은 "세계-내-존재라는 현존재의 틀을 결여한 채 세계성의 현상을 **건너뛰어 버린**"(SuZ 65) 모순을 범하고 있다. 그러나 이렇다고 해

---

2) Otto Pöggeler, *Der Denkweg Martin Heideggers*, 55면. 필자는 푀겔러의 이 책에 대해 이기상 교수의 번역본 『하이데거 사유의 길』(문예출판사, 1993)을 참고했음을 밝혀 둔다.
3) 같은 책, 256면 참조.

서 모든 자연이 현존재의 세계 안에서 발견되어 있는 것은 아니다. 세계를 단초에 놓고 자연을 해석할 때, 세계는 자연을 발견할 수 있는 지평으로서만 작용한다. 자연은 세계 안에서 발견되어 있기도 하고 아직 발견되어 있지 않기도 하다. 자연은 세계내부적 존재자이기는 하나 세계내부성이 자연의 존재에 필연적으로 속해 있는 것은 아니다. 오히려 세계내부성은 자연의 존재에 **"가능적 규정"**으로 속해 있다. "세계내부성은 자연이 존재자로서 **발견되어** 있을 때에만 오로지 이러한 존재자에 즉 자연에 **주어진다.**"(GP 240) 그러나 종래의 존재론은 자연이 발견되는 세계지평을 간과한 채 자연을 눈앞의 실체로서만 이해하는 모순을 범하고 있다. 그래서 하이데거는 이러한 전통적 의미의 자연을 자신의 철학적 입장에 맞춰 이렇게 표현한다. 즉, "세계내부적으로 눈앞에 존재하고 있는 그러면서도 전혀 발견되어 있지 않은 존재자" 혹은 "가능한 세계내부적 존재자의 존재의 한 극한."(SuZ 65)

2.2 가용존재자로서의 자연

세계를 지평으로 현존재와 자연의 만남은 이루어진다. 이때 현존재는 우선은 대개 자연을 '손안에 있는 존재자(Zuhandenes)' [즉 가용존재자 : 可用存在者]로서 만나게 된다. 하이데거는 인간과 자연의 이러한 가장 친숙한 만남을 세계성의 분석을 통해 우리에게 소개한다.

현존재의 근본틀은 세계-내-존재이다. 세계란 그때마다 현존재의 존재가능성이 기투된 삶의 기반이다. 이러한 세계 안에서 현존재는 자신의 배려적 관심에 따라 존재자와 관계맺는다. 따라서 현존재가 아닌 존재자는 우선은 이론적 관찰의 대상으로서가 아니라 오히려 도구로서 드러난다. 하이데거는 도구의 존재양식을 전통존재론에서의 '눈앞에 있음(Vorhandenheit)'과 구별하여 '손안에 있음(Zuhandenheit)'[즉 가용존재성]으로 규정한다.

도구는 개별적으로 존재하지 않고 오히려 다른 도구들과 더불어 어떤 용도를 '위하여' 존재한다. 유용성, 기여성, 이용가능성, 편리성 등의 다양한 용도방식들이 도구전체성을 구성한다. 따라서 제작되어야 할 제품에는 어떤 용도를 위한 '지시'가 들어 있다. 그런데 지시의 구조는 제작활동 그 자체에도 들어 있다. 즉 제품에는 재료들에 대한 지시가 들어 있다. 예컨대 구두는 가죽을 재료로 하며 가죽은 동물의 껍질로 만들어지는데 동물의 껍질은 사육된 동물이건 사육되지 않은 동물이건 여하튼 동물이 스스로 만들어 낸 것이다. 이로써 현존재는 자신의 환경세계에서 자연과 만나게 된다. 이때의 자연은 동물의 껍질처럼 "그 자체 생산될 필요가 없으면서 언제나 이미 가용적으로 존재하는"(SuZ 70) 그러한 존재자이다. 즉 도구의 사용을 통해 자연이 함께 발견되는데, 이렇게 발견된 자연은 아직 과학적 대상으로서의 자연도 아니고 또한 아름다운 풍경처럼 우리를 사로잡는 낭만주의자의 자연도 아닌, 단지 제품의 재료로서 이미 이용되고 있는 가용존재자로서의 자연이다.

그런데 우리는 현존재의 공공세계를 통해서도 환경적 자연(Umweltnatur)을 가용존재자의 양상에서 만나게 된다. 물론 구두의 가죽에서처럼 자연이 제품의 재료로서 직접 이용되진 않지만, 도로, 시가, 교량, 건물 등 현존재의 공공세계에서도 자연은 이미 어떤 일정한 방향에 따라 발견된다. 예컨대 역의 플랫폼은 우천(雨天)을, 길가의 가로등은 태양의 위치를, 시계는 우주계의 일정한 별자리를 언제나 이미 고려하고 있다. 환경적 자연은 공공세계 내에서 직접적으로 가용존재자로서 등장하진 않지만 공공세계를 구성하는 요소로서 간접적으로 고려되고 있다. 즉 공공세계에서 "환경적 자연은 **더불어** 가용적으로 존재한다."(SuZ 71) (인용문의 강조는 필자에 의한 것임)

2.3 과학적 대상으로서의 자연

자연은 현존재의 태도에 따라 상이한 방식으로 발견될 수 있다. 자연은 현존재의 배려적 교섭에 따라 가용존재자로서 발견될 수도 있고 또한 현존재의 인식태도에 따라서는 과학적 대상으로도 정립될 수 있다. 과학적 인식태도는 "인간적 실존의 자유로운 가능성"(PI 18)이다.

그런데 자연과학은 가용존재자만을 변양[4]하여 과학적 대상으로 주제화하지 않고 더 나아가 해당존재자 전체를 가정하고 이로부터 가설-연역 구조를 통해 자연과학적 법칙을 산출한다. 자연과학에 관한 이러한 상식적 견해는 하이데거에게도 적용된다. 단지 하이데거에게서는, 해당존재자 전체가 이미 현존재의 세계지평에 들어서 현존재의 존재이해를 바탕으로 주제화된다.

가용존재자는 그 도구적 성격을 추상하는 존재이해의 변양을 통해 과학적 대상으로 정립된다. 그런데 단지 가용존재자만이 과학적 대상으로 정립되는 것은 아니고, 우리가 앞서 언급한 바 있던 '세계내부적으로 눈앞에 있는 그러면서도 전혀 발견되어 있지 않은 존재자'[5] 즉 아직 발견되지 않은 자연까지도 일상적 현존재의 변양된 태도를 바탕으로 과학적 대상으로 정립된다. 따라서 하이데거는 "환경세계의 울타리 철폐"(SuZ 362)를 요구한다. 환

---

4) 존재이해의 변양에 관해서는 졸고 「과학의 본질에 관한 실존론적 해석」을 참고할 것.
5) "세계내부적으로 눈앞에 있는 존재자(das innerweltlich Vorhandene)"라는 표현은 하이데거를 읽는 이들에게는 하나의 딜레마이다. 일반적으로 우리는 하이데거의 현존재분석론에서 현존재, 손안에 있는 존재자(가용존재자), 눈앞에 있는 존재자(과학적 인식대상)만을 주목하기에, 앞서의 표현은 어찌 보면 마치 전통적인 '사물존재론'으로 돌아가는 인상을 주기 때문이다. 그러나 필자가 2.1에서 밝혔듯이 이 표현에서 우리가 눈여겨보아야 할 것은 "세계내부적으로"라는 표현이다. "세계내부적으로"라는 표현을 통해 하이데거는 이미 전통적인 사물존재론을 떠나고 있다. 일상적 현존재는 자신의 세계를 기반으로 자연을 발견할 수 있으므로 자연은 이미 세계내부적 존재자인데, 특히 현존재가 우선 대개 만나고 있는 세계내부적 존재자의 존재양상은 가용존재자로서, 그리고 현존재가 발견할 가능성은 있으나 아직 발견하지 못한 세계내부적 존재자의 존재양상은 "세계내부적으로 눈앞에 있는 존재자"로서 규정된다. 따라서 이러한 표현에서의 "눈앞에 있음"이란 사물존재론에서처럼 모든 것을 근거지워 주는 실체로서 눈앞에 있음을 의미하는 것이 아니라 오히려 현존재의 세계 안에서 아직 발견되지 못한 채 무차별적으로 눈앞에 있는 존재자의 존재양상을 의미한다.

경세계의 울타리가 철폐된다면, 그 울타리 안에 존재하던 모든 존재자 즉 가용도구만이 아니라 아직 발견되지 않은 눈앞의 존재자(자연)까지도 모두 과학적 인식대상으로 확보될 수 있기 때문이다. 즉 과학적 인식이 성립하려면, 환경세계의 모든 존재자로부터 그 울타리가 철폐됨으로써 "눈앞의 존재자 일체"(SuZ 362)가 과학적 인식의 주제로 확보되어야 한다.

그런데 해당존재자 전체를 과학적 연구의 주제로 확보하려면 현존재는 그 주제화되는 존재자를 이미 초월해야 한다. 즉 현존재는 해당존재자 전체를 이미 그 존재틀에서 선행적으로 이해하고 있어야 한다. 선행적인 존재이해 즉 초월을 통해서만 현존재는 해당존재자 전체를 하나의 연구분야로 대상화할 수 있다. 그런데 이러한 선행적 존재이해는 결코 가용존재자의 존재방식인 '손안에 있음'이나 혹은 아직 발견되지 않은 자연의 존재방식인 '눈앞에 있음' [6]에 대한 존재이해일 수 없다. 과학적 인식은 해당존재자 전체를 대상화하므로 현존재는 가용존재자나 눈앞의 존재자로 양상화되기 이전의 세계내부적 존재자에 대한 존재이해를 가지고 있어야 한다. 즉 현존재는 '손안에 있음'이나 '눈앞에 있음'까지도 변양하고 분류파악할 수 있는 "존재와 같은 것"을 이미 이해해야 한다. 따라서 이러한 존재이해는 "'손안에 있음'과 '눈앞에 있음'이 아직 구분되지도 결코 존재론적으로 개념화되지도 않은" "중립적인"(SuZ 364) 존재이해이어야 한다.

---

6) "눈앞에 있음"이란 표현은 하이데거의 철학에서 실로 다양하게 사용된다. 이 표현은 사물존재론의 특성을 규정하는 용어로도 사용되고 혹은 하이데거의 현존재분석론 자체에서도 사용된다. 더욱이 현존재분석론 내에서도 이 표현은 크게 두 가지의 의미로 사용된다. 일반적으로 이해되고 있듯이 이 표현은 가용존재자가 변양된 과학적 인식대상의 존재를 가리키기도 하고 또한 필자가 지적하였듯이 "세계내부적으로 눈앞에 있음"이란 의미로 사용되기도 한다. 그래서 하이데거도 "그러나 모든 눈앞에 있음이 사물로서 눈앞에 있음(Dingvorhandenheit)을 의미하진 않는다"(SuZ 211)라고 말하고 있다. 이 인용문에서 "사물로서 눈앞에 있음"이란 물론 과학적 인식대상의 존재를 말하는데 하이데거는 "사물로서 눈앞에 있음"이 "눈앞에 있음" 모두를 가리키는 것은 아니라고 지적함으로써 우리에게 "눈앞에 있음"을 달리 해석할 수 있는 가능성을 열어 둔다.

그런데 중립적인 존재이해는 아직 불분명한 상태이다. 그래서 현존재는 중립적 존재이해를 분류파악한다. 이처럼 중립적인 존재이해를 분명하게 완성하는 가운데 현존재는 해당존재자 일체를 그 자체로서 특징짓는 근본개념을 획득한다. 이제 현존재는 해당 존재자 일체를 그러한 근본개념에 기투함으로써, 앞으로 연구주제가 될 존재자의 분야를 비로소 대상화한다. 대상화는 "존재이해의 분명한 이행(履行)"(PI 25)을 의미한다. 따라서 실증과학에서 연구분야로 확정되는 것은 순수한 사실이 아니라 근본개념을 향한 과학적 기투가 열어 주는 선험적 지평 안에서 해석된 사실이다.

이제 우리는 자연을 과학적 인식의 대상으로 정립하는 주제화의 정체에 도달한다. 주제화는 대상화를 포함한다. 더욱이 과학적 인식의 연구분야가 확정됨에 따라 그 분야에 접근하기 위한 특정한 방법적 지침도 주어진다. 또한 그러한 연구분야에 알맞은 개념적 구조와 언어도 예시된다. 이처럼 존재자가 과학적 인식의 주제가 되는 모든 과정을 하이데거는 주제화라고 명명한다.

가용존재자와 발견되지 않은 자연(세계내부적으로 눈앞에 있는 존재자)은 과학적 주제화를 통해 자연과학적 대상으로 정립된다. '손안에 있음'과 '눈앞에 있음'으로 나뉘어졌던 자연의 두 가지 존재양상은 이제 과학적 주제화를 통해 과학적 존재라는 하나의 양상으로 일원화된다. 즉 넓은 의미의 자연 전체는 과학적 주제화를 통해 과학적 대상으로 정립된다. [7]

---

7) 바스트는 하이데거에게서 과학적 인식이 성립하는 단계를 크게 8가지 단계로 나눈다. 즉, 1) 개시성, 2) 아직 양상화되지 않은 세계내부적 존재자에 관한 중립적 존재이해, 3) 손안의 존재자, 눈앞의 존재자 즉 자연 그리고 공현존재 등의 양상으로 세계내부적 존재자가 비주제적으로 발견되어 있음(이해의 선구조), 4) 분명한 발견, 해석, 으로서의 구조, 해석학적 으로서, 5) 명제적 으로서 : 진술, 6) 인식 : '단순히 사물로서 눈앞에 있음'(즉 과학적 존재)에 대한 주제적-이론적 발견, 7) 주제화, 존재이해의 명백한 이행(履行), 8) 과학적 인식. 그런데 바스트에 따르면 손안에 있음과 눈앞에 있음(즉 자연의 존재)과의 구별은 이 도표의 3-5단계에서만 성립하며 6단계에서부터는 단지 과학적 존재만이 발견된다. Reiner A. Bast, *Der Wissenschaftsbegriff Martin Heideggers im Zusammenhang seiner Philosophie*, 153-154면 참조.

2.4 근원적 자연의 은닉과 그 만남의 가능성

일상적 현존재의 세계에서 자연은 가용존재자로서 혹은 과학적 대상으로서 드러난다. 그러나 이러한 존재양상들이 자연의 고유한 양상은 될 수 없다. 예컨대 숲은 조림(造林)으로서, 산은 채석장으로서, 강은 수력으로서, 바람은 '돛에 안긴' 순풍으로서 드러날 뿐, 또한 식물학자의 식물도 논두렁에 피어 있는 꽃은 아니며 지리학적으로 확정된 하천의 수원(水源)도 '땅에서 솟는 샘'은 아니다. 오히려 일상적 현존재에게 드러난 자연은 즉 가용존재자로서의 자연과 과학적 대상으로서의 자연은 "'끊임없이 생동하고' 우리를 엄습하며 아름다운 풍경으로서 우리를 사로잡는" 자연을 "은닉"(SuZ 70)한다.

그렇다면 현존재분석론은 근원적 자연에 이르지 못하고 마는가? 이에 대한 해명을 하이데거를 통해 들어 보자."(……) 현존재분석론에서 겉으로 볼 때 자연이 빠져 있다면(……), 그 이유가 있다. 가장 결정적인 이유는 자연은 환경세계의 주위에서는 만날 수도 없고 또한 우리가 태도를 취하는 그 어떤 것으로는 여하튼 본래 만날 수도 없다라는 사실에 있다."(WG/W 155, 주 55)

이 인용문에서 우리가 무엇보다 주목해야 할 것은 환경세계라는 표현이다. 환경세계란 일상적 현존재의 가장 가까운 세계를 의미한다. 우리가 이제껏 논의해 왔던 세계는 바로 환경세계를 의미한다. 환경세계란 바로 현존재의 '무엇 때문에'에 의해 유의의화된 세계를 의미한다. 환경세계에서 도구들의 지시연관은 현존재의 '무엇 때문에'에 의해 그 의의를 부여받는다. 그런데 현존재의 '무엇 때문에'는 현존재 스스로가 주체로서 정립한 존재가능성은 아니다. 오히려 현존재는 자신이 처한 상황에 열려진 존재가능성을 향해 자신을 기투한다. 현존재는 자신에게 열려진 가능성을 가능성으로서 포착한다. 그런데 일상적 현존재는 비본래적

양상으로 살아가는 세인(Das Man)이다. 따라서 일상적 현존재는 비본래적인 존재가능성을 기투하며 이로써 기투적 이해의 기반인 피투성까지 망각한다. '무엇 때문에'는 기투의 측면에서만 일방적으로 부각되며 이에 반면 이해의 피투성은 망각된다. 그러므로 현존재의 본래적인 세계는 "환경세계에서는 그 근원적 본질에 맞게 드러나지 않는다."[8]

환경세계는 비본래적인 일상적 현존재의 삶이 영위되는 세계이다. 따라서 일상적 현존재의 세계에서는 근원적 자연뿐 아니라 가용존재자 자체도 현존재의 '무엇 때문에'를 기반으로 드러날 뿐 그 존재에 맞게 해명되지 못한다. 그래서 하이데거는 현존재의 목적론적 세계관에 대해 이렇게 비판한다. "모든 적소(適所)연관은 존재론적으로는 '무엇 때문에'에 근거한다. 하지만 과연 모든 존재자가 존재적으로 인간 현존재 때문에 존재자로서 있는가라는 물음에 대해 이러한 사실은 결코 아무런 결정도 못 내리고 있다. 존재자의 존재구조들과 이것들의 가능적 이해가능성이 '무엇 때문에'에 존재론적으로 뿌리박고 있다는 것은 자연이 인간 현존재의 목적을 위해 창조되었거나 눈앞에 존재한다라는 존재적 주장과는 무관하다. 현실적 세계의 합목적성에 관한 존재적 주장은 앞서 언급한 존재론적 뿌리박음에서는 정립되지 않는다. (……) '위하여'의 관련들의 존재론적 구조가 '무엇 때문에'에 근거한다고 해서, 존재자 즉 자연과 그리고 현존재 사이의 존재적 관련이 어떤 목적연관을 나타낸다라고는 말할 수 없다."(GP 418-419)

그러면 근원적 자연과의 만남은 어떻게 가능한가? 우리는 이미 환경세계를 통한 길은 포기했다. 그러나 우리에게 아직 한 가지의 가능성은 열려 있다. 즉 현존재가 자신의 피투성을 철저히 받아들여 자신의 유한성을 자각할 때 현존재에게 그 가능성은 열릴 수 있다. 그래서 하이데거는 현존재의 "처해 있음"을 자연과

---

8) 푀겔러의 책, 208면.

의 근원적 만남이 이루어질 수 있는 "토대"로서 제시한다. "현존재는 처해 있는-기분에 젖어 있는 자로서 존재자의 **한복판**에 실존하기 때문에 자연은 현존재에게서 근원적으로 드러날 수 있다. 처해 있음(피투성)이 현존재의 본질에 속하고 **염려**의 완전한 개념의 통일성에서 표현되고 있는 한에서, 여기에서 비로소 자연의 **문제**를 위한 **토대**가 확보될 수 있다."(WG/W 155 이하, 주 55)

하이데거는 현존재의 세계를 통한 근원적 자연과의 만남을 포기하지 않고 있다. 단 이때의 세계란 피투성을 철저히 자각한 현존재가 들어서 있는 존재의 세계를 의미한다. 하이데거의 후기 철학에서 이러한 논의는 사위(四位 : Geviert)로서의 세계를 중심으로 이루어진다. 그러나 아직 『존재와 시간』의 단계에서는 이러한 논의가 본격화되지 않고 있다. 다만 하이데거는 일상적 현존재에게 드러난 가용존재자로서의 자연과 과학적 대상으로서의 자연은 근원적 자연을 "은닉"하고 있으며 오히려 근원적 자연은 피투성을 철저히 자각한 현존재에게만 드러날 수 있다라는 가능성을 열어 두고 있다. 그래서 푀겔러는 현존재분석론에서 나타난 자연해석에 대해 이렇게 평가한다. "『존재와 시간』은 비록 자연에 관해 고유하게 묻지는 않지만 그러나 자연이 눈앞에 있는 자연사물성이나 혹은 손안에 있는 자연사물성과 동일하게 정립되어야 한다라는 생각은 이 작품 안에서 거부된다."[9]

3. 자연해석학을 통해 만나게 되는 자연의 존재 양식

3.1 생물적 자연으로의 현존재의 전위

하이데거의 자연관을 고찰하는 두번째의 단계에서 필자는 『형

---

9) 같은 책, 254면 이하.

이상학의 근본개념들』을 주목한다. 이 강의록에서 하이데거는 생물적 자연을 현상학적으로 기술함으로써 그 본질구조를 드러내고자 한다. 따라서 이때 현상학적 기술의 주체인 현존재는 더 이상 일상적 현존재를 의미하지 않고 오히려 생물적 자연을 향해 스스로를 전위(轉位)하여 그 사태를 있는 그대로 해석하는 현존재이다. 그러면 생물적 자연으로의 전위는 어떻게 가능한가?

여기에서도 인간은 세계를 단초에 놓고 자연을 해석한다. 세계는 자연을 해석하는 선이해의 지평이다. 그런데 이때의 세계는 현존재의 '무엇 때문에'에 의해 유의의화된 환경세계를 의미하지 않고 오히려 "존재자에 관한 접근가능성"(GdM 292)을 의미한다. 즉 어떤 존재자가 그 주변의 존재자에게 접근할 수 있는 가능성이 우선은 세계로서 규정된다. 하이데거는 이러한 세계를 기반으로 하여 무생물적 자연과 생물적 자연 그리고 인간의 존재양식을 구별한다.

돌은 애초부터 주변의 존재자에게 접근하지 못하므로 무세계적이다. 동물은 자신의 본능에 따라 주변의 존재자에게 접근하기는 하나 인간처럼 실존하지는 못하므로 세계결핍적이다. 이에 비해 인간은 자신의 고유한 존재이해를 바탕으로 세계를 세계화하며 기투하기에 세계형성적이다. 그런데 하이데거가 이렇게 각 존재자의 존재양식을 '무세계적' '세계결핍적' '세계형성적'으로 구분했다고 해서, 우리가 마치 인간이 가장 우월한 존재자인 것처럼 생각한다면 그것은 하이데거의 의도에 어긋난 것이다. 오히려 이러한 구별은 단지 각 존재자의 고유한 존재양식을 규정한 것일 뿐 어떠한 가치기준도 될 수 없다.

그런데 인간이 생물적 자연으로 전위할 수 있는 근거는 바로 생물적 자연의 세계결핍성 때문이다. 돌은 무세계적이므로 전위가 불가능하나, 동물의 경우에는 인간과 동물이 서로 겹치는 접근가능성을 지니고 있으므로 동물을 향한 인간의 전위가 가능케된다. 가축을 예로 들어 보자. 동물의 존재방식은 생(生)이고 인

간의 존재방식은 실존이다. 따라서 동물은 인간과 더불어 실존할
수 없다. 그러나 가축의 경우에서 보듯이 가축은 우리에게 봉사
하며 우리는 가축을 기르고 있다. 즉 인간은 가축과 함께 존재한
다. 가축은 인간이 자신에게 전위할 수 있는 가능성을 스스로 내
보이고 있다. 물론 인간이 다른 인간으로 전위할 가능성과는 다
른 의미에서이지만 동물은 인간이 자신에게로 전위할 가능영역을
지니고 있다. 따라서 이제 하이데거는 생물적 자연에게로 전위하
여 생물적 자연의 존재 그 자체를 있는 그대로 드러내고자 한다.
(GdM 309 참조)

3.2 기계론적 자연관과 생기론적 자연관에 대한 비판

근대 자연과학은 자연을 크게 두 가지의 방향에서 해석한다.
하나는 자연을 물리적-화학적으로 완전히 설명될 수 있는 수학적
체계로 환원해 버리는 기계론적 자연관이며, 다른 하나는 다윈의
진화론에 의해 영향을 받아 '생명력'을 단초에 놓고 자연을 해석
하는 생기론이다. 생기론은 기계론의 반(反)테제이다. 그런데 하
이데거는 자연해석학을 통해 기계론과 생기론 모두를 비판한다.
물론 하이데거는 생기론의 일정한 성과는 인정하나 생기론도 그
의 주요 비판대상이 된다. [10]

생기론의 선구자는 한스 드리이쉬 (Hans Driesch, 1867-1941)
이다. [11] 그는 성게알의 실험을 통해 기계론적 자연관을 비판하고
자신의 목적론적 전체론적 자연관을 기초지운다. 성게알은 세포
분열 과정의 첫 단계에서 그 분열세포에 따라 쪼개어지는데 이
알은 쪼개어진다고 죽지 않고 오히려 그 하나하나의 부분들이 계
속 살아 남아 조금 작다고는 하더라도 진짜 성게가 된다. 기계를

---

10) 바이츠젝커는 하이데거가 고전 물리학의 공격으로부터 생기론을 보호하였다고 하나
　　이는 잘못된 논의이다. 생기론은 오히려 하이데거의 강력한 비판대상이 되고 있다. C.
　　F.v. Weizsäcker, *Heidegger und die Naturwissenschaft*, 78면 참조.
11) J. Hirschberger,『서양철학사(下)』, 강성위 역, 이문출판사, 1987, 866-868면 참
　　조.

해체할 경우에는 그 부분들로부터 똑같은 새로운 기계들이 다시 생겨나지 않으나 성게의 부분은 완전한 한 마리의 성게로 된다. 따라서 성게알에는 전체라는 이름으로 활동하면서 성장과정을 촉진하는 인자(因子)가 작용한다. 이러한 인자들은 다른 생물에게서도 관찰된다.

드리이쉬는 이러한 인자를 아리스토텔레스의 용어에 따라 엔텔레키(Entelechie)라고 명명한다. 그런데 아리스토텔레스는 무기물질과 예술품에도 일종의 엔텔레키가 있음을 인정하여 모든 본질을 엔텔레키로 규정하나, 드리이쉬는 생물에게 작용하는 독자적 실재적인 요인 즉 전체의 인과성만을 엔텔레키로 규정한다. 이러한 개념을 통해 드리이쉬는, 1) 유기체는 부분요소들의 총합이 아니다, 2) 오히려 유기체의 성장은 그 매 단계마다 이미 그 전체성 자체에 의해 이끌려진다, 3) 그러므로 유기체의 생명이란 유기체가 자기보존을 위해 전체라는 목적을 향해 나가려는 노력이다라는 사실 등을 밝혀 낸다.

따라서 기계론에 대한 생기론의 비판은 자기를 보존해 나가는 유기체의 전체성을 고려해 다음과 같은 논의로 이루어진다. 1) 기계는 인간이라는 제작자를 요구하나, 유기체는 자신의 기관을 스스로 산출한다. 2) 기계는 추진력을 필요로 하나, 유기체는 자신의 운동을 스스로 이끌고 있다. 3) 기계는 손상을 입었을 경우 인간에 의한 재산출이나 개선이 필요하나, 유기체는 일정한 한계 내에서 스스로를 재산출하거나 개선한다. 즉 생기론자들은 유기체가 지니고 있는 자기산출, 자기 이끔, 자기개선이라는 고유한 계기를 통해 기계론을 비판한다. 그런데 하이데거는 드리이쉬의 생기론이 거둔 일정부분의 성과 즉 유기체는 하나의 전체성이라는 견해에는 동의하나 그렇다고 해서 인간의 고유한 '자기'를 유추하여 동물의 자기성을 성급히 비밀스러운 힘, 엔텔레키 혹은 자아성 따위로 설명하는 것에는 반대한다. 따라서 생기론에 대한 하이데거의 비판의 요지는 동물의 자기성에 관한 해석에 달려 있다.

　일반적으로 우리가 자기에 관해 언급할 때, 자기는 자기존재에 대한 반성을 수반한다. 즉 자기는 곧 자기의식을 의미한다. 그러나 동물의 경우에는 자기의식이 존재하지 않는다. 자신의 능력을 통해 목적을 관철해 나갈 때, 동물의 "능력 자체는 자신에게 고유하게 남아 있다. 소위 말하는 **자기의식**이나 혹은 **반성** 즉 **자기 자신과의 재귀적 관계는 존재하지 않는다.**"(GdM 340) 동물의 능력은 고유하게 자신을 소유하고 있을 뿐 결코 인격, 반성, 의식 따위는 아니다. 하이데거는 동물의 이러한 고유성을 동물의 행동에 대한 해석을 통해 보다 분명히 드러낸다.

　하나의 예를 들어 보자. 꿀벌은 눈앞의 꿀을 보고 그 꿀을 먹기 시작한다. 꿀벌은 일정량의 꿀을 먹은 다음 아직 많은 양의 꿀을 남겨 놓는다. 이러한 예를 통해 우리는 많은 양의 꿀이 여전히 눈앞에 있음을 즉 꿀의 존재를 그 꿀벌이 이해하였다고 생각할 수도 있을 것이다. 그러나 꿀벌이 꿀을 먹고 있는 동안 우리가 그 꿀벌의 아래 몸통을 잘라 내었을 때 그 꿀벌은 꿀이 아래쪽으로 새어 나가는 동안에도 계속해서 꿀을 먹기만 한다. 즉 꿀벌은 배가 불러야지 그만 먹지 남은 꿀을 생각하고서 그만 먹는 것은 아니다. 꿀벌의 행동은 먹기 위한 욕망을 충족할 때까지 계속된다.

　우리가 이러한 예에서 알 수 있는 것은 동물의 충동적 움직임과 인간의 존재이해에 따른 행위는 다르다라는 사실이다. 동물의 충동적 움직임은 결코 눈앞의 사물을 향한 것이 아니라 단지 욕망충족을 위한 행동에 불과하다. 동물은 눈앞의 존재자에 대해 태도관계를 맺을 수 없다. 동물은 단지 자신의 욕망을 해소하기 위해 주변의 먹이, 태양, 돌 등과 관련을 맺고는 있으나 이러한 관련의 본질은 욕망의 해소일 뿐, 이러한 것들을 그것 자체로서는 받아들이지 못하고 있다. 즉 동물은 어떤 것을 어떤 것으로는 받아들이지 못하고 있다.

하이데거는 동물의 충동적 움직임을 행동(ein Benehmen)이라 명명한다. 이에 비해 인간은 어떤 것을 어떤 것으로 받아들인다. 즉 인간은 존재이해를 통해 어떤 것과 관련을 맺고 있다. 하이데거는 이것을 태도(ein Verhalten)라 명명한다. 행동은 동물의 존재양식이며 태도는 인간의 존재양식이다. 그런데 동물의 충동적 행동이 가능한 까닭은, 동물은 자신에 대한 아무런 반성없이 자신 안에 사로잡혀 있기 때문이다. 즉 "'동물이 자신 안에 사로잡혀 있음(Eingenommenheit des Tieres in sich)' 다시 말해 '얽매여 있음(Benommenheit)'"(GdM 347)이야말로 동물의 본질적 구조이다.

'얽매여 있음'은 동물의 모든 충동적 행동이 이루어지는 가능조건이다. 그러면 '얽매여 있음'은 구체적으로 어떤 특성을 갖고 있을까? 하이데거는 이를 6가지로 나누어 설명한다. (GdM, 376-377 참조)

1. 동물은 어떤 것을 어떤 것으로 받아들이지 못한다. 존재자의 개방성(Offenbarkeit des Seienden)이 동물에게는 탈취되어 있다. 즉 '얽매여 있음'이란 '탈취되어 있음'이다.

2. 동물은 자신에게 얽매여 있는 가운데 충동적 움직임을 감내한다. 물론 충동적 움직임을 통해 동물은 타자와 관계를 맺고는 있으나 타자를 존재자로서 개념파악하지는 못하고 있다. 타자를 존재자로서 명명하기 위해서는 존재자에 관한 이해가 수반되어야 하나 동물에게는 이러한 이해가 결여되어 있다. 즉 '얽매여 있음'이란 '충동적 움직임을 감내하고 있음'이다.

3. '얽매여 있음'은 '충동 전체에 사로잡혀 있음'을 의미한다. 동물의 독특한 자기존재는 고유한 소유물에 불과할 뿐 자기자신에 대한 어떠한 반성도 결여하고 있다.

4. 동물은 충동적 움직임을 통해 여하튼 타자와 관계맺고 있다. 이러한 관계맺음이 가능한 까닭은 동물이 '타자에 대해 열려 있는 존재'이기 때문이다. 그러나 이러한 열려 있음은 물론 존재

자의 개방성과는 구별된다. 이러한 의미의 열려 있음은 욕망해소의 차원에서만 이해되어야 한다.

5. 타자에 대해 열려 있는 가운데 동물은 자신의 욕망을 해소하기 위해 주위(周圍 : Umring)를 확보하려 노력한다. 주위를 확보하려는 투쟁이야말로 생 자체의 본질적 성격이다. 이러한 투쟁은 우리가 통속적으로 이해하는 자기보존과 다른 것은 아니지만, 우리는 다윈주의가 주장하는 자기보존의 개념에는 이미 인간중심적 사고가 깔려 있음을 간파해야 한다. [필자는 이 문제는 3.3 새로운 환경윤리에서 따로 떼어내 다룰 예정임.]

6. 이와 같이 규정된 '얽매여 있음'은 동물의 모든 행동을 가능케 하는 조건이다. 따라서 동물에 관한 모든 생물학적 물음은 동물의 이러한 구조전체성을 근거로 물어져야 한다. 그런데 생기론은 생물의 유기적 전체성은 강조하고 있으나 생물의 독특한 자기성을 잘못 해석함으로써 오류를 범하고 있다. 더욱이 생기론은 생물이 자신의 욕구를 해소하기 위해 주위와 맺는 관계를 간과하는 오류를 범하고 있는데, 주위와의 관계야말로 생물의 유기적 전체성이 근거하는 바탕이다.

3.3 새로운 환경윤리

동물의 행동은 자기에게 얽매여 있는 가운데 이루어진다. 동물의 행동에는 자기의식이 수반되어 있지 않다. 그러나 동물은 자신의 욕구를 해소하기 위해 주위를 확보하려는 투쟁을 전개한다. 이러한 투쟁은 동물들 상호간에 서로 연관된 구조를 맺고 있다. 예를 들어 떡갈나무와 나무벌레, 그리고 딱따구리의 주위영역은 서로에게 중첩되어 있다. 그들은 자신의 욕구를 해소할 수 있는 주위를 확보하기 위하여 치열한 투쟁을 전개한다. 따라서 자연은 그 내용과 관련에 있어서 풍족함을 지니고 있다.

각 동물에게 주변의 존재자는 무차별적으로 눈앞에 있는 것이 아니라, 오히려 서로는 자신의 주위를 확보하려는 긴장관계에 있다. 또한 동물자신이 우리 인간에게 무차별적으로 균일하게 존재하는 것도 아니다. 오히려 동물은 나름대로 자신의 고유한 존재방식을 지니고 있다. 그래서 하이데거는 우리에게 자연의 존재자를 향한 지금까지와는 전혀 다른 "완전히 독특한 전위방식"(GdM 402)을 요구한다. 즉 그것은 현존재의 일상적 태도나 과학적 인식태도에 깔려 있는 인간중심적 사유를 내던져 "자연에서의 독특한 자연스러움 자체"(GdM 403)를 보고자 하는 전위이다. 그런데 이제까지의 생태학은 인간중심적 사고에 머물러 있기에 하이데거는 자연에 관한 자신의 해석을 발판으로 생태학에 대한 근본적 비판을 시도한다.

"생태학은 오이코스 즉 집에서 유래한다. 그것은 동물이 본래 어디에서 어떻게 살고 있는가에 관한 탐구 즉 자신의 주변과 관련된 동물의 생활방식을 의미한다."(GdM 382) 즉 생태학이란 동물이 살아가는 공간에 관한 탐구를 의미한다. 그런데 이제까지의 생태학은 동물의 생활공간을 그 자체로서 보지 못하고 다윈주의가 지닌 인간중심적 관점에서 보고 있다.

다윈주의에 따르면, 생물학적 진화는 인간을 향해 나가고 있다. 인간 안에서 자연은 완성된다. 인간은 자연의 목적이다. 따라서 인간 이외의 존재자는 인간보다 열등한 존재자로서 규정된다. 인간이 보기에 인간 이외의 존재자는 단지 자기보존을 위해 주변에 적응하는 무차별적인 존재자에 불과하게 된다. 즉 "다윈주의에서의 이러한 탐구는 동물이 무차별적으로 존재한다라는, 그리고 동물은 눈앞의 세계에 적응해서 그에 따라 행동관계를 맺으며 그중에서 적자만이 선택된다라는 근본적으로 잘못된 생각을 전제하고 있다."(GdM 382)

하이데거가 보기에 다윈주의적 생태학은 인간중심주의적 사고에 불과하다. 동물은 단지 자기보존을 위해 주변에 적응하는 것이 아니라 오히려 자신의 주변(Umgebung)에서 자신의 욕구를 해소할 수 있는 주위(Umring)를 확보하고자 투쟁(Ringen)한다. 따라서 동물은 주변에 단지 적응하는 것이 아니라 오히려 "그때마다 특정한 주변을 자기 쪽으로 순응케 한다."(GdM 384) 자연에는 주위를 확보하고자 하는 긴장감넘치는 투쟁이 전개되고 있다. 이러한 팽팽한 긴장감을 하이데거는 "자연에서의 독특한 자연스러움 자체"라고 규정하며 이를 칸트의 자연의 숭고함에 비유하기도 한다. [12] **"주위를 확보하려는 이러한 투쟁 안에서 생물을 내적으로 지배하는 성격**이 즉 생 자체 안에서 내적으로 체험되는 자연의 숭고함이 다시 말해 자연이 자신을 스스로 넘어서는 숭고함이 **존재자 일반 내에서 우리에게 드러난다.**"(GdM 403)

그런데 일상적 현존재는 인간중심적-목적론적 사유에 젖어 있다. 일상적 현존재는 자연의 숭고함을 보지 못한다. 오히려 일상적 현존재는 자연의 존재자를 눈에 띨 정도로 무차별적으로 만나고 있다. 물론 일상적 현존재는 존재자의 내용적 다양성에 민감하여 새로운 것을 갈망하나 그러나 자연의 존재자는 **"가장 넓은 의미에서는 바로 눈앞에 무차별적으로 존재하는 것으로서 균일하게 드러난다.**"(GdM 399) 따라서 일상적 현존재가 존재자와 맺는 태도는 인간과 존재자의 근본관계가 깨어 있지 않은 가운데 이루어진다. "모든 존재자에 대한 일상적 태도는 해당존재자의 고유한 양식에 걸맞는 **근본관계** 안에서 움직이지 않고 오히려 그 뿌리를 상실한 (……) 태도 안에서 움직인다."(GdM 400)

그러나 하이데거가 보기에 현존재의 일상적 태도로부터 인간과 존재자의 근본관계가 깨어날 수 있는 가능성은 있다. 물론 그러한 근본관계는 현존재의 일상성을 통해 근거지워질 수 없으나, 현존재가 자연의 존재자가 드러나는 고유한 양식에 대해 해석의 지평을 열어 놓아 **"존재자의 근본적으로 상이한 '양식들'에 대해 상이한 입장을 취할 때"**(GdM 398) **"인간 현존재가 존재자와 맺**

---

12) 만프레트 리델은 하이데거가 지적하는 자연의 숭고함이 칸트 철학에서 유래하였음을 지적하며 양자의 차이점을 논의한다. Manfred Riedel, "Das Natürliche in der Natur", *Von Heidegger her*, 67-69면 참조.

는 근본관계는 깨어날 수 있게 된다."(GdM 400) 여하튼 현존재와 다양한 존재자가 존재론적으로 차별화되고 존재론적 차이가 물어질 때 그러한 근본관계는 깨어난다. 즉 현존재가 자연의 존재자를 단지 눈앞의 무차별적인 존재자나 손안의 존재자로 정립하지 않을 때 현존재는 비로소 존재자를 그 존재에 맞게 존재케 할 수 있다.[13]

4. 닫는 말

우리는 이제까지 초기 하이데거의 철학에서 자연의 문제가 어떻게 전개되는지를 살펴보았다. 『존재와 시간』을 중심으로 한 현존재분석론에서는 왜 자연의 존재 자체가 다루어지지 않는지 그리고 자연해석학에서 자연의 존재가 어떻게 구체적으로 경험되는지를 우리는 살펴보았다. 그리고 이러한 논의를 통해 우리는 특히 생기론과 오늘날의 생태학에 대한 하이데거의 비판도 엿볼 수 있었다. 그런데 필자는 자연해석학의 문제는 단지 이러한 의의만을 지니는 것이 아니라 하이데거 철학 전체에서 전회의 분기점 역할을 한다라고 생각한다.

『존재와 시간』에서 하이데거는 존재의 단일한 의미를 구하고자 하나 그의 시도는 실패로 끝난다. 일상적 현존재에 의해 기투된 세계에서는 근원적 자연의 존재가 드러나지 못하고 있기 때문이다. 그러나 하이데거는 자연해석학을 통해 존재의 단일성을 확보할 가능성을 발견한다. **"존재의** 상이한 **양식들의 다양성**은 그것들의 가능적 **단일성**과 관련하여 전혀 특정한 문제를 제기한다. 그런데 이러한 문제는 우리가 **세계**의 충분한 개념을 전개할 때에만 여하튼 문제로서 확보될 수 있다."(GdM 404)

---

13) 같은 책, 65면 참조.

하이데거는 이러한 세계를 동물성에 대한 해석을 통해 발견한다. 앞서 3.1에서는 세계가 "존재자에 관한 접근가능성"으로 규정되었으나 이제 이러한 규정은 자연해석학이 진행되는 동안 "존재자 그 자체의 개방성"(GdM 392)으로 구체화된다. 아마도 이러한 세계개념은 우리에게 전회 이후의 세계개념 즉 존재의 개방성을 연상시킨다.

현존재는 존재자를 존재자로서 이해한다. 현존재는 고유한 존재이해를 바탕으로 세계를 형성하며 이로써 존재자에 관여한다. 그러나 동물은 욕망해소의 차원에서 주변의 존재자에게 열려 있기는 하나 존재자를 존재자로서 이해하지는 못한다. 동물에게 "존재자 **그 자체**에 관한 접근가능성"(GdM 391)은 결핍되어 있다. 하지만 돌의 경우는 주변의 존재자에게 열려 있지도 않다. 돌은 주변의 존재자 그 자체에게 접근할 수 있는 아무런 가능성도 지니고 있지 않다. 따라서 이제 하이데거는 인간, 생물, 무생물 등의 다양한 존재자를 단일한 지평에서 사유할 수 있는 가능성을 확보한다. 즉 "존재자 그 자체에 관한 접근가능성", 다시 말해 "존재자 그 자체의 개방성"을 세계개념으로 규정한다면 이 모든 존재자가 드러날 수 있는 단일한 지평이 확보된다. 즉 인간은 세계를 형성하는 존재자로, 생물은 세계를 결핍하고 있는 존재자로, 그리고 무생물은 아예 무세계적인 존재자로 규정된다.

하이데거는 이러한 세계개념을 바탕으로 우리에게 그의 후기철학의 주요개념인 피지스(φύσις)에 이르는 길도 열어 놓는다. 피지스란 서양철학이 태동하던 시절 그리스인들의 "존재에 대한 근본경험"이었다. 즉 피지스란 눈앞의 자연은 물론 인간의 역사와 신(神)들까지도 드러내 주면서 스스로는 은닉하는 "생-성"(EM 17) 그 자체를 의미하는 것이었다. 그런데 하이데거는 "존재자의 개방성"이라는 세계개념을 통해 우리에게 이처럼 스스로를 은닉하는 피지스를 사유할 가능성을 열어 준다. 왜냐하면 여하튼 "존재자가 우선은 드러나 있지 않고 즉 **숨어 있고 감추어져 있기에**"

(GdM 405) "존재자의 개방성"이 문제되기 때문이다.

또한 하이데거는 이러한 논의를 바탕으로 그의 후기사유의 주요개념인 "존재케 함(Seinlassen)"에 이르는 길도 열어 놓는다. "어떤 것에 관한 그러한 관련, 즉 어떤 것을 존재자로서 이처럼 존재케 함에 의해 철저히 지배되는 그러한 관련을 우리는 얽매여 있는 가운데 이루어지는 행동과 구별하여 **태도**라고 명명한다. 그러나 모든 태도는 단지 억제(Verhaltenheit)에서만 가능하다." (GdM 397)

"존재케 함"은 하이데거의 후기철학에서 주요위치를 차지한다. 그것은 존재자를 그 감추어진 본래의 모습으로 존재케 한다라는 즉 존재자의 존재를 돌보고 보호하고 존경한다라는 의미를 지니고 있다. 즉 "존재케 함"은 인간중심주의를 철저히 벗어난 하이데거 철학의 독특함을 보여 주는 대표적 표현이다. 그런데 하이데거는 비록 자연해석학에서 "존재케 함"에 관한 이러한 의미를 우리에게 구체적으로 알려 주고 있지는 않지만, "존재케 함"은 인간이 존재자에 대한 지배욕구를 억제했을 때에만 가능하다라고 말함으로써 "존재케 함"에 이르는 길을 열어 놓는다. 그래서 만프레트 리델의 지적처럼 "억제는 자연과의 관련에 유일하게 합당한 근본태도이다. 왜? 자연의 존재는 자신의 자연성에서 스스로를 삼가고 있고 보류하고 있고 자신에 즉해 스스로를 열어 보이면서도 감추고 있기 때문이다."[14] 즉 자연은 스스로를 감추고 있기에 인간은 자신의 욕구를 억제했을 때에만 자연과의 본래적 만남이 가능하다.

---

14) 같은 책, 71면.

참 고 문 헌

1. 하이데거의 저술들

Sein und Zeit, Max Niemeyer Verlag Tübingen, 1972. [SuZ]
/『존재와 시간』, 소광희 역, 경문사, 1995.
Grundprobleme der Phänomenologie, GA 24. [GP]
/『현상학의 근본문제들』, 이기상 역, 문예출판사, 1994.
Phänomenologische Interpretation von Kritik der reinen Vernunft, GA 25. [PI]
Grundbegriffe der Metaphysik, GA 29/30. [GdM]
Einführung in die Metaphysik, GA 40. [EM]
Wegmarken, GA 9. darin : "Vom Wesen des Grundes", [WG/W]

2. 그 밖의 문헌들

C. F. v. Weizsäcker, "Heidegger und die Naturwissenschaft", Freiburg, 1977.
J. Hirschberger, 『서양철학사(下)』, 강성위 역, 이문출판사, 1987.
Otto Pöggeler, *Der Denkweg Martin Heideggers*, Verlag Günter Neske, Pfullingen, 1983. 『하이데거 사유의 길』, 이기상/이말숙 역, 문예출판사, 1993.
Manfred Riedel, "Das Natürliche in der Natur", *Von Heidegger her*, Klostermann, 1991.
Rainer A. Bast, *Der Wissenschaftsbegriff Martin Heideggers im Zusammenhang seiner Philosophie*, Stuttgart, 1986.

졸고, 「과학의 본질에 관한 실존론적 해석」, 『하이데거 철학의 근본문제』, 철학과 현실사, 1996.

존재진리의 발생사건에서 본 기술과 예술

1. 예술작품의 독특함

한 점의 명화가 한 자루의 사냥총이나 한 벌의 외투처럼 벽에
걸려 있다. 한 점의 회화, 즉 한 켤레의 농부의 신발을 그린 반
고흐의 그림이 이 미술관에서 저 미술관으로 옮겨 다닌다. 예술
작품들은 마치 태백지방산 석탄이나 지리산산 목재처럼 운송된
다. 출정중에는 한용운의 시집이 다른 병기들과 마찬가지로 군인
들의 배낭 속에 함께 꾸려 넣어져 있다. 베토벤의 사중주곡의 악
보들이 지하실 속의 감자나 다름없이 출판사 창고 안에 쌓여 있
다.

이렇듯 우리는 우리 주변에서 아주 자연스럽게 다른 사물이나
물건과 다름없이 예술작품을 발견하고 대하게 된다. 그런데도 우
리는 예술작품의 존재방식은 다른 사물이나 물건의 존재방식과는
다르다고 주장할 수 있는가? 아니면 작품의 작품성을 이루고 있
는 작품의 고유함은, 다른 사물이나 물건이나 제품과 비교할 때
의 작품의 차이점은 그 존재방식에 있는 것이 아니라 그 '무엇임'
에 있는 것일까? 그렇다면 작품만이 간직하고 있는 고유한 이
'무엇임'을 어떻게 근거지어 설명할 수 있는가? 상부-하부 구조
내지는 질료-형상이라는 도식이나, 또는 은유이론, 상징이론을
갖고 맞갖게 다 밝혀 낼 수 있는가?

가다머는 하이데거의 「예술작품의 근원」을 해설하는 자리에서

예술작품이 갖고 있는 독특한 존재방식을 이렇게 묘사하고 있다. "작품은 그것이 고유하게 그 자리에 있음으로써 그 자체가 곧 일종의 존재사건이요, 모든 기존의 것과 통상적인 것들을 넘어뜨리는 하나의 충격, 즉 그런 식으로는 결코 그 자리에 존재하지 않았던 세계가 그 속에서 자기를 열어 놓는 그런 하나의 충격이다. "[1] "하나의 세계가 솟아오르는 그런 예술작품 속에서 이전에는 인식하지 못했던 의미심장한 것이 경험가능하게 될 뿐 아니라 그 예술작품 자체와 더불어 어떤 새로운 것이 존재하게 된다고 하는 사실 앞에서 어느 누구도 눈을 감아 버리지는 못할 것이다. 그것은 단지 진리를 밝히 드러냄일 뿐 아니라 그것 자체가 곧 하나의 존재사건이다. "[2]

여기서 가다머가 해설하고 있는 작품의 현전이 야기시키는 충격을 우리는 어떻게 이해해야 하는가? 그것은 우리 앞에 마주서 있는 대상으로서의 작품에게서 튕겨나오는 미(美)에 대한 우리 측에서의 독특한 심미적 체험인가? 아니면 그러한 주체-객체의 도식에 의한 예술작품에로의 접근방식이 근세적 주체형이상학의 산물은 아닌가? 예술작품에는 오히려 인간의 자의적인 처분권 밖에 놓여 있는 무언가가, 존재자를 자기 것으로 만들려는 의지의 장악을 벗어나 있는 무언가가 있는 것은 아닐까? 존재하는 모든 것이 총체적 대상화와 획일화 속에서 자신의 본래적인 본질에서 자기를 내보이지 못하고 오직 인간의 기술적 지배의 의지에 의해 부품으로 나타나고 있는 이 과학과 기술의 시대에 예술작품은 그러한 의지에 맞선 하나의 단적인 저항은 아닐까?

하이데거는 예술작품은 그 단적인 존재로써 "그것이 존재하고 오히려 존재하지 않는 것이 아니라는 충격"을 우리에게 안겨 준다고 말한다. [3] 작품이 있다는 사실의 충격이 우리를 일상적인 것

---

1) Hans-Georg Gadamer, "Zur Einführung", in M. Heidegger, *Der Ursprung des Kunstwerkes*, Stuttgart 1978, 117.
2) 같은 책, 119.

에서 끄집어내어 섬뜩한 것과 맞닥뜨리게 하며 지금까지의 포근했던 일상성의 친근한 분위기를 무너뜨린다. 한마디로 우리는 예술작품 속에서 존재의 진리가 발생하는 것을 경험하게 된다.

　이상에서도 드러나듯이 하이데거의 예술작품의 본질에 대한 관심은 단순한 미학적인 차원의 관심도 아니요 하나의 존재영역으로서의 예술영역에 대한 영역존재론적 관심도 아니다. 그것은 존재사건 자체에 대한 그의 사유와 뗄 수 없는 연관이 있다. 하이데거 자신이 그의 논문「예술작품의 근원」에서 개진하고 있는 물음의 방향과 의미를 다음과 같이 요약·정리하고 있다. 하이데거는『철학에의 기여』라는 후기의 대표작에서「'형이상학'과 예술작품의 근원」이라는 제목 아래 다음과 같은 세 가지 의미를 지적하고 있다.

　첫째, 예술작품의 근원에 대한 물음은 존재역사적 물음의 지평 안에서 **미학의 "극복**이라는 과제와 가장 밀접한 연관에 서 있으니, 다시 말해 동시에 존재자를 대상적으로 표상가능한 것으로 보는 특정한 존재자의 파악에 대한 극복이라는 과제와 가장 밀접한 연관에 서 있다. "[4] 미학의 극복의 필요성은 "형이상학과의 역사적 대결"에서부터 귀결되어 나오는데, 이 형이상학에 예술의 본질을 주객연관의 지평에서 미학적으로 규정하는 것도 속한다. [5]

　둘째, 예술작품의 근원에 대한 숙고는 **"역사적 전환기적 결단"** **을 준비**하려고 하는데, 이때의 결단이란 제일시원의 종말에서 다른 시원에로 넘어가는 역사를 근거짓는 전환을 위한 결단이다. 예술은 그 안에서 다른 시원에로의 역사를 근거짓는 전환이 일어날 수 있는 그러한 탁월한 궤도의 하나이기 때문이다. [6]

　셋째, "존재의 진리를 결단에로 데려오는" 예술창작이 실패되

　3) M. Heidegger, *Der Ursprung des Kunswerkes*, Stuttgart 1978, 74. 앞으로는 "UK"로 인용함.
　4) M. Heidegger, GA Bd. 65, *Beiträge zur Philosophie*, Frankfurt a.M. 1989, 503.
　5) 같은 책, 503 이하.
　6) 같은 책, 504.

고 있는 그러한 시기는 **"예술부재"**의 시기이다. 이 예술부재가 "확대된 예술산업"에 의해 덮여 가리워지지 않는 한 그것은 "그 것의 역사를 준비하는 힘과 존재에 부여된 힘"에 있어 경험될 수 있을 것이다. 이런 의미에서 예술부재 자체도 역사적이다. [7]

존재역사적인 물음의 지평 안에서 "예술은 문화와의 연관을 상실했고" 자신이 "존재 자체의 한 사건"임을 내보인다. [8] 존재 자체의 "한" 사건이란 발생하는 부름(던짐)과 발생된 창작하는 대응투사의 하나의 탁월한 방식임을 말한다. 「예술작품의 근원」이라는 논문에서 예술이 존재사건과 그 전향의 구조에서부터 존재 자체의 진리가 스스로를 작품 속으로 정립함으로 사유되고는 있지만 거기에서는 아직 존재사건 그 자체는 논의되고 있지 않다. [9]

다음에서 우리는 하이데거 자신의 해설을 따라 하이데거의 예술에 대한 논의를 그 존재역사적 물음의 지평 안에서 개진해 보기로 한다. 먼저(제2절) 하이데거의 예술에 대한 올바른 이해의 맥락을 찾기 위해 존재진리의 발생사건과 예술의 연관을 살펴보기로 한다. 왜냐하면 하이데거가 예술의 본질을 존재 자체의 비은폐성의 사건에서 찾기 때문이다. 여기에서는 존재진리의 발생적 차원을 다루면서 거기에서 예술 내지는 예술작품에게 부여하는 과제와 입지를 분명하게 드러내 본다. 제3절에서는 존재진리를 그 존재역운적 관점에서 고찰하면서 현대에서의 존재진리의 형세에 주목한다. 기술과 과학의 시대에서의 주도적인 진리발생의 방식을 구명하면서 현대가 처한 존재역운적 상황을 밝혀 본다. 그 극단적 위험의 상황에서 예술에게 거는 기대와 역할을 살펴본다. 마지막 제4절에서는 역사적 전환기적 결단을 준비하기 위해, 기술과 산업화 시대의 예술부재의 상황과 주도적인 심미적

---

7) 같은 책, 505 이하.
8) 같은 책, 505.
9) F. -W. von Herrmann, *Wege ins Ereignis. Zu Heideggers "Beiträge zur Philoso-phie"*, Frankfurt a.M. 1994, 106, 125 이하, 198 이하 참조.

태도를 비판하고 있는 하이데거의 사상적 입지를 드러내 본다. "미학의 극복"이라는 과제 아래 전개하고 있는 전반적인 미학에 대한 비판적 논의를 뒤밟아 본다. 끝으로 이러한 예술에 대한 논구가 어떤 의미를 갖는지 검토해 보면서 우리의 논의를 끝맺는다.

2. 존재진리의 발생사건과 예술

2.1 밝힘과 은닉

하이데거의 예술작품 내지 예술에 대한 핵심사상은 다음과 같은 획기적인 그의 발언에 요약돼 있다. "예술작품은 자신의 방식으로 존재자의 존재를 열어 보인다. 작품 속에서 이러한 열어 보임이 일어난다. 다시 말해 탈은폐함이, 즉 존재자의 진리가 일어난다. 예술작품 속에서 존재자의 진리는 스스로를 작품 안에 정립했다. 예술은 '진리가 스스로를 작품 안에 정립함'이다."(UK 37 이하)

여기서 하이데거는 예술을 정의하기 위해 흔히 사용하는 개념의 틀을 전부 집어 던지고 그의 후기사유의 핵심을 이루는 개념을 갖고 새롭게 예술을 정의하려 시도하고 있다. 그런데 자고로 철학의 영역에서 사용되고 있는, "존재"와 "진리"라는 개념을 갖고 예술작품을 설명하려는 의도는, 자칫 예술과 철학의 경계를 지워 버리는 게 아닌가? 또는 예술이 철학의 자리에 들어서는 것은 아닌가? 하는 의혹을 일깨우기 쉽다. 따라서 하이데거의 획기적인 예술작품에 대한 정의에서도 중요한 것은 "진리", "존재", "예술"을 어떻게 이해해야 하는가이다.

하이데거는 진리의 근원적인 그리스의 낱말 "알레테이아 ($\dot{\alpha}\lambda\eta\theta\varepsilon\iota\alpha$)"를 수용하여, "진리"를 발언의 올바름으로 이해하지 않고 모든 발언에 선행하고 모든 올바름을 가능케 하는, "비은폐성" 또는 "밝힘"으로 이해한다. (UK 55 이하) 진리를 하이데거는 또한 "열려 있음(Offenheit)"(UK 67) 또는―『진리의 본질에 관하여』라는 글에서―"자유"[10] 또는 "탈은폐성" 또는 "탈은폐"[11]로 사유한다. 진리는 존재자 한가운데의 "열린 자리"이다. 밝힘으로서의 진리는, "존재자 측에서부터 사유해 보건대, 존재자보다 더 존재적이다. 이 열린 중심은 존재자에 의해 에워싸여 있지 않고, 마치 우리가 거의 알지 못하는 무(無)처럼, 모든 존재자의 둘레를 휘감고 있다."(UK 56) 따라서 밝힘은 존재자가 아니다. 『인문주의 서한』에서 하이데거는 "밝힘 자체가 곧 존재"[12]라고 말한다. 존재, 무, 밝힘은 모두 존재자의 개방성을 보장한다는 데에서 일치한다. [13]

　하이데거가 진리에 대한 근원어로서 선호하고 있는 "비은폐성"은 결코 은폐나 은닉의 완벽한 제거, 즉 완전한, 투명한 개방성이 아니다. "존재자가 그리로 들어서 있는 그 밝힘은 그 자체가 동시에 은닉이기도 하다."(UK 57) 여기서 하이데거는 "그 자체 동시에"라고 말함으로써 은닉이 본질적으로 밝힘에 속하는 것이지 단지 밝힘의 단순한 반대로서 밝힘에 마주서 있는 것이 아님을 분명히 한다. 이 점을 그는 다음과 같은 역설적인 문장으로 표현한다. "진리는 그 본질상 비-진리이다."(UK 58) 그로써 진리와 비진리 사이의 구별을 부정하려는 게 아니라, 은닉이 밝힘의 "끊임없는 유래"(같은 곳)이며 밝힘의 "가장 고유함"[14]임을

---

10) M. Heidegger, "Vom Wesen der Wahrheit", in GA Bd. 9, *Wegmarken*, Frankfurt a.M. 1976, 186.

11) 같은 책, 190.

12) M. Heidegger, "Brief über den Humanismus", in GA Bd. 9, *Wegmarken*, 332.

13) 여기에서 하이데거가 "밝힘"과 "비은폐성"과 같은 이름 아래 사유하고 있는 그것이, 유럽 사상에서 지금까지 "진리"라고 지칭돼 왔던 그것과는 거의 공통점이 없기에, 하이데거는 나중에 "밝힘"을 "진리"로 보는 해석을 철회할 것을 결심한다. M. Heidegger, "Das Ende der Philosophie und die Aufgabe des Denkens", in *Zur Sache des Denkens*, Tübingen 1976, 77. L. B. Puntel, *Wahrheitstheorien in der neueren Philosophie*, Darmstadt 1978, 18 이하 참조.

14) M. Heidegger, "Vom Wesen der Wahrheit", in *Wegmarken*, 193.

말하려는 것이다. 은닉을 존재 자체에 속하는 것으로 보아야지, 피할 수 있거나 극복가능한 인간의 불완전함의 결과로 간주해서는 안 된다.

2.2 탈은폐와 은닉의 망각

하이데거가 존재자의 진리에 대한 낱말로서 즐겨 사용하는 용어로 "탈은폐"라는 것이 있다. 그것은 이미 『존재와 시간』에도 등장하는 그의 독특한 개념이다. 1943년의 파르메니데스 강의에서 하이데거는 "탈은폐"라는 개념을 이렇게 설명하고 있다. **"탈은폐"에는 이중의 의미가 있다.** 그것은 우선 가리우고 있던 은폐의 덮개를 벗겨 버림을 의미하기도 하지만, 그것은 동시에 또한 "불씨를 없애 버리는 것이 아니라 오히려 불을 그 본질에로 이끄는 불타오르게 함(Entflammen)처럼" 사유할 수 있기 때문이다. [15] 이렇게 볼 때, 알레테이아는 "**탈**-은폐(*Ent*-bergung)"일 뿐 아니라 또한 "탈-**은폐**(Ent-*bergung*)", 즉 "**간직함**, 다시 말해 비은폐성 안에 받아들이고 간직함"[16]을 의미한다. 알레테이아는 "은닉은 반대"하지만 "간직은 찬성"한다. [17]

따라서 우리는 탈-은폐의 사건을 또한 간직의 사건으로도 사유해야 한다. **간직함**이란 어떤 것을 그 본질에 있어 보존하여 해를 받지 않도록 보호함을 말한다. 이 계기가 은닉에는 포함돼 있다. 왜냐하면 어떤 것을 은닉할 수 있다 함은 그것을 간수하고 보호함을 말하기 때문이다. 그렇지만 은닉에는 또한 위장과 제거의 계기도 있는 것이 사실이다. [18] 따라서 **은닉 역시 이중의 의미**를 띠고 있다. 하이데거는 이렇게 말한다. "은닉은 존재자 한가운데서 이중의 양식으로 전개된다."(UK 57) "은닉은 거부일 수 있

---

15) M. Heidegger, GA Bd. 54, *Parmenides*, Frankfurt a.M. 1982, 198.
16) 같은 곳.
17) 같은 책, 199.
18) 같은 책, 92 이하.

거나 또는 단순한 위장일 수 있다."(UK 58) 탈은폐에서는 거부하면서 간직하는 은닉의 첫번째 계기가 우위에 서게 되는 것으로 사유해야 한다. 그렇게 사유할 때 탈-은폐된 것은—그것이 인간의 장악의 손길에 완전히 내맡겨져 있지 않은 한—언제나 동시에 또한 간직된 것이다.

바로 이 은닉의 사상이 하이데거 자신의 고유한 해석에 따르면 그의 사유를 지배적인 유럽 전통의 형이상학 사유와 구별시켜 주는 척도인 것이다. 하이데거에 의하면 형이상학의 본질은—대략적으로 정리할 때—형이상학이 존재론적 차이에 주목하지 않은 데에, 다시 말해 존재로서의 존재에 주목하지 않고 언제나 단지 존재의 빛 안에서 드러나고 있는 존재자만을 사유하고 탐구했다는 데에 있다. 그래서 형이상학에게 "존재"는 "존재(자)성" 정도를 의미할 뿐이다. [19]

이런 의미에서 폰 헤르만의 다음과 같은 말을 이해할 수 있다. 존재 그 자체는 "탈은폐인 동시에 은닉"이다. [20] 이와는 다르게 형이상학이 존재로서 알고 있는 것은 단지 존재자의 개방성이며 완전한 탈은폐성이며 "모든 어두움에서부터 벗어난 순수한 빛"으로서, 이를테면 플라톤의 이데아와 같은 것이다. 플라톤의 이데아는 단지 인간의 인식력이 미치지 못해 이데아를 바라볼 수 없는 한에서만 그 이데아가 은닉돼 있는 것이다. [21] 존재의 특징으로서의 은닉이 떨어져 나가게 되면 존재 역시 탈은폐로 보여질 수 없게 된다. "왜냐하면 일어나는 탈-은폐이기 위해서 탈은폐가 바로 그 은폐성을 필요로 하기 때문이다. 은폐성이 존재의 본질에 속하지 않는 것으로 이해된다면 존재 역시 더 이상 탈은폐로, 밝힘으로 사유될 수 없고 순수한 절대적 최고의 탈은폐성과 밝음

---

19) M. Heidegger, "Einleitung zu 〈Was ist Metaphysik?〉", in GA Bd. 9, *Wegmarken*, 365 이하 참조.
20) F.-W. von Herrmann, *Die Selbstinterpretation Martin Heideggers*, Meisenheim 1964, 28.
21) 같은 책, 102.

으로 사유될 뿐이다."[22] 그렇게 되면 특히나 근세에 들어서 증가 일로로 첨예화되어 온 "은폐성의 은폐성"에 이르게 된다. 하이데 거는 그의 전통 형이상학과의 대결에서 바로 이 점을 밝히 파헤 쳐 보려고 시도하고 있다.

은닉의 망각을 지나간 문제로 간주하거나 단지 철학 내부의 문 제로만 보는 것은 큰 잘못이다. 그러한 망각의 존재역운적인 귀 결을 하이데거는, 기술적 의지에 의해 획일적으로 철두철미 지배 되고 있는 현대의 일차원적 산업사회에서 보고 있다. 베르너 마 르크스 역시 이렇게 강조한다. "빛의 형이상학은 세속화된 형태 로 우주의 인식가능성에 대한 동시대인의 신뢰 및 사회의 과학적 기술적 합리화에 대한 동시대인의 믿음 속에 표출되고 있는 오만 속에서 계속 지배하고 있다…… 만일 미래의 인류가 존재자의 존 재의 이러한 비밀의 특징을 망각하지 않고 오히려 그것을 경험하 고 이 경험이 근본적으로 의식을 변화시킬 힘을 갖게 된다면, 그 때 인류는 실제로 언제나 계속 진보하는 우주의 계획가능성에 대 한 믿음에서 돌아설 수 있게 될 것이다."[23]

이러한 맥락에서 우리의 논의로 되돌아가 앞에서 인용한 예술 작품 논문의 글을 볼 때, 그 글은 이제 전혀 다른 방향을 지시한 다. 하이데거가 예술작품에 서술한 진리는 철학의 진리가 아니 다. 그러나 그렇기 때문에 바로 철학에서 문제가 되며 문제삼아 야 된다. 이렇게 하이데거에 따르면 예술에 아주 탁월한 "존재역 사적" 의미가 부여될 수 있으며, 그의 전향의 사유가 예술에로의 관심의 전환과 함께 일어났다는 사실은 아마도 우연이 아닐 것이 다.

---

22) 같은 책, 103.
23) W. Marx, "Das Denken und seine Sache", in *Heidegger. Freiburger Universtäts-vorträge zu seinem Gedenken*, Freiburg/München 1977, 28.

2.3 예술작품과 은닉

예술작품에서는 이중적인 탈-은폐가, 즉 밝힘과 은닉이, 그래서 전통 형이상학이 간과한 존재론적 차이가 드러난다. 하이데거는 그 점을 다음과 같이 기술하고 있다. "작품 속에서 진리가 작용하고 있다. 그러니까 단순히 참된 것만이 작용하고 있는 게 아니다. 농부의 구두를 나타내 보이고 있는 그 그림, 로마의 분수를 이야기하고 있는 그 시는, 만약 이 그림과 이 시가 각기 어떤 것을 알리고 있을 경우라면, 이러한 개별적 존재자가 이것으로서 존재하는 바 그 무엇을 알리고 있기도 하겠지만, 이에 못지않게 그 그림과 시는 오히려 전체로서의 존재자와 관련해서 비은폐성 자체를 발생시키고 있다. 구두도구가 보다 단순하게 그리고 보다 본질적으로 솟아나면 솟아날수록, 분수가 보다 더 치장없이 더 순수하게 그 본질에 있어 솟아나면 솟아날수록, 이것들과 더불어 모든 존재자가 더욱더 직접적이고 받아들이기 쉽게 더 존재적으로 된다. 바로 이와 같은 식으로, 자기를 은닉하는 존재가 밝혀져 있는 것이다. 그러한 종류의 빛은 그 빛남을 작품 속에 맞추어 넣는다. 작품 속으로 맞추어 넣어진 빛남이 곧 미(美)다. **아름다움이란 비은폐성으로서의 진리가 현성하는 하나의 방식이다.**"(UK 60 이하)

예술작품에서 발생하고 있는 존재자의 진리의 사건은 탈은폐와 은닉이 존재 자체의 한 일어남으로 발생하기에 가능한 것이다. 그러한 탈은폐와 은닉의 원초투쟁이 작품에서 피어오름과 감쌈(간직함) 사이의 긴장으로, 세계의 스스로를 열음과 대지의 스스로를 닫아 버림 사이의 싸움으로 형태 속에 정립되는 것이다. 그러한 긴장의 팽팽한 긴장감과 이러한 투쟁의 상호대립성이 곧 작품의 존재이며, 그것이 한 예술작품의 형태수준을 결정하고 광채를 생겨나게 하여 이러한 광채를 통해 예술작품은 모든 것을 두루 비춘다. 작품이란 그 본질상 세계와 대지 사이의, 피어오름과 감쌈 사이의 투쟁이다.

140

이것을 퇴겔러는 이렇게 해설한다. "예술은 존재자를 그것의 열려 있음 속에 세워 놓으며 동시에 존재자가 스스로 닫아 버린 저 고갈될 수 없음에로 되돌려 놓는다. 예술은 어떻게 비은폐성 속에서 현전하는 존재자가 '현전의 적대자'를 간직하고 있는지를 보여 준다. 즉 존재자는 비은폐되어 있으면서 동시에 은닉되어 있다. 비-은폐성 속에 은닉이 비-본질, 즉 진리의 거절로서뿐 아니라 그 안에서 존재자가 다른 존재자를 그리고 존재자 일반이 존재를 잘못 놓아 버리는 잘못 놓음의 반-본질로서 성하고 있다". 24)

이렇듯 **예술작품에서 본래 나타나고 있는 것은 밝힘이며 또한 동시에 은닉이다.** 그런데 이 은닉은, 그것이 존재자가 아니기 때문에, 표현될 수도 없고 그려질 수도 없다. 그것은 그저 어떤 한 존재자에게서 드러날 수 있을 뿐이다. 그렇다고 특정한 개별의 사물을 전면에 강압해서는 안 된다. 그럴 경우 밝힘의 빛남이 잘못 놓일 수도 있을 것이기 때문이다. 그래서 하이데거는 "단순한 것"과 "치장되지 않은 것"을 부각시킨다. 이것은 존재의 선호 아래 존재자를 평가절하하는 것이 아니다. 존재자는, 그 존재자에서 밝힘이 비추어 나오기 때문에 그리고 비추어 나옴으로써, 각기 그 자신의 고유한 본질에서 솟아나오게 되는 것이다. 위대한 예술작품에 의해서 "모든 존재자는 더 존재적이 된다." 작품에서 모든 것을 비로소 존재케 하는 밝힘이 비추어 나오기 때문이다. 25)

---

24) O. Pöggeler, *Der Denkweg Martin Heideggers*, Pfullingen 1963. 번역본 : 『하이데거 사유의 길』, 이기상/이말숙 옮김, 문예출판사 1993, 241. K. -H. Volkmann -Schluck, *Von der Wahrheit der Dichtung*, Würzburg 1984, 27 이하 참조.

25) 예술작품에서 비추어 나오고 있는 진리의 빛남을, 하이데거가 『존재와 시간』에서 규정하고 있는 현상학적 현상학의 의미를 갖고 설명하면 이해가 쉽다. 현상학의 의미에서 현상이란 "우선 대개는 자기자신을 내보이고 있는 것에 비추어 볼 때 감추어져 있는 것이지만, 그럼에도 동시에 우선 대개 자기자신을 내보이고 있는 것에 본질적으로 속하여 있는 것으로 그것의 의미와 근거를" 이루는 것이다. (M. Heidegger, *Sein und Zeit*, Tübingen 1977, 35) 본래적인 의미의 현상이란 스스로를 내보이는 것에서 그 자체로 드러나지 않는 것이지 스스로를 내보이는 것 옆이나 뒤에 있는 어떤 것이

2.4 진리의 작품에의 성향

이제 우리에게 제기되는 물음은 왜 진리가 스스로를 작품에로 정립해야 하는가 하는 물음이다. 하이데거 자신 이 물음을 이와 같이 제기한다. "어느 정도로 진리의 본질에는 하나의 작품과 같은 것에로의 성향이 놓여 있는가? 진리가 어떤 본질이기에 그것이 작품 속으로 정립될 수 있는가, 또는 특정한 조건 아래에서 진리로서 존재하기 위해 진리가 왜 심지어 작품 속으로까지 정립되지 않으면 안 되는가? …… 진리가 무엇이기에 그것이 예술로서 발생할 수 있는가, 아니 더 나아가 발생해야 하는가?"(UK 62)

하이데거는 예술을, 존재의 비은폐성으로서의 진리가 발생할 수 있는 탁월한 방식으로 파악하고 있다. 비은폐성 내지는 탈은폐의 사건으로서의 진리의 사건에는 구조적으로 진리가 존재자 속에 간직된다는 것이 속한다. 이러한 **간직**(Bergung)의 탁월한, 본질적인 방식을 하이데거는 "**스스로를 맞추어 넣음**(Sicheinrichten)" 또는 "**맞추어 넣음**(Einrichten)"(UK 68)이라 칭한다.[26] 존재진리의 사건이 하나의 존재자 안에 스스로를

아니다. 이렇게 예를 들어 『존재와 시간』에서 도구(스스로를 내보이는 것)는, 손 안에 있음(스스로를 내보이지 않고 있는 것)으로 밝혀지고 있는 도구의 존재에로 탐문되고 있는 것이다. 바로 이러한 의미에서 예술작품 논문에서의 하이데거의 진행과정을 현상학적이라 할 수 있다. 예술작품 안에서 진리가 나타난다. 그러나 예술작품은—『존재와 시간』의 용어로—나타남이 아니라 하나의 현상이다. 현상이 하나의 "탁월한 만남의 양식"이라면 예술작품도 어떤 의미에서는 이중으로 하나의 탁월한 만남의 양식을 갖고 있다. 예술작품은 하나의 스스로를 내보이는 것이다. 여기에서 모든 존재자에 속하는 것, 즉 비은폐성이 자신을 은닉한 채로 함께 내보여지고 있다. 바로 이 비은폐성의 스스로를 내보이지 않음이 예술작품에서 밝혀지는 것이다. 물론 완전히 투명하게 밝혀지는 것이 아니다. 왜냐하면 비은폐성이란 본질적으로 스스로를 내보이지 않는 것이기 때문이다. 예술작품이 스스로를 내보이지 않고 있는 것 그 자체를 보이도록 하는 한에서, 그것은 그 자체에 있어 현상학적인 셈이다. 예술작품 속에서 이렇듯 비은폐성이 스스로를 함께 내보임은 "존재자 안에 있는 지시의 연관"이 아니다. (『존재와 시간』 제7절 참조). 비은폐성은 마치 손안에 있음이 도구에 속하듯 그렇게 예술작품에 속한다. G. Faden, *Der Schein der Kunst. Zur Heideggers Kritik der Ästhetik*, Würzburg 1986, 17 이하 참조.

맞추어 넣는 본질적인 방식인 간직은 탈은폐 사건이 밖으로 끄집어내어 놓는 예술작품이 되려는 "성향"의 근거인 셈이다. (UK 69) 존재의 비은폐성은 오직 예술작품의 밖으로 끄집어내어 놓음에서만 스스로를 맞추어 넣을 뿐이다. "이제 비로소 진리가 되기 위해 스스로를 존재자 안으로 맞추어 넣음이 진리의 본질에 속하기 때문에, 진리의 본질에는 존재자 한가운데서 그 스스로 존재적이 되려고 하는, 진리의 한 탁월한 가능성인 **작품에로의 성향**이 놓여 있다."(UK 69)

우리는 이러한 탁월한 진리의 가능성을 예술작품 밖에서 일어나는 통상적인 방식의 진리사건과 구별해야 한다. 스스로를 간직함은 진리사건의 본질적인 방식에 속하지 않는다. 예술작품은 일종의 밖으로 끄집어내어 놓아진 존재자이다. 비은폐성의 본질에 놓여 있는, 존재하는 예술작품이 되려는 성향은, 비은폐성이 그것은 본래 존재자처럼 존재하는 그런 밝힘은 아니지만 그래도 존재자 한가운데에 그 스스로 존재적이 되려고 스스로를 하나의 탁월한 존재자 안에, 즉 존재하는 예술작품 안에 맞추어 넣는 그러한 비은폐성의 한 탁월한 가능성이다.

이러한 진리의 작품에로의 성향에 대응하는 인간 측에서의 합당한 관계맺음이 곧 예술가의 창작행위인 것이다. 이 점을 하이데거는 이렇게 표현한다. "작품 속으로 진리를 맞추어 넣음은 일찍이 있어 본 적이 없고 이후에도 결코 더 이상 생겨 나오지 않을 그런 하나의 존재자를 밖으로 끄집어내어 놓음이다."(UK 69) 그리고 이때의 이 밖으로 끄집어내어 놓음이 곧 **예술작품의 창작**이다. 비은폐성이 밖으로 끄집어내어 놓아야 할 예술작품 속

---

26) 앞에서 우리는 이미 "예술이란 진리가 스스로를 작품 안에 정립함"임을 보았고 이것을 하이데거가 때로는 "진리의 작품에로의 정립"(UK 62, 85, 86, 89)이라고 표현하고 있음을 확인할 수 있다. 그 표현에서 진리가 주체이자 동시에 객체라는 것을 하이데거는 강조한다. (UK 89) 여기 "스스로를 맞추어 넣음" 내지는 "맞추어 넣음"도 마찬가지이다. 진리의 주체적 성격을 강조할 때에는 "스스로를 맞추어 넣음"이라고 표현하고 있고 진리의 객체적 성격, 따라서 예술가의 창작적 성격을 드러내고자 할 때에는 "맞추어 넣음"이라는 표현을 사용한다.

으로 스스로를 맞추어 넣음은 창작하는 밖으로 끄집어내어 놓음과 아주 긴밀히 함께 진행된다. 밝힘과 은닉 사이의 투쟁인 비은폐성의 사건이 예술작품 속으로 스스로를 맞추어 넣는 탁월한 방식은 창작하는 밖으로 끄집어내어 놓음의 본질을 해명하는 가운데서만 구명될 수 있다.

비은폐성의 스스로를 맞추어 넣음과 스스로를 작품 속으로 정립함은 비슷한 사태를 지시하고 있지만 동일하지는 않다. 전자는 모든 탈은폐된 존재자의 은닉 내지는 간직에서 어떤 형식으로건 일어나고 있다고 할 수 있다. 그러나 후자는 본질적으로 발생하는 비은폐성이 스스로를 맞추어 넣는 여러 많은 구체적인 변형 중의 하나라 할 수 있을 것이다. 비은폐성의 본질에 놓여 있는 예술작품이 되려는 성향은 "존재자의 한가운데에 그 자신 존재적이 되려는 하나의 탁월한 가능성"인 것이다. 다른 비은폐된 존재자 안에서는 비은폐성이 비은폐성의 사건에서 비은폐된 존재자를 위해 스스로가 물러나 그 자체 안에 머물러 은닉 내지는 간직된다. 그러나 비은폐성의 탁월한 발생방식으로서의 예술은, 이 비은폐성이 드러나는 예술작품 안에 스스로를 맞추어 넣는 한에서, 그 간직함을 예술작품 안에서 밖으로 끄집어내어 놓는다. "밖으로 끄집어내어 놓음이 제대로 존재자의 열려 있음을, 즉 진리를 데려올 경우, 밖으로 끄집어내어 놓아진 것이 곧 하나의 작품이다."(UK 69) 예술적 창작의 밖으로 끄집어내어 놓음이 다른 제작하는 산출에 비해 뛰어난 점은, 그것이 예술작품을 탈은폐하는 밖으로 끄집어내어 놓음에서—스스로 자신을 예술작품 속으로 맞추어 넣으려는—바로 그 비은폐성의 투쟁사건을 제대로 예술작품에로 데려오는 데에 있다. [27)]

---

27) 이중적으로 이중의 의미를 내포하고 있는 "진리의 작품에로의 정립"을 다음과 같이 정리할 수 있다. 즉 "진리의 작품에로의 정립"은 존재와 현존재의 연관이라는 관점에서 볼 때, 1) 진리가 스스로를 (존재의 사건으로서) 작품에로 정립한다. 2) 진리가 (예술가에 의해) (예술가에 의한 규정근거로서) 작품에로 정립된다. 3) (인간과 관련해서 볼 때) 진리의 작품에로의 정립은—존재의 말건네옴이 스스로를 함께 작품에로

예술가의 창작은 하나의 탁월한 밖으로 끄집어내어 놓음으로서 비은폐성의 발생을 데려옴이다. 그러한 데려옴은 밝힘과 은닉 사이의 투쟁사건에 대한 예술가의 탈자적 연관에서부터 일어난다. 투쟁하며 일어나는 비은폐성의 스스로를 맞추어 넣음과 이러한 투쟁의 사건을 밖으로 끄집어내어 놓아야 할 예술작품에 데려옴은, 비은폐성의 사건이 존재하는 예술작품의 탈은폐성에서 자신의 입지와 지속성을 획득함을 말한다.

3. 기술과 존재진리의 존재역운적 전개

3.1 탈은폐의 방식

하이데거는 『기술과 전향』에서 "기술은 탈은폐의 한 방식"[28]이라고 말한다. 이로써 하이데거는 기술적 산출연관의 본질을 탈은폐하는 관계맺음에서, 그것도 하나의 특별한 탈은폐의 방식으로 구명하려고 시도하는 셈이다. 그런데 여기서 명심해야 할 것은 하이데거가 탈은폐로써 인간적 행동관계의 본질만을 지칭하는 것이 아니라, 또한 동시에 인간이 그러한 탈은폐하는 관계맺음에서 관계하고 있는 그것의 본질도 지칭하고 있다는 점이다. 여기서 우리는 "탈은폐함"을 존재적 특징부여로서가 아니라 어떤 것을 산출해 내는 존재적 행동관계에 대한 존재론적인 특징부여로 이해해야 한다. 산출되어야 할 것과 더불어 일어나고 있는 "탈은폐"도 존재적인 경과가 아니라 산출되어야 할 것과 더불어 발생하는 존재론적인 사건이다.

정립하고 있는—예술가의 창작행위에서부터 이해될 수 있다. 4) 진리는, 그것이 보존하는 자(이해하는 자)에 의해 작품에로 정립되는 한에서, 작품으로 존속한다. P. B. Kraft, *Das anfängliche Wesen der Kunst. Zur Bedeutung von Kunstwerk, Dichtung und Sprache im Denken Martin Heideggers*, Frankfurt a.M. /Bern/ New York 1984, 79 참조.

28) M. Heidegger, *Die Technik und die Kehre*, Pfullingen 1962. 앞으로는 "TK"로 인용함. 번역본 『기술과 전향』, 이기상 옮김, 서광사, 1993 참조.

모든 상이한 탈은폐의 방식들을 다 포괄하는 가장 넓은 의미의 "탈은폐"는, 존재자를 은폐성에서부터 끄집어내어 그것의 탈은폐성에로 데려옴이다. 이 탈은폐성에 근거해서 존재자가 인간에게 처음으로 비로소 이러저러하게 규정된 존재자로 주어지며 앞에 놓이게 되는 것이다. **(은폐성에서부터) 밖으로 끄집어내어져 (탈은폐성 안으로) 앞에 옴**(Her- [aus der Verborgenheit] vor -[in die Entborgenheit] kommen)인 이러한 들어섬이 모든 탈은폐방식의 근본특징이다. 존재하는 모든 것은 탈은폐하는 사건에서 탈은폐된 것이다. 수공의 제작품들뿐 아니라 기술적 생산품들, 예술가의 창작품들, 그리고 자연적인 존재자까지도 다 여기에 해당된다. [29]

이 점을 좀더 분명히 드러내기 위해 하이데거가 설명하고 있는 **포이에시스적 탈은폐 방식**에로 눈을 돌려 보자. 하이데거는 기술이 "ποίησις의 의미로 밖으로 끄집어내어 놓음(Her-vor -bringen)"에로 전개되지 못하고 있음을 지적하고 있다. (TK 14) 하이데거는 세 가지 방식의 ποίησις를 구별하고 있다. 첫째, 수공의 제작품을 밖으로 끄집어내어 놓음, 둘째, 예술가적 시작적 창작에서 일어나는 빛나게 함이나 그림에로 데려옴의 방식인 밖으로 끄집어내어 놓음, 셋째, 그 자체에서부터 솟아오름으로서의 피지스의 밖으로 끄집어내어 놓음 등이 그것이다. 자연

---

29) 존재진리의 존재역운적 전개는 하이데거의 소책자 『기술과 전향』에서 이행되고 있는 사유의 걸음을 따르고 있다. 이 책에 대한 해설로는 이기상, 「현대기술의 극복과 전향」, 『기술과 전향』, 135-205 참조. 이외에도 von Herrmann의 다음의 논문들이 같은 주제를 다루고 있다. 이 항목은 von Herrmann의 논문에서 많은 도움을 받았다. F. -W. von Herrmann, "Das Ereignis und die Frage nach dem Wesen der Technik, Politik und Kunst", in *Wege ins Ereignis. Zu Heideggers "Beiträge zur Philosophie"*, Frankfurt a. M. 1994, 85-107, "Technik und Kunst im seinsgeschichtlichen Fragehorizont", 앞의 책, 108-127, "Kunst und Technik", 같은 책, 128-171, "Kunstwerk und technisches Produkt", 같은 책, 172-197. 그외에도 G. Guest, "Technik und Wharheit. Zur Erörterung der Gefahr", in *Große Themen Martin Heideggers. Eine Einführung in sein Denken*, Freiburg 1990, 104-133 참조.

적으로 현전하는 것이 밖으로 끄집어내어 놓음의 돌출을 자체 안에 갖고 있는 반면, 수공으로, 예술적으로 밖으로 끄집어내어 놓아진 것은 "밖으로 끄집어내어 놓음의 돌출"을 다른 것에, 즉 수공업자나 예술가에 갖고 있다. (TK 11)

어쨌든 밖으로 끄집어내어 놓음의 이 세 가지 근본방식들은 모두 비은폐성의 탈은폐에 기인하고 있다. 그래서 현대기술의 기술적 제작에 대해서도 그것이 탈은폐의 한 방식이라고 말한 것이다. 그런데 하이데거는 현대기술의 탈은폐가 밖으로 끄집어내어 놓음에로 전개되지 못하고 있다고 주장한다. 따라서 탈은폐란 포이에시스적 밖으로 끄집어내어 놓음보다 더 포괄적인 칭호인 셈이다. 탈은폐는 한편으로는 밖으로 끄집어내어 놓음의 세 가지 상이한 방식들을 포함하고, 다른 편으로는 밖으로 끄집어내어 놓음이라는 본질적 특징을 갖지 못하기 때문에 저 세 포이에시스적인 탈은폐의 방식과는—그것들이 서로 상호 제한구별되는 방식이 아닌 다른 방식으로—구별되는 그러한 탈은폐의 방식도 포괄한다.

3.2 기술의 탈은폐 방식

탈은폐의 한 방식으로서 기술은 자신의 본질을 "탈은폐와 비은폐성이, 알레테이아가, 진리가 일어나는 영역에서 전개한다." (TK 13) 예전의 낡은 수공업적인 기술과 비교해 볼 때 "현대기술의 혁신적인 점"은, 우리가 그것을 탈은폐와 비은폐성의 영역에서 찾을 때에만 우리에게 제시될 것이다. (TK 14) 하이데거는 현대기술의 탈은폐 방식을 포이에시스적인 밖으로 끄집어내어 놓음이 아니라 일종의 **도발적 요청**(Heraus-fordern)이라고 규정한다. (TK 14) 현대기술의 존재론적 탈은폐 방식은 데려옴(Bringen)이 아니라 일종의 요청(Fordern)이다. 자연을 에너지 공급원으로 대하는 그러한 모든 기술적 생산방식과 처리방식은 존재론적으로 탈은폐하는 도발적 요청이라는 근본특성에 의해 규정돼 있다. 인간의 기술적 관계맺음의 탈은폐 방식인 도발적 요청은 닦아세움(Stellen)이라는 본질특성을 보여 준다. (TK 15) 이 닦아세움을 하이데거는 이중의 의미의 촉진(Fördern)으로 특징짓는다. 첫째, 열어 밝힘과 밖으로 끄집어 세움(Herausstellen)의 의미로, 둘째, 최대의 가능한 활용을 위해 계속 거듭 줄기차게 다른 것, 새것을 찾아 앞으로 몰아붙임으로서의 촉진의 의미가 그것이다. 어떤 것을 밖으로 끄집어 세우는 촉진의 방식은 모두 그 자체가 그것을 갖고 다른 것을 촉진하기 위한 것이다. 한마디로 현대기술을 속속들이 지배하고 있는 탈은폐는 "도발적 요청의 의미의 닦아세움의 성격을" 띠고 있다. (TK 16) 조종과 확보가 도발적으로 요청하는 탈은폐의 주요특성으로 지칭된다.

현대의 기술적 산업사회에서 일어나고 있는 다양하게 서로 얽혀 있는, 존재자를 닦아세우는 고유한 탈은폐성 내지는 개방성의 방식을 하이데거는 **부품**(Bestand)이라고 칭한다. 도발적으로 요청하는 닦아세움을—이 닦아세움이 존재자를 하나의 탈은폐의 성격으로 몰아넣는 한—**주문요청**(Be-stellen)이라고 명명한다. 여기서의 존재자의 주문요청은 기술의 본질에 의해 각인된 배려, 다시 말해 배려하는 존재자의 발견이다. 주문요청에 의해 나타나는, 다시 말해 그 자신의 고유한 탈은폐성 안에 들어서게 되는 존재자는 부품의 탈은폐성(개방성) 안에서 주문요청된 것이다. "부품"은 존재자가 주문요청하는 탈은폐에 의해 도달하게 되는 탈은폐성의 방식에 대한 존재론적인 칭호이다. 부품은 그 안에서 존재자가 기술적 생산품으로서 주문요청에 맞추어 자신의 입지를 획득하게 되는 바로 그 개방성(Offenbarkeit)이다. 부품의 개방성의 성격에서 주문요청된 것으로서의 존재자는 더 이상, 대상성이라는 개방성의 성격에서 주체에 마주서 있는 대상이 아니다. 하이데거는 "부품"이라는 낱말로 대상으로서의 존재자의 대상성의 탈은폐 방식에 비해 볼 때 달라진, 존재자의 탈은폐의 한 방식을 생각하고 있는 것이다. 부품과 대상성은 존재자가 두 가지의 상이한 탈은폐의 방식에 의해 서 있게 되는 입지의 두 가지 상이한 방식들을 지칭한다. [30)]

그렇다면 이러한 도발적 요청의 탈은폐를 수행하는 자는 누구인가? 하이데거는 이렇게 대답한다. "인간이 그 편에서 이미 자연 에너지를 채굴해 내라는 도발적 요청을 받고 있는 한에 있어서만 이러한 주문요청하는 탈은폐의 사건이 일어날 수 있다." (TK 17) 이제 인간은 그저 일반적으로 그 자신의 탈자적인 실존에 있어 스스로를 여는 비은폐성에 내던져져 있을 뿐 아니라, 이 비은폐성이 그를 특별한 방식으로—비은폐성이 인간의 수용하며 함께 열며 탈은폐하는 연관에 스스로를 여는 방식에 따라—그의 주문요청하며 탈은폐하는 본질에로 도발적으로 요청한다는 방식으로 그렇다. 인간은 자신의 탈은폐하는 행동관계 그 자체는 마음대로 할 수 없다. 마찬가지로 그의 주문요청하는 탈은폐 역시 그의 처분권에 놓여 있는 것이 아니다. 비은폐성이 그 안에서 그것으로서 스스로를 여는 비은폐성의 방식이 인간을 저 탈자적인 본질에로 도발적으로 요청하고 있는 것이다. 인간은 이 탈자적 본질에서—오직 존재자를 부품의 개방성 안으로 주문요청하며 집어 넣는 것만을 허용하는—그러한 비은폐성을 받아들이며 함께 연다. 이렇게 인간은 "탈은폐의 한 방식으로서의 주문요청함에 참여한다."(TK 18) 그 까닭은 그가 오직, 주문요청하는 탈은폐에로 맞추어진 비은폐성이 스스로를 여는 한에서만, 존재자를 부품의 탈은폐성 안으로 주문요청하며 들어서도록 할 수 있기 때문이다.

여기에서 두드러지는 점은 기술이 "단순한 인간의 행위가 아니며"(TK 18), "단지 인간적 산물도 아니며,"[31)] "단지 인간의 문젯거리"도 아니며, 오히려 "인간을 어디서나 매 시간 어떠한 형

---

30) 이기상, 「현대기술의 극복과 전향」, 『기술과 전향』, 181 이하 참조.
31) M. Heidegger, *Was heißt Denken ?*, Tübingen 1971, 155.

태의 기술적 시설이나 장치로 몰아세우고 묶어 두고 끌고 다니고 압박하는 힘"이라는 것이다. 그리고 이 힘은 "이미 오래 전에 인간의 의지와 결단의 능력을 넘어설 정도로 비대하게 성장했는데, 그 까닭은 그것이 인간에 의해 만들어진 것이 아니기 때문이다. "[32] 인간이 임의로 멋대로 존재자를 주문요청의 방식으로 탈은폐하는 것이 아니라, 비은폐성의 도발적으로 요청하는 본질이 인간으로 하여금 "현실적인 것을 부품으로 주문요청하도록" 닦아세우는 것이다. (TK 19) 인간을 비은폐성에 대해 탈자적인 연관에로 세우는 도발적 요청이 "인간을 주문요청에로 집약시킨다." (TK 19) 하이데거는, 인간이 비은폐성과의 탈자적인 연관에서 이 비은폐성에서부터 닦아세워지는 양식은 집약시키는 특징을 띠고 있다고 본다. 닦아세움은 인간을 그 탈자적인 본질에서 주문요청하는 탈은폐의 방식에로 집약시킨다. 비은폐성이 인간의 탈자적 본질을 닦아세우면서―존재자를 다양하게 집약된 주문요청의 방식으로 부품의 개방성에로 탈은폐토록―집약시키는 그 방식을 하이데거는 **몰아세움**(닦달, Ge-stell)이라 칭한다. 전철 'Ge-'는 비은폐성의 닦아세우는 근본특성에서의 집약시키는 것을 지칭하고, 후철 '-stell'은 인간을 닦아세우는 세움과 또한 존재자를 다양한 주문요청의 방식으로 닦아세우는 세움을 의미한다. "존재의 인간의 본질에 대한 연관이 닦아세움을 (-stell) 집약시키고 있는 것으로서 (Ge-) 일어나고 있는데, 이때 이것이 인간을 닦아세우며 주문요청하는 (-stell) 탈은폐에로 닦아세운다. 다시 말해 도발적으로 요청한다. "[33]

3.3 탈은폐의 역운과 위험의 여지

---

32) M. Heidegger, "Gelassenheit", in *Martin Heidegger zum 80. Geburtstag von seiner Heimatstadt Meßkirch*, Frankfurt a.M. 1969, 24 이하.
33) F. -W. von Herrmann, *Wege ins Ereignis*, 141. 이기상, 「현대기술의 극복과 전향」, 『기술과 전향』, 179-181 참조.

앞에서 우리는 기술은 그 본질에 있어 탈은폐의 한 방식이라고 말했다. 그런데 이제 기술적인 것을 규정하고 있는 이러한 탈은폐 방식의 본질이 몰아세움임이 밝혀졌다. 몰아세움이 곧 우리가 찾던 현대기술의 본질이다. 이제 하이데거는 "어디에 몰아세움 자체가 현성하고 있는지"(TK 24), 다시 말해 어디에 몰아세움 이 기술의 본질로서 전개되고 있는지를 묻는다. 앞에서 보았듯이 비은폐성은 집약시키는 닦아세움에서 인간을 주문요청하는 탈은폐에로 도발적으로 요청한다. 달리 말해, 몰아세움은 "인간을 현실적인 것이 언제 어디서나 부품으로 되어 버리는 그러한 탈은폐의 길로 보낸다."(같은 곳) 존재자를 부품으로 탈은폐하도록 인간을 닦아세우고 있는 그 도발적 요청은 일종의 '길로 보냄'이며 이것은 일종의 '보냄, 파견(Schicken)'이다. 그래서 이렇게 말할 수도 있는 것이다. 인간을 닦아세우는 그 세움은 일종의 보냄이다. 인간을 존재자의 주문요청에로 집약시키고 있는 "몰아세움은 집약시키는 도발적 요청으로서 일종의 집약시키는 보냄이며 그런 의미에서 하나의 역운(몰아 보냄, Ge-schick)이다."[34]

하이데거는 역운을 단순하게 역사에서부터 생각하지 않고 여기에서처럼 보냄(Schicken)에서부터 사유한다. 여기서의 보냄을 그는 줌(Geben)이라고 이해하는데, 이때의 줌은 어떤 것이[존재 자체가, 또는 그것이(Es)] 자신을 전면에 드러내지 않고 숨기면서 동시에 자기의 선물(Gabe)을 주는 식으로 이루어진다.[35] 몰아세움은 자신의 본질을 역운에서 펼쳐 보인다. 다시 말해 그 자체에 있어 역운(몰아 보냄)이다. 몰아세움은 여러 가능한 다른 탈은폐의 방식과 마찬가지로 하나의 보냄이다. (TK 24 참조) "역운"이라는 낱말은 우선 비은폐성 일반이 간직하고 있는 보내

---

34) F. -W. von Herrmann, *Wege ins Ereignis*, 143.
35) M. Heidegger, *Der Satz vom Grund*, Pfullingen 1971, 109 ; "Brief über den Humanismus", in *Wegmarken*, 166 ; "Zeit und Sein", in *Zur Sache des Denkens*, 1-25. 이기상, 「현대기술의 극복과 전향」, 『기술과 전향』, 189-192 참조.

는 본질 자체를 지칭한다. 즉 비은폐성은 균일하고 동일한 방식으로 탈은폐하며 발생하는 것이 아니라 역사적으로 변화하는 방식으로 발생한다. "역운"이라는 낱말은 또한 그때마다의 보냄의 방식을—여기서는 몰아세움이라는 역사적인 보냄의 방식을—지칭한다. 몰아세움은 보냄의 한 가지 방식으로 비은폐성의 보내는 본질인 역운에 속한다. 몰아세움은 존재자의 비은폐성과 탈은폐가 일어나는 하나의 보내진 방식으로서 여러 다른 가능성 중의 한 가지 보내진 가능성인 셈이다.

비은폐성의 보내는 본질 그 자체로서의 역운은 인간을 그때그때마다, 다시 말해 그때마다의 보냄에서 존재자를 탈은폐하는 "하나의 길로 보낸다."(TK 25) 받아들이며 여는 탈은폐의 탈자적 연관에로, 즉 하나의 길로 보내지면서, 인간은 언제나 도상에 있다. 다시 말해 인간은 오직 그때그때마다 탈은폐된 존재자를 "추적하여 그것을 활용하고 거기에서부터 모든 것의 척도를 정하는 그런 가능성의 언저리를 끊임없이" 헤매며 실존하고 있다. (같은 곳) 인간이 스스로를 보내고 있는 비은폐성에 대한 그의 탈자적 연관 안에서 이러한 **가능성**에로 오게 되면, 즉 탈은폐된 존재자에 빠져 있는 양상으로 실존하게 되면, "그로 인해 다른 가능성은 막혀 버린다. 즉 인간은 탈은폐에 자기가 필요하다는 소속감을 자기의 본질로서 경험하기 위해서 비은폐된 것의 본질과 그것의 비은폐성에 더 빨리, 더 많이 그리고 끊임없이 더 원초적으로 관여하게 되는 가능성이 막혀 버린다."(같은 책 25 이하) 스스로를 보내고 있는 비은폐성과의 탈자적인 연관에서 실존할 수 있는 **다른 가능성**은, 탈은폐된 존재자에 빠지지 않고 그것의 탈은폐의 성격을 간과하지 않아, 존재자와의 실존하는 관계맺음에서 그것이 존재자로서 하나의 탈은폐된 것이라는 점에 유의하는 데에 성립한다. 존재자의 탈은폐의 특징에 유의할 수 있어야만, 이 존재자를 제대로 탐구하여 비은폐성 자체에로 소급해 물어가, 인간의 본질이 비은폐성의 탈은폐 사건에 소용되는 귀속성에 기

152

인한다는 경험을 할 수 있다.

3.4 몰아세움과 최고의 위기

인간이 탈은폐의 한 길로 보내지는 한, 다시 말해 앞에서 지적한 **두 가지 근본가능성**에로 이끌려지는 한, "인간은 역운에 의해 위험에 처하게 되는 것이다."(TK 26) 하이데거는 의심의 여지를 남겨 두지 않고 이렇게 말하고 있다. "탈은폐의 역운은 그 자체 어떠한 방식에서든 필연적으로 위험하다."(같은 곳) 이 역운 또는 저 특별한 역운뿐이 아니라, 다시 말해 닦아세우며 주문요청하는 탈은폐의 역운뿐 아니라 비은폐성의 스스로를 보내고 있는 본질 그 자체가 개개의 그 모든 보내진 탈은폐 방식에 있어 위험하다는 말이다. 위험은 본질필연적으로 비은폐성의 보내는 본질에 속한다. 하이데거는 이 생각을 다음의 문장에서 더욱 첨예화시킨다. "어떤 방식으로 탈은폐의 역운이 전개되든 존재하는 모든 것이 제각기 그때마다 그 안에서 스스로를 내보이는 그 비은폐성은, 인간이 비은폐된 것을 잘못 보고 잘못 해석할 수 있는 그러한 위험을 내포하고 있다."(같은 곳) 비은폐성은 보내며 탈은폐하는 자신의 본질에 있어, 인간이 비은폐성과의 탈자적인 연관에서 위험에 처하는 한, 위험하다. 인간은 자신의 탈자적인 연관에서 본질적으로 위험에 맡겨져 있어, 비은폐된 것일 수 있는 존재자의 특성이 배제되는 방식으로 존재자와 관계를 맺을 수 있다.

그런데 몰아세움의 탈은폐 방식은, 그것이 단지 여타의 다른 보내진 탈은폐의 방식들처럼 자체 안에 위험을 간직하고 있을 뿐 아니라 그 자체가 **"최고의 위험"**이며 **"극단적 위험"**이라는 그 점으로 부각된다. 하이데거는 몰아세움, 즉 현대기술의 본질을 두 가지 관점에서 최고의 위험이라 특징짓는다. [36] 무엇보다도 몰아

---

36) TK 26 이하. F. -W. von Herrmann, *Wege ins Ereignis*, 116 이하, 143 이하 참조.

세움이 최고의 위험인 이유는, 인간이 이 보내진 탈은폐의 방식 안에서는 더 이상 두 가지의 근본가능성 중에서 선택하는 게 아니라 그저 단지 하나의 가능성에로 데려와지기 때문이다. 존재자가 현존하는 것으로도 대상으로도 탈은폐되지 않고 그저 주문요청된 것으로 부품에서 탈은폐되고 인간의 탈은폐가 단지 그저 일종의 주문요청일 뿐일 경우, 부품에서는 탈은폐성의 특성이 완전히 배제돼 버린다. 바로 이 점이 부품의 고유함에 속한다. 인간은 주문요청하며 탈은폐하면서 탈은폐성의 특성을 간과하게 된다. 몰아세움의 지배는 인간으로 하여금 비은폐된 것으로서의 존재자를 결정적으로 잘못 해석하는 가능성 속에 실존하도록 버려두며, 그래서 인간은 "추락의 낭떠러지의 마지막 끝에까지" 와 "그 자신마저도 그저 한낱 부품으로서 받아들일 수밖에 없다." (TK 26) 요컨대 몰아세움은 인간을 그의 자기이해에서뿐 아니라 모든 인간 아닌 다른 존재자와의 관계에서도 위험에 처하게 한다.

몰아세움은 또한 그것이 **"다른 모든 탈은폐의 가능성"**을 축출해 버리기 때문에도(TK 27) 최고의 위험이다. 여기서는 몰아세움이라는 보내진 탈은폐의 방식이—그것이 지배하고 있는 한, 그때마다 각기 오직 하나의 역사적인 보냄의 방식이 일어나기 때문에—다른 가능한 보내진 탈은폐의 방식들을 배제해 버린다는 것만을 의미하는 게 아니다. 몰아세움이 아직 지배적인 탈은폐의 방식이 아닌 한에도, 인간은 아직 여전히 오직 탈은폐된 존재자만을 추적하고 활용하여 하나의 탈은폐된 것으로서의 존재자를 간과하여 잘못 해석할 수 있는 "가능성의 언저리를" 걷는다. 비은폐된 것 그 자체에 관여할 수 있는 다른 가능성은 이때 장악가능한 가능성으로 열린 채 남아 있다. 그런데 이와는 다르게 몰아세움의 보내진 탈은폐의 방식이 지배하게 되면, 이 방식이 "다른 모든 탈은폐의 가능성을"—주문요청의 방식이 아닌 다른 모든 방식을—축출해 버린다. 무엇보다도 주문요청하는 탈은폐는 포이에시스의 의미의 탈은폐를 막아 버린다. 포이에시스적 탈은폐함의 통일적인 근본특성으로 하이데거는 "현전하는 것을 나타남 속에서 밖으로 끌어내어 드러나게 함(Her-vor-kommen-lassen des Anwesenden ins Erscheinen)"이라고 칭한다. 주문요청하는 탈은폐는 도발적 요청의 탈은폐로서 저 세 가지 근본방식의—즉 자연적인, 수공적인, 예술적인—밖으로 끄집어내어 놓음을 막아 버린다. 존재자를 그것의 비은폐성 안으로 밖으로 끌어내어 드러나게 함인 포이에시스적 밖으로 끄집어내어 놓음과 비교할 때 "도발적 요청의 닦아세움은 존재하고 있는 것과 정반대 방향의 관계를 맺게끔 한다."(같은 책 27) 이 연관은 정반대 방향으로 향하고 있는데, 그 까닭은 인간이 존재자와의 관계맺음에서 밖으로 끄집어내어 놓는 행동관계에서처럼 탈은폐된 존재자의 **비은폐성을 보존하는 것이 아니라 반대로 막아 버리기 때문이**다. 따라서 주문요청하는 탈은폐에 근거하고 있는 행동관계는 주문요청된 존재자의 조종과 확보에 의해 각인된다. 이렇게 주문요청된 존재자가 기술적 생산품이다. 이것은 기술적 제작에서뿐 아니라 기술적으로 조작된 소비에서도 주문요청의 방식으로 탈은폐되고 있다.

3.5 다른 탈은폐 방식과 구원의 가능성

도발적 요청의 탈은폐 방식이 축출해 버리고 있는 다른 탈은폐 방식의 가능성으로는 어떤 것이 있는가? 우리는 여기서 우리의 논의를 포이에시스적 탈은폐 방식에 국한하여 전개하기로 한다. 포이에시스적 탈은폐의 방식에는, 이미 앞에서 보았듯이, 자연적인, 수공적인 밖으로 끄집어내어 놓음 외에, 예술적 시작(詩作)적인 빛나게 함과 그림으로 데려옴의 방식의 밖으로 끄집어내어 놓음도 있다. 다른 가능성을 축출해 버리는 몰아세움의 탈은폐 방식은 **예술적 탈은폐 방식도 축출하여** 막아 버리고 있다.

이것은 기술적 생산품과 예술작품을 비교하면 분명해진다. 예술작품은 그 안에서 어떤 것이 그림에로 데려와져 빛나게 되는, 일종의 밖으로 끄집어내어 놓아진 탈은폐된 어떤 것이다. 생산 내지는 소비사회의 생산품은, 즉 기술적 제품들은 도발적으로 요청된, 부품으로 주문요청된 탈은폐된 것이다. 이 둘의 상호관계를 우리는 한편으로는 그것들의 공통의 유래의 관점에서, 다른 편으로는 그것들의 대립의 관점에서 고찰해 볼 수 있다. 예술작품이 그것의 탈은폐의 특성이 보존된 채 남아 있는 그러한 탈은폐된 것인 반면, 기술적 생산품은 그것의 비은폐성의 특성이 극단의 방식으로 폐쇄돼 버린 그러한 부품으로 주문요청하며 탈은폐된 것이다. 37)

기술에 대한 논구의 말미에서 하이데거는 극단적인 위험인 몰아세움의 역운이 동시에 또한 이 위험에서의 구원의 가능성을 자체 안에 간직하고 있는지를 다룬다. 이를 위해 하이데거는 기술의 '본질'의 본질성격을—essentia로서의 본질과는 구별지어—현성하는 것(das Wesende)이라 설명한다. 그리고 현성하는 것은 존속하는 것(das Währende)이라, 그리고 또 이 후자는 보존하는 것(das Gewährende)이라 설명한다. 기술의 현성하는 것으로서의 몰아세움에는, 사람들이 비은폐성의 보내는 본질에 일종의 보존함이 놓여 있음을 유의하면, 존속하는 것이 드러난다. 38) 모든 탈은폐의 역운은 제각기 "보존함에서부터 일어나고 있으며 그러한 **보존함으로**" 일어나고 있다. (TK 32) 이 말에서 우리는 두 가지를 주목할 수 있다. 우선 보존함은 일종의 비은폐성의 일반적 근본특성이라는 것과 또한 그때마다의 역운은 보존함의 한 특별한 방식이라는 것이 그것이다. 보냄이 비은폐성의 보존하는 본질에서부터 일어나며 그러한 보존함으로 일어난다는

---

37) 예술작품과 기술제품과의 차이에 대해서는 F. -W. von Herrmann, "Kunstwerk und technisches Produkt. Erläuterungen zum Verhältnis von Kunst und Technik", in *Wege ins Ereignis*, 171-197 참조.

38) F. -W. von Herrmann, *Wege ins Ereignis*, 147 이하 참조.

것이 무엇을 말하는가에 대해 하이데거는 이렇게 말한다. 비은폐
성의 보존하는 본질이 각기 그때마다의 보내진 탈은폐의 방식에
서 인간에게 "탈은폐의 사건이 일어나는 데 필요한 탈은폐에 있
어서의 그의 몫을" 배정해 준다. (같은 곳) 비은폐성의 보존하는
본질에 대한 일별 속에 인간을 그의 탈은폐하는 본질과 탈은폐된
존재자를 위협하는 최고의 위험에서 구원할 수 있는 **구원의 힘**이
함축돼 있다. 인간을 최고의 위험에서 구원할 수 있는 것은 비은
폐성의 보존하는 근본특성에 의해 보존된, "인간의 본질의 최고
의 품위를" 사유하며 바라보는 귀의이다. (같은 곳) 인간의 품위
는 "이 지구상의 모든 본질의" 비은폐성과 은폐성을 지키는 데
있다.

몰아세움에서 구원의 힘을 그 역사적인 출현에로 도와줄 임무
가 과연 사유하는 숙고 외에 **예술이나 예술가적 숙고**에도 주어지
는지, 어느 정도 주어지는지를 하이데거는 마지막으로 묻는다.
하이데거는 "혹시나 좀더 시원적으로 보존된 탈은폐가" 기술본질
의 지배의 와중에서, 존재자를 그것의 비은폐성에서 보존하는,
인간의 본질적인 본질에로의 귀의인 구원자를 "처음으로 나타나
게 할" 수 있는지를 묻는다. (같은 책 34)[39] 그러나 하이데거는
이렇게 유보적으로 대답한다. "과연 예술이 극단의 위험 한가운
데에서 자신의 본질에 함축되어 있는 이러한 최고의 가능성을 보
존하고 있는지는 아무도 알 수 없다."(같은 책 35) 이 점을 우리
는 다음 절에서 기술시대의 예술의 입지와 역할을 살펴보면서 좀
더 상세하게 고찰하기로 하자.

---

39) O. Pöggeler, "Wächst das Rettende auch? Heideggers letzte Wege", in
*Kunst und Technik. Gedächtnisschrift zum 100. Geburtstag von Martin Heideg-
ger*, hrsg. von W. Biemel/F. -W. von Herrmann, Frankfurt a.M. 1989, 3-24 참
조.

4. 기술시대의 예술

4.1 현대에서의 비대상적 예술 또는 예술의 부재

더 시원적인 탈은폐를 혹시나 예술의 영역에서 보존하고 있어 예술이 몰아세움의 지배의 와중에서 구원의 힘을 처음으로 나타나게 할 수 있지는 않을까라는 물음에 하이데거의 대답은 회의적이다. 그의 회의는 따라서 우리 시대의 예술작품들이 도발적 요청의 탈은폐에 비해 더 시원적인, 그래서 구원의 힘을 지닌 그런 탈은폐의 방식을 나타날 수 있게 하는 데 대한 회의인 셈이다. 하이데거는『근거에 대한 명제』에서 근세와 현대의 공리적인 사유태도에 대해 말하면서, 그 사유가 "인간의 사유를 바꾸어 놓아 현대기술의 본질에 적응하도록" 만드는 데 한몫을 했을 것이라고 언급하고 있다. [40] 기술적 과학적 세계구성이 그 세계에서 밝히 드러나고 있는 모든 부품들의 형성에 영향력을 행사하고 있다. "그러기에 이러한 기술적 과학적 세계구성의 영역에서는, 사람들이 적합치 못한 이름으로 지칭하고 있는 '추상적 예술'이라는 것이 자신의 합법적인 기능을 지니고 있다. "[41] 이 말은 곧 **추상적, 비구상적 또는 구성주의적 예술**이 기술적 과학적 세계구성의 사유에 적합한 예술이라는 말이다. 다시 말해 그러한 예술가적 창작은 지배적인 주문요청하는 탈은폐에 상응하고 있다는 것이다. 바로 이러한 상응에 그것의 고유한 진리가 놓여 있는 셈이다. 즉 그러한 예술적 밖으로 끄집어내어 놓음은 그 자체가 몰아세움에서부터, 다시 말해 밖으로 끄집어내어 앞에 나타나게 하는 탈은폐 방식을 축출하는 몰아세움에서부터 규정되는 그러한 탈은폐이다. 왜냐하면 밖으로 끄집어내어 앞에 나타나게 하는 탈은폐로서의 밖으로 끄집어내어 놓는 탈은폐는 세계와 대지의 싸움을 생성

---

40) M. Heidegger, *Der Satz vom Grund*, 41.
41) 같은 곳.

되는 예술작품 안으로 데려온다. 그런데 바로 이러한 세계와 대지의 싸움이 추상적인 예술에서는 배제돼 없다. 추상적 예술에서는 세계와 대지의 싸움을 작품에로 정립하는 그러한 밖으로 끄집어내어 놓음이 구성주의적인 창작에 밀려 자리를 내놓고 사라진 상태이다. 42)

하이데거는 대상이 없는 비구상적 예술에 대해서도, 우리가 사는 시대가 "더 이상 대-상[마주서 있는 것]이 없는" 그러한 세계임을 상기시킨다. 43) 대상의 대상성을 형성하는 표상의 연관이, 위에서 살펴보았듯이, 주문요청하는 연관으로 바뀌어짐에 따라 대상의 탈은폐 방식도 부품의 그것으로 변화된다. "대-상이 없음"은 그렇다고 지속성이 없음은 아니다. 왜냐하면 부품으로서의 존재자는 "다른 종류의 지속성을" 의미하기 때문이다. 44) "그러한 시대에 예술이 비대상적 예술이 되는 것은 자신의 역사적인 적법성을 입증하는 것이다."45) "추상적 예술"이 기술적 과학적 세계구성의 탈은폐 방식에 상응하고 있는 것으로 보듯이, 여기서는 예술의 비대상성을 부품의 추세에 밀려 대-상이 사라져 버리는 존재역사적인 사건에 맞는 것으로 해석하고 있다. 비대상적 예술이 자신의 고유한 방식으로 존재자를 부품의 탈은폐성 안으로 주문요청하는 지배적인 탈은폐 방식에 상응하고 있기 때문에, 그 안으로 '대상'이 사라져 버린다. 표상하는 주체에 대한 객체로서의 대상뿐 아니라 세계내부적인 사물이라는 의미의 대상도 사라져 버린다. 46)

---

42) F. -W. von Herrmann, *Wege ins Ereignis*, 123 이하. O. Pöggeler, *Neue Wege mit Heidegger*, Freiburg/München 1992, 307 이하. O. Pöggeler, "Heidegger und die Kunst", in *Martin Heidegger. Kunst-Politik-Technik*, hrsg. von Chr. Jamme/K. Harries, München 1992, 92 이하 참조.

43) M. Heidegger, *Der Satz vom Grund*, 65.

44) 같은 책, 65 이하.

45) 같은 책, 66.

46) F. -W. von Herrmann, *Wege ins Ereignis*, 123 이하. G. Faden, *Der Schein der Kunst*, 175 이하. P. B. Kraft, *Das anfängliche Wesen der Kunst*, 70 이하. 이기상, 「현대기술의 극복과 전향」, 『기술과 전향』, 170 이하, 181 이하 참조.

하이데거는 **"예술부재"**를 말하기도 하는데, 그러나 "예술부재의 역사의 순간"이 "확산된 예술산업의 시대들보다 더 역사적이고 더 창조적"일 수 있다고 한다. [47] 여기서의 예술부재는 우리의 시대에 예술적인 창작의 밖으로 끄집어내어 놓음이 전혀 없음을 말하는 것이 아니고, 존재의 진리가 역사적인 결단에로 이끌려지는 그러한 예술의 역사적인 부재를 의미한다. 그러한 예술이란 몰아세움의 와중에서 작품을 밖으로 끄집어내어 놓으면서 "더 시원적으로 보존된 탈은폐를, 구원의 힘을 처음으로 나타나게" 할 수 있을 그런 예술일 것이다. 예술부재는 무능력과 타락에서 발원하는 것이 아니라 아직도 여전히 "존재의 진리를 결단에로 이끌어 올 예술의 본질의 근원적인 필연성이 필요에서부터 강요되지" 않은 데에 기인한다. [48] 몰아세움과 최고의 위험의 시대에 존재의 진리를 결단에로 이끌어 옴은 곧 밖으로 끄집어내어 놓는 예술작품에서 구원의 힘을 처음으로 나타나게 함을 말한다. 이러한 역사적인 예술부재와 예술의 역사적인 생성을 숙고하는 사유는 예술을 "존재 자체의 한 사건"으로 개념파악한다. [49] 존재 자체의 사건에서부터 예술을 경험함을 하이데거는 「예술작품 논문」의 가장자리에 삽입해 넣은 주석에서 이렇게 말하고 있다. "예술 : 존재의 사건에 사용되어 스스로를 은닉하고 간직하는 밝힘을 그림의 형상에로 밖으로 끄집어내어 놓음. "[50]

4.2 우리 시대의 주도적인 예술관인 "미학(Ästhetik)"

하이데거에 의하면 그리스의 예술은 그리스의 탈은폐 역운과 세계역운의 전개와 보존에 합당하게 응한 유일한, 다양한 밖으로 끄집어내어 놓는 탈은폐이다. (TK 34 참조) 그러나 현대의 우리

47) M. Heidegger, *Beiträge zur Philosophie*, 505.
48) 같은 곳.
49) 같은 곳.
50) M. Heidegger, "Der Ursprung des Kunstwerkes", in GA Bd. 5, *Holzwege*, Frankfurt a.M. 1977, 1. F. -W. von Herrmann, *Wege ins Ereignis*, 127 참조.

에게 예술은 무엇보다도 예술가의 기교에서부터 유래하는 것이다. 우리에게 예술작품은 심미적 향유의 대상이다. 우리에게 예술은 예술창작의 한 분야이다. 예술가적인 것을 우리는 기교적인 것으로 이해하고 한 예술가의 형상기교적인 능력으로 간주한다. 예술작품을 우리는 한 재능있는 자의 업적으로 받아들인다. 그의 예술가적인 재능을 우리는 한 예술가 주체의 능력으로 파악한다. 예술의 유래를 기교적인 것에서부터 규정하는 것은 다양한 능력을 자신 안에 지니고 있는 인간을, 즉 예술가를 주체로 삼음을 함축한다. 그러한 능력 중에 예술가적 상상력과 주어진 질료에 형상을 부여하는 예술가적 능력도 있는 것이다. 예술가의 기교에서 발원한 작품에 이르는 길은 다른 것이 아닌 **심미적 체험**이다. 예술작품에 접근하는 길을 심미적 체험으로 보는 견해는 **미학**의 영역에 속한다.

하이데거는 『니체 강의』에서 미학의 본질규정에 많은 노력을 경주한다. 하이데거는 미학을 이렇게 정의하고 있다. "미학은 미와의 관계에 있어서의 인간의 감정의 상태를 고찰하는 것이며, 미가 인간의 감정상태와 연관돼 있는 한, 미에 대한 고찰이기도 하다. 미 자체는 자기를 내보여서 인간에게 그러한 감정상태를 유발시키는 것에 다름아니다."[51] 미학이란 "예술에 대한 숙고로서, 거기에서는 예술에서 표현된 아름다움에 대한 인간의 느끼는 관계맺음이 규정과 근거제시의 결정적인 영역을 내주며 그것의 출발점이자 목표로 남아 있다."(N I 93) "미학(Ästhetik)"이라는 이름은 18세기나 돼서야 그 의미를 얻게 되지만, 그 이름은 철학의 시초부터, 다시 말해 플라톤과 아리스토텔레스 이래 옳게도 예술에 대한 철학적 숙고의 방식을 지칭하여 왔다. (N I 93 이하) 예술은 "$ai\sigma\theta\eta\sigma\iota\varsigma$, 즉 넓은 의미의 감각적 지각의 대상"이

---

51) M. Heidegger, *Nietzsche Bd. I*, Pfullingen 1961, 92. 앞으로는 "N I" 또는 "N II"로 인용함. 번역본 : 『니체 철학강의. 예술로서의 힘에의 의지』, 김정현 옮김, 이성과 현실, 1991 참조.

다. (UK 91)

예술의 아름다움에 대한 느끼는 감성의 관계가 한편으로는 예술작품을 밖으로 끄집어내어 놓는 관계맺음이고 다른 편으로는 밖으로 끄집어내어 놓아진 작품을 수용하며 즐기는 관계맺음이다. 달리 말해, 미학 내에서는 예술이 "인간의 감정상태—미의 산출과 향유가 여기에서부터 발원하며 거기에 속한다—에 소급해서" 경험되고 규정된다. (N I 114) 예술작품은 미를 담지하고 있는 것으로 규정되며, 이때 담지되고 있는 미란 곧 형상화된 질료의 형상인 것이다. 예술작품이 미를 담지하고 있는 한에서, 그것은 동시에 체험하는 자를 심미적 체험에서 감각적으로 느끼는, 향유하는 상태로 옮겨 주는 그런 감정유발품이기도 한 것이다. 이로써 분명해지는 것은, 예술작품이 심미적으로 체험하는 주체에게 주어지는 심미적 객체로 해석되고 있다는 사실이다. "이러한 고찰에 결정적인 것은 주객의 연관이다."(같은 책 93) 물론 여기서는 이 주객의 연관이 인식적인 것이 아니라 느끼는 감성적인 것이다. 이렇게 주객의 연관에 고정된 고찰방식 내에서는 비은폐성과 탈은폐의 영역이 닫힌 채로 남아 있다. 미학이 주객연관의 토대 위에 서 있는 한, 이 미학에게는, 그것 자신의 위와 같은 전제 때문에, 예술을, 예술작품을, 예술가적 밖으로 끄집어내어 놓음을, 그리고 예술작품에 대한 이해하는 접근을 비은폐성의 발생에서부터 경험할 수 있는 길이 차단된다.[52]

오늘날의 예술에 대해 하이데거는 이렇게 말하고 있다. "과연 한 시대가 미학에 사로잡혀 있는지 그리고 어떻게 그러한지, 한 시대가 과연 미학적인 태도에서 예술을 대하는지 그리고 어떻게

---

[52] F. -W. von Herrmann, *Wege ins Ereignis*, 159 참조. 미학적 이론 내지는 고찰 방식에 대한 하이데거의 비판적 입장에 대한 해설로는 F. -W. von Herrmann, *Heideggers Philosophie der Kunst*, Frankfurt a.M. 1994, 20 이 하, 23 이 하, 55-58, 64, 141 이하, 339-342. Beda Allemann, "Heideggers Begriff der Kunst", in *Große Themen Martin Heideggers. Eine Einführung in sein Denken*, Freiburg 1990, 93-101 참조.

그러한지 하는 사실이 실지로, 이러한 시대에 예술이 역사형성적이거나 아니면 예술부재이거나 하는 그 양식과 방식에 결정적이다."(N I 94) 이로써 하이데거는, 미학이 이론적인 숙고뿐 아니라 예술가적인 창작까지도 주도하고 있는 그곳에서는 역사형성적인 예술은 부재하다는 것을 말하는 셈이다. 우리 시대에 예술이 최고의 위험의 한가운데에서 구원의 힘을 처음으로 나타나게 한다면 **그 예술은 역사형성적**인 것이다. 그런데 구원의 힘은 더 시원적으로 보존된 탈은폐의 방식일 것이다. 구원의 힘을 처음으로 나타나게 할 예술가적 창작은 스스로를 미학적인 표상방식을 갖고 해석해서는 안 될 것이다. 미학적인 표상방식이 예술가적인 창작을 주도하고 있는 한, 그 창작은 더 시원적으로 보존된 탈은폐의 도래를 위한 채비를 갖추지 못할 것이다.

4.3 테크네($\tau \acute{\epsilon} \chi \nu \eta$)와 피지스의 근원적 의미의 상실

하이데거의 미학에 대한 비판은 그 근거를 $\tau \acute{\epsilon} \chi \nu \eta$라는 그리스 낱말의 근원적인 의미에 대한 숙고에서 끌어내고 있다. 그 낱말을 하이데거는 수공적 또는 예술적인 산출의 의미로 이해하지 제작이라 이해하지 않는다. 다시 말해 "일종의 앎으로서, 산출함이라는 앎의 수행의 방식에서 존재자 그 자체를 열어 밝히는 것"(N I 97)을 의미한다. 「예술작품 논문」에서 더 정확하게 다음과 같이 설명한다. "$T \acute{\epsilon} \chi \nu \eta$는 그리스적으로 경험된 앎으로서, 현전하는 것을 그러한 현전하는 것으로서 은닉에서부터 끄집어내어 고유하게 그 보임새의 비은폐성에로 앞에 데려오는 한에서, 존재자를 밖으로 끄집어내어 놓음이다."(UK 65) $T \acute{\epsilon} \chi \nu \eta$에는 언제나 $\phi \acute{\upsilon} \sigma \iota \varsigma$, 즉 "피어오르면서 자신 안으로 되돌아오는 성함"이 현재하고 있다. (N I 96) $T \acute{\epsilon} \chi \nu \eta$는 "**공격이 아니고 이미 현전하고 있는 것을 도래케 함**"이다. (N I 97)

$T \acute{\epsilon} \chi \nu \eta$의 척도에 따르면 집을 짓는 목수나 집을 칠하는 도공이나 본질에 있어서는 같은 일을 하는 셈이다. 다시 말해 그 둘

은 현전하는 것을 그러한 현전하는 것으로서 은닉에서부터 끄집어내어 그 보임새의 비은폐성에로 앞에 데려오며 그로써 하나의 집이 그것으로 그렇게 있음을 드러나게 한다. 그러나 여기에서 하이데거의 의미에서 중요한 것은 현전하는 것을 그것의 보임새에 있어 끄집어내는 것보다는 오히려 테크네의 현전과의 연관이다. 1944년의 헤라클레이토스 강의에서 하이데거는 이렇게 말한다. "테크네의 본질적인 점은 비은폐성과의 연관이 되는 것이며 이 연관을 풀어 보이는 것이다. 테크네는 비은폐된 것의 그때마다의 범위를 마련함이며 예비함이며, 그 비은폐 안으로 산출해 내야 할 것으로 밖으로 끄집어내어 놓아 세워 놓음을 의미한다. "[53]

테크네와 아이스테시스는 이렇게 이해할 때 생산함이나 수용함을 의미하는 것이 아니라 세계와의 근본연관을 의미한다. **테크네는 피지스로서의 존재의 이해와 뗄 수 없다.** 이때의 피지스는 역사 또는 정신에 대한 대립개념으로서의 자연으로 이해돼서는 안 되고 "피어오르는 성함", "그 자체에서부터 나와 그 자체 안에서 있음"으로 이해돼야 한다. [54] "$\phi \dot{v} \sigma \iota s$는 생성함, 은닉된 것에서부터 벗어나와 이 은닉된 것을 비로소 서 있음으로 데려옴이다. "[55] 테크네는 피지스의 성함을 드러나게 한다. 피지스와 테크네는 "본질적으로 동일한 것"이다. (같은 곳) 왜냐하면 피지스란 그 자체가 "밖으로 끄집어내어 놓음"(TK 11), 다시 말해 비은폐 안에 현전하도록 함이기 때문이다.

인간적인 밖으로 끄집어내어 놓음을 여기에서처럼 피지스의 밖으로 끄집어내어 놓음에서부터 이해할 경우 **근세에 들어서** 그 반대의 현상이 일어난다고 할 수 있다. 즉 **피지스가** 로마 시대의

---

53) M. Heidegger, GA Bd. 55, *Heraklit*, Frankfurt a.M. 1979, 202.
54) M. Heidegger, *Einführung in die Metaphysik*, Tübingen 1976, 12. 번역본으로는 『형이상학 입문』, 박휘근 옮김, 문예출판사, 1994.
55) 같은 책, 13.

활동성(actualitas)을 거쳐 근세에서 현실성과 대상성이 된다. 그런데 이 후자는 **의지의 원칙에 의해 규정**되고 있다. 그로써 밖으로 끄집어내어 놓음은 제작이 되고, 자연의 성장은 "스스로를 만들어 나가는 생식력"으로 이해된다. [56] 피지스는 "창조적인 생기"라고 하는 본질적인 특성을 상실하게 되고 그와 더불어 인간도 피지스의 완성 내지는 세계의 출현에 공동협력자란 의미의 "창조성"을 상실하고 만다.

근원적인 피지스의 퇴진 내지는 상실을 세 가지 관점에서 특징지을 수 있다.

1. 피어오름의 유래가, 즉 은닉성이 순수한 비은폐성 때문에 은닉돼 버린다.

2. 생기의 특징, 즉 생성, 현성이 순전한 지속과 존립성 때문에 은닉돼 버린다.

3. 자체 안에 서 있음이 겉모습의 제시에 가려 은닉돼 버린다. [57]

4.4 의지의 예술로서의 미학

미학은 그 다른 쪽이 "의지"인 그러한 세계연관의 한쪽이다. 우리는 하이데거의 **의지의 현상학**을 다음과 같이 네 가지 관점에서 요약·정리할 수 있다. [58]

1. 의지는 "어떤 것에로 향한, 어떤 것에로 치닫는" 의지이다. (N I 49) 이것은 단순한 갈망이나 욕망에도 해당이 된다.

2. 그러기 때문에 의욕에는 자기자신의 투신이 속한다. 다시 말해 원하는 자는 스스로를 자신의 명령 아래 놓아야 한다. 의욕

---

56) M. Heidegger, "Vom Wesen und Begriff der φύσις", in *Wegmarken*, 290. 근세에서의 자연의 본질이 과학적 기술적으로 규정되는 데 대해서는 K. -H. Volkmann -Schluck, *Einführung in das philosophische Denken*, Frankfurt a.M. 1981, 59-70 참조.

57) G. Faden, *Der Schein der Kunst*, 32 이하 참조.

58) G. Faden, 앞의 책, 32 참조.

이란 "그 자체가 이미 실행인 그러한 스스로에게 명령함의 결단성이다."(N I 50) 원하는 자는 동시에 명령을 내리는 자이며 복종하는 자이다.

3. 의욕에는 원하는 자뿐 아니라 원하는 것과 연관해서 볼 때 "철두철미 규정돼 있음"이 속한다. (N I 51) 그 둘은 그 자체로서 분명하게 정립돼 있다. 즉 원하는 자는 다른 것이 아닌 바로 이것을 원하며 다른 누구를 위해서가 아니라 바로 자신을 위해서 원한다. 이로써 의욕의 규정성에는 장악함과 확정함이 속한다. 다시 말해

4. "……에 대한 주인임"이(N I 52), 자기자신뿐 아니라 원하는 것에 대해서까지 주인임이 속한다. 주인임은 시작부터 의욕의 분위기이다. 원하는 것을 실제로 획득해 소유해야만 그것이 완성된다. "의지는 그 자체가 힘이다."(같은 곳)

데카르트의 지각(perceptio)과 사유(cogitatio)에도 근본적으로 의지가 성하고 있다. 의지라는 개념이 데카르트의 사상에 핵심적인 자리를 차지하고 있지 않다고 해도 그렇다. 데카르트에게 있어 표상함이란 "자기 앞에 데려옴", 안전하게 확보하여 놓아 처분가능하게 만듦이다. (N I 152) "표상하는 자(앞에 세워 놓는 자)와의 연관이 그로써 또한 이 표상하는 자 그 자체가 표상함에서 존재자의 현전으로 일어나게 되는 또는 일어나야 하는 그 것에 대한 본질적인 척도의 역할을 떠맡음"으로써 그렇게 한다. (N II 155)

이 척도의 역할은 진리를 확실성으로 보는 견해에서 귀결된다. 즉 사유함은 본질적으로 일종의 의심함이며(N II 152), 거기에서는 **내가** 의심할 수 없는 것으로 **나에 의해** 확실시된 것만이 참된 것으로 허용된다. 이러한 요구는 다른 누구보다도 표상하는 자인 내가 채워 준다. 이렇듯 표상하는 세계연관의 밑바탕에는 **의지적인 장악**이 깔려 있다.

이러한 연관이 의욕하는 인간에 의해서 설정되지 않는 것이 본

질적이다. 본래의 권력자는 원하는 자가 아니고 의지다. "의지 자체는 욕구될 수 없다."(N I 157) 원하는 자는 자신을 존재자를 지배하는 권력의 자리에 앉힐 수 있는데, 그의 본질이 이미 의지에 속하는 한에서만 그것을 할 수 있다.

의지는 분명 피지스의 스스로에서부터 존재함을 부정한다. 장악은 도래케 함을 배제한다. 테크네와 의지는 단순히 대립항이 아니다. 그것이 없이는 어떠한 '밖으로 끄집어내어 놓음'이 일어날 수 없는 결집된 어떤 것에로 향함의 계기 안에는 의욕으로 전개될 수도 있는 분위기가 있다. 그 분위기가 동시에 '어떤 것을 향해 열린 채 있음'에로 나아가지 않는다면 말이다. 열려 있음에, 다시 말해 하이데거가 의미하는 자유에 의욕하는 자는 이르지 못한다. 의지의 지배는 내맡기며 관여함의 전단계에 고착함을 의미한다. 여기에서 우리는 하이데거가 의욕과 존재케 함을 처음부터 날카롭게 구별하지 않고 있음을 이해할 수 있으며 1936/37년에도 의지에 "개방하는 열어 놓음의 특징"을 부여하고 있음(N I 63)을 알 수 있다. 서서히 전향의 이행과 더불어 하이데거에게 의지가 형이상학과 미학의 편에 속함을 분명히 알게 된다.

미학의 예술은 의지의 예술이다. 표상하는 자와의 연관이 의지적으로 척도로서 설정이 된다. 아름다움이 감각적인 것과 감정적인 것과 연관이 있다는 사실이—감각적인 것과 감정적인 것이 미의 척도로 만들어질 때—미학의 근본바탕이 된다. 의욕에 의해 규정된 세계에서 예술에 부여되는 기능은 쇼펜하워와 니체에 의해 가장 극단적으로 언표되고 있다. 예술은 "진정제" 내지는 "자극제"이다. [59]

미학에게 **아름다움**이란 "긴장을 풀어 주는 것, 휴식케 하는 것이며 따라서 즐김을 위해 규정된 것이다. 예술의 향유가 전문가나 심미가의 섬세한 감정을 만족시키는 데 봉사하든가 또는 감정

---

59) N Ⅱ, 153에서 다시 따옴.

을 도덕적으로 고양시키는 데 봉사하든가 본질적으로는 아무런 차이가 없다. "[60] 따라서 미학적인 예술고찰은 도덕적인 예술고찰만큼이나 예술에 낯설다. 미학에서는 미에 대한 반대개념으로 필연적으로 추함이, 즉 불쾌함, 따라서 싫음을 자극하는 것이 귀결돼 나온다.

이와 반대로 하이데거는 "아름다움"이라는 낱말에 그 진지함과 그에 걸맞는 등급을 되찾아 주려고 노력한다. 이러한 의도에서 하이데거는 초기 그리스인의 경험을 새롭게 정리한다. 그리스인들에게 존재자, 참된 것, 아름다운 것은 동일한 것으로서 비은폐돼 있는 것이다. 빛나게 자기를 내보이고 있는 것으로서의 아름다운 것은 가장 비은폐된 것이며 따라서 탁월한 의미의 존재자이다. "진리가 스스로를 작품에로 정립할 때 진리는 나타난다. 이 나타남이, 작품 속에서의 이러한 진리의 존재로서 그리고 작품으로서 곧 아름다움이다."(UK 93) 아름다운 것, 다시 말해 가장 비은폐된 것은 오직 은닉에서부터 솟아오르는 것으로서 존재하기에, 나타남은 순수한 빛남이 아니고 동시에 어두움의 나타남인 것이다. 그런데 하이데거에 의하면 아름다움은 로고스, 즉 "모음"의 특징을 갖고 있다. 로고스는 헤라클레이토스의 πόλεμος, 즉 "최고도의 상반된 추구의 결집"에 의해 설명되고 있다. [61]

4.5 미학의 역사

하이데거는 미학의 역사에서 6개의 근본사실을 지적해 낸다. (N Ⅰ 91-109)[62]

1. 첫번째 근본사실로서 하이데거는 **"위대한 그리스의 예술은 그에 대한 상응한 사유적 개념적 숙고없이 남아 있었다"**는 사실

---

60) M. Heidegger, *Einführung in die Metaphysik*, 101.
61) M. Heidegger, *Einführung in die Metaphysik*, 100 이하.
62) G. Faden, *Der Schein der Kunst*, 40-43. P. B. Kraft, *Das anfängliche Wesen der Kunst*, 15-23 참조.

을 든다. 그렇다고 해서 둔한 "체험"만이 지배하고 있었던 것은 아니다. 오히려 "그토록 근원적으로 자라난 밝은 앎이 지배하고 있었기에 그리스인들은 하등의 미학을 필요로 하지 않았다."(N I 95) 이러한 앎이 예술작품의 창작과 보존에 병행해서 존립하고 있는 것이 아니다. 테크네가 그 자체 일종의 사유이고 일종의 앎인 한, 예술과의 연관은 미학의 출현 이전이 출현 이후보다 더 사유적이었던 셈이다. "사유적 개념적 숙고"는, 숙고가 명시적으로 진행되지 않고 창작과 보존의 이행 속에 녹아 들어가 있는 한에 있어 결여돼 있었다고 할 수 있다. 이때 창작과 보존은 숙고 자체와의 근원적인 단일성 때문에 그 본질이 미학의 영역에서와는 다른 것이었다.

따라서 사유적인 숙고가 없었다고 해서 그것이 결함은 아니었다. 그럼에도 불구하고 하이데거는 "결여"를 말하고 있다. 이러한 유의치 않음 자체가 이미 미학적인 근본태도의 징조일 수 있기 때문인가? 하이데거가 열거하듯이 위대한 그리스의 예술에 대한 사유적인 숙고의 결여는 실지 미학의 역사에서 첫번째 근본 사실일 것이다. 그러나 흔히 그것은 차라리 미학의 역사의 시작 이전에 속하는 것이다.

2. "미학은 그리스인들에게 위대한 예술이, 또 그와 나란히 위대한 철학이 플라톤과 아리스토텔레스와 더불어 종말을 고하는 그 순간에 비로소 시작된다."(같은 곳) 이들의 철학에서 미학의 근본개념들이 유래하고 있다. 하이데거는 특히 두 근본개념을 끄집어낸다. 첫째 "ὔλη μορφή, materia-forma, 질료-형상이라는 개념쌍은" 존재를 이데아로 보는 플라톤적 해석에 근거를 두고 있다. (같은 곳) 둘째로 테크네라는 개념이 그것인데, 이 개념은 이제 "아름다운 사물의 제작과 그것의 표상에"만 국한되고 있다. (N I 98)

질료-형상이라는 도식은, 그것이 질료를 수동적인 기체로 사유해서 창작하는 자가 그것을 "각인과 반죽을 통해"[63] 하나의 형상에로 강요하는 것을 허용하는 한—아리스토텔레스에게서는 아직 이렇지는 않았지만—창작을 제작과 지배로 보는 해석에 길을 마련한 셈이다.

3. 근세에 들어서면서 인간은 예술의 영역에서 존재자 전체를 **취향의 관점**에서 보는 자신의 우세한 입장을 관철시켜 나간다. "인간의 상황성에로의 소급, 다시 말해 인간자신이 존재자와 자기자신에 대해 서 있는 방식에로의 소급은, 이제 인간자신의 자유로운 입장설정이, 다시 말해 그가 사물을 발견하고 느끼는 양식이, 요컨대 그의 '취향'이 존재자에 대한 판결의 법정이 된다는 결과를 수반한다. 예술의 미에 대한 숙고가 이제는 강조된 독점적인 방식으로 인간의 감정상태, 즉 $\alpha i\sigma\theta\eta\sigma\iota\varsigma$와의 연관에로 축소된다."(N I 99) 동시에 미는 이론의 대상이 된다. [64]

사실상 근세에 있어서 특징적인 점은, 예술창작과 예술의 아름다움에 대한 숙고가 갈수록 더욱더 자주 예술가의 인격과 합치되는 것으로 본다는 사실이다. 레싱, 헤르더, 쉴러, 낭만주의자들이 그렇고 바그너가 그렇다. 하이데거에게 결정적으로 중요한 점은 예술의 작품구조가 심미적 주관화로 인해, 다시 말해 존재자 전체를 자신의 고유한 주체를 찾는 추구의 차원에서 보려는 사유로 인해 위험해지고 있다는 사실이다. 예술은 더 이상 예술 또는 예술의 본질에서부터 이해되지 않고, 객체로, 텍스트로, 서술 등등으로 이해된다. [65] 예술이 형이상학의 개념으로 "번역"되고 이 "번역"이 예술 대신에 자립성을 획득하게 되면 예술은 더 이상 그 자체에서부터 이해되는 것이 아니다.

미학이 이제 예술에로의 접근양식을 규제한다. 미학의 규제원칙이 예술이해와 예술창작에도 척도를 제시한다. 이 배후에는 근

---

63) M. Heidegger, "Vom Wesen und Begriff der $\phi\acute{v}\sigma\iota\varsigma$", in *Wegmarken*, 274.
64) M. Heidegger, "Wissenschaft und Besinnung", in *Vorträge und Aufsätze*, Pfullingen 1978, 51 이하.
65) P. B. Kraft, *Das anfängliche Wesen der Kunst*, 18 참조.

세의 형이상학 원칙, 즉 감성과 이성, 개별과 보편의 대립구도 그리고 종국적으로는 체계에 대한 욕구가 놓여 있다. 미학의 형성과 "나란히" "위대한 예술"도 종말을 고한다. 예술이 "위대한" 이유는, 그것이 "인간의 역사적 현존재 내에서 결정적인 임무"를 띠고 있기 때문이다. "즉 작품의 방식으로 존재자 전체가 무엇인지를 드러내고 이 개방성을 작품 속에 보존"하는 것이 그것이다. (N I 100) 따라서 예술은 그것이 주체성 속으로 사라져 버리지 않을 때 비로소 "위대한" 것이다.

4. 하이데거는 "최후의 가장 위대한 서양의 미학인" 헤겔의 미학에서 특히 두 가지 통찰을 길어 낸다. (N I 100) 헤겔은 예술이 오로지 작품의 "고도의 질" 때문이 아니라 오히려 예술의 결정적인 역사적 과업 때문에 위대하다는 것을 인식했다. 그는 이 과업이 예술에 망각돼 버렸음을 보았다. 예술은 이제 더 이상 "절대적 욕구"가 아니다. (N I 100 이하) [66]

헤겔은 "사상과 성찰이 아름다운 예술을 능가했다"고 말한다. [67] 헤겔에게는 정신 또는 이념이 참된 것, 참된 현실이며 참된 존재이다. 그에 비해 예술은 단지 한 단면, 하나의 통과점일 뿐이다. 절대정신의 예술에서의 출현은 단지 순수한 자의식의 감각적 현현일 뿐이며 그것은 그 내용상 제한될 수밖에 없다. 이 제한을 즉자대자 존재에서 지양해야 한다. 절대정신이 순수의식의 단계에서 자기자신을 대상으로 선택하기 때문에, 다시 말해 예술에서 자신의 유한성을 자신에 대한 앎으로서의 자기자신에 마주세우기 때문에—그로써 거기에서 절대적 앎으로서 자기자신에로 넘어오며 매개의 상대적인 것을 넘어서기 위해—헤겔에 있어 예술은 더 높은 단계의 의식의 형태인 미학에로 넘어가야 한

---

66) 여기의 개괄에서 하이데거는 횔덜린의 시는 고찰에서 제외하고 있다. 횔덜린의 시는 미학의 시대에서도 위대한 예술이 있다는 사실에 대한 증명인 셈이다.

67) G. W. F. Hegel, *Ästhetik*, hrsg. von Friedrich Bassenge, Frankfurt a.M. 1966, 21.

다. 헤겔은 이러한 상태를 예술 "이후"라 칭한다.

"사람들은 예술이 계속 더 상승하여 완성되는 것을 희망할 수 있을 것이다. 그러나 정신의 최고의 욕구가 되는 형태는 포기된다. 우리가 아무리 그리스의 신상들을 보고 감탄하고 성부이신 하느님, 그리스도, 마리아가 아주 품위있고 완벽하게 묘사돼 있음을 본다 해도 이제 더 이상 우리가 그 앞에서 우리의 무릎을 꿇고 경배하지 않으리라는 사실은 어쩔 수 없을 것이다."[68] 예술의 아름다움 그 자체는 더 이상 정신의 최고의 욕구를 충족시켜 줄 수 없다. 왜냐하면 욕구는 사상을 예술작품의 외화(外化)[외적 표현]에서부터 개념파악의 사유에로 밀어붙이기 때문이다.[69]

5. **"총체적 예술작품"을 시도하여 위대한 예술을 되살려 보려는 바그너의 노력은** 감정의 환각과 같은 공허 속에 끝난다. 이 시도는 이중적이다. 바그너는 예술에 그 잃어버린 지위를 되찾아 주려고 한다. 그는 위대한 예술을 창작하기를 원하지만 이때 미학 속에 휘감겨 버린다. "작품은 그저 체험의 자극제일 뿐이다. 모든 표현물은 단지 전경과 전면으로서 작용해서 감동과 효과를 겨냥해야 하며, 영향을 미쳐 선동하기를 바라야 한다. 즉 '연극' 이어야 한다."(N I 103)

이러한 성격의 "연극"에 대한 욕구는 "산업, 기술, 경제에 의한 증대하는 인간 현존재의 메마름과 황폐화의 다른 측면이다. 거기에는 지식과 전통의 교육력이 약해지고 속이 텅 비는 상황이 가세되니 인간 현존재에게 하등의 커다란 목표설정도 결여돼 있음은 말할 것도 없다."(N I 105) 바그너에게서, 특히 바그너의 영향에서 의지의 지배와 미학이 얼마나 공속하고 있는가 하는 것이 극명하게 표본적으로 드러나고 있다. 바그너 시대에 "정치적 인간"과 "과학적 인간"과 나란히 "심미적 인간"이라는 정형이 출현한다. 이 인간의 근본태도는 이러하다. "세계는 심미적 상태의

---

68) G. W. F. Hegel, *Ästhetik*, 110.
69) P. B. Kraft, *Das anfängliche Wesen der Kunst*, 19 이하 참조.

산출을 위한 영향력에 따라 관찰되고 평가된다."(N I 108) 세계가 "그 영향력에 따라 평가"된다는 이 점이 미학적인 것과 기술적인 것의 공통의 근본특징이다.

6. "헤겔이 예술과 관련지어 발언한 그것을—즉 예술은 절대자의 결정적 형성과 보존이라는 힘을 잃었다—니체는 '최상의 가치인' 종교, 도덕, 철학과 관련하여 인식하였다."(같은 곳) 그렇지만 헤겔과는 다르게 **니체에게 있어서 예술은 허무주의에 대항하는 "반대운동"**이다. (같은 곳) 니체는—그의 나중의 바그너에 대한 공격에도 불구하고—바그너와 같은 갈등 속에 서 있는 셈이다. 즉 니체는 미학을 "응용생리학"으로 이해함으로써(N I 109), 예술이 그것에 대항한 반대운동이어야 할 바로 그 힘에 예술을 내맡겨 버리는 셈이 된다.

바그너와 니체의 예술에 대한 태도에서 돌출하고 있는 갈등은 이미 애초부터 미학에 심어져 있었다. 즉 미학은 예술을 예술과는 이질적인 단초 속으로 집어 넣어서 예술을 파악하려 시도하였다는 점이 그것이다. 미학은—그것이 예술에 어떤 지위를 부여하건—자체 안에 이미 예술의 부정을 포함하고 있다. 그래서 하이데거는 니체에 대해 이렇게 말한다. "여기에서 실제로 예술에 대한 미학적 물음이 그 귀결에 있어 끝까지 사유되었다."(같은 곳)

하이데거에 있어서도 출발의 상황은 헤겔, 바그너, 니체와 다를 것없이 동일하다. 하이데거에 의하면 헤겔의 미학은 "그 위대함을, 그것이 위대한 예술의 종말 그 자체를 인식하고 발언했다"는 거기에 갖고 있다. (N I 100) 그러나 "예술은 그 최고의 규정의 측면 이후 우리에게는 일종의 과거의 것"(N I 101)이라는 헤겔의 확정을 하이데거는 이와 같은 물음으로 바꾼다. 즉 이것이 "최종적인 것인지, 만일 그렇다면 그 다음에는 무엇인지." (UK 93) 미학의 단초가 예술의 본질을 다 길어 내고 미학적 태도가 예술에 대한 유일하게 가능한 합법적인 태도로서 남게 될 때에만 예술은 필연적으로 그리고 최종적으로 과거의 것일 것이다. 헤겔과는 다르게 하이데거는 위대한 예술의 종말을 긍정할 수 없다. 왜냐하면 예술에 대한 연관의 미학화와 그로써 이러한 종말에로 이끌었던 역사적인 과정이 하이데거에게는 의문의 여지가 있기 때문이다.

이로써 하이데거가 중요한 관점에서 헤겔을 반대해 바그너와 니체와 의견을 같이한다—바그너와 니체에게 미학적인 것을 넘어서는 그러한 예술의 과업이 부과되고 있는 한—는 것이 분명해진다. 바그너와 함께 하이데거는 어떻게 현대에서도 여전히 또는 다시금 위대한 예술이 가능할 것인가(UK 90 참조)를 묻는다. 니체와 함께 하이데거는 예술을 어느 정도는 허무주의에 대한 "반대운동"으로 이해하고 있다. 하이데거는 바그너와의 논쟁에 있어서는 니체에 동의하는 셈이다. 즉 예술가를 천재라고 칭송하지만 실제에 있어서 예술가란 그저 마약제나 환각제의 제조자, "최면술사"일 뿐이다. (N I 103)

헤겔, 니체, 바그너에게서 모든 미학의 문제점들이 각기 상이한 관점에서 드러나고 있다. 분명한 것은 **점증해 가는 예술을 제거하려는 추세이다.** 헤겔에게 있어서 예술은 더 이상 결정적인 진리의 형태가 아니며, 바그너에게 예술은 환각과 "연극"에로 도피하고 있고, 니체는 예술을 생리학 안으로 밀어 넣어 버린다. 니체와 바그너가 긍정적으로나 부정적으로 헤겔과 구별되는 것은 결국에 있어서는 같은 것이다. 다시 말해 미학에 배태돼 있는 모순을 부조리에까지 끌고 나가는 그 일관적인 귀결이 그것이다.

하이데거가 존재론의 존재에 대한 연관과 관련지어 이야기한 것이 예술에 대한 미학의 연관에도 적용될 수 있다. 즉 "존재론은 존재자에서 출발하여—존재에 대한 관점을 넘어서 통과하여—이 존재자를 향해 사유한다."[70] 이것은 미학에도 적용된다.

---

70) M. Heidegger, "Brief über den Humanismus", in *Wegmarken*, 331.

미학은 $\alpha\iota\sigma\theta\eta\sigma\iota\varsigma$에서 출발하여 — 예술에 대한 관점을 넘어서 통과하여 — $\alpha\iota\sigma\theta\sigma\iota\alpha$를 향해 사유한다. 미학의 역사는 점증하는 예술퇴거의 역사이다.

이 경우 하이데거 자신의 사유는 존재와 같이 예술도 그 자체로서 사유해 보려는 시도일 것이다. 알레테이아와 피지스에서 그 이후 망각된 존재의 본질이 비추어 오듯이 테크네 내지 포이에시스에서 망각된 예술의 본질이 빛날 것이다. [71]

5. 맺는 말

우리는 지금까지 존재진리의 발생의 관점에서 예술과 기술에 대해 살펴보았다. 하이데거에 따르면 우리는 기술의 본질을 기술적인 것에서부터 파악할 수 없다. 그렇게 해서 우리가 얻을 수 있는 것은 기껏해야 기술에 대한 일반적인 견해인 도구적 인간학적 규정뿐이다. 마찬가지로 우리는 예술의 본질을 — 예술가의 창의적 능력의 산물로서의 — 예술적인 것에서부터 파악할 수 없다. 그렇게 해서 우리가 얻게 되는 것은 고작 예술에 대한 통상적인 규정인 미학적 천재론적 정의일 뿐이다. 인간의 기술적 장악의 시도와 예술적 표현의 모색에서 전개되고 있는 존재진리의 사건에 주목해야만 기술과 예술의 본질을 합당하게 개념파악할 수 있다는 것이 하이데거의 주장이다.

그런 이유로 우리는 앞에서 예술과 기술에서 일어나고 있는 존재진리의 발생적 차원과 존재역운적 전개를 중점적으로 고찰하였다. 기술에서는 존재진리의 발생이 갈수록 은닉의 차원은 망각되고 오직 탈은폐의 계기만 강조되며 그나마 이 탈은폐마저도 "몰아세움"이라는 한 가지 탈은폐 방식에로 내몰아지고 있는데 비

---

71) G. Faden, *Der Schein der Kunst*, 40 이하 참조.

해, 예술에서는 이에 대한 반대운동의 여지가 있을 수 있다는 것이 하이데거의 생각이다. 다시 말해 예술에는 지금까지의 존재망각의 역사를 뒤집어 놓을 수 있는 전향의 가능성이 간직돼 있다는 말이다.

기술지배의 시대에 예술이 처해 있는 독특한 상황을 다음과 같이 정리할 수 있다. 우선, 기술지배라는 시대적 상황을 반영하는 방향으로의 예술적인 추세를 들 수 있을 것이다. 대상이 사라져 버린 "부품의 시대"를 반영하는 비대상적 "추상적 예술"과, 힘에의 의지의 산물인 심미적 향유의 관점에서 예술작품을 보는 미학적인 태도가 그것이다. 둘째, 기술지배의 부정적인 면을 고발하는 방식의 예술의 방향을 들 수 있다. 즉 기술적 탈은폐 방식의 독점적 지배가 몰고 오는 범지구적 폐해를 폭로·고발하는 것이다. 기술시대의 지배적인 주문요청의 탈은폐 방식과 그에 따른—인간자신을 포함한—모든 존재자의 부품화 경향을 지적하여 전향을 촉구하는 예술의 역할을 기대할 수 있다. 셋째, 한 걸음 더 나아가 기술적 탈은폐의 방식 외에 다른 탈은폐 방식이 가능함을 보여 주는 것이다. 즉 포이에시스적 예술적 탈은폐 방식의 가능성을 예술작품을 통해 보여 주어 예술부재의 시대에 "위대한 예술"이 부여받은 역사형성적 과업을 상기시키는 것이다. 그렇게 해서 예술은 새로운 시원을 예비하는 데 동참할 수 있을 것이다. 넷째, 현대기술의 본질에서 첨예화되어 드러나고 있는 존재망각의 망각에 유의하도록 하며 니힐리즘과 같은 "무의 반란"에 대한 반대운동으로 활약할 수도 있을 것이다. 다시 말해 존재진리의 발생적 차원에 주목케 하는 것이다. 예를 들어 밝힘과 은닉이라는 존재진리의 원초적 투쟁사건을 세계와 대지 사이의 투쟁을 빌려 작품 속에 정립하는 것이다. 다른 모든 탈은폐 방식이 간과해 버리고 있는 은닉의 계기를 드러내 보이는 것이다. 그 모든 탈은폐가 이 은닉에서 유래하고 있음을 보여 주는 것이다. 그럴 경우 예술은 하이데거가 기대하는 자신의 임무를 다하는 것이 될 것이다. 즉 "존재의 사건에 사용되어 스스로를 은닉하고 간직하는 밝힘을 그림의 형상으로 밖으로 끄집어내어 놓게" 될 것이다.[72]

여기서 우리는 앞에서도 제기한 바 있는 물음을 다시 던지게 된다. 과연 기술본질의 지배의 와중에서 예술이 새로운 존재의 도래를 예비하는 구원의 힘을 나타나게 할 수 있는가? 오히려 하이데거는 확산된 예술산업이 지배하고 있는 현대를 "예술부재"의 시대라고 보고 있지 않는가? 어떻게 하면 당사자인 예술가로 하여금 이 "예술부재"의 현실을 깨닫게 할 수 있는가? 어떻게 해야 예술가로 하여금 예술의 존재진리 발생사건에 주목하게끔 할 수 있는가? 사유자와 예술가의 대화가 어느 때보다도 필요한 시기라 할 수 있다. 이 둘의 관계를 어떻게 보아야 하는가? 하이데거는 단지 "진리의 형세"에 대한 예술가적 숙고를 촉구하고 있을 뿐(TK 35) 구체적으로 그 둘의 관계에 대해서는 언급하지 않고 있다. 하이데거가 예술의 본질을 "시작"에서 보고 있기에 사유자와 시인의 관계로부터 사유자와 예술가의 관계를 미루어 짐작할 수는 있겠다.[73] 그러나 지금 우리가 여기서 알고 싶어하는 것은 좀더 직접적인 것이다. 사유자는 이 예술부재의 시대에 예술작품이 어떠해야 한다고 지침을 줄 수 있는가? 예술작품의 근원과 본질에 대해 논의를 상세하게 전개하였으니 이제 하이데거는 우리에게 그런 존재진리 발생사건에 맞갖은 예술작품을 위한 지침을 주어야 하지 않는가? 과연 우리는 하이데거의 존재사유에서 그런 지침을 끄집어내올 수 있는가?

하이데거 자신은 『기술과 전향』에서 예술의 역할에 대해 회의적으로 말하고 있지만 우리는 새로운 존재의 도래를 예비하는 그의 후기사유에서 예술작품에 대한 지침을 끄집어내올 수는 있다. 「예술작품의 근원」에서 예술작품의 본질을 구명하며 예술작품의 존재진리와의 연관을 처음으로 파헤쳐 보이긴 하지만 예술작품의

---

72) M. Heidegger, "Der Ursprung des Kunstwerkes", in GA Bd. 5, *Holzwege*, 1.
73) F. -W. von Herrmann, *Wege ins Ereignis*, 166 이하 참조.

원칙을 위한 지침은 「사물」이라는 논문에서 끄집어내올 수 있다. 그것은 곧 **사방으로서의 세계다**. 사방으로서의 세계를 작품 속에 설립하는 작품이 하이데거가 의미하는 예술작품이라 할 수 있다.[74] 이 논의를 제대로 개진해 나갈 수 있기 위해서는 「예술작품의 근원」에서 전개되고 있는 예술작품의 작품적 차원에 대한 논의를 차근차근 뒤밟아 보아야 한다. 다시 말해 사물-작품-물건 (제품)에 둘러싸여 존재자와 관계를 맺어 나가는 인간 현존재의 삶의 세계를 좀더 주의깊게 고찰해야 한다. 즉 존재진리의 사건에서 예술작품이 점하고 있는 독특한 위상이 구체적으로 구명되어야 한다. 그 작업은 우리의 다음 과제로 남겨 놓고 여기서는 예술에 대한 존재역운적 논의로 만족해야겠다.

참 고 문 헌

1. 하이데거의 저술들

Sein und Zeit, Tübingen 1977.
Der Ursprung des Kunstwerkes, Stuttgart 1978 (=UK).
Die Technik und die Kehre, Pfullingen 1962 (=TK)
(번역본 : 『기술과 전향』, 이기상 옮김, 서광사, 1993).
Nietzsche Bd. I u. II, Pfullingen 1961 (=N I /N II).
Was heißt Denken ?, Tübingen 1971.
Der Satz vom Grund, Pfullingen 1971.
Einführung in die Metaphysik, Tübingen 1976
(번역본 : 『형이상학 입문』, 박휘근 옮김, 문예출판사, 1994).
Vorträge und Aufsätze, Pfullingen 1978.

---

74) Wilhelm Perpeet, "Heideggers Kunstlehre", in *Heidegger. Perspektiven zur Deutung seines Werks*, hrsg. von O. Pöggeler, Köln/Berlin 1969, 217-241 참조.

GA Bd. 54, *Parmenides*, Frankfurt a. M. 1982.

GA Bd. 55, *Heraklit*, Frankfurt a. M. 1979.

GA Bd. 65, *Beiträge zur Philosophie*, Frankfurt a.M. 1989.

"Vom Wesen der Wahrheit", in GA Bd. 9, *Wegmarken*, Frank-furt a.M. 1976, 177-202.

"Vom Wesen und Begriff der φύσις", in *Wegmarken*, 239-301.

"Brief über den Humanismus", in GA Bd. 9, *Wegmarken*, 313-364.

"Einleitung zu 〈Was ist Metaphysik〉", in *Wegmarken*, 365-383.

"Zeit und Sein", in *Zur Sache des Denkens*, Tübingen 1976, 1-25.

"Das Ende der Philosophie und die Aufgabe des Denkens", in *Zur Sache des Denkens*, 61-80.

"Gelassenheit", in *Martin Heidegger zum 80. Geburtstag von seiner Heimatstadt Meßkirch*, Frankfurt a.M. 1969, 16-30.

2. 그 밖의 문헌들

Beda Allemann, "Heideggers Begriff der Kunst", in *Große Themen Martin Heideggers. Eine Einführung in sein Denken*, Freiburg 1990, 84-103.

Gerhard Faden, *Der Schein der Kunst. Zur Heideggers Kritik der Ästhetik*, Würzburg 1986.

Hans-Georg Gadamer, "Zur Einführung", in M. Heidegger, *Der Ursprung des Kunstwerkes*, Stuttgart 1978, 102-125.

G. Guest, "Technik und Wahrheit. Zur Erörterung der Gefahr", in *Große Themen Martin Heideggers. Eine Einführung in sein Denken*, Freiburg 1990, 104-133.

G. W. F. Hegel, *Ästhetik*, hrsg. von F. Bassenge, Frankfurt a. M. 1966.

F. -W. von Herrmann, *Die Selbstinterpretation Martin Heideggers*, Meisenheim 1964.

——, *Heideggers Philosophie der Kunst*, Frankfurt a.M. 1994.

——, "Das Ereignis und die Frage nach dem Wesen der Technik, Politik und Kunst", in *Wege ins Ereignis. Zu Heideggers "Beiträge zur Philosopie"*, Frankfurt a.M. 1994, 85-107.

——, "Technik und Kunst im seinsgeschichtlichen Fragehorizont", in *Wege ins Ereignis*, 108-127.

——, "Kunst und Technik", in *Wege ins Ereignis*, 128-171.

——, "Kunstwerk und technisches Produkt", in *Wege ins Ereignis*, 172-197.

Peter B. Kraft, *Das anfängliche Wesen der Kunst. Zur Bedeutung von Kunstwerk, Dichtung und Sprache im Denken Martin Heideggers*, Frankfurt a.M./Bern/New York 1984.

Werner Marx, "Das Denken und seine Sache", in *Heidegger. Freiburger Universitätsvorträge zu seinem Gedenken*, Freiburg/München, 11-41.

Wilhelm Perpeet, "Heideggers Kunstlehre", in *Heidegger. Perspektiven zur Deutung seines Werks*, hrsg. von O. Pöggeler, Köln/Berlin 1969, 217-241.

Otto Pöggeler, *Der Denkweg Martin Heideggers*, Pfullingen 1963 (번역본 : 『하이데거 사유의 길』, 이기상/이말숙 옮김, 문예출판사, 1993).

——, *Neue Wege mit Heidegger*, Freiburg/München 1992.

——, "Wächst das Rettende auch? Heideggers Letzte

Wege", in *Kunst und Technik. Gedächtnisschrift zum 100. Geburtstag von Martin Heidegger*, hrsg. von W. Biemel/F. -W. von Herrmann, Frankfurt a.M. 1989, 3-24.

――, "Heidegger und die Kunst", in *Martin Heidegger. Kunst -Politik-Technik*, hrsg. von Chr. Jamme/K. Harries, München 1992, 59-84.

L. B. Puntel, *Wahrheitstheorien in der neueren Philosophie*, Darmstadt 1978.

K. -H. Volkmann-Schluck, *Einführung in das philosophische Denken*, Frankfurt a.M. 1981.

――, *Von der Wahrheit der Dichtung, Würzburg* 1984.

이기상, 「현대기술의 극복과 전향」, 『기술과 전향』, 서광사, 1993, 135-205.

존재의 역동적 움직임으로서의 예술의 진리
— "진리"개념에 대한 탈형이상학적 이해시도 —

신 승 환

1. 존재의 사유적 역동으로서의 예술의 진리

1.1 존재역사적 사유에 대한 탈형이상학적 성격규정

하이데거의 "사유"라는 개념은 존재역사적으로 형성된 술어이다. 존재역사적 사유틀 안에는 그때마다 일정한 양식과 방식으로 세계가 사유에 의하여 주제화되어 제시된다. 하이데거의 존재사유에서 고찰할 때 "사유"라는 술어는 전통적 형이상학의 사유구조에 대당되어 이루어진다. 여기서 하이데거는 존재를 비은폐성 ($\dot{\alpha}\lambda\dot{\eta}\theta\epsilon\iota\alpha$)으로 변용하여 이해한다. [1] 이 비은폐성은 "사유의 사태"로서 이루어지며, 이로써 "비은폐성은 언어에의 비은폐성에로 다가오는"[2] 것이다. 이 비-은폐성은 수수께끼 그 자체이며, "사유되지 아니한 사유거리"이다. 사유는 그 본질에 있어서 존재의 사유이며, 바로 존재에서부터 "모두어 보내어짐" 자체이다. 존재가 "모아 보냄 (Ge-schick)"이라는 말은, 존재는 스스로 "탈취함"이며, 동시에 사유에로의 개시됨이라는 뜻이다. 존재의 사유

---

1) 형이상학적 사고에서 "탈은폐적 사유"로의 변경이란 관점에서 하이데거 철학을 이해하려는 시도에 대하여 아래의 글 참조 : R. Brandner, *Heidegger. Sein und Wissen*, Wien 1993, S. 364-391. 브란트너는 여기서 하이데거는 존재론적 "구조와 형이상학적 이해에 반대하여 사유를 '탈은폐적'으로 변용하며, [존재를] 이러한 관점으로 뒤바꾸어 사유"한다고 주장한다.

2) 「헤겔」/『이정표』, 434-436면.

는 이제 존재의 보냄 안에서 변용된다. 사유는 존재진리에 대한 질문에 기여하는 도상에 놓여 있다. 3) 이러한 의미에서 존재의 사유는 역사적이다. 이같은 존재역사적 사유는 "존재의 진리에 [존재] 자체를 사유하려는 [시도이며], 이로써 존재자를 오직 존재자로서 표상하려는"(「형이상학이란-입문」/『이정표』 363) 시도이다. 4)

사유의 과제는 "지금까지의 사유가 지니는 사유의 사태에 대한 규정을 포기"(『사유의 사실』 80)하는 것이며, 이것은 오직 존재를 존재로서 있게 하는 데에 근거하여 있다. "철학에서 한 걸음 물러나 존재의 사유에로"(『사유의 경험』 82) 다가가는 경험은 이러한 도정 (道程)에서 이루어진다. 이 사유는 근대의 인간이 지닌 세계운명적인 고향상실성에 기인하여 "존재의 존재역사적 모아 보냄을 사유"(「휴머니즘」/『이정표』 336)해야 하는 과제를 지닌다. 그러므로 하이데거의 "존재역사적 사유"라는 술어는 존재망각의 시대에서 근원적이며-시원적인 진리가 우리에게로 되돌려지는 "돌아섬"으로 이해된다. 존재역사적 사유라는 말은 "전래적 사유 안으로 해소된 결합에 대한 회-상(an-denkend)함에 우리를 내어맡김"이다. 이러한 사유도정은 "말하여지지 아니한 것"을 듣는 들음으로 우리를 이끌어 가고 있다. 5) 이러한 성격은 니체의 "신의 죽음"에 대한 "디오니소스적 신"의 도래를 기다리는 체험이다. 니체는 형이상학 안에서 형이상학의 전도 이외의 아무런 다른 탈출구도 발견하지 못하였다. 오로지 "진리" 안에서는 이러한 "출구상실성이 완성"되어 갈 뿐이다. 6) 따라서 니체는 "진리에

---

3) 「형이상학이란-입문」/『이정표』, 367면 참조.
4) 차이의 시도에 대하여 본문 2.2 참조.
5) 이를 하이데거는 "근거의 명제를 다른 음향의 방식"으로 들음이라 표현하고 있다. 이에 대하여 『근거율』, 187면 참조.
6) 이와 연관하여 O. Pöggeler, "Nietzsche, Hölderlin und Heidegger", in: *Martin Heidegger-Faszination und Erschrecken*, Hrsg. von Peter Kemper, Frankfurt/M 1990, S. 180.

로 몰락하지 않기 위하여 예술을 가지며"(『단편』 822) "예술은
진리보다 더 가치있는 것"으로 이해한다. 횔덜린의 '고향상실성'
의 체험에서도 이같은 성격을 발견할 수 있다. 고향상실의 체험
에서 횔덜린은 '귀향'에 대하여 시작(詩作)하고 있다. [7] 고향상실
성이란 하이데거에서는 바로 존재역사적 "사유상실성"이기도 하
다.

존재역사적 사유는 존재이해에 대한 몰입과 차이성이라는 방식
안에 움직이고 있다. [8] 이러한 사유 안에서 존재의 본질은 현존재
에게 "스스로 보냄"이며, 여기서 현존재는 존재에 대하여 "존재
의 목자"로서 관계지워진다. 사유의 존재에 대한 본질관계에 대
하여 묻는 것은 "존재 자체에 대한 질문의 개화"[9]를 의미한다.
존재역사적으로 방향지워진 현존재의 특출한 도정은 여기서 예술
내지는 시작으로 이끌려진다. 이러한 예술의 체험은 길을 열어
가는 체험이며, 그것은 존재진리의 기획에서 현존재의 실존적인
피투성에 근거하고 있다. 하이데거의 사유에 대한 논의는 생기
(生起)를 존재 자체 안에서 근거지워 가려는 시도이다. [10] 여기서

---

7) 하이데거는 그의 시작해석의 핵심부에서 이러한 명제에 대하여 논하고 있다. 그는 여
  기에 덧붙여, "오늘날 인간은 사유에서의 도피의 길"에 서 있다고 말한다. 인간은 오
  늘날 "사유–상실성"의 상황에 놓여 있다. 『Gel』, 14면 참조.
8) 이에 대하여 『존재와 시간』, 150-153면 참조.
9) 『형이상학 입문』, 131면 ; 존재역사적 사유의 도정은 "오직 사태 자체의 스스로 나타나
  게 함"에서부터 성취되어 간다. "철학 안에서는 단지 길들만이 존재한다. 이에 반하여
  학문에는 오직 하나 방법론이 존재할 뿐이다. 즉 이루어지는 방법(Verfahrens-
  weisen)에 관한 것이다."(『헤라클레이토스』 137면) ; "길"이란 개념에 대하여 하이데
  거가 사용하는 은유적 표현들 참조 : "사유의 길", "작품이 아닌 길", "사유의 도정"
  등 ; 이에 대하여 참조, F. -W. von Herrmann, *Weg und Methode*, S. 11, 13 ; "길"
  이라는 사유에는 방법론에 대한 거론이나 주제에 대한 관심이 문제시되지 않는다. 왜
  냐하면 방법론 내지 주제라는 것은 학문적으로 표상된 사유 안에 정립되어 있기 때문
  이다.
10) 브란트너는 하이데거의 존재역사적 사유를 근거의 본질에 관한 존재사건적 노고로
  규정한다. 그것은 "이론적 사고에 의한 세계상실성과 근대적 합리성의 '형이상학적 사
  고' 안에서 역사적으로 구성된 실제성의 소멸에 반하여 존재의 현상학적 개시성의 사
  실성을 새로이 획득"하려는 노력이다. R. Brandner, *Sein und Wissen*, S. 375 참

예술의 체험은 "존재질문에 대한 존재역사적 사유의 길"을 개시한다. [11] 길의 개시성에 대한 체험이란 존재의 본질을 생기로서 이해하는 관점 안에 정립되어 있다. 사유적 기투의 길은 존재 자체로부터 규정된다. 이러한 길은 생기적인 내어던짐 안에서 열망하며 기투가능한 길로서 자유로이 주어진다. [12] 예술의 작품존재는 사유의 객체나 시작적 객체가 아니라, 존재발생의 하나의 특출한 양식으로 이해된다. [13] 이것은 마치 철학이 존재의 사유에 대한 이론이 아니라 존재사유의 역사인 것과 같다. "존재에서부터 개시성에로 발생되는 어떠함"으로서의 "존재역사적 사유"라는 술어는 대상을 향한 이성이 아닌 "그 자체 안에 정립되어 있는 이성"을 의미한다. [14]

"모든 존재의 본질에 따라 존재자를 전체적으로" 숙고하는 사유는 **역사적**으로 성격지워진다. 이것은 바로 "기재, 도래 그리고 현재"로서의 존재를 사유함이다. 인간이 지니는 역사적 사유는 "유래와 미래에서 이것으로 그리고 저것으로"(『니체. 사유와 시작』 90) 발생한다. 사유의 본질은 본질적으로 "가까이-에로-다가오는 것의 멀리"에로 나아감이다. [15] 그러나 사유는 형이상학과 학문의 시대에는 기술의 계산하며 표상하는 형태 안에로 퇴화된다. [16] 하이데거의 확신에 의하면 이러한 잘못된 이해로 인한 사유의 오용은[17] 오직 "하나의 진정하며 근원적인 사유"를 통하여

조.

11) F. -W. von Herrmann, *Wege und Methode*, S. 23.

12) 『철학에의 기여』, 83-85면 참조.

13) "작품 안에서의 진리의 정립"으로서의 예술은 회상하는 사유의 체험 안에서 무엇보다도 "예술이 세계와 땅 사이의 투쟁을 생동적으로 간직하고 있음"을 통하여 성격지워진다. 이에 대하여 G. Vattimo, *Das Ende der Moderne*, hrsg. v. R. Capurro, Stuttgart 1990, S. 137 ; 예술작품의 투쟁의 성격에 대하여, Shin, Syng-Hwan, *Metaphysik-Kunst-Postmoderne. Martin Heideggers Rationalitätskritik und das Problem der Wahrheit*, Regensburg 1996, Kapitel Ⅲ.

14) 여기에서의 이성이란 서구 형이상학 전통의 로고스가 아닌 존재의 개시성이 발생하는 어떤 이성이다 : G. Vattimo, 같은 곳 참조.

15) Feldweggespräch/『사유의 경험』, 49면 ; weiter, 『Gel』, S. 45, 70 참조.

16) W. Franzen, *Martin Heidegger*, Stuttgart 1976, S. 67 참조.

만 근본적으로 극복가능하다. [18] 존재진리에 대한 사유는 존재 자체의 모아 보냄으로서 존재의 부름에 대하여 순명적으로 대답함이다. [19]

마침내 하이데거는 "밝힘"과 "비은폐성 ($\dot{\alpha}\lambda\dot{\eta}\theta\epsilon\iota\alpha$)"으로서의 존재의 사유를 전통 형이상학적 "진리"개념으로 환원시킬 수 없다는 특성을 하나의 전제로 설정한다. [20] $\dot{\alpha}\lambda\dot{\eta}\theta\epsilon\iota\alpha$의 개념에서 중심이 되는 것은 고요함(Stille)의 터(장소)이다. (『사유의 사실』 75) 이러한 터는 먼저 비은폐성의 드러남을 그 자체로 "모아들임"이다. 은폐는 한편으로 "모아 보냄의 억제"이며 다른 한편 "결코 단순한 자체폐쇄성이 아니라 나타남의 본질가능성이 보존되며 머무르는" 은닉이기도 하다. (『강연과 논문』 271) 자체 은닉함은 존재의 본질을 "자체 탈은닉"으로서 보존하고 있다. 이러한 "은닉의 모아들임"과 그로부터 "그때마다 나타나는 탈은닉성(Entbergung)"은 인간에게 "다가가 사유함(Zu-denken)"이며, 이로써 인간은 그때마다의 탈은닉성(Entbergung)과 밝힘(Lichtung)의 두드러진 모아 보냄에 따라 이에 "상응하는""탈은닉함"을 넘겨받게 된다. [21] 존재는 우선적으로 은닉되어 있음이며, 그때마다의 탈은닉성으로 이해된다. 이러한 사유의 모아들임의 특성을 하이데거는 "사유의 회상(Gedächtnis)"으로 명명한다. 이것은 바로 인간은 자신의 본질 안에서 "존재의 사유 모음(Gedächtnis des Seins)"이라는 것이다. 사유는 결코 **존재**를 사유하는 것이 아니라, **존재에서부터 존재자**를 사유한다. 사유는

---

17) 이것이 의미하는 바는 결코 이러한 사유의 방식이 틀렸다는 말이 아니다. 사유를 계산하는 사유와 명상하는 숙고적 사유로 규정하는 하이데거적 사유의 두 가지 측면은 "그때마다 각자의 방식에 따라 정당하며 필요한 것"이다. 『Gel』, S. 15.

18) 이에 대하여 『형이상학 입문』, 131면 ; 존재의 최고의 밝힘과 존재의 진리를 사유함은 결코 지금까지의 사유방식으로는 충족되지 않는다. 『근거율』, 187면.

19) 이에 대하여 「형이상학이란-후기」/『이정표』, 309면 참조.

20) Vattimo, 앞의 책, S. 193 참조.

21) 이에 대하여 『강연과 논문』, 271, 256면 참조.

사유함으로써 존재의 발생인 것이다. 존재의 드러남으로서의 사
유는 하나의 존재양태이다. ("사유는 표상이 아니다."『Gel』 49)
왜냐하면 사유는 존재자를 전체로서 드러나게 하기 때문이다. 사
유의 본질은 "사유에서부터 규정되는 것이 아니라", 그것은 "자
기 자체의 타자에서, 즉 마주-모아-내어놓음(Gegnet)에서" 규
정되며, 또한 그러한 것으로 현성(west)된다. [22]

   존재의 은닉이란 측면에서 존재자의 존재가 드러남은 바로 탈
은폐성이며, 존재의 측면에서 존재는 "말함과 사유를 체험함"으
로서의 비은폐성이다. 말함과 사유의 체험에 대한 그리스적 이해
에 따라서 고찰할 때 진리의 본질은 "마주-모아-내어놓음
(Gegnet)"[23]이며, 그것은 "추측컨대 진리의 은폐하는 본질"
(『Gel』 61)이리라. 여기서부터 우선적으로 인간에게 "모아서 열
어 주는" 본질에 속하는 곳(터전)에서 사유의 본질이 현성한다.
여기에 "허용함 안에서 사유는 이러한 표상함으로부터 마주-모아
-내어놓음을 기다림에로 스스로를 변경시킨다."(『Gel』 52) 사유
와 관련하여 하이데거는 철학의 진리를 "존재의 회상하는 참됨"

---

22) 『Gel』, S. 53 ; "Gegnet"라는 말로 하이데거는 개시 자체를 의미한다. 이에 대하여
    같은 책, 44, 50, 63-64면 참조 ; 그러나 "Gegnet"는 또한 진리의 감추이는 본질이기
    도 하다 ; Feldweg/『사유의 경험』, 68면 : "Die Wahrheit kann nur deshalb unab-
    hängig vom Menschenwesen, weil das Wesen des Menschen als die Gelassenheit
    zur Gegnet von der Gegnet in die Vergegnis und zur Wahrung der Bedingnis
    gebraucht wird."; Gegnet의 특성은 존재가 드러나는 터전이다 : 『사유의 경험』, 45
    면 ; 같은 책, S. 46 : "… der Zauber dieser Gegend ist wohl das Walten ihres
    Wesens, das Gegnende,…" ; S. 47 : "Gegnen ist das versammelnde Zurückbergen
    zum weiten Beruhen in der Weile." ; "Die Gegnet ist die verweilende Weite, die,
    alles versammelnd, sich öffnet, so daß in ihr das Offene gehalten und angehalten
    ist, jegliches aufgehen zu lassen in seinem Beruhen." ; S. 49 "Das Offene selbst
    aber ist die Gegnet, in die wir wartend ein-gelassen sind, wenn wir denken. Das
    Denken wäre dann das In-die-Nähe-kommen zum Fernen." ; 같은 책, 56면 :
    사유의 본질은 결코 사유에서가 아니라, Gegnet에서 즉 기다림 자체를 달성하는
    (vergegnet) 이루어짐에서 규정되어야 한다. 이로써 사유는 Gegnet에로 몰입함과,
    그를 달성함(die Gelassenheit zur Gegnet)이다.
23) Gegnet에 대한 정확하며, 널리 인정된 옮김말을 찾지 못하여 이 글의 의도에 따라
    해석하여 보았다. 올바르며 그 의미를 포괄하는 적당한 옮김말이 제시되길 간절히 기
    대하고 있다.

이라 성격지운다. 이러한 관련은 다음과 같이 이해할 수 있다 : "존재의 도래를 기다리는 한 사유자의 사유는 참되다. 사유함은 존재를 보존하며, 이로써 존재의 도래는 자신의 말함 안에서 회상적으로 보존된다. 그것은 우리에게 말함의 단어 안에로 감추임이며, 그럼으로써 존재는 동시에 언어 안에 비은폐됨이다. 이것은 철학의 참-됨(진-리)이다."[24] 인간은 창조적인 사유 안에서 "존재의 가장 높은 체험"(『니체. 사유와 시작』 110)에 도달한다. 사유는 존재의 집을 건축한다. 이것은 "존재의 결합이 그때마다 보내는 특성으로서 인간의 본질을 존재의 진리 안에서 거주함에로 처리시키는" 존재의 집이다. (『이정표』 358) 그러한 성격은 바로 인간을 위하여 역사적 탈존이 성취됨을 의미한다. 이 특성을 하이데거는 근원을 향하여 도약하는 "새로운 사유"라 명명한다.

하이데거가 "존재에 공속되는 것에서 탈-존으로서 인간성의 본질"에 의하여 사유를 규정하는 것은 결코 이론적이거나 실제적인 규정이 아니다.[25] 이러한 사유는 존재론적 차이지움에서 발생하는 것이다. 이것을 하이데거는 사유란 자신의 본질에 따라서 존재의 진리에 대한 질문이라 성격지운다. 따라서 이것은 질문할 가치가 있는 것이며, 또한 그것은 "존재에서부터 인간의 본질거주를 규정하며, 본질거주함으로" 정착시키는 것이다.[26] 이러한 존재역사적 사유는 더 이상 학문이 아니며, 윤리학도 존재론도 아니다. (『휴머니즘』 354) "도래하는 사유는 더 이상 철학이 아니다."(『휴머니즘』 360) 그 대신 이것은 존재 모아 보냄(Seinsgeschick)의 드러나지 아니하는 걸음(Schritt)이며, 존재역사적 사유에 상응하여 규정된다. 이러한 '다른 사유'는 하이데거에게 있어서 존재진리의 사유이며, 존재진리에 의한 사유이다.[27]

---

24) 『니체·사유와 시작』, 105면 참조.
25) 이에 대하여 「휴머니즘」/『이정표』, 354면 참조.
26) 『이정표』, 414-415면 참조.

1.2 존재역사적 사유로서의 "회상"

존재역사적으로 각인된 하이데거의 새로운 사유는 형이상학을 극복하며 초월(초극)하려 한다. 이렇게 동기지워진 사유를 하이데거는 "회상(Andenken)"으로 특징지운다 : "만일 존재의 진리에 대한 질문의 발전에 있어서 형이상학의 극복이 거론된다면, 그것이 의미하는 바는 존재 자체에 대한 회상을 말한다."(「형이상학이란-입문」/『이정표』 363) 이러한 회상의 특성은 "기재하는 모아 보냄"이란 성격을 지닌다. [28] 기재하는 것에 대한 회상은 사유되지 아니한 것을 다가가-사유함에로 앞서-사유함이다. 따라서 사유는 회상하는 앞선 사유이다."(『근거율』 159) 이러한 사유는 이제 양면적인 요구를 지닌다 : 한편으로는 그것은 형이상학의 본질에 상응하는 체험이며, 다른 한편으로는 잊어버린 근원에 대한 초월적 극복을 요구한다. [29] 이러한 의미에서 하이데거의 관점은 "기재된 것의 도래에 대한 사유는 스스로를 간직하며, 따라서 그것은 하나의 회상이다."(『사유의 경험』 82) 존재는 모아 보냄과 회상이라는 전체적 맥락 안에 존재하며, 역사적-운명적 성격을 지니는 개시함의 전달로서 고찰된다. 이러한 모아 보냄의 성격이 개시됨은 역사적으로 구체적, 실존적 인간에게 "그때그때마다"의 근원적인 발생이 세계에로 다가오는 시원적 발생가능성으로 정립된다. 존재의 이러한 체험은 "송부된 것을 수용하며, 전달된 것에 대하여 대답하는 체험"이다. [30] 이러한 사유는 근원을 향한 접

---

27) 잘 알려져 있듯이 하이데거의 기초존재론은 이러한 사유를 전개하기 위한 정초작업이었다. 그는 존재자 자체에 대한 진리가 아니라 존재의 진리에 대한 사유를 시도하지만 말기에 이르러 그 자신조차 정확히 규정하지 못하는, 수수께끼와도 같은 신비적인 '존재의 헷갈림'에 빠져 들었다.

28) 『근거율』, 158면.

29) 이에 대하여 P. Jaeger, *Heideggers Ansatz zur Verwindung der Metaphysik in der Epoche von "Sein und Zeit"*, Frankfurt/M 1976, S. 220.

30) 『동일성과 차이』, 47면 참조 : 이와 유사한 맥락에서 아도르노는 존재는 스스로 그때마다 내어보내는 양식으로 자신을 드러내며, 이로써 존재의 전달이 성취된다는 견해를 제시한다. Adono/Hockheimer, *Negative Dialektik* Frankfurt/M 1966, S. 92 참

근의 가능한 방식이며 그러한 형태이다.

"회상(기억하며-사유함)"을 하이데거는 "존재역사적 사유"에서 이루어지는 "도약(Sprung)"으로 규정한다. [31] "회상(기억하며 -사유함)"은 존재망각성에 대립되는 명제로서 존재의 심연에로 뛰어듦으로 규정된다. [32] 도약은 그럼으로 전적인 공허란 의미로 이해되는 근거제거에로 뛰어듦이 아니라, 사유를 존재로서의 존재에 상응하게 함, 즉 존재의 진리에 이르게 하는 도약이다. 이러한 도약은 존재의 근거-떨어짐(Ab-Grund)에로의 뛰어듦으로 이해된다. [33] 회상으로서의 도약은 "존재의 모아 보냄(Geschick des Seins)의 시각에서부터 사유함"을 의미한다. 회상의 이러한 특성을 하이데거는 "기억함(Erinnerung)"으로 묘사한다. [34] 존재의 진리는 이제 기억함으로 이해되는 회상의 형태 안에서 스스로 생기하게 된다. [35]

하이데거의 사유는 "지구의 기술의 지배 위에서 형이상학의 완성과 존재망각성의 세계에 맞서는 비판적 열정"(『사유의 사실』

조 ; Vattimo, 앞의 책, S. 192.

31) 『근거율』, 185면 ; Vattimo, 앞의 책, S. 128 참조.

32) 도약의 개념은 "뛰어넘음(Überschreiten)", "또는 뛰어올라 탐(Übersteigen)" 등으로 비유적으로 그 성격을 규정할 수 있다. 『근거율』, 185면 참조. 그러나 그것은 어떠한 경우에도 "변증법적인 지양"으로나 또는 "어떠한 것은 하나씩 뒤이어 있게 함"으로 이해되어서는 안 된다. 이러한 관점에서 아도르노와의 차이에 대하여 본문 2. 참조. 또한 Vattimo, 앞의 책, S. 178.

33) 『근거율』에서 하이데거는 "존재와 근거"를 "동일한 것"으로 언급한다. 존재는 근거로 작용하지만 근거에서부터 근거되지는 않는다. 존재 드러남의 근거 바탕은 근거가 결여되어 있음이어야 한다. 따라서 존재 드러남의 지평은 근거-떨어져 있음(Ab-Grund)이며, 존재는 근거에서 규정할 때 근거 떨어짐의 근거(der abgründige Grund)로 이해된다. 이러한 존재는 존재의 모아 보냄으로서, 그리고 근거로서 덧붙여 이루어진다. 『근거율』, 188면 참조.

34) 『근거율』, 187면 ;『강연과 논문』, 138면 ;『사유의 사실』, 5-6면 : 또한 Vattimo, 앞의 책, 121-139 ; 특히 S. 128 ; 기억함과 회상은 동의어로 이해될 수 있다. 그럼에도 불구하고 이 두 개념은 결코 동일한 것을 지시하지는 않는다.

35) Vattimo, 앞의 책, S. 94 참조.

65)으로 이해된다. 이것은 회상의 근본과정이며 이로써 사유의 초월적 극복이 성취된다. 그 말은 하이데거에 따르면 근대적인 표상하는 사고에서부터 "간격을 두는, (그에서) 떨어져 뛰어오르는" 회상이다. 36) 학문과 기술이 지배하는 시대는 기술의 지배를 통하여 존재의 망각성이 전적으로 이루어지는 시간이다. 이러한 시대에서 하나의 새로운 시작의 가능성이 개시된다. 37) 그 가능성과 연관지워 하이데거는 기술의 본질을 "모아-세움(Ge-Stell)"으로 이해한다. "모아-세움"은 그리스어 "형상"에서 유래되었으며, 그에 따라 "밖으로-이끌어-냄의 모음(Die Versammung des Her-vor-bringens)"으로 이해되었다. 38) 이에 근거하여 하이데거는 모아 세움이란 개념의 두 가지 의미에 주목한다. 즉 기술의 본질과 생기의 첫번째 특출한 번쩍임을 형이상학의 완성으로 이해하는 것이다. 39) 이러한 모아 세움의 시대는 다른 한편 "근대기술의 시대에서 존재와 인간의 위상(Konstellation)"(『동일성과 차이』25)을 나타내고 있다. 이 몰아세움(Gestell)을 초월하며 극복함은 존재의 생-기에서부터 그 가능성의 단초를 잡는다. "생기에서는 생기가 몰아-세움의 맹목적 작업을 하나의 보다 시원적인 생기함에로 초극할 수 있는"(『동일성과 차이』25) 가능성이 솟아오르고 있다. 이러한 위상을 하이데거는 "기술의 세계 안에서 어느 곳에서 그리고 어디에서 인간과 존재가 관련을 맺을 수 있는지"를 밝히는 상황지평으로 이해한다. 그리고 바로 여기서 인간은 "생-기라고 하는 것의 선재적 유희"를 체험하게 된다. 40) 이러한 두 가지 의미성에서부터 모아-세움은 무엇보다도 초월적 극복의 의미와 연관지워 비로소 전체적으로 이해될 수 있

---

36) 『횔덜린의 시작』, 39면 참조.
37) 이러한 관점에 대하여 특히 Kemper, *Faszination und Erschrecken*, S. 203 참조.
38) 「예술작품의 근원」 부가문/『이정표』, 69면 참조.
39) 『동일성과 차이』, 27, 47면 이하 참조.
40) 『동일성과 차이』, 23, 24면 참조 ; 존재의 생기를 유희와 관련시켜 이해할 수 있다. 이러한 관점에 대한 하이데거의 견해 참조 : 특히 「사물」/『강연과 논문』.

다. 이에 근거하여 형이상학의 초극이란 기술의 몰아-세움의 특성을 한편으로 극복하며, 한편으로 테크네(Techne)의 모아-세움이란 성격을 완성해 감으로써 성취될 수가 있다. [41]

사유의 회상함을 하이데거는 시작(詩作)함으로 규정한다. 이제 "회상은 시인과 사유가 지니는 두 개의 언어에서" 일깨워지게 된다. [42] 하이데거의 수수께끼 같은 "회상"이란 용어를 바티모는 탈형이상학적 사유라는 의미에서 존재사건을 "다시금 받아들이며, 다시금 관통하여 사유함"으로 규정한다. 그것은 "존재의 의미에 대한 문제를 새로이 수용하기 위한 것"이다. [43] 사유에 대한 이러한 이해는 그러나 하이데거의 문맥 안에서는 어떠한 체계적 논의로도 거론되지 않는다. 하이데거는 사유의 이러한 측면을 "형이상학 역사의 거대한 순간이나 시인과 사유가의 위대한 언어적 표현들이 드러나는 순간들을 널리 진행되도록 함"으로 제한하여 이해하고 있다. [44] 이러한 회-상은 이제 존재를 존재자에 대한 타자(das Andere)로 기억하는 것, 즉 "차이로서의 차이"(『동일성과 차이』 43)로 기억하는 사유로 기술된다. 존재는 이러한 회상을 통하여 존재자에게서 구별된다. 이러한 존재론적 차이는 회상을 통하여 완전하게 구현되는 것이다. 실존의 해석학적 전체성이란 의미에서 기초존재론적으로 동기지워진 철학은 하이데거의 후기작품들 안에서 회상으로, 즉 "스스로 기억해 내는 사유"(『사유의 사실』 5-6)로서 해석된다. 하이데거는 존재망각성의 시대에

---

41) 사유에게는 몰아-세움(Ge-Stell)은 가장 위험한 것으로 나타난다. 왜냐하면 여기서 사유는 전체적인 구성체로서의 기술에서 "외적인 발전의 극한에 내재하는 주관-객관-도식의 형이상학적 고정화를 함축"시키려는 시도로 이해되기 때문이다. 이러한 몰아-세움이란 결코 단순한 하나의 형이상학적 개념이 아니라, "우리의 가능한 세계체험 모두를 규정하는 사건이며 그것들이 속하여 있는 공속성"의 상황이며 하나의 생기이기도 하다. G. Vattimo, *Jenseits vom Subjekt. Nietzsche, Heidegger und die Hermeneutik*, hrsg. v. P. Engelmann Wien 1986, S. 88-89 참조.

42) 『횔덜린의 시작』, 39면 참조.

43) Vattimo, *Das Ende der Moderne*, S. 189.

44) 이에 대하여 Vattimo, 같은 책, S. 127 참조.

서, 그리고 오직 이러한 망각성의 사유 안에서 한 걸음 나아가 구원을, 무엇보다도 먼저 예술에서 그 구원의 가능성을 보고 있다. 근원적 사유는 이제 "예술과 시작, 혹은 일반적으로 언어의 '시작하는 것의 영역'에 대한 조망"에서부터 그 출발의 단초가 이루어진다. [45]

1.3 "회상"이란 개념에 대한 비판적 진술

하이데거의 개념들, 특히 후기 철학작품의 개념들은 가다머에 따르면 "주관적 증명" 안에 갇혀 있다. [46] 하이데거의 후기철학적 시도들은 전래적 철학언어에서 시작(詩作)적 은유에로 넘어가려는 시도들이다. 이러한 시도를 야메(Jamme)는 후기 하이데거 작품에 대한 학문적 토의와 대화가 이루어질 수 없는 이유로 꼽고 있다. [47] 특히 그의 후기철학적 언어가 지니는 주관성과 난해함, 비일관성은 하이데거 철학에 대한 대화단절성과 신비주의적 해석을 초래하고 있으며, 이러한 책임의 대부분은 하이데거가 져야 할 부담이기도 하다.

하이데거의 예술철학은 시작에 대한 해명과의 연관 안에서 휠덜린에서 영감을 받고 있다. 하이데거는 "슈피겔지와의 대담"에서 "나의 사유는 휠덜린 시작과의 절대적 관련 안에 서 있다"[48]고 고백하고 있다. 그러나 하이데거의 휠덜린 시작해명에 대한 첫번째 비판은 그가 인용한 휠덜린 시작의 불명확성과 부정확성에 있다. [49] 하이데거가 명확히 휠덜린과의 만남 안에서 이루어

---

45) Vattimo, *Das Ende der Moderne*, S. 153f. ; 이러한 사유의 실존적이며 결단하는 측면에 대하여 뒤따르는 그의 논거 참조.

46) H. -G. Gadamer, *Heideggers Wege: Studien zum Spätwerk*, Tübingen 1983, S. 258.

47) Ch. Jamme, *Dem Dichten: Vor-Denken, Aspekte von Heideggers "Zwiesprache" mit Hölderlin. im Kontext seiner Kunstphilosophie*, ZfphF, Bd. 38, 1984, S. 191-218, hier S. 201 참조.

48) *Der Spiegel*, Nr. 23 (1976), S. 209, 214 참조.

낸 이러한 새로운 포에시적 언어는 *"Jargon der Eigentlichkeit"* 의 출판 이래로 이미 여러 번 비판되었던 점이다. 이와 연관지워 하이데거가 휠덜린 시작에 대하여 철학적으로 제시한 해석의 실재들도 시작에 대한 철학화로 비판받는다. 이러한 텍스트 형성은 사실 "하나의 해석, 명확히 잘못된 해석"에 근거하고 있다. [50] 예를 들어 하이데거는 귀향에 대한 비가(엘리지)의 해석 안에서 귀향을 "전반적인 문화의 변혁적 전환의 준비"로 잘못 이해하고 있다. 그의 이러한 고향에 대한 **사유의 존재론화**는 "인간의 '집안에 머무름'을 '고향의 모아 보냄의 고유성' 안에 머무는 공간으로" 해석한다. [51] 슈티어를레(Stierle)는 이러한 하이데거의 휠덜린에 대한 관계를 시작의 존재론화로 규정하여 "철학자 하이데거는 아마도 눈 하나를 감고 있는 것 같다"라고 비유적으로 기술한다. [52]

휠덜린 시작에 대한 하이데거의 해석을 "성스러움에 대한 이름

---

49) 이에 대하여 특히 P. Szondi, *Der andere Pfeil*, in: ders., *Hölderlin-Studien*, Frankfurt/M 1970, S. 37-61; R. Minder, "Heidegger und Hebel oder die Sprache von Meßkirch", in: R. Minder, *Dichter in der Gesellschaft. Erfahrung mit deutscher und französischer Literatur*, Frankfurt/M 1972, S. 234-294; J. Wahl, *Heidegger et Hölderlin*, S. 17f.; B. Allemann, *Hölderlin und Heidegger*, S. 5-9; R. -E. Schulz-Seitz, Befestigter Gesang, S. 78-80; Ch. Jamme, 앞의 책, S. 212: "denken wir nur an die strophische Rekonstruktion des Gedichts *In lieblicher Bläue*, an die falsche Beziehung des Wortlauts der Schlußstrophe von *Heimkunft* oder die unzutreffende Deutung der Rede von 'Gottes Fehl' in der Ode *Dichterberuf*; E. Staiger, Ein Briefwechsel mit Martin Heidegger; *Aus der Erfahrung des Denkens*, GA 13, S. 93-109, Frankfurt/M 1983. 피겔러는 여기서 하이데거는 휠덜린의 단어들을 그와의 반대되는 해석 안에로 바꾸어 놓았을 것이라고 주장한다. in: Kemper, *Faszination und Erschrecken*, S. 196 ; 휠덜린의 '위험'개념의 이해구조를 하이데거가 행한 의미전환에 대하여, O. Pöggeler, *Philosophie und Politik bei Heidegger*, Freiburg/München 1972, S. 103f. 참조.
50) 이에 대하여 Ch. Jamme, 앞의 책, S. 212 참조.
51) 이에 대하여『휠덜린의 시작』, 9-31면 참조. ; B. Böschenstein, *Die Dichtung Hölderlins*, in: Zeitwende 1977, N. 2, S. 79-97.
52) Karlheinz Stierle, "Ein Auge zu wenig", in: *Kunst und Technik. Gedächtnisschrift zum 100. Geburtstags von Martin Heidegger*, Frankfurt/M 1989, hrsg. von W. Biemel, S. 98.

지움"으로 이해하는 야메는 이러한 근거를 "휠덜린과 하이데거 사이의 친화력이 하나의 깊은 원인"이라고 지적하고 있다. 하이 데거의 휠덜린에 대한 접근은 근대의 합리성과 이성중심주의에 대한 비판과 그리고 특히 "시작과 사유" 안에서 이해되는 근원적 진리모형에 대한 새로운 이해에 기인하고 있다. [53] 시인의 과제는 전(前) 형이상학적 사유에 자리하며, 결코 형이상학이나 이성의 원리를 새로이 건립하려는 의도에 근거하지는 않는다. 그의 과제 는 "아직 신에 관한 언어로 표현할 수 없는 것들을 언어 안에로 이끌어 내는 것이며, 이로써 자기자신의 의식에로 이끌어 가는 것"이다. 언어는 형이상학적 언어를 넘어서서, 일상적 언어가 끝 나는 곳에서 출발하고 있다. 사유의 과제라는 명제를 야메는 "존 재를 미리-사유하는 길을 준비하는 시작(詩作)"이라 명명한다. [54] 이로써 하이데거는 『존재와 시간』 이래 기초존재론에 의거하여 준비하였던 존재사유의 길에 접어들었다. 그러나 그는 이 길을 의도하였던 것만큼 그렇게 명료하게 제시하지는 못하였다.

"가까이(Nähe)"와 "사유와 시작의 이웃"이란 술어는 하이데 거의 존재사유에서 유래하는 그의 고유한 규정이며, 형이상학의 초월적 극복이라는 사유동기에서 제시되어 있다. 예술의 철학은 여기서 "가장 먼저 신학적 관점 아래에서" 선행적 조건없이 제시 된다. [55] 시작 안에서의 이러한 종교적 성격은 예를 들어 기술의 시대에 요구되는 "구원"에 대한 거론에서 잘 드러나고 있다. 이 러한 사실을 하이데거는 "오직 하나의 신이 있어 우리를 구원할 수 있다"라고 슈피겔지와의 대담에서 표현하고 있다. "우리에게

---

53) 이에 대하여 특히 『언어의 도상』, 103면 참조 ; 이러한 진리모형에 대하여, 신승환, 「하이데거에 있어서의 형이상학적 사유의 극복」, 『하이데거 철학의 근본문제』, (철학 과 현실사 1996), 특히 360-366면 참조.
54) Ch. Jamme, 앞의 책, S. 207.
55) Ch. Jamme, *Heideggers Kritik der Ästhetik*, in: PhJb Jg. 95 1988, S. 187-195; *Vor-Denken*, S. 205-208.

는 오직 하나의 가능성이 남아 있다. 즉 사유와 시작 안에서 신의 부재성을 몰락시키고 신의 드러남을 미리 준비하는 가능성"을 보는 것이다. [56] 하이데거의 술어 "회상"은 명백히 종교적이며 신학적으로 각인되어 있으며, 또한 그러한 방식으로 이루어 지고 있다. 이같은 사실은 예를 들어 그의 "현상학과 신학"에 대한 강연에서도 나타나고 있다. "시작적 말함은 신에게는 그 옆에 머무름[……]이다. 무엇 옆에 머무름은 [……] 신의 현존을 순수하게 스스로 말하도록 하는 것이다."(「현상학과 신학」/『이정표』 78) 하이데거의 시작에 대한 종교적 맥락에 의한 해명에는 시인에 대한 이해에서도 잘 드러나고 있다. 시인은 이제 절반의 신(Halbgötter)으로 불리워진다. 왜냐하면 시인은 신적인 것과 죽어야 할 것들 사이를 중개하기 때문이다. 시인의 행위는 "신들에 대한 근원적인 이름지움"(『형이상학 입문』 40 이하)이며 "신의 번쩍임을 단어 안에로 이끌어 들이며 그것으로 마법을 부리는 것이다. 또한 그러한 번쩍임을 자리매김하는 단어를 그의 민족의 언어 속에로 세우는 것이다."(『형이상학 입문』 45) 시인은 이러한 의미에서 신의 섬광 아래에 서 있는 존재자이다. [57] 존재의 이러한 창립을 하이데거는 신들의 눈짓으로 표현하고 있다.

하이데거의 형이상학적 언어는 기초존재론적으로 동기지워져 있다. 그것은 전래의 형이상학적 언어의 해체에로 방향지워진다. 이러한 이유에서 그의 철학을 이해하는 데 많은 어려움이 초래하고 있다. 이같은 문제성을 프란첸은 다음과 같이 정확히 표현하고 있다 : "비록 하이데거가 상당히 분명하게 [용어의] 경계를 설정하고 있지만, '사유'라는 말로 이해하는 바는 부정적이다. 그는 어원학-언어적인 연상작용을 통하여서도(예를 들어 고마움 Dank, 추억 Gedächtnis, 예배 Andacht 등 : 특히 『사유란』

---

56) *Der Spiegel*, Nr. 23 (1976), S. 209 ; 『강연과 논문』, 41면 등 참조.
57) 이에 대하여 『게르마니엔과 라인강』, 30-31면 참조.

92) 거의 보충할 수 없는 개념들과 또한 상대적으로 긍정적인 내용들도 모호하게 규정하고 있다. "58)

하이데거의 신이 떠난 시대에 대한 사유는 니체와 비교할 경우, 신적인 창조에의 용기와 그에 상응하는 능력을 인간에게 다시금 일깨워 낼 수 있으리란 생각에 따라 이루어지고 있다. 이것은 고대의 몰락과 그리스도교가 (특히 계몽주의와의 연관에서) 무너지는 시점에서 벗어나려는 몸짓이다. 이러한 결핍된 시대에는 시인이 상실되어 있고, 세계 내의 집안 친구가 사라져 버렸다. 이것을 하이데거는 "집안 친구가 없다"라고 고백하고 있다. 59) 이러한 시대의 모습에 대응하여 하이데거는 인간을 존재와 시작에 대한 "목자이며 봉사자"로 묘사하고 있다. "신(神)의 결핍"은 "더 이상 아무런 신도 보여지지 않으며, 분명히 인간과 사물들이 스스로 모여들고, 이러한 모임을 통하여 세계역사와 인간의 세계 안에서의 거주를 마련하는 것"(「무엇을 위한 시인」/『숲길』 248)이다. 결핍된 시대는 "떠나간 신들의 '더 이상 없음'과 도래하는 신의 '아직-아니'"(『횔덜린의 시작』 47)의 긴장과 그 사이에 놓인 시간이다. 신상실성을 통하여 횔덜린은 존재망각성을 체험한다. 하이데거는 횔덜린을 도래하는 시간의 시인으로 표상한다. 이러한 신이 떠나간 "세계의 어둔 밤의 결핍된 시대" 속에서 시인은 새로운 도래를 위한 길을 다듬고 그 길을 예비하는 자이다. 60) 횔덜린은 그 이전이나 그 이후의 다른 어떠한 시인과는 달리 이러한 (신의) 도주를 체험하였으며, 그 체험을 시작적 언어 안에로 정립시켰다. 신이 떠나간 시대에서는 "한 걸음 물러

58) W. Franzen, *Martin Heidegger*, S. 67.
59) 『사유의 경험』, 146-147면, 또한 150면 참조.
60) "옛날의 신은 떠나갔다." 『예술과 숙고』, 15면 ; 『숲길』, 249면 이하 참조 ; 나아가 Jamme, *Vor-Denken*, S. 214-215 ; F. Hölderlin, *Sämtliche Werke*, Kleine Stuttgarter Ausgabe, Hrsg. von F. Beißner, zitiert nach Stuttgart 1944, Ⅱ. S. 207 ; 여기서 야메는 슈미트를 논거로 제시한다 ; J. Schmidt, *Hölderlins Letzte Hymne Andenken und Mnemosyne*, Tübingen 1970.

섬"이 관건이다. 그것은 하나의 특출할 가능성의 방식 안에서 소리없는 음성을 듣는 것이며, 사유자와 시인이 근원과 고향에로 가까이 다가감의 문제이기도 하다.

이를 위하여 시인은 사유 안에서 기재함과 도래함을 사유한다. [61] 모범적 시인에 대한 묘사로서 하이데거는 "도래하는 하느님"과 연관지워 "디오니소스"에 대하여 사유한다. 디오니소스란 "신들이 떠나간 발자취를 따라 내려와 신상실의 세대에로 이끌려져" 오고 있다. [62] 따라서 시작은 이러한 이끌어 냄의 "시원적 부름"으로, 즉 "도래하는 것 자체에서부터 불리워진 것"이다. 이것을 하이데거는 "거룩함"이라 명명한다. 시작은 이러한 의미에서 거룩함의 발생이며, 이와 연관지워 존재의 진리는 "거룩함"으로 표상될 수 있다. [63] 도래하는 시대는 거룩함의 시대이다. 여기에서 신성의 시간성은 시작에 대한 하이데거 철학의 중심에 위치한다. [64] 존재는 이제 그리스 술어 "피지스($\phi \acute{v} \sigma \iota \varsigma$)"의 근원성에 놓여 있다. [65] "피지스는 생겨남이며 솟구쳐 오름"으로서 빛의 성장

---

61) 이에 대하여 『횔덜린의 시작』, 107면 참조.
62) 이러한 사유동기에 대하여, 『게르마니엔과 라인강』, 187-191면 참조, 특히 188면 ; ferner, Jamme, *Vor-Denken*, S. 197-197 참조.
63) 『횔덜린의 시작』, 76-77면 참조.
64) 1945년대의 하이데거의 시작해석 작품들 참조 ; Jamme, 앞의 책, S. 206.
65) "하이데거에 있어서 이러한 그리스적 존재체험은 피지스($\phi \acute{v} \sigma \iota \varsigma$)로서, 예술의 발생에 결정적인 요인으로 작용한다. 예술 안에서 발생하는 어떠한 것은 피지스에 상응하는 것이다. 『횔덜린의 시작』, 41면 참조 ; 피지스와 같이 존재자를 이끌어 도래하게 함은 바로 현전성 안에로 도래하게 함이며, 이것은 또한 예술 안에서는 하나의 '앞으로 도래하게-허용함'이다. "예술은 피지스에 상응한다. 그럼에도 불구하고 그것은 결코 이미 기재하는 것에 대한 모사도 모방도 아니다. 그러나 피지스와 테크네가 함께 속하여 있는 기본요소와, 이러한 발생이 예술로서 형성되기 위하여 예술이 스스로 관계되도록 허용하는 영역은 은닉되어 있다"(『예술과 숙고』14면)고 하이데거는 말한다. "피지스가 기본적인 언어로서 생각되어야 함은 개방성 안에로 들여올려짐이며, 모든 밝힘 안에로 밝혀지는 것이며, 그 안에 전적으로 무엇이 발생하는 것"이다(『횔덜린의 시작』 56) ; Marx는 이와 연관하여 "무엇보다도 '존재의 첫 시원적인 포에시적 특성은 존재언어의 의미내용 안에서' 자신을 피지스로 개현한다"고 진술한다. Berner Marx, *Gibt es auf Erden ein Maß ? Grundbestimmung einer nicht metaphysischen Ethik*, Hamburg 1983, S. 131. A. Gethmann-Siefert, "Heidegger und Hölderlin:

이며 그래서 바로 거룩함이다. 이러한 거룩함은 스스로 오직 시인의 고요함을 통하여 주어지며, 그 안에서 인간은 각각의 시간에 "가장 외적인 위험을 시야에 담고" 있을 수 있게 된다. [66]

현전성의 형이상학이라는 하이데거의 전통 형이상학에 대한 비판과 연관하여 신개념은 어떠한 경우에도 존재와 동일시되어서는 아니 된다. 횔덜린의 시작해명에서의 "신"이라는 개념은 전기의 (예를 들어 『존재와 시간』) 개념에 따라서 이해될 수는 없다. 비록 하이데거가 명시적으로 정의하고 있지는 않지만, 그의 시작해명에서 신이 존재처럼 이해되는 인상은 뚜렷이 주어진다. 우리는 여기서 이러한 분열을 어떻게 이해할 수 있는 것일까? 존재는 그의 형이상학 비판의 단계에서는 결코 신도 아니며 최고의 존재자도 아닌 것이다. 신이란 개념은 후기 하이데거에 있어서 결코 초기의 개념과 일관성을 유지하고 있지는 않다. 이러한 차이는 그의 '근원철학' 안에 그 원인이 내재되어 있다고 하겠다. 만일 그가 시작해명에서 신 내지는 신이 떠나간 시대를 이야기하고 있다면, 이러한 문맥 안에서 신이 떠나간 시대는 존재가 망각된 시대와 동동한 의미를 지닌다. 비록 그가 이것을 명확히 규정하고 있지는 않지만, 여기서 신이란 개념은 현전성의 형이상학에서 근원성의 철학에로 넘어가는 과도기의 개념이다. 후기의 시작해명 안에서의 신개념은 이러한 '존재망각성의 시대'와 신상실의 시대와의 연관 안에서 이해할 수 있다. 그는 신이 떠나가 버린 시대를 고향상실의 시대, 존재망각이 지배하는 시대, 몰아세움이란 기술의 위험이 지배하는 시대로 이해한다. 하이데거가 시작에 대한 해석 이외 다른 어느 곳에서도 신을 존재와 같은 맥락에서 이

Die Überforderung des Dichters in dürftiger Zeit", in: *Heidegger und die praktische Philosophie*, Frankfurt/M 1988, S. 191-227 참조.

66) 이에 대하여 『강연과 논문』, 41면 ; 바티모는 그러나 하이데거의 횔덜린 시작해석에서 대한 종교적·신학적 의도를 찾으려는 시도에 부정적이다. 이에 대하여 : G. Vattimo, *Jenseits vom Subjekt*, S. 109 참조.

해하고 있지 않았음은 명백한 사실이다. 그의 신개념에는 이렇게 하나의 변환점들이 내재한다. 이러한 개념의 변화는 무엇보다도 시작해명을 위하여 명백히 주시되어야 한다. 만일 그렇지 않다면 그의 시작해명을 결코 진정하게 체계적으로 이해할 수가 없다. 하이데거는 근원철학과 연관지워 신개념을 더 이상 논구하지는 않는다. 이로써 우리는 그의 후기작품들의(특히 횔덜린의 시작해명들) 표현 안에 내재한 전반적인 비일관성과 모순들을 보게 된다. 전혀 명확한 개념분류나, 규정없이 신의 개념을 시작해명의 전과 후와의 연관하에서 이해한다는 것은 매우 어렵다. 하이데거는 두 개의 다른 개념을 하나의 같은 이름으로 혼재하여 쓰고 있다. [67]

2. "형이상학의 초극"이란 관점에서 본 "근원에로의 전향"과 아도르노의 미학이론

2.1 "근원"과 "한 걸음-물러섬"의 성격

사유는 "가까이-감"에의 도상에 있다. 그 말은 "존재의 이웃에로 가는" 길 위에 있다는 뜻이다. [68] 근원에로 가까이 감을 하이

---

67) 이와 연관지워 대표적인 오해로 피갈(Figal)의 견해를 참조할 수 있다. 피갈은 "존재망각성"을 하이데거의 "신의 도주"와 연결하여 이해하며, "신의 도주"를 "존재의 생기"와 상응하는 것으로 이해하고 있다. Vgl. G. Figal, "Die Gegenwart der Geschichtlichkeit", in: *PhR*., 39 Jg. Heft 4, 1992, Tübingen, S. 293-303. 여기서의 피갈의 존재망각성에 대한 이해는 하이데거가 『존재와 시간』의 단계에서 진술한 것과는 차이가 내재한다. 존재의 생기가 결코 "새롭게 이해된 신의 도래"는 아닌 것이다. 이러한 개념적 변화와 분류가 정확히 이루어지지 않은 단계에서의 두 개념을 동일시함은 일관적이지 못하다. 하이데거의 근원철학과의 연관항에서 우리는 존재망각성과 신의 도주를 동일시하여 파악할 필요가 있다. 피갈의 주장에는 이러한 개념적 명료화가 결여되어 있다.

68) 『Gel』, S. 70 ; 「휴머니즘」/『이정표』, 339-341면 참조 ; E. Kettering의 하이데거의 사유의 길에 대한 "가까이"라는 관점에서의 해석 참조 : *Nähe. Das Denken Martin Heideggers*, Pfullingen 1987 ; 특히 "시작"개념을 "가까이" 개념과 연관하여 179-219면 ; "근원"개념과 연관하여 333-382면 참조.

데거는 횔덜린의 술어와 연관지워 "귀향"이라 파악한다. "고향 자체는 가까이 거주한다. 고향은 가정 (중심지)과 근원에로 다가 가는 장소이다. …… 고향의 가장 고유하고 좋은 점은 오로지 이 같은 근원에 다가간다는 데 있다. …… 귀향은 근원 가까이에로 돌아감이다."(『횔덜린의 시작』 23) 근원에로의 도착은 고향에 돌 아옴으로써 존재의 진리를 개시하는 바로 그 과정이다. 인간에게 우선적으로 은닉되어 있는 근원에로 가까이 감을 하이데거는 하 나의 비밀로 보고 있다. 오직 시인만이 이러한 근원에 가까이 살 고 있다 : "그가 멀리를 가리킴으로, 거룩함의 도래에 가까이 있 다. "[69]

존재는 먼저 존재자를 그 자체로서 존재하게끔 한다. 이러한 성격을 하이데거는 "존재자를 존재자로 그리고 그것 '자체'로서 풀어 놓음이며 열어 놓음으로 도약하여 존재하게 함"으로 규정한 다. 그것은 존재자를 "바로 그것으로 이끌어-냄 (ent-springen)" 이다. "존재는 근원"이라는 명제를 하이데거는 존재자를 "스스로 -근거에-뛰어 다다름(das Sich-dem-Grund-erspringen)"으로 규정한다. [70] "근원"이라는 말은 그래서 "하나의 사실이 무엇에서 부터 무엇을 통하여, 그것이 무엇으로 그리고 어떻게 있는지"의 근원이며, 이를 철학적으로 규정하면 바로 현존과 본질을 말한 다. 예술작품의 근원은 그래서 "그의 본질의 유래"를 말하는 것 이다. (「예술작품」/『숲길』 7) 예술의 본질유래를 하이데거는 "진 리에-이끌어 내게 함(der-Wahrheit-entspringenlassen)"이라 규정한다. [71]

---

69) 『횔덜린의 시작』, 24면, 148면 ; 또한 같은 책 92면 : "고향은 근원이며 정신의 근원 에 대한 근거이다." 이와 연관하여 노발리스의 진술 참조 : "철학은 본질적 의미에서 향수병이다. 그것은 모든 곳에서 고향에 머물고자 하는 충동이다. "

70) 『근본개념들』, 61면 이하 ; 『형이상학 입문』, 8면 참조.

71) 「예술작품」/『숲길』, 64면 : 하이데거 철학을 존재의 존재자와의 존재론적 차이에 대 한 근본적 사유동기에서 고찰할 때 "학문에서부터 사유에로는 아무런 다리도 존재하지 않는다. 오직 여기에는 하나의 도약만이 존재할 뿐이다. 사유가 우리를 데려가 놓는

사유가 스스로 "존재의 진리"에서 탈취되어 나오는 한, 하이데 거의 "근거"에 대한 성찰은 존재역사적 동기를 지닌다. 근거의 본질에 대한 질문을 하이데거는 "존재(Seyn) 자체의 진리에 관한 질문"으로 이해하고 있다. [72] 이것은 필연적으로 근거문제의 "가까이(Nähe)"에 다다르게 된다. 이 "가까이"는 "근거-떨어짐 (Ab-Grund)"에서 "실제적인 도약"을 통하여 온전히 성취된다. [73] "근원적-도약(Ur-Sprung)"이란 처음의 도약을 의미한다 : 즉 그것은 모든 새로운 도약이다. 실제적인 도약은 "지반-확립"으로서의 설립을 의미한다. [74] 인간은 "존재의 밝힘과 존재의 진리에서" 오직 "근거-떨어짐으로서의 진리"에로 향하는 "가까이"에로 도달할 수 있다. [75] "존재는 존재로서 근거-상실에 머물러 있다. 근거는, 즉 그것은 먼저 근거지우는 근거로서, 존재에서 탈취되며 [거기에서] 떨어져 머무르게 된다. 존재는 : 근거-떨어짐이다."(『파르메니데스』 223) 존재이해와의 연관 안에서 하이

곳은 단지 다른 어떤 곳이 아니라, 하나의 전적으로 다른 [진리의] 장소성이다." 이 문장은 그러나 전체적 표현 안에서 많은 경우 오해의 여지가 있으며, 일관적이지 못하다. "하나의 전적으로 다른 장소성"으로 하이데거가 의미하는 바는 무엇인가? 존재는 그가 항상 강조하듯이 항상 존재자의 존재이다. (『존재와 시간』, 6-9면, 37면, 201면 등등) 이로써 존재자의 진리는 그의 존재에 놓여 있는 것이다. 여기서 "하나의 전적으로 다른 곳"이란 무엇을 의미하는가? 이 존재론적 차이는 전적으로 다른 차이성을 의미하는가? 존재의 진리와 존재자의 진리 사이의 존재론적 차이는 이로써 전혀 다른 장소에 근거하고 있는가? 그렇다면 존재자와 존재와의 연관성을 우리는 어떻게 이해할 수 있단 말인가? 최소한 이러한 견해 안에서 하이데거는 존재의 진리와 존재자의 진리가 지니는 연관을 충분히 숙고하지 않고 있다.

72) 「근거의 본질」/『이정표』 1판, 1929, 124면 ; "근거"의 원리는 "언표의 본질에도, 언표 진리에도 놓여 있지 아니하며, 차라리 그것은 존재론적 진리에 근거"한다. 같은 책, 170면.

73) 하이데거의 "근거"개념을 그의 근원철학과 연관지어 U. Wenzel, *Die Problematik des Gründes beim späten Heidegger*, Rheinfelden 1986, 특히 S. 99-205 참조.

74) 「근거의 본질」/『이정표』, 169면 : 하이데거는 존재를 근거와의 연관 안에서 사유하나 그것은 결코 사실의 근거나 사유의 근거가 아니다. 근원은 마치 진리가 그러한 것처럼 존재의 하나의 양태이지, 결코 대상일 수는 없다. 여기서 "정초"로 이해된 도약이란 진리의 예술작품에로의 정초라는 개념을 염두에 두고 있다.

75) 이에 관하여 『근거율』, 185면 이하 참조.

데거는 근거를 하나의 "존재일반의 초월적인 본질특성"이라 명명한다. 이것은 존재의 본질에 속하여 있다 : 왜냐하면 (존재자가 아니라) "존재는 세계기투적 정태성의 근거로서 오직 초월성 안에 존재하기 때문"이다. [76] 자유로서의 인간실존은 이로써 "근거율의 근원"(「근거의 본질」/『이정표』 170)으로 조망되게 된다. 이러한 특성을 하이데거는 존재진리의 "가까이"와의 연관 안에서 성취시켜 가고 있다. [77]

사유의 근원은 개시성 일반이다. "우리가 진리의 본질을 근원적으로 소유할수록 근거의 문제는 더욱더 절박하게 제시되어진다. 이러한 의미연관에서 [사유의] 특성은 하나의 도약이다. 즉 그것은 진리와 존재의 본질을 밝게 비추이는"(「근거의 본질」/『이정표』 169) 도약이다. 존재는 사유와 마주한다. 존재는 사유를 도약에로 이끌어 간다. 이에 따라서 사유는 존재 자체와 상응하여 존재 자체에서 발원한다. [78] "사유는 자기자신을 발생하는 부름에서 체험하기에, 도약으로서의 사유는 이제 존재의 현성을 생기로서 개시한다."(『철학에의 기여』 249) 이러한 도약을 하이데거는 자유와 연관지워 (던져진) 기투로 묘사한다. 도약으로서의 사유는 "존재진리의 기투를 실행함"으로 이해된다. [79]

근원의 성격은 "도약"이라는 관점에서 "시원(Anfang)"으로 불리워진다. "시원"이라는 말과 연관지워 하이데거는 형이상학을 "시원에서부터 멀어"지는 과정으로 규정한다. 이러한 "형이상학의 진행은 어느 때인가는 [시원에로] 되돌아감을 불가피하게 하

---

76) 「근거의 본질」/『이정표』, 169-170면 참조.
77) 존재의 진리를 인간의 자유와 연결시킨 이해에 대하여 특히 「진리의 본질」/『이정표』 참조.
78) 이에 대하여 「형이상학이란-입문」/『이정표』, 364면 참조.
79) 이에 대하여 특히 『철학에의 기여』, 122, 250면 이하 참조, 239면 참조. 이러한 기투는 "기투의 기획자가 던져진 것으로서, 즉 존재에 의하여 생-기(er-eignet)된 것으로서 자신을 경험하는" 모습으로 이루어진다.

며, 시원에의 회상을 시급히 필요하게 한다. " 이러한 시원에서
이루어지는 진행 안에서 존재는 자신을 존재자성으로 떨어뜨려
나타내며, 그럼으로써 "시원의 시원성"은 감추어지게 된다. [80] 근
원의 사유는 이렇게 하이데거의 전체적 사유의 도정에 주도적 동
기로 작용하고 있다. "모아 보냄의 시원은 가장 위대한 것이다.
그것은 도래하는 모든 것을 특별하게 주재한다. "(『예술과 숙고』
12) 하이데거의 근원에 대한 정의에 따라 예술은 "작품 안에서의
존재자의 진리를 정립하면서 보존함"(「예술작품」/『숲길』 64)으로
뛰어 다다르게 된다. 이러한 관점에서 "근원"이란 "무엇에 뛰어
다다름, 즉 정초하는 도약 안에 본질유래에서 존재에로 이끌어
감"(「예술 작품」/『숲길』 64)을 의미한다. 이러한 근원적-도약은
시원적 도약으로서 첫번째의 차이지움으로 일컬어진다. 근원은
이제 분리의 근원이다. 세계는 예술의 근원적 도약 안에서 대지
에서 뛰어오른다. 대지에서의 세계의 균열(Riß)은 예술작품의
근원이다. 이 균열은 근원적으로 시작(詩作) 안에서 스스로 발생
한다. [81] 예술은 예술작품 안에서의 시원적인 차이지움이다. 하이
데거는 "근원적-도약"이라는 말로 "진리의 본질에서 밖으로"라는
격률을 지시하고 있다. [82] 근원에서 사유된 진리는 인간이 학문과
인식의 특질에 반하는 선과 미를 구분하기 위한 특정한 성격의
진리, "일반적으로 진리란 이름으로 이해되며, 인식과 학문이란
이름으로" 이해되는 진리개념과 일치하지 않는다. 이러한 진리개
념은 나아가 "이론적이지 아니한 행위의 가치"에 주어진 이름으
로 이해된다. [83] 하이데거 철학은 이러한 관점에서 철학의 다른
단계에서의 위상과 구별하기 위하여, 형이상학 이후의 특징을 지
니는 근원철학이라 이름할 수 있다.

---

80) 『니체』 II, 486면 참조.
81) 이에 대하여 Karlheinz Stierle, *Ein Auge zu wenig*, S. 95-104.
82) 이에 대하여 「예술 작품」/『숲길』, 67면 참조.
83) 같은 책, 같은 곳 참조.

근원적-도약이라는 말과 연관지워 "한 걸음-물러섬(Schritt -zurück)"이란 개념은 하이데거 사유의 마지막 단계에서 중심이 되는 요체이다. 이 두 개념은 같은 존재론적 의미에서 형성된 것으로서 하이데거의 시작적 언어를 지시하고 있다. "한 걸음-물러섬"은 인간을 근원의 가까이로 이끌어 간다. 그리고 이와 함께 인간은 "존재와 인간의 성좌(Konstellation)"(『동일성과 차이』 25) 안에 머물게 된다. [84] "한 걸음-물러섬"이란 말은 근원에 대한 기억으로서의 회상의 한 방식이다. 이로써 하이데거의 사유의 길은 진리의 성좌에서 예술을 최초의 가능성으로서 나타내며, 그리고 지속적인 동반자로 허용한다. 하이데거의 근원에 대한 은밀한 사유의 길은 이제 "한 걸음-물러섬"의 실행이며, 그리고 그것은 바로 "차이에 대한 망각성에서" 떨어져 물러섬이다. [85] 이는 바꾸어 말하면 "철학에서 존재(Seyn)의 사유에로" 한 걸음-다가섬이다. 인간은, 우리가 "사유의 유래에서부터 고향처럼 느끼게 될 때"(『사유의 경험』 82) 한 걸음 물러섬을 과감히 수행할 수 있게 된다.

"한 걸음-물러섬"이라는 용어는 "서구 사유의 역사와 함께하는 우리 대화의 특성"(『동일성과 차이』 40)에 관계되어 있다. "한 걸음-돌아섬"이란 "오직 표상하는, 즉 설명하는 사고에서 회상하는 사유"로 나아감이다. 하나의 사유에서 다른 사유에로 "한 걸음-돌아섬"은 하이데거에 있어서는 어떠한 경우에도 단순한 관점의 변화만을 의미하지는 않는다. [86] 그것은 "존재역사에로의 기억함"으로 뛰어오름(Überspringen)이다. [87] 이러한 기억은 존재에

---

84) 이에 대하여 G. Vattimo, *Das Ende der Moderne*, S. 128 ; *Jenseits vom Subjekt*, S. 87-88 참조.
85) 이에 대하여 『동일성과 차이』, 59, 65면 참조.
86) 『강연과 논문』, 180면 참조.
87) 『니체 II』, 481면 참조.

서 존재의 역사에로 발생하는 것이다. 그것은 하나의 "시원" 안에로의 선-사유이며, "존재 자체에서 생기함"이다.[88] "한 걸음-돌아섬"은 사유되지 아니함에서, 그리고 차이 그 자체에서 "다가가 사유함(Zudenken)"으로 이루어지는 것이다. 이러한 사유는 "시원적으로 드러난 차이에 속하는"(『동일성과 차이』 41) 은닉으로서의 차이의 망각에 관한 사유이다.[89] "한 걸음-돌아섬을 통하여 우리는 사유의 사태를, 즉 차이로서의 존재를 마주서 있음에로 허용한다. 이러한 마주서 있음은 전적으로 대상없이 존립할 수 있는 것이다."(『동일성과 차이』 55-56)

"한 걸음-돌아섬"이라는 술어와 연관하여 우리는 하이데거의 전회를 하나의 "넘어감"으로 특징지을 수 있다. 그것은 『존재와 시간』의 단계에서 "던져진 기투"로서의 현존재가 「휴머니즘의 편지」에서 "존재의 기투 안에서의 기투하는 것"(「휴머니즘의 편지」/『이정표』 344)으로 변화된 인간이해의 이월이다. 예술작품의 근원에 대한 질문 내지는 시작의 근원에 대한 질문의 동기는 이제 이러한 사유와 연관지워 이해할 수 있다. 이것은 "존재를 주체성에서가 아니라" 하나의 "모아 보냄"에서부터 이해하려는 시도이다.[90] 넘어감이란 의미에서 전회는 존재 자체의 생기라는 측면에서 그 의미가 올바르게 드러난다.

2.2 진리의 차이로서의 존재의 생기

작용과 밝힘으로서의 존재는 존재자가 무로부터 하나의 존재자로 탈취되는, 그러한 생기로 이해된다. 이것은 존재자의 존재에

---

88) 같은 책, 490면 참조.

89) 존재는 우선적으로 감추어져 있으며, 차이지움으로서의 드러남이다. 존재는 은닉과 비은폐의 역동성이다. 이에 대하여 『존재와 시간』에 나타난 하이데거의 짝개념 Vorhandenheit und Zuhandenheit의 존재론적 성격 참조.

90) 이에 대하여, Plumpe, *Ästhetische Kommunikation*, S. 248; Vattimo, *Jenseits vom Subjekt*, S. 95ff.

서의 차이의 진행이며, [91] 생기로서의 존재는 존재의 존재자에의 차이의 개시성이다. [92] 이러한 차이는 존재와 존재자 사이의 차이를 드러내는 이름이다. [93] 존재론적 차이와 연관하여 하이데거는 존재자로서의 구체적인 시작품과 그의 존재를 이러한 차이를 가능하게 하는 것으로서의 "시작(詩作)"으로 이해하여 구별하고 있다. [94] 시작의 존재는 밝힘과 감추임 사이의 거울놀이의 진리생성이라는 방식에 따라 하나의 구체적인 시작품 안에서 이루어진다. [95] 이러한 시작의 존재와 구체적 시작품 사이의 시작적 차이는 존재론적 차이의 지평에서 가능한 것이다. 그것은 또한 예술작품 안에서, 시작 안에서 하나의 특출한 방식으로 완성된다. 존재는 차이의 차이지워진 것이 아니라 차이 자체이다. [96] 이러한 차이 자체로 이해된 존재에 대한 형이상학 이후적 도식은 시작의 언어성 안에서 가장 의미깊게 이해할 수가 있다. 존재는 포에시적 언어의 작용 안에서 차이로서 자신을 드러내며 그 의미는 표현됨으로 다가오며, 이로써 그 흔적은 명료화되는 것이다. 시작의 언어성 안에서 차이는 모든 의미의 동일성에 대한 근원으로서 드러나게 된다. 이제 존재는 존재자의 근원에 대한 차이로서 이해되며, 이로써 존재는 그대로 존재함이며 또한 없는 것이 아닌 것으로 있음이다. 존재의 개시성으로서 존재론적 차이는 현존재의 근본구조 안에서—즉 "Da(現)"의 구조 안에서 주제적으로 파악하게 된다. 존재의 이러한 개현성은 존재자가 자신의 존재

---

91) 피갈은 이러한 개시성의 특징적 성격을 하나의 단순한 구조의 결과로서 이해한다. 이러한 구조에 대하여 아도르노 역시 "Negative Dialekt"에서 잘 설명하고 있다. 이에 대하여 G. Figal, *Kunstphilosophie und Gegenwartskritik bei Adorno und Heidegger*, S. 71-72 참조 ; 또한 본 논문 2. 참조.
92) 이에 대하여 특히 『동일성과 차이』, 62-64면 참조.
93) 『니체 Ⅱ』, 209면 : 이러한 차이는 결코 존재자 사이의 차이가 아니라 차이 자체이다. 이에 대하여 Plumpe, 앞의 책, S. 250 참조.
94) 『언어의 도상』, 37면 이하 참조.
95) 진리의 드러냄과 감추임의 거울놀이(Spiegel-Spiel)에 대하여 「사물」/『강연과 논문』, 참조.
96) 『동일성과 차이』, 62면 이하 참조.

안에서 존재론적으로 차이를 나타내는, 즉 그때마다의 존재자를 향한 차이-드러냄의 상호작용의 과정이다. [97] 다른 한편 이러한 존재론적 차이는 존재자와 존재 사이의 무로서 파악할 수 있다. [98] 타자로 향한 개시성은 존재를 무로서 은닉하는 것이다. 즉 존재론적 차이는 무로서의 존재의 본질에 그 근거를 두고 있다. 존재는 하이데거에서 타자를 향한 차이 드러냄에서 사유된다. 사유의 기투는 이러한 무 안에서 존재가 차이화하는 개시성이다. 이와 연관하여 바티모는 하이데거에서의 근원을 향한 접근을 차이를 향한 접근으로 개념짓는다. 단순히 현전하는 존재자에서 기인하는 차이 안에서 근원을 향한 접근은 바티모의 이해에 따르면 세계의 지평을 형성하는 것, 내지는 그 지평을 규정하는 것이다. 세계내적인 차이화는 "세계의 타자"가 어떠한 방식으로든 존재함을 나타내 보이는 과정이다. 존재는 이제 "동일함에서의 차이지움으로, 즉 사이를 가름"으로 특징지워진다. 이러한 측면에서 우리는 존재를 "타자임"으로 이해할 수 있는 길이 열리게 된다. [99]

존재자의 차이로서의 존재구조에 대한 하이데거의 이해에 따르면 존재는 "존재자로부터의 자신의 차이지움 안에서 하나의 에포케 (epoche)의 원리"로 규정된다. [100] 에포케로서의 존재의 원리가 의미하는 바는 본질로 이해된 세계와 존재에 대한 지양과 포기를 의미한다. 이렇게 이해되는 존재란 "모든 가능한 변화의 원

---

97) 『동일성과 차이』; 플룸페, 앞의 책, 288-290면 참조.
98) 이에 대하여 「근거의 본질」/『이정표』, 123면 참조.
99) Vattimo, *Jenseits vom Subjekt*, S. 102f 참조. ; Das Andere ist wie folgt zu charakterisieren: "das Sein als das Andere des Seienden, der Ursprung als das Andere der rein räumlich-zeitlichen Entität oder auch das An-wesen-lassen als das Andere des bloßen An-wesens.
100) 존재가 근원적으로 탈취되며 은닉된 것이라는 것은 존재는 근원적 의미에 있어서 에포케로서 획기적으로 이해됨을 의미한다. 하이데거에 있어서 에포케는 존재의 근원적인 은닉성에 속하는 "스스로 물러나 있음"이다. 이것은 존재의 본질적 진리가 스스로에게 머물러 있다는 것을 의미한다. 이에 대하여 특히 『근거율』, 『사유의 사태』; W. Franzen, *Martin Heidegger*, S. 62 참조.

리, 새로운 것에서 스스로-생기하는 원리, 새로운 에포케적 개시성의 가능성"으로 간주된다.[101] 개시성의 과정으로서의 차이지움은 존재의 진리가 표현되는 존재론적 지평이다. 이러한 진행은 예술작품에 대한 숙고 안에서 "세계 드러내 세움(Weltaufstellen)"과 "대지 일으켜 세움(Erdeherstellen)" 사이의 투쟁으로 표상된다. 작품 안에서 존재론적 차이는 아주 고유하게, 즉 그 이전에도 없었으며 앞으로도 없을 방식으로 제시되기 때문에, 예술은 하나의 특출한 존재역사적 의미를 지니게 된다.[102] 세계와 대지와의 투쟁으로서의 예술의 성격에서 예술은 진리생성을 차이로서 작품 안에로 형상화시키는 과정으로 이해된다. 존재는 은닉과 밝힘 사이의 차이로서 이러한 투쟁의 의미연관 안에서 사유되었다. 예술작품은 이러한 "차이"의 관점에서 따라서 "어둠을 통한 밝음과 밝음을 통한 어둠을 식별할 수 있도록 허용함"이라는 차이지움의 지평이다.[103] 플룸페는 이 특성을 다음과 같이 규정한다 : "존재자의 존재는 결코 '비은폐성 자체의 존재도, 은닉성 자체의 존재도 아니다. 그것은 전체적인 투명성도 아니며, 전체적인 불투명도 아니다. 존재는 존재자에서 감추임과 드러남을 동시에 생겨나게 하는 차이 바로 그것이다."[104] 차이에서 고찰할 때 작품의 실제성은 하나의 차이-있음-허용(Differenz-sein-lassen)이다. 즉 이것은 하나의 "균열(Riß)"이다. 이러한 균열 내지는 투쟁에서 다른 존재자들은 차이의 형상화로서 생겨나게 된다. 예술의 이러한 차이의 형상화는 탁월하게 시작으로 드러나 보여지게 된다. 이로써 하이데거의 예술철학을 플룸페는 "일상적

---

101) Vattimo, *Jenseits vom Subjekt*, S. 103 ; 하이데거의 존재이해가 지니는 에포케적 드러냄의 성격은 그의 사유가 니체의 사유도정에 가까이 접근해 있다는 하나의 표시이다. 이에 대하여, Vattimo, *Das Ende der Moderne*, S. 190f. 참조.

102) 「예술작품」/『숲길』 ; G. Faden, *Der Schein der Kunst. Zu Heideggers Kritik der Ästhetik*, Würzburg 1986, S. 16; Ch. Jamme, *Heideggers Kritik der Ästhetik*, S. 191 참조.

103) Plumpe, 같은 책, S. 205, 106.

104) Plumpe, 같은 책, S. 266.

이며 포에시적인 세계관점에서의 차이의 첨예화"라고 특징지운
다. 이러한 첨예화는 특히 언어의 차이에서 명백히 드러나게 된
다.[105] 진리의 변형과정으로서 작품의 이러한 역동은 존재의 모
아 보냄이라는 의미에서 차이화의 변화역정으로 이해된다.[106]

존재의 존재론적 차이는 진리의 차이로, 즉 존재적 진리와 존
재론적 진리의 차이로 연관지워 이해할 수 있다. 존재망각성은
이제 정확히 "진리의 차이망각성"(『동일성과 차이』 46 이하)을
의미한다. 근본적인 진리문제성은 하이데거에 있어서 이러한 존
재적이며 존재론적인 진리의 차이지움이다.[107] 존재의미에 대한
질문은 존재자의 존재에 대한 차이의 의미에 대하여 묻는 질문이
기에, 이로써 우리는 진리란 이제 존재와 존재자 사이의 차이를
지을 수 있다는 의미에서 이해하게 된다. 하이데거의 "비진리로
서의 진리"라는 진리구조는 이러한 차이지움의 특성에서 자리매
김된다. 진리의 근본구조는 이제 비은폐성과 은폐성 사이의 구조
적인 차이화이다. 이러한 차이는 바로 "항상 모든 존재자" 안에
서 "존재는 자신을 드러내며 동시에 은닉한다"는 방식으로 활동
하는 가운데 정립되게 된다. 존재의 진리는 하이데거적 사유에
의거하여 명확히 표현하면, 단순히 "비은폐성"에 근거할 뿐만 아
니라, 역동적으로 존재의 존재자에 대한 "차이지움"으로 이해되
어야 한다. 존재는 비은폐성에로 다가오며, 그러나 동시에 자신
의 은폐성 안에로, 바로 이러한 차이라는 관점에서 들어올려진

---

105) 같은 책, S. 276-280 참조.
106) 이에 대하여 「예술작품」/『숲길』, 59면 참조.
107) 이러한 존재적 진리와 존재론적 진리의 성격에 대하여 특히 「근거의 본질」/『이정
표』, 132면 참조 ; "Ontische und ontologische Wahrheit betreffen je vers-
chieden *Seiendes* in seinem Sein und *Sein von* Seiendem. Sie gehören wesenhaft
zusammen auf Grund ihres Bezugs zum *Unterschied von Sein und Seiendem.*
Das dergestalt notwendig ontisch-ontologisch gegabelte Wesen von Wahrheit
überhaupt ist nur möglich in eins mit dem Aufbrechen dieses Unterschiedes.
존재를 이해한다는 것은 존재이해 안에서 존재론적인 차이가 사실적으로 되는 그러한
차이를 지을 수 있다는 의미이다. 이에 대하여 「근거의 본질」/『이정표』, 133면 참조.

다. 이 말은 차이로부터 존재의 진리는 하나의 역동적인 개현의 진행으로, 동시에 "비-진리"로 자신을 이해하게 한다는 뜻이다. 존재의 비은폐와 은닉 사이의 역동적 움직임 안에서 진리 역시 존재의 감추이며 드러내는 진행을 의미한다. 그것은 바로 개시성의 대당과정이며, 밝힘과 은닉의 차이지움인 것이다. [108] 예술의 비추임은 하이데거에 있어서 결코 절대정신의 현시가 아니다. 그것은 차라리 존재론적 차이의 역동인 것이다. 예술 안에서 드러나는 차이는 밝힘과 은닉의 차이로서 사유에게는 처리 불가능한 (Unverfügbarkeit) 것이다. [109] "예술"에 대한 하이데거의 철학은 이로써 바로 "존재-차이를 허용함"으로 파악되어야 한다. 이것은 바로 하이데거에서는 "존재자의 존재가 차이로서 스스로를 드러낼 수 있는" 특출한 장(場)을 선행적으로 근거지우고 있다. [110] 이러한 관점에서 아도르노 역시 존재를 동일한 존재자의 현시로 이해하지 아니하고 마치 하이데거가 언급하였듯이 "오히려 모든 존재자에로의 차이 안에 활동적인" 것으로 이해한다. 이러한 차이는 "탈은폐하고 은닉하는 중재(Austrag), 양자의 건너옴과 도래의 차이-지움"(『동일성과 차이』 57)이다. 사유의 사태는 여기서 인간에게 차이의 길을 나타내 보이는, 즉 선행적인 "차이로서의 차이"(『동일성과 차이』 37)로 이해된다.

2.3 존재론적 차이로서의 진리의 본질 : 하이데거와 아도르노

하이데거의 아도르노에 대한 일방적인 무시와 아도르노의 하이

---

108) 「예술작품」/『숲길』, 43면 이하 ; 같은 맥락에서, 플룸페, 같은 책, 267면 참조.
109) 하이데거의 진리사건 자체는 사유에게는 처리 불가능한 것이다. 이 점을 플룸페는 종합적으로 이렇게 이해하고 있다 : "'인간은 그가 바라보는 바에 따라서 무엇을 이해할 수 있다'라는 근대적 사유의 격률에 대하여 하이데거는 이렇게 대답한다 : '인간은 오직 존재가 그에게 나타내 주는 것에 따라서 이해할 뿐이다." 같은 책, S. 268 ; 이 밝힘과 은닉의 차이는 존재 자체(das Sein als solches)의 역동적 성격을 나타내는 것이지, 존재(das Sein des Seien-den)와 존재자의 존재론적 차이와 대당되는 것이 아니다.
110) 플룸페, 같은 책, 251면 참조.

데거에 대한 날카로운 비판 때문에 아도르노와 하이데거를 철학적인 대화에로 이끌어 온다는 것은 많은 문제를 안고 있다.[111] 그럼에도 불구하고 진리주장이라는 관점에 의하여 이 두 사유에서 우리는 최소한 하나의 공통점을 발견할 수가 있다. 보러 (Bohrer)는 아도르노의 미학이 지니는 하이데거 예술철학과의 연관을 비동일성이라는 개념에 따라서 체계적으로 개념짓는다.[112] 여기서는 진리문제와 연관하여 아도르노의 미학이론을 살펴보려 한다.[113]

기술이 지배하는 시대에서 예술은 기술의 위험에 대한 구원의 힘으로 제시될 수 있다. 이 점에서 우리는 하이데거의 예술철학과 아도르노의 "미학이론"의 일치점을 살펴볼 수 있다. 이러한 사유의 출발점은 미학적인 것에 의한 미학의 본질에 대한 질문이

---

111) 이에 대하여 특히 G. Figal, *Kunstphilosophie und Gegenwartskritik bei Adorno und Heidegger*, S. 63 ; 야메는 하이데거의 예술철학과 아도르노의 미학적 기획안에 내재하는 "미학에의 강요"를 명백하게 제시하고 있다. 이 모든 점에도 불구하고 두 사람의 철학적 사유에는 근본적인 차이가 존재한다. 이에 대한 야메의 관점은 Ch. Jamme, *Heideggers Kritik der Ästhetik*, S. 187-195 참조.

112) 하이데거의 "예술철학"을 "예술의 놀라움"으로 파악하려는 보러의 시도에 대하여 : 보러는 이 점을 비동일성의 범주로 논구하고 있다. K. H. Bohrer, *Das absolute Präsens. Die Semantik ästhetischer Zeit*, Frankfurt/M 1994, S. 92-120; Theodor W. Adorno, *Ästhetische Theorie*, Frankfurt/M. 이에 대하여는 특히 S. 95, 100.

113) 여기서는 결코 아도르노의 미학이론에 대한 완전한 해석이나 또는 하이데거의 예술철학과의 비교를 시도하고 있지 않다. 그 대신 이 논문의 관심에 국한하여 예술에서의 진리주장에 대한 하이데거의 이론과 비교함으로써 아도르노의 사유를 살펴볼 예정이다. 이러한 맥락에서 아래의 자료들 참조 : H. W. Petzet, *Auf einen Stern zugehen: Begegnungen und Gespräche mit Martin Heidegger 1929 bis 1976*, S. 141-168, 하이데거와 아도르노의 사유에 대한 전반적인 비교 : M. Mörchen, *Macht und Herrschaft im Denken von Hedegger und Adorno*, Frankfurt/M ; 하이데거의 "진리생성"과 연관하여 진리의 터전으로서의 예술과 이에 연관된 아도르노의 입장에 대하여, Plumpe, 앞의 책, S. 251ff. <; G. Figal, "Kunstphilosophie und Gegenwartskritik bie Adorno und Heidegger", in: *Technik und Kunst, Adorno und Heidegger*, S. 63-74; G. Faden, "Die Fremdheit der Kunst im Bestehenden -Adorno und Heidegger zur Aktualität der Kunst", in: *Technik und Kunst, Adorno und Heidegger*, S. 97-110; J. Früchtl, "Zeit und Erfahrung. Adornos Revision der Revision Heideggers", in: *Martin Heidegger. Innen-und Außenansichten*, S. 291-312.

아니라, 오히려 기술의 힘에 의해 증가하는 위험에 근거하고 있다. 그 위협이란 "항상 더욱더 인식의 영역과 진리영역을 잘못 이끌고" 있는 것이다.[114] 하이데거뿐 아니라 아도르노 역시 원칙적으로 기술의 간계를 거부하고 있다. 하이데거 사유와의 연결점으로서 특히 합리성 비판과 그 지배성 비판은 아도르노의 "계몽의 변증법"에 잘 나타나 있다. 아도르노는 이러한 비판과 연결지어 예술의 과제를 확고히 한다.[115] 여기서는 진리주장이 관건이다. 아도르노에게서 예술성은 "밝히는 진리의 기획(lichtendes Entwerfen der Wahrheit)"이다.[116] 지식의 차원에서 이루어지는 비동일성을 뒤섞어 놓으려는 진리에 대한 위협, 즉 차이성의 포기에 반대하여, 아도르노는 예술을 하나의 "기억의 여신"으로, 즉 "기억하는 숭고함", "마법적인 이전 세계에서의 계산할 수 없음을", 오늘날 "인간에게 제어가능하며 계산할 수 있는 세계로 만들려는 시도에 반하여 예술은 이러한 실수에 대한 하나의 교정"으로 역할매김된다.[117] "예술작품의 진리내용은 개개의 난해한 수수께끼에 대한 객관적인 해명이다."[118] 아도르노에 의하면 예술작품의 진리내용은 "아무것도 직접적으로 동일화할 수 있는 것이" 아니다.[119] "형이상학적 오류와 기술의 잘못"에 대한 "확실한 부정없이는 예술작품에서의 진리란 존재치 않는" 것이

---

114) 이에 대하여 Ch. Jamme, *Heideggers Kritik der Ästhetik*, S. 194 참조.

115) M. Mörchen, *Macht und Herrschaft im Denken von Heidegger und Adorno*, 특히 S. 75ff., 139ff. ; 이러한 관점에서 하이데거와 아도르노와의 관련에 대하여 특히 아래의 책 참조 : R. Wisser, "Das Fernseh-Interview", in: *Erinnerung an Martin Heidegger*, Hrsg. von G. Neske, Pfullingen 1977, S. 257-287; Bohrer, 앞의 책, S. 95.

116) Adorno, *Ohne Leitbild, Parba Aesthetica*, Frankfurt/M 1967/70, S. 184 ; 이와 연관하여 하이데거의 예술의 진리개념 :「예술작품」/『숲길』, 60면 ; 이 점에서의 두 사유의 비교에 관하여 참조 : H. Mörchen, *Adorno und Heidegger. Untersuchung einer philosophischen Kommunikationsverweigerung*, Stuttgart 1981, hier S. 98.

117) Adorno, *Ästhetische Theorie*, S. 122-124 ; 또 한 Heidegger, *Was heißt Denken*, S. 52 참조.

118) Adorno, 같은 책, S. 193.

119) 같은 책, S. 90.

다. [120) 아도르노에 의하면 미학은 오늘날 이러한 과제를 수행하여야 한다. 철학과 예술은 그들의 진리내용에 있어서 서로 수렴된다. 즉 이 말은 "스스로 발전하며 전개되는 예술작품의 진리는 철학적 개념의 진리와는 다른 어떠한 것이 아니"라는 의미이다. [121) 그는 어떠한 경우에도 예술의 수수께끼 같은 형상 안에서 "진리의 드러남"에 주목하고 있다. [122)

패촐트(Paetzold)는, 아드르노의 "미학이론"은 방법론적으로 "독일관념론의 범주적 그물망"을 이용하고 있다고 평가한다. 왜냐하면 아도르노의 예술철학은 진리발생과 아름다움의 이데아로서의 진리와 자유에[123) 연관지워져 파악되기 때문이다. [124) 하이데거의 예술철학에서 고찰해 보면 아도르노의 미학적 구상은 여전히 전통적 형이상학의 형상 안에 머물러 있다. 왜냐하면 아도르노는 진리의 구조를 동일성과 차이성의 근원적 구별보다는, 그것들의 통일성 안에서 사유하기 때문이다. 그의 예술철학은 따라서 여전히 근대적 사유틀 안에 놓여 있다고 하겠다. [125) 그러므로 보려는 하이데거의 예술철학적 이론은 후-아도르노적 미학이론 내지는 탈근대적 문법학(Grammatology) 안에서 타당하게 이해할 수 있다고 생각한다. [126)

아도르노에게 있어서 예술작품은 하나의 수수께끼이다 : "예술작품이 무엇을 말한다 함과, 동일한 과정에서 무엇을 은닉한다는 것은, 언어라는 측면에서 하나의 수수께끼의 성격을 지닌다. "[127)

---

120) 같은 책, S. 195.
121) 같은 책, S. 197.
122) 같은 책, S. 67.
123) 이러한 맥락에서의 진리와 자유개념의 연관에 대하여 특히 하이데거의 언표 참조 : 「진리의 본질」/「이정표」, 185-189면.
124) H. Paetzold, *Profile der Ästhetik. Der Status von Kunst und Architektur in der Post-moderne*, Wien 1990, hier S. 126 ; 또한 Adorno, 앞의 책, S. 192f. 참조.
125) 플룸페에 따르면 아도르노에게 있어서 "'참된 것'을 기대하는 현존이란 동시에 간접적으로 양성의 통일성을" 요구한다. Plumpe, 앞의 책, S. 270.
126) 이에 대하여 Bohrer, 앞의 책, S. 95 참조.

예술작품은 진리내용을 은닉하기 때문에, 작품의 진리주장은 개념에로 이끌려질 수가 없다. 그보다는 이러한 진리내용은 "항상 새롭게 거듭 사유에게 새로운 동기로서 주어진다."[128] 아도르노에게 있어서 예술작품은 진리내용이 결코 무화되지 아니하는, 하나의 체험지평이다.[129] "모든 예술작품, 거리낄 것 없는 부정성의 작품은 침묵 중에 말하며(non confundar)", 예술은 "비존재자"를 드러낸다.[130] 그것은 아도르노에 따르면 "침묵하는 약속(promesse du bohheur)"이다.[131] 올바른 예술을 아도르노는 하나의 언어상실성으로 특정짓는다. 이러한 언어상실의 순간은 "의미있는 시작(詩作)보다 우위를" 지닌다.[132] "부정적 변증법"에서 아도르노는 "참다운 진리에의 관심"을 "개념상실성[에의 관심], 개개의 것과 특별한 것"에의 관심으로 묘사한다.[133] 이로써 아도르노는 예술을 "개념상실의 인식론"으로 이해한다. "작품들은 마치 동화에서 요정들처럼 말한다 : 너는 무한한 것을 원하지. 그래 그것은 네게 이루어질 수 있어. 그러나 알려지지 않게 말이다. 개념적인 인식론의 참됨은 감추어져 있어. 인식론은 그 참된 것을 가지고 있지 않아. [하지만] 예술인 인식론은 그것을 가지고 있지. 그렇지만 그가 가진 참된 것은 헤아릴 수 없는 것이야."[134] 이러한 감추어진 근원을 우리는 아도르노와 함께, "자연, 비동일성"으로, 혹은 하이데거에서와 함께 "존재, 탈은폐성 내지는 존재의 진리"로 묘사할 수 있다. 그럼에도 불구하고 이두 철학자가 비판하는 것, 즉 아도르노가 "합리성"[135]이란 술어

127) Adrono, 앞의 책, S. 182.
128) 같은 책, S. 192-193.
129) 같은 책, S. 515f.; weiterhin : "Ästhetik, die nicht in der Perspektive auf Wahrheit sich bewegt, erschlasst vor ihrer Aufgabe." 참조.
130) 같은 책, S. 199.
131) 같은 책, S. 128.
132) 같은 책, S. 171.
133) Adorno/Horkheimer, *Negative Dielektik*, Frankfrut/M 1973, S. 19f.
134) 같은 책, S. 191.
135) 아도르노는 이 특별한 인위적인 합리성을 "구조(Konstruktion)"라 명명한다 :

로 표상하는 것이나 하이데거의 "표상하는 사유" 내지는 기술의 "몰아세움(Gestell)"은 결코 동일한 것을 의미하지 않는다. [136) 아도르노는 이 합리성을 그의 저서 『미학이론』에서 아주 철저히 파괴하고 있다. 예술은 이러한 파괴를 "비동일성"이라는 표현으로 바꾸어 나타내고 있다. [137) 예술작품은 "작품이 하나의 검게 감추어진 절대적인 것의 '거울문자'에로, 화해하는 거울문자에로" 향하고 있다는 의미에서 이러한 진리내용을 소유하게 된다. [138) 진리내용은 예술의 표현적 성격에서 결코 분리되지 아니한다.

3. "사유와 시작(詩作)"의 진리 — 초기 낭만주의의 예술철학과 하이데거의 시작개념

3.1 하이데거의 "사유와 시작" 논의

생기의 본질은 존재의 역동적인 개시성이다. 이것을 하이데거는 "진리의 본질"로 표현하고 있다. [139) 하이데거는 존재의 모아보냄의 두 가지 양식을 언급하고 있으며, 여기에서 존재진리의 양면적 근원 : 사유와 시작이 일깨워진다. 인간의 특출한 행위는[140) 존재생기의 선행적인 역동에 놓여 있다. 그것을 하이데거

Adorno, 같은 책, S. 91. 이 구조란 "합리적이지 아니한 것으로서" 예술작품 안에서 표현되는 것이다. Adorno, 같은 책, S. 86; G. Figal, *Kunstphilosophie und Gegenwartskritik bei Adorno und Heidegger*, S. 64 참조.

136) 이에 관하여 Figal, 같은 책, S. 71 참조 : "여기서 아도르노와 하이데거가 근본적으로 상이한 사실을 주장하는 것이 아니라, 같은 사실에 대하여 상이하게 표현하고 있음을 주목하여야 한다. 〈합리성〉이란 아도르노에게는 인식론 일반을 가리킨다. 그러므로 예술을 통하지 아니하고 설정되는 모사(Mimesis)는 결국 합리성의 선제적 양식과 다른 어떤 것이 아니다. 이에 상반하여 하이데거의 표상하는 사고는 하나의 파생된 현상이다. 그 현상의 발생은 사유의 비대상적 형식들에서 이해할 수 있게끔 만들어진 것이다."

137) Adorno, *Minima Moralia*, Frankfurt/M 1980, S. 281 참조.

138) Adorno, 같은 책.

139) 그것은 "근거의 진리"가 아니라 "진리의 근거"이다. 이에 대하여 참조 : 「진리의 근거」/『이정표』.

는 현존재가 존재의 진리를 향하는 본질적인 관계라 이름한다. 이것은 바로 존재자가 존재에로 도래하는 "개방의 자기-개시"이며, 그 성격은 정초하는 생기로서 특징지워진다. 정초하는 생기는 하나의 언어의 생기이며, 그의 터전은 바로 시작(Dichtung)이다. [141] "사유와 시작"의 진리는 이러한 의미연관 안에서 바로 "존재-하게 함(Sein-Lassen)"을 의미한다. 이로써 하이데거는 시인의 사유를 "하나의 근원적으로 기획하는 정초함"(『게르마니엔과 라인강』 226)이라 성격지운다. 이러한 하이데거의 시작에 대한 숙고의 결정적 동기는 전통적 형이상학의 해체와 존재의미 일반에 대한 추구라는 사유동기에서 이해된다.

사유는 시인의 작품을 위한 "앞마당(선행적 장소)"을 터닦는 행위이다. [142] 횔덜린의 시작과 연관지워 하이데거는 사유와 시작 사이의 관계에 대한 중요한 의미를 발견한다. [143] 시인의 작업은 사유의 말함과 동일한 유래를 지니고 있다. [144] "사유와 시작"은

---

140) 철학적 사유뿐 아니라 "모든 특별한 인간의 행위와 허용함" 역시 생기를 필요로 한다. 즉 존재의 역동적인 개시성을 선행적으로 요구하고 있다는 뜻이다. 하이데거는 이러한 인간의 행위로 시작을 염두에 두고 있다. 「기술과 전향」/『강연과 논문』 참조.

141) 이에 대하여 『횔덜린 시작』, 44면 참조.

142) 이에 대하여 다음의 저작 참조 : O. Pöggeler, "Heideggers Begegnung mit Hölderlin", in: *Man and World* 10 (1977), S. 14; Jamme, *Vor-Denken*, S. 193.

143) 이에 대하여 특히 「형이상학이란」/『이정표』, 309면 ; 『강연과 논문』 Ⅱ, S. 67 ; 「언어의 도상」, 38면 이하 ; 『게르마니엔과 라인강』, 4-6면 ; 『회상』, 5면 이하 등 참조 : 크라프트(Kraft)는 하이데거의 이러한 경향을 이렇게 이해하고 있다 : "형이상학이 예술로 이해되는 곳에서는(예 : 니체) 사유는 형이상학적 '시작행위'로 빠지게 되며, 하이데거의 시원적 사유 내지는 시작과 사유의 이웃임(Nachbarschaft)이 타당성을 지니게 된다." : P. Kraft, *Das anfängliche Wesen der Kunst. Zur Bedeutung von Kunstwerk, Dichtung und Sprache im Denken Martin Heideggers*, Frankfurt/M, u. a. 1984, S. 25-36.

144) 이에 대하여 「형이상학이란-후기」/『이정표』, 309면 참조 ; Die Wurzel "Sagen" bezieht sich von der germanischen Wurzel "Saga" und "Sagan" her auf den griechischen Ausdruck "phanai", der nicht nur sprechen, sondern ebenso, ja eigentlich "zur Erscheinung bringen", erscheinen lassen im Lichte der Anwesenheit bedeutet. 『언어의 도상』, 215, 255면 이하 ; Jamme, 앞의 책, S. 204 ; 이 "말"은 우선 존재를 현존하게 한다. 여기서 그리스 개념 '로고스'는 결코 우연적이지 않게 이러한 '말함'과 '존재'와 일치한다. 「언어」/『언어의 도상』, 238면 : "Sage und Sein, Wort und Ding gehören in einer verhüllten, kaum bedachten und unausdenkbar-

언어의 영역 안에서 하나의 '모아들이는 이름붙임' 안에로 스스로를 배타적으로 변화시켜 간다 : "존재의 소리에 순종하는 사유는 그로부터 존재의 진리가 언어에로 다가옴 안에서 [이러한 모아들이는] 말을 추구하고 있다."(「형이상학이란-후기」/『이정표』 309) 사유와 시작은 하나의 특별한 방식으로 동근원적이다. 145) 그들의 공통의 뿌리는 "언어의 본질"이다. 하이데거는 "사유와 시작"이라는 술어를 "철학과 포에시"의 동의어로 연관지워 이해한다. "절대'사유'는 철학이며, 시작의 절대로서의 시작함은 바로 '포에시'이다."(『니체. 사유와 시작』 136) 146) 이로써 사유자와 시인은 "언어 안에서의 단어의 고유한 보존자"(『니체. 사유와 시작』 94)로서 이해된다. 이 사유의 "말함"은 "존재-하게 함"이다. 147) "사유와 시작"은 "의미적 단어"라는 하나의 공통의 뿌리를 가진다. 바꾸어 말하여 "존재의 본질이 어디에서 언어에로 다가오는지"(『니체. 사유와 시작』 94)를 묘사하는 것이다. "사유자와 시인은 의미적인 말함이며 말하는 의미규정이다."148) 이러한 의미연관 안에서 노발리스(Novalis)는 포에시가 그 자체로 오직 자의적으로 이 세계를 형성한다는 사실 때문에 "사유와 시작"은 "본질적으로 하나"라고 개념규정하고 있다. 149)

존재의 근원적 말함은 사유의 조건이며 이로써 사유적인 시작(詩作)이 된다. 사유는 비록 그 자체 시작하지는 아니하지만 시작과의 공속적 뿌리에 근거하여 시작 가까이 머물러 있다. 150) 여

---

en Weise zueinander."
145) 『니체. 사유와 시작』, 139면 참조.
146) 이에 대한 하이데거의 진술 참조, 같은 책, 같은 곳 : "〈사유와 시작〉 대신 우리는 또한 〈철학과 포에시〉라는 말을 할 수 있다."
147) 이에 대하여 『니체. 사유와 시작』, 94면, 186-188면 참조.
148) 『사유란』, 155면 ; 『니체. 사유와 시작』, 100면.
149) Novalis, *Schriften. Die Werke Friedrich von Hardenbergs*, hrsg. P. Kluckhorn und R. Samuel, Stuttgart 1960ff., Bd. Ⅱ. 454. Nr. 91.
150) 『사유란』, 155면 참조.

기서 하이데거는 인간의 필연적인 과제를 "사유자에게 가까이 사유하며, 시인에게 가까이 시작함"에 놓여 있는 것으로 이해한다. (『니체. 사유와 시작』 104) 이러한 공통점은 학문과는 전적으로 다른 차원에 놓여 있다. 학문은 "이성(ratio)이라는 사태, 즉 넓은 의미에서 계산하는 이성"에 대한 사태이며, 그것은 "이성 안에 그의 더 높은 판단의 척도"를 지니게 된다. [151] "사유와 시작" 이라는 술어는 진리주장과의 연관 아래에서 유효성을 지닌다. 그러나 그것은 결코 "진리와 오류"의 구별에 관계하는 것이 아니다. 하이데거는 사유를 "초월학문(Überwissenschaft)"이라 명명한다. 왜냐하면 사유는 "다른 한편 시작에 가까이 있으므로 학문에서 떨어져 있기" 때문이다. (『사유란』 155) 근대의 주관-객관 -도식에 반대하여 시인은 유일하게 "전체적 자연의 비대상성"을 보고 있다. [152] 이로써 모든 시작함은 넓은 의미에서 포에시적 본질로, 좁은 의미에서는 하나의 사유로 그 타당성을 지닌다. 그리하여 사유의 시작적인 본질은 존재진리의 역동을 보존한다 : "존재의 사유는 시작함의 근원적인 양식이다. 이러한 사유 안에서 무엇보다도 모든 것에 앞서서 언어가 언어에로, 즉 언어의 본질 안에로 다가온다. 사유함은 존재의 진리의 기술(Diktat)이며, 사유함은 근원적인 기술함이다. 사유함은 하나의 근원적 시작이며, 그러한 시작은 모든 포에시보다 앞서, 예술의 시작적인 것에 앞서 다가온다. 그것은 이러한 예술이 언어의 영역 안에서 작품 안에로 다가오는 한 이루어진다."(『숲길』 303)

"가까이 감에의 가까이라는 비밀"을 말하기 위하여 인간은 시작함을 통하여 근원에 가까이 다가간다. [153] 하이데거는 시작함이란 "단어 안에서 가까이 감의 비밀이 친밀하게 됨"(『횔덜린의 시작』 28)을 보호하는 것이라 규정한다. 이러한 근거에서 언어작품

---

151) 『언어의 도상』, 173면, 계속하여 같은 책, 237면, 196면 등 참조.
152) 이에 대하여 『숲길』, 268면 ; Trakl/『언어의 도상에』, 254면 등 참조.
153) 『횔덜린의 시작』, 25면 참조.

으로서의 시작 안에서 그는 근원에로의 특출한 가까이를 보고 있다. 시인과 사유자는 인간에게 존재를 이해하게 하는 중개자이다. 그들은 사유와 시작을 통하여 "세계-이끌어 내어옴"을 언어로 표현한다. 시인의 소명은 하이데거에 의하면 "아름다움의 기획 안에서 아름다움을 나타나게 하는 것"(『휠덜린의 시작』 135)이다. 이러한 의미에서 하이데거는 니체를 마지막 사유자로 이해한다. 즉 그는 "시인철학자"이며 휠덜린은 "철학에로의 가까이를 통하여" 그에 "더불어 힘입고 있는" 시인 중의 시인이다. 하이데거는 "사유자로서의 시인"인 니체와 "시인으로서의 사유자"인 휠덜린을 근원에서 변화된 마주하는 두 축으로 이해하고 있다. [154]

"시작함과 사유함"의 이러한 모든 공통성에도 불구하고 "사유와 시작"은 결코 동일한 것이 아니다. "유사한 것은 오직 타자로서 유사한 것일 뿐이다. 사유함과 시작함은 그러나 가장 풍부하게 단어의 배려함 안에서 비슷한 것이다. 그것은 둘 다 동시적으로 가장 넓은 의미에서 그들의 본질에 따라서 분리된 것"(「형이상학이란-후기」/『이정표』 309)으로서 유사성을 지닌다. 사유함은 예술과 시작들과 함께 새로운 길을 발견하려는 준비를 하고 있다. 시작함과 사유함은 "공통적으로 이러한 넘어감을 다른 시간 안에서 찾고 있기 때문에" 그들의 본질에 따라서 분리된 채로 존재한다. [155] 여기서는 "예술은 사유의 자의적인 요구"라는 오해를 불식시켜야 한다. 예술은 "오히려 시원적인 것을 존재의 역사 안에서 회상하는 사유로" 존재하려는 탁월한 과제를 지닌다. [156] 이 둘은 같은 근원에서 유래하지만 각기 다른 터전으로 방향지워졌다. "사유자는 존재를 말한다. 시인은 성스러움을 명명한다". (「형이상학이란-후기」/『이정표』 309) 여기서 야메는 시작과 사유의 공통의, 또한 동시에 차이의 관계를 이렇게 표현하고 있다 :

---

154) 이에 관하여 『니체. 사유와 시작』, 95-96면 참조.
155) O. Pöggeler, *Heideggers Begegnung mit Hölderlin*, S. 61.
156) P. Kraft, *Das anfängliche Wesen der Kunst*, Frankfurt/M, S. 32.

"철학자가 말해서는 안 되는 것을 시인은 시작한다. "[157] 마르크스(W. Marx)는 이것을 이러한 말로 요약하고 있다 : 존재역사적 사유가 "존재의 단어" 안에로 다가온 것이 바로 시작이다. 이러한 "존재의 단어" 안에 거주하는 사유, 즉 로고스(*Logos*)의 사유는 시원적으로 "포에시적"이다. 이러한 "존재의 단어"가 지니는 포에시적 성격은 역시 존재의 창조적 의미를 발견한다. [158] 근거지움이 사유에게로 병렬화되듯이 창조하며 건립함은 시작에게로 방향지워진다. [159]

시작함은 하나의 사유적 성취라는 동근원성에서 질문이 제기된다 : 어떠한 근거에서 시작하는 사유의 근거를 설정할 수 있는가? 이 둘은 서로 어떠한 관계를 지니는가? 만일 "사유와 시작"이 그 근거에서 하나의 공통의 뿌리를 지닌다면 도대체 우리는 무엇 때문에 철학 안에서 따로이 시인을 필요로 하는가? 이모든 질문에도 불구하고 사유와 시작 사이의 본질적 연관이나, 그들 사이의 대화에 대하여 하이데거는 결코 충분하거나 언제나 설득력있는 방식으로도 설명하지 못하고 있다. 근원적 사유와 시작이라는 근원적 말함 안에 존재하는 본질적 성격은 하이데거가 스스로 인정하듯이 그렇게 충분히 사유되지도, 넉넉히 해명되지도 않았다. [160] 시작과 사유는 서로 분리된 산 안에서 살고 있다. 이들이 지니는 차이성의 특성 역시 하이데거의 사유 안에서 아직도 충분하게 개시되지 않고 있다. 그에 따라서 시작과 사유 사이의 연관성에 대한 차이도 정확하고 의미깊게 숙고되고 있지 못하

---

157) Ch. Jamme, *Vor-Denken*, S. 208.
158) W. Marx, *Gibt es auf der Erde ein Maß ? Grundbestimmung einer nicht-metaphysischen Ethik*, Hamburg 1983, S. 132-135.
159) 이에 대하여 「헤라클레이토스」/『강연과 논문』, 257-282면 참조.
160) 이에 관한 하이데거의 언급에 대하여, 『사유의 경험』, 84면 ; 사유의 시작적 성격은 하이데거에 따르면 아직도 개시되어 있지 않다. 『현상학과 신학』, 75면 참조 ; 또한 Arion L. Kelkel, "Zum Verhältnis von Dichtung und Denken bei Heidegger. Skizze eines Problems", in: *Romantik, Literatur und Philosophie*, hrsg. von Volker Bohn, Frankfurt/M 1987, S. 279-287, 특히 S. 279.

다. [161] 그것은 존재사유에 대한 남겨진 과제일 것이다.

3.2 예술의 진리와 이성의 진리

형이상학의 극복에 대한 하이데거의 사유는 근거를 향한 존재 역사적 전회로 이해된다. 이러한 전회의 성격은 "넘겨줌 (Überlieferung)"에 대한 극복으로 성취되어야 한다. 그것은 "서구의 사유에게 자신을 '존재'라는 이름으로 전래된"(『동일성과 차이』53) 사유의 사태에서의 "넘겨줌"을 의미한다. "넘겨줌"이 란 술어의 성격을 하이데거는 전통의 전달자라는 의미와 연관하 여 창조하는 발생으로 생기하는 언어의 창출로 이해하려 한다. 이러한 특성은 "건립하는 생기들"[162]이라는 이름으로 역사적 개 방성 안에 서 있다. "사유와 시작"은 "일정한 양식으로 항상 이 미 존재하였지만, 또한 동시에 아직도 건립되지 아니한 그곳에 로" 되돌아가야 한다. 이러한 "되돌아감"은 바로 근원에서의 "넘 겨줌"으로 이해된다. 따라서 그것은 이러한 전체적 맥락에서 "근 원"에 대한 예술의 철학을 의미한다. [163] 이러한 근원은 바로 진 리의 장소, 지평이다. 따라서 되돌아 이루어 감은 "형이상학의 초극에 대한 터전"(『이정표』416-417)으로의 전향으로 이해된 다.

예술의 위상은 진리질문의 영역 안에서 해석학적 진리체험의 중요한 지평이다. 예술의 진리 내지는 예술에서의 진리체험은 특 히 가다머(Gadamer)의 해석학적 진리개념 일반의 토대로 제시 되며, [164] 미학적 의식과 학문인식은 진리주장이라는 공동의 동기

---

161) 이에 대하여 특히 Franzen, *Martin Heidegger*, S. 68 참조.
162) Vattimo, *Jenseits vom Subjekt*, S. 97f. 참조.
163) 왜냐하면 언어가 스스로를 개시하며 그로써 스스로를 근거지워 가는 곳은 하이데거 가 시작이라 묘사한 바로 그곳이기 때문이다. 이에 대하여 『횔덜린의 시작』, 38면 참 조.
164) 하이데거의 예술의 철학에 힘입어 가다머는 "근대의 자연과학주의적 정신세계에 대 한 반대"로서 "진리체험으로서의 예술에 대한 새로운 획득"이란 고유한 목적을 달성하 려고 하고 있다. "이것은 다른 모든 체험들이 많게든 혹은 적게든 명백하게 시작의 영

안에 각인지워져 있다. "예술작품은 실제로 구두라는 도구가 무엇인지 알려 주었다"(「예술작품」/『숲길』 24)라는 문장은 결코 예술작품이 우리에게 "구두도구"에 대한 하나의 학문적으로 완성된 설명을 제시한다는 의미가 아니다. 작품 안에 정립된 진리는 결코 인식론적 진리나, 학적인 진리가 아니다. 이러한 의미에서 이제 예술의 의미는 시작적 진리라 이름하여진다. 여기에서는 존재의 진리가 "근원"과의 관련하에서 거론되고 있다.

예술의 정의와 연관지워서 사유와 시작의 관계는 사유의 "다른 시원"에서 진리의 창립이란 맥락으로 이해되어야 한다. 진리의 창립이란 사유와 시작 안에서 형성된다. 이러한 근원적으로 정초된 존재의 진리는 바로 시작이며, 사유자는 이렇게 개현된 존재자의 존재를 개시한다. "존재의 목자"로서의 인간은 이제 예술진리와의 연관 안에서(특히 후기 하이데거의 사유 안에서) 예술의 진리가 작품 안에서 생성되는 한, "사유자와 시인"으로 나타난다. 사유의 이러한 "자신을 개시하는 그 무엇을 '스스로-말하게-허용함'이라는 특성에서 하이데거는 시작함의 특성을 사유하는 말함으로 기술한다. [165] 사유와 시작함은 결코 이론적-학문적 표상과 언표 안에서 자신을 창조하지는 못한다. 존재의 망각성에서 근원적-시원적 진리로의 전환은 시작과 시원적 사유가 공통으로 지니는 역동적 움직임이다. 학문과 기술의 일면성에 대한 부정과 초월로서의 예술과 시작은 오직 인간적 거주세계에 대한 가능성

역 안에로, 또 미학적 엄밀함의 영역, 체험의 영역 안에로 추방시켜 버린 체험이다.": H. -G. Gadamer, *Wahrheit und Method. Grundzüge einer philosophischer Hermeneutik*, Bd. I Tübingen 1986, 또한 Vattimo, *Das Ende der Moderne*, S. 132 참조 ; Gadamer의 『진리와 방법』은 하이데거의 유산이 계속하여 살아 남아 있는 텍스트이다. 이에 근거한 가다머의 모토는 "이해될 수 있는 존재, 그것은 바로 언어"라는 것이다 : *Wahrheit und Methode*, S. 450. 그에 의하면 현대의 철학은 실증학문의 방법론적인 모델의 영향하에서 근원적 진리를 상실하였으며, 따라서 철학 역시 모든 것 안에서 자신을 이러한 방법론과 동일시하게 되었다. 그러나 그것은 하이데거의 형이상학 이후의 앞선 사유 내지는 예술철학없이는 자신의 고유한 발전을 결코 상정할 수 없는 것이다.

165) 『현상학과 신학』, 75면 참조.

을 보증한다. [166] 진리생성으로서의 존재의 도래는 사유와 시작의 대당적 활동 안에서 완성된다. 인간은 사유에의 길 위에 서 있으며, 그는 시작의 단어들을 듣는다. [167] 이로써 인간은 소리없는 존재의 소리를 듣게 된다. 사유하는 시작은 "존재의 위상학"이며 그 특성은 "존재본질의 터"이다. [168] 그들은 "존재를 발생하게 하며, 존재의 진리에로 다다"른다. 하이데거의 미학 이후의 예술철학은 우리를 이러한 새로운 길로 이끌어 간다. 이 길은 사유의 대화를 시작과 함께 진리요구의 관점에서 이끌어 가는 길이다. [169] 이러한 진리주장의 길은 **"진리요구를 위한 새로운 사유틀"**의 설정이며, 이성적 진리이해의 구조가 지니는 일면성에 대한 보완이기도 하다.

3.3 철학으로서의 예술 — 초기 낭만주의에서의 예술의 본질

여기서 우리는 하이데거의 예술철학이 지니는 성격을 초기 낭만주의의 미학과 연관지워 살펴보고자 한다. [170] 이 점에서 초기 낭만주의 형이상학의 근본적 사유로 쉘링의 "예술철학"을 인용하고자 한다. [171] 여기에는 그러나 초기 낭만주의에 대한 하이데거의 언급이나 인용없이 이같은 사실을 논증하여야 하는 어려움이

---

166) Jamme, *Vor-Denken*, S. 209 참조.

167) 『사유란』, 52면 참조.

168) 『사유의 경험』, 84-85면.

169) 이러한 성격을 바티모는 "예술적인 혁명"이라 특징짓는다. 이로써 "철학의 현재 안에서 비록 그것이 형이상학의 극복에 문제적으로 표상되더라도, 항상 가능성의 단초를 위한 길"이 개시된다. Vattimo, *Das Ende der Moderne*, S. 117-118.

170) 이러한 연결점은 무엇보다도 먼저 프랑크의 뛰어난 저작에 힘입고 있음을 밝혀 둔다. 이 논문에서는 그러나 초기 낭만주의의 예술철학에 대한 상세한 설명이나, 그에 대한 체계적이며 조직적인 작업을 전개할 수는 없다. 오직 필자는 여기서 쉘링 철학에 대한 하이데거의 예술철학과의 연관점에 대한 참고사항에만 그 논의를 국한하고자 한다. 이에 대한 상세한 진술은 : M. Frank, *Einführung in die frühromantische Ästhetik*, Frankfurt/M 1994 참고.

171) 쉘링은 1799/1800년 겨울학기 동안 예술철학에 대한 자신의 근본적 사유를 강의하였으며, 1988/1801년 겨울학기, 1801년 여름학기에 다시금 되풀이한다. 이에 대하여 Horst Fuhrmans (Hrsg.), *F. W. J. Schelling. Briefe und Dokumente*, Bd. I, Bonn 1962, S. 235 참조.

뒤따른다. [172] 프랑크는 진리개념의 성격에 따라서 하이데거의 존재개념이 지니는 "스스로-비은폐함과 스스로-은닉함의 대당적 진행" 안에서 이 두 사유의 비교에 대한 연결점을 찾고 있다. 그 점은 초기 낭만주의의 미학적 기획 안에서도 뚜렷이 파악할 수 있다. [173] 초기 낭만주의의 "절대(Absolut)"개념과 세계개시성의 근거로서의 하이데거의 진리개념 사이에 병행하는 특성은 "세계개현성"이다. 프랑크는 이렇게 주장한다 : "예술 안에서 개현되는 것은 우리가 초기 낭만주의 사유 전체에서부터 이해하는 것이다. 그것은 최고의 것, 결코 다른 어떤 것으로는 표상될 수 없는 것"이다. [174] "참된 명제가 그 연관을 유지할 수 있는 전체성"으로서의 하이데거의 세계개념에 근거하여 예술의 구조는 "세계-전체의 진리가 작품-안에로-자리잡음"으로 파악할 수 있다. 쉘링은 이러한 진리개념을 결코 정합성의 진리구조란 의미에서 이해하지는 않는다. 예술작품에 상응하는 진리는, 노발리스의 언명과 같이 "절대적 실제적인 것의 최고의 것"으로서, [175] 어떠한 경우에도 원형과, 이데아와 그 모사 사이의 연결점없는 일치로서 확증되지는 않는다. [176]

---

172) 자신의 예술철학에서 하이데거는 어디에서도 휠덜린 이외의 낭만주의의 예술철학에 대한 사유를 전개하고 있지 않다. 그러나 자연에 대한 하이데거의 실존론적 해석 안에서 우리는 이러한 흔적을 살펴볼 수가 있다. 『존재와 시간』, 65 : "Ebenso ist auch das Phänomen 《Natur》 etwa im Sinne des Naturbegriffe der Romantik erst aus dem Welt begriff, d. h. der Analytik des Daseins her ontologisch faßbar." 그러나 하이데거가 의도적으로 낭만주의와의 연관을 회피하였는지, 또는 그와의 연관없이 스스로 이와 같은 견해를 가지게 되었는지는 아직 명료하게 밝혀지지 않는다. 그러나 프랑크의 개인적 의견에 따르면 하이데거는 아마도 쉘링의 예술철학을 체계적으로 공부하고서 이를 무시한 것 같지는 않다. 이러한 맥락에서 하이데거의 철학은 전체적 맥락에서 낭만주의적 성격을 지니고 있다고 보는 푀겔러의 견해 참조 : *Philosophie und Politik bei Heidegger*, Freiburg/München 1974 (2. Aufl.)
173) Frank, 앞의 책, S. 128 참조.
174) Frank, 같은 책, S. 335.
175) Schelling, SW I/3, 619.
176) 이에 대하여 Frank, 앞의 책, S. 165f. 참조. 쉘링에 따르면 조형적 예술작품의 최고의 진리는 결코 "창조된 것과 창조적인 원형과의 단순한 일치"에 놓여 있지 않다. (SW I/10, 118) ; 같은 책, S. 173. 하이데거의 미학에 대한 비판과 연결지어 고찰할

프랑크는 여기서 하이데거의 예술철학의 명제들과 초기 낭만주의 미학을 종합적으로 표현하는 하나의 공통된 모토로 클레 (Paul Klee)의 "예술은 보이는 것을 되풀이하는 것이 아니라, 그것을 보이게끔 만든다"라는 격률을 인용한다. 여기서 "보이게 만듦"이란 해석의 개념적 작업을 통하여 파악할 수 있는 "세계개시성"을 의미한다. [177] 이러한 클레의 격률을 프랑크는 예술에서의 진리의 개현과 동시에 은닉으로 이해하며, [178] 이것은 하이데거의 표현대로 존재의 은닉과 비은폐의 역동이기도 하다. 예술은 "오직 철학자들의 예견 안에서—그러므로 오직 가정적으로—존재하는 목록들을 제 주관적으로 보이게끔" 만든다. [179] 예술적 조망 안에서 "철학적 의식과 그 안에 존립하는 것"은 그러므로 하나이며 동일한 것이다. [180]

쉘링의 확신에 따르면 이러한 순수철학적 지향, 즉 예술을 철학적 진리관심의 기능으로 이해하려는 지향은 이성의 신화학이며, 아름다움을 절대성의 언어로 은닉시키는 것이다. 철학은 이제 그것을 되찾아 가며, 그에로 되돌아가려는 시도로 이해된다. [181] 쉘링은 "미학적 행위"를 하나의 "이성의 행위"로 조망한

때, 초기 낭만주의의 예술의 본질 역시 결코 "미메시스"가 아니다. 그것은 "재-현"의 의미에서 이해된 모사가 아닌 것이다. 이에 대하여 Ludwig Tieck, *Werke in vier Bänden*, hrsg. von Marianne Thalmann, I. 353-355, München 1963-66, zitiert nach M. Frank, *Das Problem 'Zeit' in der deutschen Romantik*, S. 391 참조 ; 이에 대해 특히 "나는 결코 나무나 산들을 모사하고 싶지 않다. 나는 지금 나를 둘러싸고 있는 나의 기분과 분위기들, 그것들을 확실히 파악하고자 한다." I. 894 참조 ; 프랑크는 여기서 이렇게 진술하고 있다 : "예술은 결코 단순히 지금 현존하는 것을 반복하는 것이 아니다. 그것은 하나의 고유한 초월적 실제성을 〈실제성〉의 종합으로서 새로이 창조한다." 예술은 존재의 의미와, 그것의 진리를 발견하여 가는 커다란 도정의 일부이다.

177) Frank, 같은 책, S. 174 : 이러한 의미와 연관하여 노발리스의 단편 참조 : Novalis, *NS III*. 685/6, Nr. 671.

178) Frank, 같은 책, S. 174.

179) Frank, 같은 책, S. 136.

180) 이에 대하여 Frank, 같은 책, S. 153 참조 ; 의식적이며 무의식적인 (예술의) 활동은 예술작품 안에서 "하나의 유일한 직관과 연결되어" 있다.

181) 이에 대하여 쉘링의 작품 참조 : Schelling, *Philosophie der Kunst* von 1802 ;

다.[182] "로고스"의 성격은 "창출하는" 활동이라는 관점에서 이중적 가치평가로 체험된다. 즉 세계개시성과 진리의 작품 안에로의 자리매김이라는 명제구조를 지닌다. 쉘링은 이것을 나아가 "언표하는 말"과 "언표된 말", 즉 "사태들의 전체성을 드러내는 활동으로서의 세계이해의 근원적인 개시"와 "참된 명제들의 전체 내지는 정태성의 연관항으로서의 구체적 세계의 성질(상태)"에 대한 진술로 이해하고 있다.[183] 노발리스 역시 "창조적인 작품-안에로의-정립"이라는 동일한 의미연관 안에서 진리개념을 조망한다.[184] 프랑크의 서술에 따르면 초기 낭만주의 미학은 특히 쉘링에서는, 서구철학의 역사 안에서 처음으로 "미학이 예술을 그 원리적 위치에로 들어올린 최고의 시간"이다. 이러한 이해구조가 의미하는 바는, "의미충만함은 예술작품을 절대성의 표현으로 입증하고" 있다는 것이다. 이로써 예술은 오직 홀로 "인간실제성의 가장 본질적이며 가장 내재적인 것"을 이끌어 낸다. 쉘링은 이러한 관점에서 예술의 특징을 "철학의 기관(Organon)이며 증서(Document)"로 기술한다. 따라서 예술은 "항상 그리고 앞으로도 계속 철학이 외적으로 표상될 수 없는 것을 거듭 새로이 증명하는 것"이다.[185] 그것은 바로 자신의 행위와 작품활동 안에서 무의식적으로 드러나는 것이며, 자신의 근원적 동일성을 의식적인 행위 안에서 드러내는 모든 것이기도 하다. 우리는 철학 안에

Bohrer, *Prsens*, S. 127.

182) 여기서 말하는 미학적 행위나 신화적 부분은 다른 이성(Die andere Vernunft)을 말하는 것이 아니라 감춰져 왔던 이성의 다른 부분(Das Andere der Vernunft)을 의미하고 있다.

183) Frank, 앞의 책, S. 17, 79; Bohrers Auffassung nach hat Frank "am eindeutigsten die platonisierende Kunstphilosophie des jungen Schelling, d.h. vornehmlich dessen Utopie einer romantischen Mythologie als tragfähigen Ansatz einer Philosophie der Kunst in Anschlag gebracht." Bohrer, 앞의 책, S. 127.

184) Novalis, 앞의 책.

185) 이와 연관하여 쉘링의 언표 참조 : Schelling, *SW I/3* 627f.; Frank, 앞의 책, S. 172.

서 "절대적인 것을 찾고 있지만 단지 개체들만을 발견할 뿐"이라고 노발리스는 말하고 있다. [186] 존재에 관한 사유는 이제 이성의 다른 부분을 포괄하는 형이상학 이후의 형이상학이며, 이에 따라 통합적인 진리로서의 존재의 진리를 이해할 수 있게 된다. 이렇게 이해된 "다가올 사유는 더 이상 (전통적 의미의) 철학이 아니다." 왜냐하면 이러한 사유는 "형이상학보다 더 근원적으로 사유하기 때문"이라고 하이데거는『휴머니즘에 관한 편지』마지막 장에서 진술하고 있다.

참 고 문 헌

1. 하이데거의 저술들

『횔덜린의 시작』: Erläuterungen zu Hölderlins Dichtung, 1944, GA 4.

『게르마니엔과 라인강』: Hölderlins Hymne "Germanien" und "Der Rhein" WS 1934/35, GA 39.

『형이상학 입문』: Einführung in die Metaphysik SS 1935, GA 40.

『니체·사유와 시작』: 1. Nietzsches Metaphysik WS 1941/42, 2. Einleitung in die Philosophie. Denken und Dichten WS 1944/45 GA 50.

『근본개념들』: Grundbegriffe SS 1941, GA 51.

『회상』: Hölderlins Hymne "Andenken" WS 1941/42, GA 52.

『헤라클레이토스』: Heraklit, 1. Der Anfang des abendländi-

---

186) NS Ⅱ, 413, vgl. auch 412, Nr. 1; Frank, 같은 책, S. 230 ; 하이데거의 진술 참조 : 존재자에 대한 학문적 탐구는 "어디에서도 존재를 발견하지 못한다. 그는 오직 항상 존재자에만 관계될 뿐이다." 「형이상학이란-후기」/『이정표』, 303면.

schen Denkens SS 1943, 2. Logik. Heraklits Lehre vom Logos SS 1941, GA 55.

『철학에의 기여』: *Beiträge zur Philosophie* (*Vom Ereignis*), GA 65.

『존재와 시간』: *Sein und Zeit*, Tübingen 1927.

『이정표』: *Wegmarken* 1919-1961.

「예술작품」/『숲길』: *Holzwege*, Frankfurt/M 1950.

『사유의 경험』: *Aus der Erfahrung des Denkens* 1951-1969.

『강연과 논문』: *Vorträge und Aufsätze*, Tübingen 1954.

『사유란』: *Was heißt Denken?*, Tübingen 1954.

『Gel.』: *Gelassenheit*, Pfullingen 1955.

『근거율』: *Der Satz vom Grund* 1957.

『동일성과 차이』: *Identität und Differenz*, Pfullingen 1957, 8. Aufl. 1986.

『언어에의 도상에』: *Unterwegs zur Sprache*, Tübingen 1959.

『니체』, Bd. I, II: *Nietzsche*, Pfullingen 1961.

『사유의 사실』: *Zur Sache des Denkens*, Tübingen 1969.

『예술과 숙고』: "Die Herkunft der Kunst und die Bestimmung des Denkens", in: *Distanz und Nähe. Reflexion und Analysen zur Kunst und Gegenwart*, hrsg. P. Jaeger, Würzburg 1983, S. 11-22.

Spiegel-Interview : "Nur noch ein Gott kann uns retten", in : *Der Spiegel*, Nr. 23 1976, S. 193-219.

Martin Heidegger-Erhard Kästner : *Briefwechsel 1953 -1974*, hrsg. von Heinrich W. Petzet, Frankfurt/M 1986.

2. 그 밖의 문헌들

Adorno, Th. W., *Ästhetische Theorie*, Frankfurt/M 1977.

——, *Negative Dialektik*, Frankfurt/M 1973.

——, *Minima Moralia*, Frankfurt/M 1980.

Allemann, B., *Hölderlin und Heidegger*, Zürich/Freiburg 1954.

Biemel, W., "Zu Heideggers Deutung der Kunst", in : *Wege und Irrwege des neueren Umganges mit Heideggers Werk*, hrsg. von Istvan M. Feher, Berlin 1991, S. 85-98.

Bohrer, K. H., *Das absolute Präsens. Die Semantik ästhetischer Zeit*, Frankfurt/M 1994.

Brandner, R., *Heidegger. Sein und Wissen*, Wien 1993.

Faden, G., "Die Fremdheit der Kunst in Bestehenden-Adorno und Heidegger zur Aktualität der Kunst", in : *Parabel. Technik und Kunst. Heidegger: Adorno*, S. 97-100.

Figal, G., "Kunstphilosophie und Gegenwartskritik bei Adorno und Heidegger", in: *Parabel. Technik und Kunst*, S. 63-74.

Frank, M., *Einführung in die frühromantische Ästhetik*, Frankfurt/M 1989.

Gadamer, H. -G., *Heideggers Wege. Studien zum Spätwerk*, Tübingen 1983.

Herrmann, F. -W. von, "Technik und Kunst im seynsgeschichtlichen Fragehorizont", in: *Kunst und Technik. Gedächtnisschrift zum 100. Geburtstag von Matin Heidegger*, hrsg von W. Biemel, u. a., Frankfurt/M 1989, S. 25-46.

Hölderlin, F., *Sämtliche Werke, Kleine Stuttgarter Ausgabe*, hrsg. v. F. Beißler, Stuttgart 1944, Ⅱ.

Jaeger, P., *Heideggers Ansatz zur Verwindung der Metaphysik in der Epoche von "Sein und Zeit"*, Frankfurt/M 1976.

Jamme, Ch, "Heideggers Kritik der Ästhetik", in: *PhJb* Jg. 95, 1988, S. 187-195.

———, "Dem Dichten: Vor-Denken, Aspekte von Heideggers 'Zwiesprache' mit Höl derlin im Kontext seiner Kunstphilosophie", in: *ZfphF*, Bd. 38, 1984, S. 191-218.

Kelkel, L. A., *Zum Verhältnis von Dichtung und Denken bei Heidegger*, Frankfurt/M 1987.

Kraft, P., *Das anfängliche Wesen der Kunst*, Frankfurt/M 1984.

Marx, W. *Gibt es auf Erden ein Maß ? Grundbestimmung einer nicht metaphysischen Ethik,,* Hamburg 1983.

Minder, R., *Heidegger und Hebel oder die Sprache von Meßkirch*, Frankfurt/M 1972.

Mörchen, M., *Macht und Herrschaft im Denken von Heidegger und Adorno*, Stuttgart 1980.

———, *Adorno und Heidegger. Untersuchung einer philosophischen Kommnikationsverweigerung*, Stuttgart 1981.

Novalis, *Schriften. Die Werke Friedrich von Hardenbergs*, hrsg. P. Kluckhorn und R. Samuel, Stuttgart 1966ff. Bd. Ⅱ.

Paetzold, H., *Profile der Ästhetik. Der Status von Kunst und Architektur in der Postmoderne*, Wien 1990.

Plumpe, Gerhard, *Ästhetische Kommunikation der Moderne*, Bd. 2, Von Nietzsche bis zur Gegenwart, Opladen 1993.

Pöggeler, O., *Philosophie und Politik bei Heidegger*, Freiburg/ Müchen 1974.

———, "Heideggers Begegnung mit Hölderlin", in: *Man and World* 10 (1977).

Schelling, F. W. J., *Briefe und Dokumente*, Bd. I. hrsg. v. H. Fuhrmans, Bonn 1962.

——, *Sämtlich Werke*, Ⅰ. Abt. Bd. 5, hrsg. v. K. W. F. Schelling, Stuttgart 1856-61.

Schmidt, J., *Hölderlins Letzte Hymen "Andenken" und "Mnemosyne"*, Tübingen 1970.

Stierle K., "Ein Auge zu wenig. Erde und Welt bei Heidegger, Hölderlin und Rousseau", in: *Martin Heidegger-Kunst -Politik-Technik*, S. 95-104.

Szondi, P., "Der andere Pfeile", in: ders, *Hölderlin-Studien*, Frankfurt/M 1970, S. 37-61.

Vattimo, Gianni, *Das Ende der Moderne*, hrsg. von R. Capurro, Stuttgart 1990.

——, *Jenseits vom Subjekt, Nietzsche, Heidegger und die Hermeneutik*, hrsg. v. P. Engelmann, Wien 1986.

하이데거의 "존재사"와 "비은폐성"으로서의 진리[1]

윤 병 렬

1. 전회(Kehre) 이후의 존재와 진리의 성격

하이데거는 자신의 후기작품에서 "현존재의 분석"이라든가 "존재의 의미"에 대해 거의 언급을 하지 않는다. 『존재와 시간』에서 이어지는 저작들 속에서 진리는 "현존재"와 접속이 거의 되지 않고 오히려 "존재자"와 그리고 "존재 자체"와 관계지워졌다. 하이데거는 언표의 진리(Aussagewahrheit)를 소위 말하는 "비은폐성(Unverborgenheit)"으로서의 시원적인 진리(anfängliche Wahrheit)로 되돌리기 위해 시도한다. 즉 하나의 진리에 대한 언표는 이 첫걸음 이후에나 가능하다고 보는 것이다.[2] 『존재와 시간』(§44)에서는 언표의 진리(Aussagewahrheit)와 판단진리(Urteilswahrheit)가 본래의 진리로 받아들여지지 않았으나 『진리의 본질에 대하여』에서는 이와 같은 부정적인 시각에서 보여지지 않고 시원적인 진리의 도움 아래서 가능하다고 받아들여졌다.

『존재와 시간』에서는 실제성(Faktizität)과 실존성(Existenzialität)이라든가 현존재의 열림(Erschlossenheit)과 "현존재의 해석학(Hermeneutik des Daseins)"에 대해 이야기되었는데 바

---

1) 이 글은 한국하이데거학회(1996년 9월 21일 서울대학교)에서 발표되었던 글로서 『하이데거 연구』의 제2집을 위해 수정・보완되었음.

2) *Vom Wesen der Wahrheit*(앞으로 VWW로 약함), 80면과 96면 이하 참조.

로 이러한 것들이 현존재의 존재의미에 대한 첨예화된 물음으로
서 "존재물음(Seinsfrage)"을 향한 핵심적인 예비작업이었으나
전회(Kehre) 이후에는 거의 잊어버린 것처럼 보인다. 현존재가
가졌던 이 자리는 "존재 자체"에 할당되었다. 하이데거는 해석학
적인 표현인 "존재에 대한 의미"를 해체하고 그 대신 동의어인
"존재의 진리(die Wahrheit des Seins)"로 대체했던 것이다. [3]
왜냐하면 하이데거는 "존재에 대한 의미"의 "주관적인 뜻
(subjektiven Stellenwert)" [4]을 비판적으로 보았기 때문이다.
하이데거는 "인간에게로 여는 존재(das sich zum Menschen
hin öffnende Sein)를 정립하기 위해 주관적이고 역사적으로 적
용된 현존재의 분석론(Analytik des Daseins)을 취소했다." [5]
여기서 우리는 하이데거에게 있어서 "주관성"을 둘러싼 문제를
언급해야 할 필요가 있으리라. 하이데거는 그의 전기철학 때부터
후설이 쓴 개념, 특히 여기서 주관(Subjekt)개념의 영역에서 탈
피하려고 애쓰나 여전히 후설의 영향 아래에 있음을 시인하지 않
을 수 없다. 후설로부터 "지양하면서-제거하는 결별(aufhebend
- abhebender Abschied)"의 [6] 일환으로 하이데거는 "환상적으

---

3) 하이데거는 나중에 "존재에 대한 의미"와 "존재의 진리"는 동일하다고 표명했다 :
   Wegmarken, 372 참조 ; 또한 *Über den Humanismus*, 25 참조.
4) G. Schmidt: *Heidegger und die Seinsfrage*, 309.
   Heidegger의 전기에 있어서 존재 물음(Seinsfrage)과 존재의미에 대한 물음(die
   Frage nach dem Sinn von Sein)이 판이하게 다르다는 것을 간과해서는 안 된다.
   전자의 "Sein"에 대한 물음은 일반적이고 광의의 존재개념에 대한 뜻을 내포하지만 후
   자의 "Sinn Von Sein"에 대한 물음은 현존재와 본질적으로 관련되어 있고 또 이것이
   전자를 위한 예비작업이라고 하이데거는 말했다. 주지하다시피 『존재와 시간』은 "현존
   재의 해석학" 내지는 "현존재의 분석"이며 "현상학적 해석학"의 지평에서 쓰여졌다.
   본문에서 "주관적"이란 말은 존재가 주관적이라는 게 아니라 바로 이런 현존재(의 생
   생한 활동이)가 주관적이라는 것이다. 물론 이것을 비약시켜 "주관성의 철학"으로 오
   해해서는 안 된다.
5) Gerhart Schmidt: *Heidegger und die Seinsfrage*, 309 참조. 위의 본문에서 주지
   할 것은 인간이 존재를 정초한다는 뜻이 아니라 존재가 인간에게로 여는 것을 하이데
   거가 정립(정립이란 말은 하이데거가 그의 작품 속에서 기술한다거나 주장하며 체계를
   세우는 것을 말함)한다는 것이다.
6) K. Fischer: *Abschied*, 67.

236

로 이상화된 주관"[7]이라든가 "몸체주관(Rumpfsubjekt)"[8]이라는 비판적인 말을 구사했다. "주관"을 객관과 대치되는, 그래서 주객도식의 지평 위에 놓고선 폄하해석하는 이들도 있으나 후설에게서 "주관"의 선천성(a priori)과 선험성이며 시원적이고 비형이상학적인 성격을 간과해서는 안 된다. 후설이 말하는 "주관"은 존재자의 차원에서 굵직굵직하게 헤아려지는 그런 주관도 아니고 관념론과 "형이상학"에 갇혀 있는 그런 주관도 아니다. 나아가 우주공간에서 뭔가 존재적-존재론적 우월을 내세워서는 임의로 혹은 자의적으로 사물을 조작하려는 주관도 아니다. "존재적-존재론적인 우위"를 갖고 있는 "현존재"는 바로 이러한 요소들을 다분히 가지고 있다. "현존재"를 "거기에-있음(da-sein)"으로 고쳐 놓으면 후설로부터 멀어진 것으로 보이나 이것 또한 후설 식으로 "bewußt-sein(의식되어-있는)" 혹은 "intendiert-sein(지향되어-있는)"으로 이해될 수 있다. 물론 무리하게 두 개념을 동일선상에서 볼 수 없겠으나 "거기에-있음(da-sein)"으로서의 현존재는 결국 인간으로서(!) 시원적으로 열고 (erschließen) 발견하며(entdecken), 결단하고 (entschließen), 이해하며(verstehen), "세상을 연다 (welterschließen)"라고 하지 않는가! 베르너 마르크스 (Werner Marx)는 하이데거의 후기철학도 여전히 후설의 영향 아래에 있음을 지적한다.[9] 바이마(K. Weimar)와 예르만(C. Jermann)은 하이데거의 사유에 있어서 주관주의적인 동기는 극복되지 않았고 "실제적으로 은닉되었으나 미화되고 완곡된 표현법으로 숨겨진 주관주의"[10]로 나타나며 단지 하나의 "가상의 대상성(Schein-Objektivität)"을 위해 배제되었을 따름이라고[11]

---

7) 『존재와 시간』, 229.

8) *Wegmarken*, 136 참조 ; 또한 GA. 20, 295 ; GA. 24, 86면 이하 참조 ; *Vier Seminare*, 118, 123 참조.

9) W. Marx: *Die Phänomenologie Edmund Husserls*, 9면 이하.

10) K. Weimar und C. Jermann: *Neue Hefte für Philosophie 23*, 151.

말한다. 메르커(B. Merker)는 하이데거에게서 "그노시스의 우주적인 속죄 드라마의 되주관화하기(Resubjektivität)를[12] 언급하고 헬트(K. Held)도 하이데거가 근세의 주관성 사상을 결코 앞질러 갔기보다는 계속 이어 갔다"고 본다.[13] 이런 맥락에서 하이데거의 존재문제와 사유세계를 다룬 이들을 참고함은 유익하리라 보여진다.[14] 물론 철학사적인 견지에서 엄밀한 주관해석의 지평을 떠나 하이데거가 일구어 낸 새로운 토양에서 철학의 씨앗들을 뿌리는 것이 의미있는 것임에는 틀림없다. 그러나 또 한편으로는 철학자들이 심혈을 기울여 일구어 놓은 것을 마치 철학사와 인간세상에 폐단을 가져온 것처럼 포장하고는 가볍게 폐품처리를 하려는 의도는 바람직한 태도가 아닐 것이다.[15] 이는 단순한 보수와 진보의 문제도 아니고 이념갈등의 문제도 아니며 "철학의 항구적인 연속성(Philosophia perennis)"의 문제인 것이다.

하이데거에게서 자신의 철학적인 사고의 단초를 변경하기 위해 각인된 개념인 전회(Kehre)에 관한 것은 마치 칸트의 "사고방식의 혁명(Revolution der Denkart)"을 기억할 수 있다 : "여기 또한 익숙되어진 사유의 길 위에서 철저한 방향전환(Umkehr)을 취급한다."[16] 여태까지 "전환(Wende)"이라고도 일컬어진 하이데거의 전회(Kehre)는 30년대 초에 두 편의 소논문인 「진리에 대한 플라톤의 학설」과 「진리의 본질에 대하여」에서 잘 알려져 있다.[17] 프란첸(W. Franzen)은 하이데거의 전회가 시도의 좌초

11) 같은 책, 146.
12) B. Merker: *Selbsttäuschung und Selbsterkenntnis*, 185.
13) K. Held: *Heidegger und das Prinzip der Phänomenologie*, 126.
14) 이를테면 G. Schmidt: *Subjektivität und Sein* ; 동저자 *Heidegger und die Seinsfrage*. H. Blumenberger: *Die Legitimität der Neuzeit*. H. Ebeling: *Gelegentlich Subjekt* ; 동저자 : *Martin Heidegger* ; 동저자 : *Das Subjekt in der Moderne*. E. Tugendhat: *Der Wahrheitsbegriff bei Husserl und Heidegger*, 276면 이하.
15) 이런 맥락에서 특히 위의 Blumenberger와 Ebeling의 저서들은 그 진실을 밝히고 있다.
16) G. Ralfs: *Lebensformen des Geistes*, 304.
17) W. Franzen: *Von der Existenzialontologie zur Seinsgeschichte*, 57 참조.

에서 동기지워졌다고 본다. 즉 그 시도란 계획된 존재물음을 완성하고 실존분석을 추진시키는 것이었다 : "존재물음을 위한 하나의 단초에 대한 실패는 새롭고 다른 시도를 필요로 한다."[18] 실제로 하이데거는 『존재와 시간』의 출간 이후에 점점 인간이 도달해야 되리라고 지시된 존재에로의 길에 이르기란 거의 불가능하다는 확신에 이르렀다.[19] 그러기에 이제는 뒤바뀌진 과제가 주어지게 되었다. 즉, 존재란 더 이상 인간과 그의 존재이해에 의해 사유되어지는 것이 아니라 오히려 인간과 존재자는 존재에 의해 예시(豫示)되어져야 한다는 것이다.[20]

『존재와 시간』에서는 현존재가 열려 있거나(erschließend) 그 무엇을 발각한다면(entdeckend) 시원적인 또는 원래적인 진리(primär oder ursprünglich wahr)라고 여겨졌다.[21] 현존재는 곧 진리가 일어나는 데에 있어서 하나의 중앙관청(zentrale Instanz) 역할을 했던 것이다. 이를테면 하이데거는 "진리는 단지 현존재가 있는 한 그리고 그럴 때만 주어진다"고[22] 말한다. 여기서 진리에 대한 가능조건들은 바로 현존재의 진리구성(Wahrheitskonstitution)에 있고 또한 현존재 자신의 존재자에 대한 점취함(Bemächtigung)-에 놓여 있다.

이와 같은 실존론적인 진리개념과 대조적으로 하이데거의 소논문인 「진리의 본질에 대하여(Vom Wesen der Wahrheit)」의 후반부에는 현존재와 존재 사이의 관계가 거의 뒤바뀌었다. 이제 현존재는 더 이상 진리의 시원적이고 우선적인 장소가 아니고 미

---

18) 같은 곳 참조 ; 또한 W. Weischedel: *Die Philosophische Hintertreppe*, 279 참조.
19) 여기서 하이데거의 전회가 칸트의 "코페르니쿠스적인 전환(kopernikanische Wende)"과 근원적으로 다른 점이 지적되어져야 한다. 하이데거의 경우는 칸트에서처럼 단순한 인식의 가능함을 위한 방향전환이 아니라 인간으로 하여금 존재에 이를 수 있다와 없다의 관계가 물려 있기 때문이다.
20) 하이데거는 자신으로 하여금 전회(Kehre)로 이끈 동기를 *Über den Humanismus*(17면)에서 밝히고 있다.
21) *Sein und Zeit* (SUZ로 약함), §44 참조, 특히 220면. 소위 말하면 "Wahrheit als Existenzial ! "
22) *SUZ*, 226.

리부터 벌써 주재하며 열려 있는 것 (Offenes)으로서, 드러난 것 (Offenbares)으로서 그리고 들춰짐 (Entborgenheit)으로서의 진리 자체가 바로 시원적인 장소인 것이다. [23] 현존재는 더 이상 자신의 자유와 능력 가운데서 진리에 대한 정초하는 근원이 아니다. 현존재의 모든 가능하게 함 이전에 존재의 "비은폐성 (Unverborgenheit)"으로서의 진리가 이미 주재하는 것이다. 그래서 하이데거는 "진리가 존재의 본질에 속한다"라고 말한다. [24] 현존재의 진리에 대한 구성적인 기능에 대해선 더 이상 말해지지 않는데 이 역할을 존재가 맡은 것이다. [25] 최상의 관청으로서 그리고 존재사 (Seinsgeschichte)의 행위자로서의 이 존재는 하나의 "모든 인간적인 주체의 피안에 놓인 주체로서 일종의 메타-주체 (Metasubjekt)로 된 것이다."[26] 이 존재는 인간을 지배하는데, 그를 자기의 도상(道上)으로 보낸다. 말하자면 "기투 (Entwerfen) 속에서 투사하는 이는 인간이 아니고 인간을 자기의 본질로서의 현-존재의 탈존으로 보내는 존재자신이다"라고 하이데거는 말한다. [27] 인간은 『존재와 시간』에서와『근거의 본질에 대하여』(Vom Wesen des Grundes)에서 인간자신에게 주어진 기투함의 능동적이고-정립하는 특성을 잃게 되었고 그리고는 존재 자체에 의해 존재의 진리 속으로 던져진 것이다. [28] 존재에 의해 던져진 이로서의 인간은 "존재의 진리"에 대한 요구에 상응해

---

23) *VWW* , 84.

24) "Die Wahrheit gehört zum Wesen des Seins": *Einführung in die Metaphysik*, 78 참조.

25) 여기에 후설에 의한 주관성의 토대를 떠나려는 하이데거의 의도가 드러난다. 그러나 W. Marx가 밝히듯이 (*Die Phänomenologie Edmund Husserls*, 9f) 후기의 하이데 거도 전기에 못지않게 후설의 영향을 받은 것이다. 주관과 객관의 도식 이전에, 혹은 주관이 열리게 되기까지 시원적 (anfänglich)이라는 것은 후설의 토대에 놓여 있기 때 문이다.

26) W. Franzen: *Von der Existenzialontologie zur Seinsgeschichte*, 62 참조 ; 또한 Jermann/Weimer: *Zwiesprache*, 141과 146 참조.

27) *Über den Humanismus*, 25.

28) 같은 책, 19.

야 하고 그리곤 그런 식으로 비추는 존재로부터 요청되고
(angesprochen) 부름받아야(gerufen) 된다. "전회" 이후에 존
재는 하나의 인식함이나 사유의 결핍에도 (불구하고) 임재
(anwesen)한다. 존재는 벌써 인간의 모든 일체행동에 앞서간
다. 그러기에 그러한 존재로서는 더 이상 인간으로부터 정초되거
나 열리며 사유에 의해 생산되어지는 것이 아니다. 그것은 모든
인간의 움켜쥠에도 빠져 나간다. 하이데거가 말하는 존재는 존재
자로 여겨진 신(Gott)이 아니고 또 "세계근원(Weltgrund)"도[29]
아니지만 이들이 존재의 "접합(Fügung)" 아래에 와야 하므로
그보다 "더 이상(noch mehr)"이라고 비판적으로 보는 이도 있
다.[30] 실제로 하이데거는 존재를 존재자로 정해진 신(Gott)과
신들(Götter)보다 한 단계 위에 터잡게 했다.[31] 하이데거는 다
음과 같이 말한다 : "어떻게 신과 신들이 존재의 비춤 속으로 들
어오는지를, 임재하고 부재하는지를 인간은 결정할 수 없다. 존
재자의 도래함은 (오로지) 존재의 역운에 기인한다."[32] 또 다른
곳에서 하이데거는 이렇게 쓰고 있다 : "……신이 신인지는 존재
의 사정(Konstellation)으로부터 또 이 이내에 한해서 생기된
다."[33] 이런 존재의 자리매김에 대해 몇몇 철학자들의 견해를 참
고해 보기로 한다 : 에벨링(Hans Ebeling)은 하이데거에 있어서
존재가 신의 위치에 등단되었다고 피력한다 : "하이데거의 '존재
역운(Seinsgeschick)'은 '그것이 준다(Es gibt)'의 건네줌과 보
냄 가운데 '신의 은총(die Gabe Gottes)'을 모방하고 있다."[34]

---

29) 같은 곳.
30) G. Krüger: *Martin Heidegger und der Humanismus*, 99 참조 ; 또한 G.
Schmidt: *Subjektivität und Sein*, 29 참조.
31) *Vorträge und Aufsätze*, 157ff, 6 Aufl(1990).
32) *Über den Humanismus*, 19.
33) *Die Technik und die Kehre*, 46.
34) H. Ebeling : *Das Subjekt in der Moderne*, 76, 동시에 이 책의 31-85 참조바람.
W. Beierwaltes도 그의 *Platonismus und Idealismus*에서 Ebeling과 비슷하게 하
이데거의 존재를 파악함. (8면, 69f, 76면 참조)

프란첸(W. Franzen)은 하이데거의 존재신(Seinsgott)이 후기 스콜라 철학의 자의신(Willkürgott)에 비교된다고 본다. [35] 이런 사태를 눈여겨본 아도르노(Theodor W. Adorno)는 하이데거의 존재로부터 "존재숭배(Seinskult)"와 "존재경건(Seinsfrömmigkeit)"을 떠올린다. [36] 블루멘베르크(Hans Blumenberg)도 확정짓기를 "존재의 절대주의는 진실로 다른 방법을 통한 단지 중세의 잔재에 대한 계승이다"고 한다. [37] 마지막으로 프란첸(W. Franzen)은 하이데거에 있어서 존재를 "능동성과 자발성(Spontaneität)을 겸비한 하나의 사이비 인물의(quasipersonale) 권력"으로 파악했다. [38]

하이데거의 그토록 압도적인 존재는 인간의 모든 시도로부터, 이를테면 이 비밀스런 존재(Wesen)의 조그마한 모서리를 붙잡는 것도 회피한다. 하이데거에게서는 인간이 본질적이지 않고 존재가 본질적이다. [39] 그는 말하기를 "인간은 오히려 존재 자체에 의해 존재의 진리 속으로 냅다 던져졌는데 존재의 빛 속에서 존재자가 존재자로서 나타나기 위해 그는 존재의 진리를 지켜 봐야 한다"고 피력한다. [40] 인간에겐 과제가 주어지는데, 곧 존재의 도래를 청종하고 그의 윙크(Wink des Seins) [41]를 기다리는 것이다. 그런데 이 존재의 압도적임에도 불구하고 하이데거는 인간의 지위와 존엄을 결코 저하시키지는 않았다. 존재역운(Seinsgeschick)의 권고(Zuspruch)에 열려 있는 인간은 탈존하고(ek -sistiert) 청종하며(hinhorcht) 또 자기의 열려 있음과 청종을

35) W. Franzen: *Von der Existenzialontologie zur Seinsgeschichte*, 114, 120.
36) T. W. Adorno: *Negative Dialektik*, 104ff.
37) H. Blumenberg: *Die Legitimität der Neuzeit*, 160.
38) W. Franzen : 앞의 책, 114, 120.
39) *Über den Humanismus*, 22 참조. 존재의 초자연적이고 초인간적이며 초권력적인 데에 대한 비판적 조명을 G. Schmidt의 *Subjektivität und Sein*(29ff)에서 읽을 수 있음.
40) 하이데거의 앞의 책, 19.
41) *Nietzsche* Ⅱ, 383.

통하여 오히려 존엄과 위대함이며 구원(Rettung)을 얻게 되는 것이다. [42] 이것이 곧 하이데거의 새로운 휴머니즘상(像)이기도 하다. 그렇지만 하이데거의 주재하는 존재(waltendes Sein)가 짜라투스트라의 귀향이나 막대기에 높이 매달린 모세의 구리뱀과 같은 방법으로 나타나지 않았을까? [43] 이 모든 것들에 공통적인 것은 이들이 곧 인간에게 구원을 약속하지만 그러나 동시에 인간에겐 도달하기 어려운 것으로 남아 있다. 하이데거의 경우는 우리가 존재에 도달했다거나 존재가 무엇이다라고 할 때 지적된 이 존재는 이미 존재의 영역에서 존재자의 영역으로 넘어간 것이다! 존재는 자취를 감추고 거기에 없다. 우리가 하이데거의 약속대로 탈존한다면 실제로 결국에 형이상학과 허무주의(Nihilismus)로부터 해방되는지는 아직 미결인 채로 유보되어 있다.

"전회(Kehre)"는 존재와 현존재의 관계에만 해당되는 것이 아니고 존재 자체에도 해당된다. "전회" 이후의 존재는 우선 존재 사적인 입장에서 스스로 행위주체자("Akteuer")이기 때문이다. 하나의 비범한 영향을 인간의 운명에 미치는 이 존재가 무엇을 자기의 핵심내부에서 결정하는지 우리에겐 불확실할 따름이다. 하이데거의 존재에 대한 표명들은 다양하여 존재의 개념을 명백하게 이해하는 데는 어려움이 따른다. [44] 이것을 우리는 하이데거 자신에게서도 읽을 수 있다. "존재에 대한 그리고 그러한 것에 대한 물음을 우리는 깜깜한 어둠의 가장자리에서 모험해 본다."[45] 하이데거의 존재에 대한 규명은 우선 미끈하기도 하고 음울하기도 한 것처럼 보인다 : "도대체 존재란 무엇인가? 그것은 그것 자체이다(Es ist Es selbst). 이것을 경험하고 말하기 위해 앞으로의 사고는 배워야 한다."[46] 하이데거는 그의 전기의 작품

---

42) *Über den Humanismus*, 19ff, 26f, 31f 참조.
43) *Altes Testament*, 4. Mose 21, 8-9.
44) W. Weischedel: *Der Gott der Philosophen*, Bd. 1, 462 참조.
45) *Kant und das Problem der Metaphysik*, 204, 2. Aufl, 1951.
46) *Über den Humanismus*, 19. Wilhelm Weischedel은 이 진술을 "거의 신화적인

들 속에서 "그때마다 나의(jemeinig)" 그리고 종말적인(end-lich) 존재를 말했다. 그때 존재는 모든 것에 정조(Stimmung)의, 불안의, 죽음의, 그리고 주관적인 특수성의 향료를 넣는 실존론적-존재론적인 근본입장(Grundeinstellung)에 의해 움켜쥐어졌다. "전회" 이후에 그는 존재를 더 이상 하나의 정초된 것이라거나 정초되어져야 할 것으로 이해하지 않았다. 그 대신 그는 존재를 "생기(Geschehen)"로, "일어남(Ereignis)"으로, 비춤(Lichtung)으로, 또한 존재자신 속으로 찾아 들고(Einkehr) 뒤돌아 감(Rückkehr)을 위한 찾아냄(Bergung)과 감춤(Verbergung)으로 파악했다. 그럼으로써 하이데거는 실존론적 존재론으로부터 존재사에로의 노정을 완수했다. [47] 하이데거 자신은 이 사고발단의 변경을 『존재와 시간』으로부터 「시간과 존재」에로의 "전회"라고 표명했다. [48] 그에 의해 『휴머니즘에 관하여』(17면)에서 제기된 주장, 즉 이 "전회"가 『존재와 시간』으로부터의 입장변경이 아니라는 것은 그렇기 때문에 약간 의아하게 들린다.

2. 진리와 "비은폐성"

하이데거의 후기철학에서 자주 사용된 용어들, 이를테면 "비은폐성(Unverborgenheit)", "존재", "일어남(Ereignis)" [49], 비

말"이라고 본다 ; W. Weischedel: *Die philosophische Hintertreppe*, 279.

47) 이 진술은 동시에 W. Franzen의 책명(*Von der Existenzialontologie zur Seins-geschichte*)이기도 함.

48) *Über den Humanismus*, 17 참조. Walter Schulz는 하이데거의 "전회"를 "무로부터 존재에로의 전회"로 나타내었음. (*Über den philosophiegeschichtlichen Ort Martin Heideggers*, 110ff.) Hans Ebeling은 이 "전회"를 "주관성으로부터의 극단적인 단념"으로 판단함. (*Martin Heidegger*, 54) 이 테마를 Karl Löwith의 *Heidegger: Denker in dürftiger Zeit* (17ff, 43-72)에서도 폭넓게 읽을 수 있음.

49) Ereignis라는 용어는 존재의 생기에 대한 다른 표시이다. Ereignis는 "존재의 현현 (Epiphanie des Seyns)"을 나타내고 그럼으로써 시간과 존재에 대한 상호의 관철을 의미한다 ; G. Schmidt: *Heidegger und die Seinsfrage*, 318 참조.

춤(Lichtung) 그리고 "진리"와 같은 것들은 뭔가 생기하는 것을 표시한다. 즉 말하자면 정적으로 머물러 있는 것은 없다. 하이데 거에 있어서 "존재"는 생기로 통용된다. 더 나아가 "존재는 근본 생기로서 이 토대 위에 역사적인 현존재는 겨우 전적인 존재자 (Seiende im Ganzen)의 열려진 가운데에 드러나 있다."[50] 진 리는 존재에 의해 사전에 주어진 시간적인 과정에 처해져 있다. 그러기에 하이데거에 있어서는 "진리 또한 때때로 진리의 급격한 에포케(Epoche) 속에서 전환하는 하나의 진리의 생기(Wahr-heitsgeschehen)로 된다."[51] 하이데거의 "진리"는 하나의 존재 론적인 또는 존재의 진리를 나타내기에 논리적인 또는 사유진리 (Denkwahrheit)에 대해서는 거의 말하지 않는다. 하이데거는 무엇이 참이고 거짓인지에 대해서 묻지 않고 존재의 드러남과 은 폐에 대해서 또한 존재의 들춰냄과 감춤에 대해서 문제시한다. 뭔가가 생기한다면, 또는 열려 있음으로 들어선다거나 열림이 현 존한다면 하이데거에게 있어서 시원적으로 진리이고 "비은폐"인 것이다. 엄밀한 의미에서 하이데거는 진리가 어떻게 생기하는지 를 묻지 않고 생기 자체를 진리로 파악했다. 생기하는 것은 하나 의 밖으로 드러나는 것인데 비은폐로 넘어가는 것이다. 존재의 빛 속에서 존재자는 비은폐케 되고 밝게 된다. 그래서 하이데거 는 말한다 : "존재란 은폐로부터 밖으로 나가는, 돌출하는 나타남 이다."[52] 이 "비은폐성"은 곧 존재 자체가 현존함(west)을 말한 다.[53]

그런데 하이데거는 진리가 그로부터 밖으로 나오는 "은폐성"을 "비은폐성"으로서의 진리보다 더 근원적이라고 본다. 즉 말하자 면 "전적인 존재자(Seiende im Ganzen)"의 은폐성은 본래적인

---

50) *Einführung in die Metaphysik*, 153f.
51) K. Löwith: *Heidegger: Denker in dürftiger Zeit*, 46. 또한 G. Krüger의 *Mar-tin Heidegger und der Humanismus*, 126ff. 참조.
52) *Einführung in die Metaphysik*, 87.
53) *Was ist Metaphysik ?*, 15, 7. Aufl, 1955.

"비-진리(Un-wahrheit)"인데 이것은 "모든 이렇고 저런 존재자의 드러남보다 오래된 것이다."[54] 이 은폐성이 첫째로 그로부터 진리가 솟아나고 생길 수 있는 근원과 지반을 제공하는 것이다. "비-진리"로서의 은폐성을 극복함으로써 "비은폐성"으로서의 진리가 드디어 생성되기 때문에 하이데거는 "다툼"(Streit)을 진리의 본질로 본다. 더 나아가 "진리는 그의 본질에 있어서 비-진리이다"[55]라고 하이데거는 말한다. 이것을 하이데거는 다음과 같이 해명하고 있다 : "진리에게 은폐함 또는 감춤(Verbergung)의 의미로서의 아직 들춰내어지지 않음의 유래영역(Herkunftsbereich)이 속한다면 진리는 비-진리이다. 진리로서의 비-은폐성(Un-verborgenheit) 속에는 동시에 이중으로 된 방해의 또 다른 '비-(Un-)'가 현존한다. 그러한 진리는 비춤과 이중의 감춤(Verbergung)에 대한 서로 상반됨 속에 현존한다. 진리는 시원적 다툼(Urstreit)인데 이 다툼 속에서 유일하게 열려 있음이(das Offene) 획득되어지고, 이 시원적 다툼 속으로 모든 것이 들어서고 또한 그로부터 모든 것이 머물러 있게 되어 진리란 존재자가 드러나고 또 감춰지는 시원적인 다툼인 것이다."[56] 한편으론 다툼이 들춰냄(Entbergung)과 감춤의 사이에 벌어지는데 이 경과 속에서 "비은폐성(진리)"은 생기하는 것이다. 즉 이 말은 위의 경과 속에서 진리가 수정처럼 투명하게 결정(結晶)되어 나와야 한다는 것이다.[57] 다른 한편으로 하이데거는 비춤(Lichtung)과 감춤(Verbergung) 사이에 다툼이 일어난다고 본다. 하이데거는 이것을 다음과 같이 밝힌다 : "진리의 본질 속에서 되돌리는 것(Gegenwendige)은 하나의 감추는 거부로 불리

---

54) *VWW*, 89.
55) *Holzwege*, 40.
56) 같은 책, 47.
57) 하이데거는 스스로 밝히지 않지만 여기에서 어느 정도 헤라클릿과 헤겔의 사유 모델인 변증법에 따르고 있다. 헤라클릿에게서 변증법적이라고 하는 것은 만물이 만물의 아버지와 왕으로서의 Polemos(Streit oder Krieg)에서 생겨나기 때문이다 ; Fragment 53, 5, 48, 51, 54, 57-61, 67, 80, 103, 111(nach H. Diels) 참조.

어지는데 비춤과 감춤 사이에 놓여 있다. 그것은 근원적인 다툼의 상반됨이다. 진리의 본질은 자기내부에서 열려 있는 중심이 획득되어지는 시원적인 다툼인데 존재자는 그 안으로 들어서고 또 그로부터 스스로 물러나 있게 된다. "[58] 진리는 다툼으로서 존재자 속에 거처해야 하는데 이를 통해 존재자는 열려 있음에 나타난다.

하이데거는 그의 소논문인 「진리의 본질에 대하여」(79면)와 「근거의 본질에 대하여」(12면 이하), 그리고 『예술품의 근원』(47면 이하)에서 존재자는 나타내 보여야 하고 비은폐성 속으로 들어서야 한다고 강조한다. 열려 있음 속에 밝게 드러나 있는 그런 존재자는 필수적으로 진리의 생기(Wahrheitsgeschehen)에 속한다. 그런데 비은폐적인(unverborgen) 모든 것이 "진리"로 여겨져야 하는지는 명백하게 해명되지 않았다. 그렇기 때문에 투겐트핫(E. Tugendhat)은 여기에서 존재자 자체의 성격이 곧 진리로 표시되지 않았는지 묻고 있다. "우리는 진리의 언표가 지향하는 것을 단순히 '나타내 보임' 혹은 '드러냄(Sich-zeigen)' 속에서나 비은폐성과 같은 것 속에서 볼 수 없다. 가상(Schein)도 또한 넓은 의미에서 '비은폐'이다. "[59] 투겐트핫에 의하면 진리의 언표는 직접적으로 나타내 보이는 존재자에로 지향하는 것이 아니라 어떻게 그 존재자 자체가 있는가에로 지향하는 것이다. [60] 하나의 적나라한 들춰냄(Entbergen)이 곧 진리의 보증으로 합당할 수 없다는 것이다. 그래서 투겐트핫은 말한다 : "들춰냄이란 것이 존재자를 은폐로부터 드러내는 데에 다 논의되어졌다면 우리는 진리와 비진리에 대해 말할 아무런 동기를 가질 필요가 없을 것이다. "[61]

---

58) *Holzwege*, 41 ; 또한 34ff 참조.
59) E. Tugendhat : *Der Wahrheitsbegriff bei Husserl und Heidegger*, 334.
60) 같은 곳.
61) E. Tugendhat: *Heideggers Idee von Wahrheit*, 440.

오랜 철학사가 존재를 망각했다고 질타한 것처럼 하이데거는 진리 또한 소위 소크라테스 이전의 철학자들에게 있었던 시원적인 진리가 플라톤 때부터 퇴락에 접어들었다고 강도높게 비판해 왔다. 하이데거의 전기사상에서는 진리가 현존재의 실존으로 이해됨으로써 항구적으로(플라톤 식으로 말하면 하나의 참된 존재로서의 이데아로) 또는 진리 자체로(즉자적인 진리로), 또한 주체가 어떻게 뜯어고칠 수 없는 객관성으로 존재하는 (그래서 인간이 그쪽으로 향해야 하는) 진리개념과 상당한 마찰을 빚어 왔는데(SUZ §44 참조) 하이데거의 후기에는 그리스어의 a-lētheia(알레테이아)에 입각한 "비은폐성"으로 또한 갈등을 일으켰다. 다음과 같은 하이데거의 진술은 이를 잘 나타내어 준다 : "플라톤의 사유는 진리의 본질에 대한 변화로 결정짓는데 이런 변화는 형이상학의 역사로 되어 니체의 사유 속에서 (마침내) 무조건적인 완성(unbedingte Vollendung)이 시작된 것이다. 진리에 대한 플라톤의 학설은 그러기에 지나가 버린 것이 아니다. [……] 이 진리의 본질에 대한 변화는 오래 전부터 굳은, 그러기에 아직 부동의, 그리고 모든 것을 완전히 지배하는 세계사의 근본현실이다."[62] 하이데거는 진리의 퇴락을 되돌리고 원래의 (ursprünglich) 그리고 소크라테스 이전의 사유에로 관철해 나가는 것을 자기의 과제로 보고 있다. 그런데 위에서 하이데거가 "무조건적인 완성(unbedingte Vollendung)"이라고 말한 것은 아마도 자기의 고유한 사유가 하나의 "세계사의 전환점"에 서 있고 또 새로운 기원을 수립하는 것으로 생각하는 것 같다. [63] 그런데 그의 고대로의 뒤로 향한 발걸음이 이루어졌는지는, 또한 알레테이아에 대한 (하이데거에겐 알-레테이아 : Un-Verborgenheit : 비은폐성) 그리스적 사유의 테두리가 경험되는지는[64] 의혹

---

62) *Platons Lehre von der Wahrheit*, 50.
63) G. Krüger는 *Martin Heidegger und der Humanismus*에서 하이데거의 진술을 날카롭게 비판한다, 111면.

으로 남아 있다. 더구나 플라톤에게서 진리의 개념이 퇴락되고
변질되었다는 하이데거의 주장은 믿어지기가 어려운, 그래서 전
문가들 사이에 많은 반론이 제기되고 있다. [65] 소크라테스 이전의
철학자나 시인들로부터 진리의 개념을 "비은폐성"으로 받아들일
만한 곳은 거의 보이지 않는다. 이는 시인 호머(Homer)나 역사
가 헤로돗(Herodot)부터 "진리"를 "말하다"라는 말과 함께 썼기
때문이며(이른바 "verba dicendi!"), [66] 혹시 형용사로 쓰인 데
에는 오늘날과 별로 다를 바 없이 사용되었다. 또 다른 이유로는
진리의 반대개념으로서 "비진리"는 하이데거가 쓴 "은폐
(-lethe)"로 쓰여지지 않고 "거짓"이나 "속임" 혹은 "틀림"으로
서의 프소이도스($\psi\varepsilon\tilde{\upsilon}\delta o\varsigma$)라는 말로 썼다. 하이데거는 그의
Parmenides(GA 54)와 같은 고대철학 해설에서 사포나 핀다
(Pindar)와 같은 시인들의 시(詩)들로부터 이를테면 달이 구름
에 들어갔다 나오는 것을 "은폐"와 "비은폐"로, 즉 그에게서 알
레테이아로서의 진리를 예로 드나 시인들은 거기서 알레테이아라
는 말을 사용하고 있지 않다! 고대철학에선 파르메니데스에게서
"진리의 본질"에 대한 성격지움의 윤곽이 나타난다. 그의 "교훈
시(Lehrgedicht)"에서 파르메니데스는 "어둠의 집"에서 "빛의
나라"로, 억견(doxa)의 세계에서 존재의 길로, 비진리의 세계에
서 진리의 길로 향하고 있다. 진리는 파르메니데스에게서 선포되
고 (그렇다고 선포 자체가 진리인 것은 아니다!) 인간으로부터
제작되거나 생산되지는 않는다. 진리는 임의로 조작될 수 없는
(인간이 진리를 조작한다고 해도 진리 자체는 거기에 끌려가지

---

64) H. -G. Gadamer: *Heideggers Wege*, 80 참조.
65) 이를테면 G. Krüger의 위에서 언급한 저서, H. Blumenberg의 *Höhlenausgänge*,
    E. Tugendhat의 *Ti kata Tinos*, M. Riedel의 *Hören auf die Sprache*, K. Bor-
    mann의 *Platon*, G. Ralfs의 *Stufen des Bewwßtseins*와 *Lebensformen des Geis-
    tes* 등등.
66) "진리를 말하다"라는 언표는 대개 "sagen, was ist"로 또는 "sagen, wie etwas
    (oder das Seiende) selbst ist"(Platon의 *Kratylos*, 385b)로서 표현되는데 중요한
    것은 존재가 존재로서 파악되고 또 간직되어져야 함을 지적하고 있다.

않고 "조작된 진리"의 배후에 지워지지 않는 흔적처럼 남아 있다) 객관성으로서 그리고 불변하는 자체로 있는 신적인 것이다. 진리는 죽는 것이 아니고 (인간이 죽이려고 달려들어도 엉뚱한 것을 죽이게 될 것이다) 영원히 불변하는 것으로 존재하는 것이다(그렇기 때문에 진리가 플라톤에게서 참된 존재로서의 이데아인 것이다). 진리의 술어로 파르메니데스는 "흔들리지 않는 ($\dot{\alpha}\tau\rho\epsilon\mu\dot{\eta}\varsigma$: unerschütterlich)", "불변의", "모든 공격에도 거역하는 둥근 공의" 등을 쓰고 있다. 디일스(H. Diels)는 "요동하지 않으며 치는 진리의 심장"을 "파르메니데스의 철학의 심장"으로 보고 있다. [67]

플라톤에게서 진리가 변모되어 형이상학으로 넘어가는 역사가 시작되는 것을 찾을 수 없으며 오히려 그와 반대로 그에게서 진리가 최초로 가장 깊이 사유되는 것을 볼 수 있을 것이다. 하이데거는 플라톤에게서 이데아를 "외견(Aussehen)"으로 이해하고 봄(Sehen)과 보여짐(Gesehenwerden) 사이에 "올바름(Richtigkeit)"이라는 것을 지적하여 이를 근거로 진리개념의 타락을 주장하나 플라톤은 거기에 진리라는 개념을 쓰고 있지 않고 또한 테마화하지 않았다. 우리는 여기서 부가적으로 왜 "비은폐"만 소위 고대 그리스의 본래적인 개념(?)이며 깊고 고매한 사유의 세계에 초대되고 "올바름"은 낡은 형이상학의 늪에 밀리는지도 생각해 볼 만한 것이리라. "올바름"이 형이상학보다는 실생활과 실천철학의 측면에서, 또한 윤리문제와 논리학에 이르기까지, 부인할 수 없이 중요하기 때문이다. 물론 "빛의 형이상학(Licht-metaphysik)"이 자연스러웠고 강조되었던 고대철학에서 진리와 거짓의 세계는 빛과 어두움으로, 즉 비은폐와 은폐의 지평에서 비유되고 이해되었다.

하이데거는 진리가 플라톤에게서 이데아 아래 "억압(Unterjo-

---

67) H. Diels: *Die Fragmente der Vorsokratiker*, 42.

chung)"되었다고 하나 플라톤에게서 진리는 억압되기는커녕 그와 반대로 곧 이데아(참된 존재)이다. 진리가 "선의 이데아"에 근거하고 있는 것을 (마치 빛이 태양에 근거한 것처럼) 하이데거가 위와 같이 전혀 다른 방향으로 해석한 것이다. 플라톤의 진리는 그의 "태양의 비유"에 잘 설명되어져 있는데 하이데거는 그의 저작인 『진리에 대한 플라톤의 학설』에서 "동굴의 비유"를 다룬다. "태양의 비유"에서 진리는 "선의 이데아"와 같은 일을 수행한다. 여기서는 진리(빛, 비춤)가 있으므로 비은폐성이 가능함을 보여 준다. 하이데거에게선 이데아(idea)의 개념도 "외견(Aussehen)"으로 이해되어 플라톤의 이데아와 거의 무관하게 되어 플라톤에로의 접근에 시작부터 문제를 야기했다. 이데아를 "외견(Aussehen)"이라고 한 것은 철학적 개념의 성격을 고려하지 않은 셈이다. 즉, 이데아는 "보다" 혹은 "힐끗 보다"로서의 호란(horan) 또는 블레페인(blepein)의 아오리스트(Aorist)형인 이데인(idein)에서 변형된 것인데 철학적 개념의 특성과 그에 따른 의미의 깊이를 고려하지 않고 "외견(Aussehen)" 또는 "외형" 내지는 "모양(Gestalt)"으로 이해하면 곤란한 것이다. 이데아나 에이도스(Eidos)를 "외견(Aussehen)"으로 옮긴 것을 보어만(K. Bormann)은 "비철학적인 그리스어(außerphilosophisches Griechisch)"라고 했다. [68] 하이데거와 플라톤과의 문제는 또 다른 큰 테마가 되므로 우리는 여기서 다룰 수 없지만, 어쨌든 하이데거는 그의 만년에 진리(Wahrheit)라는 말이 "비은폐성(Un-Verborgenheit)"과 다르다는 것을 고백한다. 그는 오이겐 핑크(E. Fink)와 공동으로 가진 세미나에서 이렇게 말한다 : "제가 제안을 하나 하겠습니다. 알레테이아("비은폐성")란 아직 사유되지 않은(das Ungedachte!) 것입니다. 알레테이아로서의(als) 알레테이아에 대해서는 전 그리스 철

---

68) K. Bormann: *Platon: Die Idee*, 53.

학 속에 없습니다. […] 알레테이아로서의 알레테이아를 생각
하면 진리(Wahrheit)와 상관없고 '비은폐성(Unverborgen-
heit)'을 뜻합니다."[69] 하이데거는 그의 만년의 저작인 『사유거
리에 대하여(*Zur Sache des Denkens*)』에서도 시정을 하고 있
다. (77면 이하 참조) 위에서 알레테이아가 비은폐성으로 해석되
어져야 하는지 혹은 아닌지는(alē-theia : 신적인 움직임 또는 신
적인 소용돌이!)[70] 또 다른 어려움이 과제로 남아 있지만 우선
하이데거가 "진리"와 "비은폐성"을 분명히 한 것을 하이데거-독
자들은 염두에 두지 않을 수 없다. 물론 "비은폐성"이라는 심오
한 개념을—선험적이고 초월적인 세계에 있는 존재가 이해될 수
있는 필연적 계기를 마련해 주는—예사로 봐서는 안 될 것으로
보인다. 여기서 시도한 것은 "비은폐성"의 존재사유에 대한 심오
성을 결코 의심한 것이 아니라는 것을 확실히 해둔다.

3. 존재사와 존재자의 갈등

하이데거는 우리가 "존재의 총애(die Gunst des Seins)"를 획
득하기 위해 "존재자로부터의 결별(Abschied vom Seienden)"
을 완수하기를 간절히 바란다.[71] 한편으로 우리가 존재자에게만
집착된 삶을 고려해 볼 때 또한 우리가 존재자의 늪에서 도무지
헤엄쳐 나오지 못할 때 하이데거의 진술은 하나의 준엄한 경고로
보이지만 다른 한편으론 하이데거의 지나친 요구로 보인다. 왜냐
하면 예를 들어서 "장미의 있음"이나 "지구의 있음", "나의 있
음" 등등과 같은 데에서 존재자인 "장미"나 "지구"며 "나"를 결
별(결별할 수 없을 뿐만 아니라)하고 "있음"만 동동 뜨게 한다거

69) Heidegger/Fink: *Heraklit*, 259-260.
70) Platon의 *Kratylos*, 421b
71) *Was ist Metaphysik?*, 45 참조, 또한 *Der Satz vom Grund*, 106면 이하 참조.

나 "있음"만 강조한다는 것은 우스운 일이 되기 때문이다. 어디에라도 또한 모든 존재자에게도 존재는 동참해 있는데,[72] 존재가 존재자와 더불어서 그 존재자의 개별성이 나타나게 되어 이런 존재자를 그저 시간과 공간에 갇힌 "물건"의 차원에서 파악하고 "형이상학"의 세계로 밀어 넣는다는 것은 별로 온당치 못한 것으로 여겨진다. 더 나아가 존재자의 존재함은 인간의 사유를 통해서 허락받아 존재하는 것이 아니다. 인간은 필연적으로 또는 자연적으로, 혹은 우연적으로 사유를 하게 되고 또 필요에 의해서 (예를 들면 인식하기 위해, 이해하기 위해) 사유를 하게 되고 사유에 의해 존재자의 존재와 만날 수 있지만 우리가 잠들고 있거나 사유를 하지 않는다고 해서 존재자가 존재하지 않는다고 말할 수는 없다(존재하는지 안 하는지 모를 따름이다). 그렇지만 하이데거는 그의 수많은 저작품 속에서 서구철학사(특히 플라톤부터)가 존재 대신에 존재자를 사유했기에(혹은 존재자를 존재로 오인했기에) 기나긴 존재망각의 역사가 시작되었다고 진단하는데 형이상학과 허무주의(Nihilismus)가 존재를 엉뚱하게 (Sein) 파악함으로서 유래되었다고 본다.[73] 대각선으로 교차된 존재(Sein) 또는 4역으로 표시된 세계는 적나라한 존재자의 세계로서 4역으로 묶어진 놀이공간(Spielraum)에 갇혀 있는데 하이데거에 의하면 존재를 통해서만 은혜가 주어지게 된다. 하이데거에 의하면 만약 누군가 존재를 사유하기를 원한다면 그는 습관화된 존재자의 토대로부터 "토대없음으로(in das Bodenlose)" 가는 하나의

---

72) 가장 일반적이고 가장 보편적이며 초월적이고도 자명한(selbstverständlich) 존재로 말미암아 존재자가 존재자로서 사유될 수 있다는 것을 지적하는 고대철학자들—— 이를테면 아리스토텔레스는 존재물음("τι τὸ ὄν" : *Metaphysik* Z 1028b. 여기서 das ὄν이 "das Seiende"로 번역되어서는 안 된다는 것을 G. Schmidt의 *Heidegger und die Seinsfrage*, 303 참조)에서 일단 "존재가 다양하게 말해진다(πολλαχῶς λέγεται τὸ ὄν)"는 것을 지적한다. 그의 "καθόλου(가장 일반적이고 보편적인)"로서의 존재 개념이나 플라톤의 "μέθεξις(Teilhabe)"와 "κοινωνία"며 파르메니데스의 하나이면서 전체인 "존재"들은 "존재자로부터의 작별"을 고하지 않고도 존재의 성격을 잘 설명해 주고 있다.

73) *Zur Seinsfrage*, 405f.

비약이 필요불가결하다고 말한다. [74) 만약 어떤 이가 위에서 말한 "결별"을 완수했다면 그는 존재 자체로 지향해야 할 것이다. 이 지향은 자기의 내부에서 "존재 자체를 기념 (Andenken an das Sein selbst) "[75]하는 것과 존재의 음성에 신중할 것을 (Acht-samkeit auf die Stimme) [76] 그리고 존재의 음성에 대한 들음을 포착한다. [77] 겨우 "토대없음"으로의 비약을 감행한 후에 "존재의 역운 (Geschick des Seins) "과[78] "비춤의 역운 (Geschick der Lichtung) "[79] 그리고 "들춰냄의 역운 (Geschick der Entber-gung) "[80]이 일어날 수 있는 것이다.

그런데 우리는 여기서 존재자없이 (예를 들면 하이데거의 소크라테스 이전의 철학자 해석에서의 신들과 여신들, 사원, 반 고흐의 그림, 농부의 신발, 장미 등등) 또한 게다가 사물적인 것없이 존재사유가 일반적으로 가능한 것인지 묻지 않을 수 없다. 존재는 사유가 뚫고 들어간 곳에는 어디까지라도 동반한다. 이를 파르메니데스는 그의 **단편**에서 그리고 플라톤은 그의 *Sophistes*에서 분명히 했다. 사유는 언제나 "무엇에 대한" 사유인 것이다. 하이데거 또한 존재밝힘을 위해서뿐만 아니라 형이상학에 대항한 열정적인 싸움에서도 언제나 존재자를 이용했던 것이다. 경우에 따라 인간의 의식이 사물세계 (Dingwelt)에 상실될 때엔 숙명적으로 분류되지만 그렇다고 사물 자체나 그들의 현존을 배제할 수는 없다. 나타내는 존재자와 나타냄에 의해 지적된 존재자에 대해 말하지 않고 어떤 나타냄 (Sichzeigen)만을 받아들여야 한다는 것은 생각할 수 없다. 이와 마찬가지로 우스꽝스러운 것은 단지 보냄 (Schicken)만 중대하다고 여기고 보내어진 존재자는 그

---

74) *Parmenides* (GA. 54), 223.
75) *Was ist Metaphysik ?*, 9.
76) 같은 책, 42.
77) *Nietsche II*, 29.
78) 같은 책, 12 ; 또한 *Der Satz vom Grund*, 108.
79) *Über den Humanismus*, 24 ; 또한 *Zur Sache des Denkens*, 77ff.
80) *Vorträge und Aufsätze*, 32.

렇지 않다는 것이다. 어쨌든 존재자는 하이데거에 있어서 공간적이고 연장적이어서 형이상학을 일구는 주범이다.

그런데 하이데거의 저작품 속에는 존재자에 관한 평가함에서 모순을 유발한 곳을 볼 수 있다. 그는 『**형이상학이란 무엇인가?**』(26면)의 제4판 후기에서 밝히기를 존재의 진리에 속하기로 "존재는 존재자없이 현존하지만(west), 하나의 존재자는 존재없이 결코 있을 수 없다"고 했다. 그런데 위의 저서 제5판의 후기에서는(41면) 하이데거의 언표가 거의 뒤틀려 있다. 즉 존재의 진리에 속하기로 "존재는 존재자없이 결코 현존하지 않고 또한 한 존재자는 존재없이 결코 있을 수 없다"로 되어 있다. 위의 두 가지의 언표 속에 모순이 들어 있는지 또는 없는지에 대해 오랜 논란을 불러일으켰다.[81] 이 문제의 해결은 오늘까지 아직 열려 있다. 어쨌든 확정지을 수 있는 것은 후기 하이데거에 있어서 존재자는 겨우 존재의 빛 속에서 존재자로서 나타날 수(erscheinen) 있다는 것이다. 즉 존재자는 자신의 비은폐성을 위해서 존재를 필요로 하는 것이다. 그래서 하이데거는 말한다 : "존재의 밝힘이 첫째로 존재자의 드러남(Offenbarkeit)을 가능하게 하는 것이다."[82] 하이데거의 다른 여러 저작들 속에 수많은 증거들은 위의 『**형이상학이란 무엇인가?**』속에서 제4판에 인용된 언표가 우세함을 지적한다. 이를테면 "존재 자체로부터의 효능(Wirksamkeit)이 모든 실재적인 것(alles Wirkliche)을 야기시킨다."[83] 존재자는 자기의 실존에 대하여 존재의 덕을 입고 있다.[84] 즉 말하자면 존재자는 자기가 무엇인지 그리고 자기가 어떻는지 오로지 존재로부터 일컬어진다.[85] 하이데거는 아주 강력

---

81) 이를테면 Max Müller: *Existenzphilosophie im geistigen Leben der Gegenwart*, 43ff. 특히 50; Walter Schulz: *Über den philosophiegeschichtlichen Ort Martin Heideggers*, 118; Karl Löwith: *Heidegger: Denker in dürftiger Zeit*, 40ff; W. Franzen: *Martin Heidegger*, 61.
82) *Vom Wesen des Grundes*, 13.
83) *Nietzsche II*, 373.
84) 같은 책, 338 참조.

하고 스스로 드러내며 비추는 존재에게 역사성의 성격을 부여했다. 그리곤 "존재사(Seinsgeschichte)"에 관해서 얘기한다.[86] 이것은 존재 자체의 역사이다. 하이데거는 이를 분명히 한다 : "존재사는 인간과 인류의 역사도 아니고 인간의 존재자와 존재에 대한 관련사도 아니다. 존재사는 존재 자체이고 오로지 이것일 따름이다."[87] "존재역운(Seinsgeschick)"과[88] "존재의 역운(Geschick des Seins)"[89]이며 "들춰냄의 역운(Geschick der Entbergung)"[90]과 "이중의 역운(Geschick der Zwiefalt)"[91]과 같은 표현에는 하이데거의 엄격한 존재사의 존재 자체에 국한함이 분명하게 보인다. 그리하여 하이데거는 존재의 능동적 관점을 강조한다. 이런 의미에서 존재가 능동적인 역운으로서 스스로 내보낸다는 그의 진술들을 이해할 수 있다. 또한 그에겐 존재의 진리 자체로서의 비춤이 일어난다는 것은 존재 자체의 섭리로 받아들여졌다.[92] 하이데거에겐 인간의 사유와 의식이며 신(Gott)조차도 "존재의 접합(die Fuge des Seins)" 아래로,[93] 주재하는 (waltenden) 존재의 명령(Geheiß) 아래로 들어가야 하는 것이다.[94] 하이데거는 "생기(Geschehen)"나 "일어남(Ereignis)", 또한 피지스(physis)를 존재로 이해할 뿐만 아니라[95] 생기하게 하고(geschehen läßt) 내보내는(zuschicken) 이를 존재로 규명

---

85) *Holzwege*, 261.

86) *Nietzsche II*, 489; *Zur Sache des Denkens*, 9f; *Über den Humanismus*, 19ff; *Vorträge und Aufsätze*, 32ff, 221f, 331, 256; *Der Satz vom Grund*, 40f, 98f, 108ff.

87) *Nietzsche II*, 489. 비판적 시각을 K. Löwith의 *Heidegger: Denker in dürftiger Zeit*, 61 참조.

88) *Der Satz Vom Grund*, 150.

89) 같은 책, 108; *Was ist Metaphysik?*, 12.

90) *Vorträge und Aufsätze*, 32.

91) 같은 책, 252.

92) *Über den Humanismus*, 24 참조.

93) 같은 책, 42 ; 또한 *Einführung in die Metaphysik*, 123 참조.

94) *Wegmarken*, 418, 2. Aufl, 1978 ; 또한 *Der Satz Vom Grund*, 121.

95) *Wegmarken*, 258, 279 ; 또한 W. J. Richardson: *Heideggers Weg durch die Phänomenologie zum Seinsdenken*, 385.

한다. "일어남"과 "피어오름"이며 "생기함"도 존재이고 이들을 보내고 있게 하는 그것 (Es)도, 즉 일어나게 하고 피어오르게 하며 생기하게 하는 것도 존재라면 이를 논리적으로 이해하기는 어렵겠지만, 더구나 보내고 주며 일어나게 하는 그것 (Es)의 존재자적인 성격과 주체적인 성격이 불거져 나오고 드러남을—하이데거의 의도와는 반대로—간과할 수 없을 것이다. 그런데 그러한 존재는 하이데거에 의하면 자신의 모습을 드러내지 않고 알리지도 않는다. 즉 "존재사는 존재로부터의 역운인데 이 존재의 섭리들(Schickungen) 속에서 보냄 (Schicken)뿐만 아니라 보내는 그것 (Es)은 자신들을 스스로 알리기를 그만두고 머물러 있을 따름이다"[96]라고 하이데거는 말한다.

세계사의 본질에 관하여는 하이데거에 의하면 존재의 존재자에게로의 자기 보냄으로 생각해야 되리라고 본다. 그래서 하이데거는 말한다 : "존재의 기원으로부터 존재역운의 신기원적인 본질이 오는데 이 속에 세계사가 있게 된다. 존재가 자기의 역운 속에 거할 때마다 세계가 갑작스레 그리고 뜻밖에 일어나는 것이다. "[97] 이러한 규명으로 말미암아 우리가 통례로 쓰고 또 헤겔이나 니체며 스펭글러가 (또한 투키디데스와 헤로돗도) 말한 역사의 개념은 하이데거에 의해 "통속의 (vulgäre)" 역사로 분리되었다. [98] 우리는 존재의 섭리가 아무것도 그로부터 빠져 나갈 수 없을 정도로 일체를 포괄하는 것을 보았다 ; 또한 과오 (Irrtum)나 죄악 (das Böse)이며 형이상학도 이 섭리 속에서 그들의 근원을 갖고 있다. 플라톤 이후 유럽의 철학사에 관하여 하이데거는 하나의 "존재의 퇴락"이라고 진단했다. 물론 여기서의 퇴락이란 존재 자체에 의해서 보내어진 그러한 퇴락에 관해서다. 퇴락이란

---

96) *Zur Sache des Denkens*, 9.
97) *Holzwege*, 333.
98) *Parmenides* (GA. 54), 80ff, 139, 167ff ; 또한 비판적 조명을 K. Löwith의 앞의 책, 45ff, 69f에서 참조.

말이 이와 같이 하이데거에게서 완화되었다. 다음과 같은 문장에서 이를 찾을 수 있다 : "나는 하나의 퇴락사(Verfallsgeschichte)에 대해서 말하지 않고 단지 존재의 역운에 대해서 말하는데 이 역운이 점점 그리스인들에게 있었던 존재의 드러남과 비교해 볼 때 마치 존재의 펼쳐 냄(Entfaltung)이 학문을 위한 단순한 대상성으로서 그리고 오늘날 세상의 기술적인 성취를 위해 단순한 존속으로까지 비껴 나간(기피되어져 버린) 것이다. 그러므로 우리가 서 있는 위치는 하나의 퇴락의 역사가 아니라 존재의 기피(Entzug des Seins)인 것이다."[99] 하이데거는 형이상학에 대항해 그토록 격정적으로 싸웠는데 이젠 이 형이상학이 존재사에 필수불가결적으로 가산되었다. 즉 하이데거에 의하면 아낙시만더에서 니체에 이르는 전체의 철학사에서 존재의 진리는 은폐되거나 거절당한 채(versagt) 머물러 있었는데 이제는 진리의 생기(Wahrheitsgeschehen)의 역사로 여겨진 것이다. 그러기에 존재사는 하나의 진리가 때론 나타나고 때론 단념하는 과정(Prozeß)으로 특징지워진다. 여기서는 진리뿐만 아니라 오류(Irre)와 비-진리(Un-Wahrheit)도 진리의 생기로 정당화되었다. 왜냐하면 전적인 진리의 생기는 존재의 섭리로 되돌아가기 때문이다. 잘못과 오판(Fehlentscheidung)도 하이데거에게는 불가피하게 "존재역운"과 "진리의 본질"에 속하게 된다.[100] 그런데 왜 존재사는 하이데거가 그토록 알레르기 현상을 일으킨 "형이상학"이라든가 "허무주의"를 지상에 보내었을까? 왜 존재는 이들이 세상에서 판을 치는 지경으로 내버려두었을까? 그리고 만약 존재가 이들을 보냈다면 하이데거는 뭣 때문에 철학사와 철

---

99) R. Wisser와의 인터뷰 : R. Wisser(Hg): *Martin Heidegger im Gespräch*, 70.이 인터뷰는 G. Neske와 E. Kettering(Hg)의 *Antwort: Martin Heidegger im Gespräch*, 23f에서도 읽을 수 있음 ; 또한 *Vorträge und Aufsätze*, 91, (2. Aufl, 1959)과 W. Franzen의 *Von der Existenzialentologie zur Seinsgeschichte*, 129 참조.

100) K. Löwith: *Heidegger: Denker in dürftiger Zeit*, 51 참조.

학자들을 대항해 싸웠을까? 모든 게 수수께끼로 가득 차 있지만 위험이 깃든 곳에 언젠가 존재가 가까이 와서 이들을 평정하고 새로운 세상을 여는지는 기다려 볼 수밖에 없을 것이리라. 그러나 하이데거는 횔덜린 해설에서 여러모로 "윙크하는 신적인 것 (winkenden Göttlichen)"에 대해 말했다. [101] 구원은 횔덜린과 또 아직 알려지지 않았지만 모든 "철학"과 "형이상학"을 극복하고 존재에 대한 물음을 제기한 한 현명한 자(하이데거 자신을 두고 말하고 있다!)에 의해 이뤄진다는 것이다.

우리가 보아 왔듯이 하이데거의 존재사적인 존재는 철학사의 견지에서 비춰 볼 때 하나의 새로운 발상(Konzeption)으로 보인다. 이 말은 하이데거가 철학사에서 처음으로 존재사적인 존재를 언급했다는 뜻이다. 그러나 그에게서 쓰여진 이 존재사적인 존재라는 개념이 과연 원래 그리스 때부터 써오는 "존재"라는 개념에서 벗어나지 않았는지 또는 실제로 존재가 모든 존재자를 내보내고 세계사를 지배하는 것으로 이해되어야 하는지는 의문으로 남아 있다. 하이데거의 존재사적 존재에 대해 칼 뢰비트는 이렇게 말한다 : "어떤 유력한 철학자도 존재의 참된 본질을 존재의 도래에 대한 준비로서 그리고 다가오는 역사의 준비로서 성찰할 것을 요구하지는 않았다."[102] 하이데거의 존재사에서 이해된 존재는 마치 하나의 신국(Gottesreich)을 열 수 있는 열쇠로 비유된다. 그러기에 칼 뢰비트는 하이데거의 존재를 다음과 같이 해명한다 : "하이데거는 구차한 시대에 있어서 역사적으로 사유하는 한 사상가로서 존재를 실제로 구제하고 은폐하는 시간으로부터 사유한다. [……] 구차한 시대에 있어서 시간은 뭔가 시간을 초월한 영원성과는 아닐지라도 명백히 신(Gott)이며 신들(Götter)

---

101) *Erläuterungen zu Hölderlins Dichtung*, 42ff, 또한 18, 44, 56, 58, 2.Aufl. Frankfurt a. M. 1951. 또한 *Über den Humanismus*, 26 참조.

102) K. Löwith: *Heidegger: Denker in dürftiger Zeit*, 60. 여기서 Löwith은 "존재사"가 헤겔의 "절대정신의 역사"와 다를 바 없이 쓰여졌다고 말한다 ; 같은 책, 46면 참조.

과 관계되고 있다. 하이데거에 있어서 단일의 신과 시인 휠덜린의 많은 신들이 철학적으로 무엇을 의미하는지를 숙고해 볼 때 하이데거는 구원(das Heile)과 거룩한 것(das Heilige)을 열고 또 이 구원과 거룩한 것 속에서 하나의 신과 같이 뭔가를 가능하게 하는, 기다렸던 존재의 임재(Parusie des Seins)라고 할 수 있는 어떤 다가오는 것을 생각하고 있다. "[103]

참 고 문 헌

1. 하이데거의 저술들

Der Satz vom Grund (1957), Günther Neske: Pfullingen [6]1986.
Der Ursprung des Kunstwerkes, entstanden 1935/36 und zuerst erschienen in *Holzwege* 1950, Reclam: Stuttgart 1988.
Die Technik und die Kehre (1949/50), Günther Neske: Pfullingen 1962.
Einführung in die Metaphysik (SS 1935), Max Niemeyer: Tübingen [2]1958, [5]1987 [Falls nicht anders vermerkt, wurde die Ausgabe von 1987 verwendet].
Heraklit, gemeinsames Seminar mit Eugen Fink im WS 1966/67, Klostermann: Frankfurt a.M. 1970.
Holzwege (1950), Klostermann : Frankfurt a.M. [6]1980.
Kant und das Problem der Metaphysik (1929), Klostermann: Frankfurt a.M. [2]1951.

---

103) K. Löwith : 같은 책, 43. 존재의 시간적인 성격을 염두에 두고 Alexander Schwan은 하이데거에게 있어서 존재의 본질을 "신기원적(epochal)"이고 "종말적 (eschatologisch)"이라고 규명한다 ; A. Schwan: *Politische Philosophie im Denken Heideggers*, 43, 43-52 참조. 또한 "존재"의 종말적인 구조에 대해 K. Löwith의 같은 책, 56 참조.

Nietzsche I, II, (Vorlesungen aus den Jahren 1936-1940 und Abhandlungen aus den Jahren 1940-1946), Günther Neske: Pfullingen 1961.

Parmenides (WS 1942/43 ; Gesamtausgabe Bd. 54), Klostermann: Frankfurt a.M. 1982.

Platons Lehre von der Wahrheit [abgek. als "PLW"], entstanden 1930/31 und zuerst erschienen 1942, Francke: Bern, München 1947, ³1975.

Sein und Zeit (1927), Max Niemeyer: Tübingen ¹⁵1984.

Über den Humanismus, entstanden 1946 und zuerst erschienen 1947, Klostermann: Frankfurt a.M. 1949.

Vier Seminare, Klostermann: Frankfurt a.M. 1977.

"Vom Wesen der Wahrheit" [abgek. als "VWW"], entstanden 1930 und zuerst erschienen 1943, in: *Wegmarken*, Klostermann: Frankfurt a.M. 1967.

Vom Wesen des Grundes (1929), Klostermann: Frankfurt a. M. 1955.

Vorträge und Aufsätze, Günther Neske: Pfullingen ¹1954, ²1959 (unverändert), ⁶1990 [Falls nicht anders vermerkt, wurde die Ausgabe von 1954 verwendet].

Was ist Metaphysik?, Klostermann: Frankfurt a.M. ¹1929, ⁴1943, ⁵1949, ⁷1955. [Falls nicht anders vermerkt, wurde die Ausgabe von 1949 verwendet].

Wegmarken (1967), Klostermann: Frankfurt a.M. ²1978.

Zur Sache des Denkens, Max Niemeyer: Tübingen ¹1969.

2. 그 밖의 문헌들

Adorno, Theodor W.: *Negative Dialektik*, Suhrkamp: Frankfurt a.M. 1966. Felix Meiner: Hamburg 1972.

Beierwaltes, Werner: *Platonismus und Idealismus*, Klostermann: Frankfurt a.M. 1972.

Blumenberg, Hans: *Die Legitimität der Neuzeit*, Suhrkamp: Frankfurt a.M. 1966.

Blumenberg, Hans: *Höhlenausgänge*, Suhrkamp: Frankfurt a. M. 1989.

Bormann, Karl: *Platon*, Karl Alber: Freiburg, München 1973.

Bormann Karl: "Platon: Die Idee", in: Josef Speck (Hg.): *Grundprobleme der großen Philosophen*, Vandenhoeck & Ruprecht: Göttingen, 1978.

Diels, Hermann: *Die Fragmente der Vorsokratiker*, Rowohlts Klassiker: Hamburg 1957.

Ebeling, Hans: "Das Ereignis des Führers", in: Forum für Philosophie (Hg.): *Martin Heidegger: Innen- und Außenansichten*, Suhrkamp: Frankfurt a.M. 1989.

Ebeling, Hans: *Das Subjekt in der Moderne. Rekonstruktion der Philosophie im Zeitalter der Zerstörung*, Rowohlt: Reinbek bei Hamburg 1993.

Ebeling, Hans: *Freiheit, Gleichheit, Sterblichkeit*, Reclam: Stuttgart 1982.

Ebeling, Hans: "*Gelegentlich Subjekt*", Alber: Freiburg/München 1983.

Ebeling, Hans: *Heidegger. Geschichte einer Täuschung*, Königshausen & Neumann: Würzburg 1990.

Ebeling, Hans: *Martin Heidegger*, Rowohlt: Reinbek bei Hamburg 1991.

Fischer, Kurt: *Abschied*, Königshausen & Neumann : Würzburg 1990.

Franzen, Winfried: *Martin Heidegger*, J. B. Metzler u. Carl Ernst Poeschel: Stuttgart 1976.

Franzen, Winfried: *Von der Existenzialontologie zur Seinsgeschichte*, Anton Hain: Meisenheim 1975.

Gadamer, Hans-Georg: "Zurück von Syrakus?", in: J. Altweg: *Die Heidegger Kontroverse*, Athenäum 1988.

Gadamer, Hans-Georg: *Heideggers Wege*, J.C.B. Mohr: Tübingen 1983.

Krüger, Gerhard: "Martin Heidegger und der Humanismus", in: *studia philosophica* Vol. Ⅸ, Verlag für Recht und Gesellschaft AG: Basel 1949.

Löwith, Karl: *Heidegger: Denker in dürftiger Zeit*, S. Fischer: Frankfurt a.M. 1953.

Marx, Werner: *Die Phänomenologie Edmund Husserls*, UTB: München 1987.

Müller, Max: *Existenzphilosophie im geistigen Leben der Gegenwart*, Kerle: Heidelberg 1949.

Neske, Günther u. Kettering, Emil (Hg.): *Antwort: Martin Heidegger im Gespräch*, Günther Neske: Pfullingen 1988.

Ralfs, Günter: "Lebensformen des Geistes", in: *Kantstudien* 86 (Ergänzungsheft), Kölner Universitätsverlag: Köln 1964.

Ralfs, Günter: "Stufen des Bewußtseins", in: *Kantstudien* 91 (Ergänzungsheft), Kölner Universitätsverlag: Köln 1965.

Richardson, W. J.: "Heideggers Weg durch die Phänomenologie zum Seinsdenken", in: Max Müller (Hg.): *Philosophisches Jahrbuch* 72, Karl Alber: Freiburg/München 1964-65.

Riedel, Manfred: *Hören auf die Sprache*, Suhrkamp: Frankfurt a.M. 1990.

Schmidt, Gerhart: "Heidegger und die Seinsfrage", in: Peter Baumanns (Hg.): *Realität und Begriff* (Festschrift für Jakob Barion), Königshausen & Neumann: Würzburg 1992.

Schmidt, Gerhart: "Heideggers philosophische Politik", in: B. Martin (Hg.): *Martin Heidegger und das "Dritte Reich"*, Wissenschaftliche Buchgesellschaft: Darmstadt 1989.

Schmidt, Gerhart: "NIHIL VERITATE ANTIQUIUS", in: *Perspektiven der Philosophie* 13 (1987).

Schmidt, Gerhart: *Subjektivität und Sein*, Bouvier: Bonn 1979.

Schulz, Walter: "Über den philosophiegeschichtlichen Ort Martin Heideggers", in: Otto Pöggeler (Hg.): *Heidegger. Perspektiven zur Deutung seines Werks*, Athenäum: Königstein/Ts. 1984.

Schwan, Alexander: *Politische Philosophie im Denken Heideggers*, Westdeutscher Verlag: Opladen ²1989.

Tugendhat, Ernst: "Heideggers Idee von Wahrheit", in: G. Skirbekk (Hg.): *Wahrheitstheorien*, Suhrkamp: Frankfurt a.M. 1977.

Tugendhat, Ernst: *Der Wahrheitsbegriff bei Husserl und Heidegger*, Walter de Gruyter: Berlin ²1970.

Tugendhat, Ernst: *TI KATA TINOΣ. Eine Untersuchung zu Struktur und Ursprung aristotelischer Grundbegriffe*, Karl Alber: Freiburg. München 1988.

Weimar, Klaus u. Jermann, Christoph: "Zwiesprache oder Literaturwissenschaft?", in: *Neue Hefte für Philosophie* 23 (1984) ("Wirkungen Heideggers").

Weischedel, Wilhelm: *Der Gott der Philosophen*, Bd. 1, dtv: München 1985.

Weischedel, Wilhelm: *Die philosophische Hintertreppe*, dtv:

München 1980.

Wisser, Richard (Hg.): *Martin Heidegger im Gespräch*, Karl Alber: Freiburg/München 1970.

니힐리즘의 기원과 본질 그리고 극복에 대한 니체와 하이데거 사상의 비교고찰[1]

박 찬 국

하이데거를 흔히 다른 사상가들 특히 헤겔과 니체의 사상과 유사한 것으로 보면서, 그러한 사상가들을 통해서 하이데거를 이해하려는 많은 시도들이 행해져 왔다. 그러나 정작 하이데거 자신은 '자신과 다른 사상가들을 혼동하지 말라'고 경고하면서 그러한 시도들을 근본적으로 잘못된 것으로 단호하게 거부해 왔다. 그럼에도 그러한 시도들이 끊임없이 행해지는 것은 얼핏 보기에 하이데거와 다른 사상가들 사이에 많은 유사성이 존재하기 때문일 것이다. 특히 하이데거의 사상은 니체의 사상에 대해서 그 어느 사상에 대해서보다도 현저한 유사성을 갖는다. 하이데거에 따르면 니체는 "니힐리즘을 역사적 과정으로서 인식한 최초의 사상가"이다.[2] 그런데 하이데거 역시 니힐리즘을 서구의 역사 전체를 지배해 온 역사적 운동이라고 보고 있다.[3] 니체와 하이데거 양자에게 서구의 역사는 니힐리즘이 지배한 역사이며 현대란 이러한 니힐리즘의 극복이 문제가 되는 시대이다. 니체도 하이데거도 자신들의 사상적 과제를 니힐리즘과의 대결에서 찾고 있는 것이다.

이러한 현저한 유사성에도 불구하고, 하이데거는 니힐리즘에

---

1) 이 논문은 1995년도 한국학술진흥재단의 공모과제 연구비에 의하여 연구되었음.
2) 하이데거 저, 박찬국 역, 『니체와 니힐리즘』, 지성의 샘, 1996, 108면. (이 책은 하이데거 전집 48권 *Nietzsche: Der europäische Nihilismus*을 번역한 것이다).
3) 같은 책, 24, 39면 참조.

대한 니체의 대결을 니힐리즘에 대한 극복이 아닌 니힐리즘의 완성과 극단으로 보고 있다. [4] 이는 니힐리즘과 니힐리즘의 역사에 대한 니체의 파악과 하이데거의 파악 사이에는 현격한 차이가 존재한다는 사실을 시사한다. 하이데거는 이러한 차이가 자신이 니힐리즘을 존재사상이라는 입장으로부터 접근하는 것에 반해서 니체는 니힐리즘을 가치사상으로부터 접근하는 데서 비롯된다고 보고 있다. [5] 하이데거의 이러한 견해는 정곡을 찌른 것이 아닌가 생각된다. 니체는 니힐리즘을 '최고의 가치들이 무가치하게 되는 사건'으로 파악하면서 "가치"라는 도식하에서 사유하는 반면에, 하이데거는 니힐리즘을 존재망각의 사건으로 파악하고 있는 것이다. [6] 니체에게 니힐리즘은 기존의 가치들이 존재자 전체에 대한 자신의 지배력을 상실하는 사건이고 니힐리즘의 극복은 새로운 가치정립에 의해서 수행되는 것인 반면에, 하이데거에게 니힐리즘은 존재망각에 의해서 인간을 비롯한 존재자 전체가 황폐화되어 가는 사건이고 니힐리즘의 극복은 존재의 진리에 대한 상기에 의해서만 가능하다.

이 글은 니체라는 19세기의 위대한 사상가와 하이데거라는 20세기의 위대한 사상가를 니힐리즘이란 사태의 기원과 본질 그리고 그것의 극복방안에 대해서 양자가 취한 입장을 중심으로 비교 고찰하려는 시도이다. 이 글은 니체에 대한 하이데거의 해석을 검토하는 것을 통해서 이러한 과제를 수행하고자 한다. 하이데거의 니체 해석을 우리는 그 성격상 크게 두 부분으로 나눌 수 있을 것이다. 그 하나는 하이데거가 니체의 저작에 입각하면서 니체의 니힐리즘 사상의 핵심을 개진하려는 부분이고, 다른 하나는 니체의 니힐리즘 사상의 역사적 근원과 본질을 자신의 존재사적 입장으로부터 해석하는 부분이다. 하이데거가 니체의 니힐리즘

---

4) 하이데거 전집 45권 *Grundfragen der Philosophie*, 133면 참조.
5) 『니체와 니힐리즘』, 16, 77면 참조
6) 『니체와 니힐리즘』, 108면 참조.

사상을 자신의 존재사적 입장에 따라서 해석하고 있는 부분은 동시에 니힐리즘의 기원과 본질 그리고 극복에 대한 하이데거의 사상이 개진되는 부분이라고 볼 수 있을 것이다.

이에 이 글에서는 먼저 니힐리즘에 대한 니체의 사상을 하이데거의 서술에 입각하면서 고찰하며, 그 다음에는 니체의 사상에 대한 하이데거의 존재사적 해석과 니힐리즘에 대한 하이데거의 사상을 고찰할 것이다.

1. 니힐리즘의 기원과 본질 그리고 극복에 대한 니체의 사상

니힐리즘에 대한 다양한 해석들에 대해서 니체의 해석이 갖는 특수성은 위에서 보았듯이 그가 니힐리즘을 서구의 역사와 미래를 규정하는 역사적 운동으로 본다는 데 있다. 니체는 "신은 죽었다"라는 충격적인 명제를 통해 이 운동의 본질적인 성격을 집약적으로 드러내고 있다. [7] 이러한 신의 죽음이란 사건이야말로 니힐리즘이 의미하는 바이다. 이 명제가 의미하는 것은 "기독교의 신"은 인간을 비롯한 존재자 전체를 지배하는 힘을 상실했다는 것이다. "신의 죽음"이란 말에서 "신"이란 그동안 최고의 가치들로 간주되어 오면서 감성적인 지상의 세계에 대해서 척도를 부여하는 참된 세계로 여겨져 왔던 초감성적인 것 일반을 지칭한다. [8] 따라서 니체는 다음과 같이 니힐리즘의 본질을 규정하고 있다. "니힐리즘이란 무엇인가? 그것은 **최고의 가치들이 무가치하게 된다는 것**이다. 그리고 이는 목표가 결여되어 있다는 것, 즉 '왜?'라는 물음에 대한 답이 결여되어 있다는 것을 의미한다."[9]

---

7) 하이데거 전집 5권 *Holzwege*, 212면 참조.
8) 같은 책, 200면 참조.
9) 니체 전집 XV권 *Ecce homo. Der Wille zur Macht*, Leipzig (Kröner) 1911, 단

니체가 이렇게 니힐리즘을 "이제까지의 최고의 가치들의 무가치화"로서 파악함으로써 니체는 니힐리즘을 가치사상에 입각하여 사유하는 것이 된다. 하이데거는 니체의 이러한 니힐리즘 해석에 대해서 '왜 니체는 니힐리즘을 이렇게 가치사상으로부터 해명하고 있는가'라고 의문을 제기하고 있다. [10] 하이데거가 이렇게 의문을 제기하는 것은 니체가 자신의 가치사상을 자명하게 옳은 것으로 보았으며 이에 시대를 통틀어서 적용될 수 있는 것으로 보았던 반면에, 하이데거에게는 니체뿐 아니라 19세기 말 이래의 사상계를 지배하고 있는 가치사상이 갖는 이러한 지대한 역할은 결코 당연한 것이 아니기 때문이다. 다른 한편 하이데거가 그러한 의문을 제기하는 이유는 문자 그대로의 의미에 따르면 "니힐리즘"은 모든 존재자는 궁극적으로 니힐—무—이라는 것을 의미할 뿐 니힐과 니힐리즘은 근본적으로는 가치사상과는 어떠한 본질연관도 갖지 않는다고 하이데거는 보고 있기 때문이다. [11]

따라서 니체의 니힐리즘 개념을 올바르게 파악하기 위해서 우리는 니체가 "최고의 가치"라는 말로 무엇을 의미하고 그가 "가치"라는 말을 사용할 때 무엇을 생각하고 있는지를 명확히 드러내지 않으면 안 된다. 하이데거는 이를 위해서 『권력에의 의지』의 단편 12번을 상세히 고찰하고 있다. [12] 이 단편은 「우주론적 가치들의 붕괴」라는 제목을 갖고 있으며 그 제목 자체가 니체가 니힐리즘을 가치사상에 입각하여 사유한다는 것을 확증하고 있다. 니힐리즘은 여기서 우주론적 '가치들'의 붕괴로서 규정되고 있기 때문이다. 여기서 말하는 "우주"는 전통 형이상학에서처럼 인간과 신과 구별된 "자연"을 의미하지 않고 존재자 전체를 포괄

편 2번, 145면. 여기서는 하이데거 전집 48권 *Nietzsche: Der europäische Nihilismus*, 38면에서 재인용했다.

10) 하이데거, 『니체와 니힐리즘』, 57면 참조.

11) 같은 책, 72-77면 참조.

12) 이와 관련하여 같은 책, 78-128면 참조. 단편 12번은 니체 전집 XV권, Leipzig (Kröner) 1911의 단편 12번을 말하며 여기서는 하이데거 전집 48권 *Nietzsche: Der europäische Nihilismus*, 47면 이하와 91면을 재인용했다.

하는 "세계"를 의미한다. "우주론적 가치들"은 **존재자 전체**라는 의미의 우주를 위로부터 규정하는 최고의 가치들이다. 그리고 그것들이 무가치하게 됨으로써 니힐리즘이 성립하게 된다는 것이다.

단편 12번은 A와 B라는 두 개의 절로 나뉘어져 있고 결론에 의해 마무리되고 있다. 제1절 A는 다음과 같다.

"**심리적 상태로서의 니힐리즘이** 나타나지 않을 수 없을 경우는 첫째로 우리가 모든 것에서 하나의 '의미'를 찾았으나 의미가 그것들 안에 존재하지 않으며 의미를 추구했던 자가 마침내 (의미 추구를 향한) 용기를 상실할 때이다. 이 경우 니힐리즘이란 오랫동안 힘만 **낭비했다**는 의식, '도로(徒勞)'에 그친 자신의 노력에 대한 통한(痛恨), 불안, 어떻게든 자신의 힘을 회복하고 무엇을 통해서든 안정을 얻을 수 있는 기회의 결여, 자신이 너무 오랫동안 자신을 **기만해** 왔다고 느끼는 자기자신에 대한 수치감이다. …… 저 의미는 최고의 윤리적인 기준의 '실현', 윤리적인 세계질서, 또는 모든 존재자들의 상호관계에 있어서 사랑과 조화의 증대, 또는 보편적인 행복상태에의 접근일 수 있었고, 또는—이러한 목표도 하나의 의미인 한—하나의 보편적인 무의 상태를 향한 돌진이기조차 했을 것이다. 이러한 모든 표상방식들에 공통적인 것은 어떤 것이 과정 자체를 통하여 **도달되어야**만 한다는 것이다. 그런데 이제 사람들은 생성을 통해서 **아무것도** 달성되지 않고 **아무것도** 도달되지 않는다는 것을 깨닫는다. …… 따라서 극히 특정한 목적에 대해서든, 보다 일반화된 형태로 '발전' 전체에 관계된 이제까지의 모든 목적-가설들의 불충분성에 대한 통찰이든 소위 **생성의 목적**에 대한 환멸이 니힐리즘의 원인이다(—인간은 **더 이상** 생성의 협력자가 아니고 더군다나 생성의 중심도 아니다).

심리적 상태로서의 니힐리즘이 나타나는 두번째 경우는 경탄과 외경을 갈망하는 혼이 최고의 지배형태와 관리형태에 대한 전체적 표상 안에서 만족을 누리기 위해서(그것이 논리학자의 혼이라면 절대적인 일관성과 실재변증법 Realdialektik만으로도 모든 것과 화해하기에 족할 것이다), 모든 것 안에서 그리고 모든 것의 근저에 하나의 전체성, 체계화, 조직화를 상정했을 경우이다. 일종의 통일, 즉 어떠한 형태의 것이든 '일원론'에 대한 신앙을 통해서 인간은 자신보다 무한히 우월한 전체에 깊이 연대해 있고 의존해 있다고 느끼면서 신성의 한 **양태**가 된다. …… '보편자가 번영하기 위해서는 개체의 헌신이 요구된다!' 그러나 보라, 그러한 보편자는 **존재하지 않는다!** 인간은 자신을 통해서 무한한 가치를 갖는 전체가 작용하지 않을 경우, 그는 자신의 가치에 대한 믿음을 완전히 상실하고 만다. 다시 말해 그는 **자신의 가치를 믿을 수 있기 위해** 그러한 전체를 생각해 낸 것이다.

심리적 상태로서의 니힐리즘은 아직 제3의 마지막 형태를 갖는다. 생성에 의해서 어떤 목적이 달성되는 것도 아니며, 모든 생성의 근저에 최고의 가치를 갖는 기반으로서 개체가 완전히 의존할 수 있는 어떠한 통일도 주재하고 있는 것이 아니라는 두 가지 통찰이 주어질 경우, 도피구로서 남는 것은 이러한 생성의 세계 전체를 기만적인 것으로서 단죄하면서 생성의 피안에 존재하는 하나의 세계를 **참된** 세계로서 고안해 내는 것이다. 그러나 오직 심리적 욕구로부터 이러한 세계가 구성되었다는 것과 그리고 그가 그러한 세계를 구성할 수 있는 어떠한 권리도 갖고 있지 못하다는 사실을 깨닫자마자 **형이상학적인 세계를 불신하면서** 소위 **참된** 세계에 대한 신앙을 금하는 니힐리즘의 마지막 형태가 나타난다. 이 입장에서 사람들은 생성의 실재성만을 유일한 실재성으로서 인정하며 배후세계와 거짓된 신성에로 빠지는 모든 종류의 사도(邪道)를 자신에게 허용하지 않는다. **그러나, 인간은 이러한 생성의 세계를 이제 부인하지는 않지만 그것을 견디지는 못한다** …….

—근본적으로 어떠한 사태가 일어났는가? '목적'의 개념으로

도 '통일'이라는 개념으로도 '진리'라는 개념으로도 현실의 총체적 성격이 해석되어서는 안 된다는 사실을 깨달을 때 가치상실감이 대두된다. 현실을 통해서 어떠한 목적도 달성되지도 도달되지도 않으며 사건들의 다양성 안에는 어떠한 포괄적인 통일도 존재하지 않고, 현실은 '참된' 것이 아니라 거짓된 것이며……, 사람들은 참된 세계를 신봉할 어떠한 근거도 전혀 갖지 못한다…… 단적으로 말해서 우리가 세계에 하나의 가치를 투입하기 위해 사용한 '목적', '통일', '존재'라는 범주들은 우리에게서 박탈되는 것이며, 이제 세계는 **무가치하게** 나타난다……."

니체는 단편 12번의 처음 세 단락에서 니힐리즘이 나타나는 세 가지 조건을 거론하고 있다. 니힐리즘은 종래의 최고의 가치들이 무가치하게 되는 과정인 바, 모든 존재자에게 가치를 부여하는 이러한 최고의 가치들이 무가치하게 될 경우 그것들에 근거하는 존재자들도 무가치하게 된다. 가치상실감과 모든 것이 공허하게 되는 상태가 발생하는 것이다. 우주론적 가치들의 붕괴로서의 니힐리즘은 따라서 동시에 "심리적 상태"이며, 모든 것이 무가치하다는 **느낌**이 대두하는 것을 말한다. 이러한 상태는 어떠한 조건들하에서 발생하는가? 니힐리즘은 **첫째로** "우리가 모든 것에서 하나의 '의미'를 찾았으나 그 의미가 그 안에 존재하지 않을 경우에" "나타나지 않을 수 없을 것이다." 이에 니힐리즘이 출현하기 위한 전제조건들은 우리가 하나의 "의미"를 "모든 것에서", 즉 존재자 전체에서 찾는다는 것이다. 니체는 여기서 "의미"로 "목적"과 같은 것을 염두에 두고 있다. 그리고 "목적"으로 우리는 모든 행위, 태도 그리고 사건의 이유와 근거를 가리킨다. "의미"는 그 자체로 존립하는 무조건적인 목적이며 그것의 실현을 위해 모든 것이 동원되는 것이다. 그런데 목적실현과 의미완성의 노력뿐 아니라 그 이전에 이미 그러한 목적과 의미의 추구와 정립이 아마 하나의 기만일 경우에는 어떻게 되는가? 최고의 가치 자체가 이 경우에는 동요에 빠지고 자신의 의심할 수 없는 가치

성격을 상실하며 "무가치하게 된다."

심리적 상태로서의 니힐리즘, 즉´존재자 전체의 무가치성에 대한 "느낌"이 나타날 때는 둘째로 "인간이 모든 사건에서 그리고 모든 사건의 근저에 하나의 전체성, 체계화, 조직화를 정립했으나" 그것들이 실현되지 않을 경우이다. 여기서 존재자 전체의 최고의 가치로서 거론된 것은 "통일"이란 성격을 갖는다. 여기서 통일은 모든 것을 철저하게 주재하면서 통일하고 모든 것을 질서지우고 조직하는 것으로서 이해되고 있다. 그런데 왜 인간에게는 이러한 전체의 통일이 문제되는가? 이는 인간이 최고의 가치를 갖는 이러한 "통일"된 전체 안에로 편입될 경우에만 인간 자신의 삶도 "**가치**"를 가질 수 있기 때문이다. 따라서 니체는 인간은 **자신의 가치를 믿을 수 있기 위해서** 존재자의 그러한 전체성과 통일을 정립해야만 한다고 추론한다. 그러나 전체를 철저히 주재하는 통일에 대한 신앙이 환멸로 끝날 경우에 모든 행위와 활동을 통하여 아무것도 달성되지 않는다는 통찰이 생긴다. 인간의 모든 행위와 활동 그리고 도대체 모든 "생성"은 이제 무목적적이고 무의미한 것으로서 나타나게 된다.

따라서 이제 인간의 삶과 모든 행위가 어떻게든 의미와 가치를 갖기 위해서는, 변화무상하고 가상적인 이 현실 위에 모든 변천과 기만으로부터 벗어나 있는 영원한 "**참된**" 세계가 정립되어야만 한다. 이러한 "참된 세계", 즉 피안적인 초감성적인 것으로부터 이 차안과 인간의 세계는 의미를 갖게 된다. 즉 이 차안과 차안에서의 인간의 고통스런 삶은 영원한 세계에 거주하기 위해 통과해야 하는 준비단계로서 의미를 갖게 되는 것이다. 변화무상하고 가상적인 차안 위에 그 자체로 존재하는 영원한 "참된" 세계를 정립하는 것으로부터 니힐리즘의 "제3의 마지막 형태"가 나타나는 것은 인간이 이러한 "참된 세계"가 단지 "심리적 제 욕구"로부터 구축된 것이라는 사실을 꿰뚫어볼 때이다. 인간은 이제 인간자신의 가치를 확보하기 위해서 존재자 전체에 하나의 가치를 자신이 부여했다는 것을 통찰한다. 피안적인 세계란 인간이 차안적인 세계를 견디기 위해서 가공해 낸 것이다. 인간이 피안적인 "참된 세계"에 의존하는 것을 통해 사실은 단지 자기자신과 자신의 구원만을 소망할 뿐이고, 한갓 소망의 대상을 그 자체로 존재하는 것으로 격상시킨다는 사실이 인간에게 드러날 경우, 인간의 소망에 의해서 고안된 이 "참된 세계"—최고의 가치—는 동요하게 된다.

"피안"이 전복된 후에는 변화무상한 이 현실만이 실제로 존재하는 유일한 세계로서 나타나게 된다. 물론 이러한 "유일한 세계"는 그것이 자신의 목표로서 지향하는 피안의 세계가 붕괴됨으로써 우선은 목표도 가치도 갖지 못한 채로 존재하게 된다. 세계는 이제 일종의 중간상태, 즉 저 초감성적인 최고의 가치들이 우리의 세계에 대해서 **더 이상** 타당성을 갖지 **못하게** 되었으나 우리의 세계는 아직 새로운 "가치정립"과 "의미부여"를 통해 **아직** 정당화되지도 **않은** 채로 있는 일종의 중간상태에 존재하게 된다.[13]

A절을 마무리짓는 결론절들은 다음과 같다.

"1. 우리가 '목적', '통일', 그리고 '존재'라는 범주들을 통해서 '세계(즉 존재자 전체)'에 하나의 가치를 투입했다는 것.

2. 이렇게 세계에 투입된 가치는 '다시 우리들에 의해서 **박탈**

---

13) 니힐리즘의 이러한 본질적 역사에 어떠한 구체적인 역사적 현실이 상응하는지에 대해서 니체는 직접적으로는 아무 말도 하고 있지 않지만 그것에 대해서 하이데거는 다음과 같이 추론하고 있다. 니체가 니힐리즘의 세번째 형태, 즉 가상적인 세계로서의 생성의 세계에 대해서 〈참된 세계〉를 설정하는 형태가 플라톤의 형이상학과 그것을 계승한 그후의 형이상학 전체라는 사실은 명확하다. 니힐리즘의 발생과 본질을 위한 조건들 중의 세번째 형태가 역사적으로 플라톤주의를 가리킨다면, 우리는 두번째와 첫번째에 대해서는 명확히 플라톤 이전의 철학에서 그것들에 상응하는 역사적 형태들을 찾아야 할 것이다. 하이데거는 존재자 전체에 대해 하나의 통일을 상정하는 것을 무엇보다 파르메니데스의 철학에서 찾아볼 수 있다고 보고 있다. 이에 대해 니힐리즘의 발생조건들의 첫번째 형태에 대해서는 어떠한 명확한 역사적 예증도 발견될 수 없다. 왜냐하면 첫번째 형태는 니힐리즘 일반이 가능하기 위한 근본조건으로서 간주되고 니힐리즘의 전체 역사를 철저히 지배하는 것이기 때문이다. 이에 대해서는 『니체와 니힐리즘』, 120면 이하를 참조할 것.

된다'는 것.

3. 범주들, 즉 가치들이 박탈된 후 세계는 '이제' **무가치하게** 보인다는 것. "[14]

여기서는 '우리가' 존재자 전체에로 가치들을 투입하고 다시 박탈한다고 말하고 있으며, 그 경우 이러한 전체는 말하자면 그 자체로 존립하면서 가치의 투입과 박탈을 자신에게 허용하는 것으로 간주되고 있다. 가치는 단순히 저절로 붕괴하는 것이 아니라 우리가―그전에 우리들에 의해서 투입된―가치들을 세계로부터 다시 박탈한다. 우리는 가치정립과 가치의 폐지에 주체로서 참여하고 있다. 이 "우리"라는 말로 니체는 서구역사의 인간을 의미한다. 그가 말하고자 하는 것은 가치를 투입하는 동일한 인간들이 다시 그것들을 박탈한다는 것이 아니라 가치를 투입하고 박탈하는 자는 하나의 통일체로서의 서구역사의 인간들이다. 우리 자신, 즉 니체 당대의 사람들은 물론 이 경우 저 처음에 투입된 가치들을 다시 박탈하는 사람들이다. 니힐리즘이 발생하는 조건들을 거론하고 그것의 진행을 기술하는 것처럼 시작했던 니체의 서술은 갑자기 우리가 수행하는 것, 아니 우리가 수행해야만 하는 것에 대해 말하고 있다. 가치들의 무가치화는 가치들이 모래에 스며드는 시냇물처럼 점차 무가치하게 되는 것을 통해 끝나는 것이 아니고 니힐리즘은 가치들의 박탈, 즉 가치들의 적극적인 제거를 통해서 완성된다. 이에 B절에서 니체는 하나의 단호한 결단을 요구하고 있다.

B절은 다음과 같다.

"우리가 어떤 의미에서 이러한 세 가지 범주들을 통해서 세계가 더 이상 **해석되어져서는** 안 되는지를 통찰하고 이러한 통찰 후에 세계가 우리들에게 무가치하게 되기 시작한다고 할 경우에, 우리는 이 세 가지 범주들에 대한 신앙이 **어디로부터** 기원하는지

---

14) 『니체와 니힐리즘』, 117면.

를 물어야만 한다. **이것들에 대한 신앙을 폐기하는 것이 가능하지 않은지를 시도해 보자!** 우리가 이 세 가지 범주들에게서 **가치를 박탈할** 경우에, 그것들이 전체에 적용될 수 없다는 사실이 증명되었다는 것이 **전체에게서 가치를 박탈할** 근거는 아니다.

결산 : **이성-범주들에 대한 신앙**이 니힐리즘의 원인이다. 우리는 세계의 가치를 순전히 **허구적인 세계에 관계하는 범주들**을 척도로 하여 측정했다.

최종적인 결산 : 우리는 지금까지 여러 가지 가치들에 의해서 세계를 우선 가치있는 것으로 만들려고 했으나, 이러한 모든 가치들이 세계에 적용될 수 없다는 사실이 입증되었을 때 세계에서 가치를 **박탈했다.** 이러한 모든 가치들은 심리학적으로 환산했을 경우, 인간의 지배형상의 유지와 고양을 위해 유용하느냐 아니냐를 기준으로 보는 특정한 원근법적 전망의 결과들이며 단지 그릇되게 사물의 본질 안으로 **투사되었을** 뿐이다. 인간이 자기자신을 사물들의 의미와 가치의 척도로 상정하는 것은 그가 여전히 **극히 순진하기** 때문이다. "

B절에서 요구되고 촉구되고 있는 것은 이제까지의 최고의 가치들에게서 가치를 박탈하고 그것들을 폐기하는 것이며 인간은 이제 자각적으로 자신과 세계를 정당화해야 한다는 것이다. 이제까지의 가치들의 폐지를 통하여 이전에는 단지 차안적인 것에 불과했던 세계는 존재자들의 유일한 전체가 된다. 존재자 전체는 이제 말하자면 차안과 피안의 구별 밖에 존재한다. 따라서 이제까지의 최고의 가치들의 폐지는 존재자 전체의 **변화**를 초래한다. 이 때문에 또한 가치들의 새로운 정립도 이제까지의 최고의 가치들이 있었던 **동일한** 자리에 단지 새로운 가치들이 정립되는 식으로 더 이상 수행될 수 없다. 그동안 인간의 삶의 "목적"은 초감성적인 차원에 위치하는 최고의 가치들부터, 즉 인간의 삶의 "외부로부터" 부과되었다. 그리고 이러한 **목적정립의 방식**이야말로 사실은 결정적인 의미를 갖는 것이다. 왜냐하면 이러한 방식의

목적정립은 하나의 관습으로 굳어지고 말았으며 이러한 관습으로 부터 "초감성적인 것"이 감성적인 것을 지배하는 다양한 형식들이 형성되어 왔기 때문이다. 기독교가 쇠퇴한다고 해서 기독교를 가능케 한 이러한 목적정립의 방식은 쉽게 사라지지 않는다. 신과 교회의 "권위" 대신에 "양심의 권위", "이성의 권위", "사회적 본능", "역사적 진보", "최대다수의 행복"이 들어서게 된다. 이 모든 것들은 기독교적, 교회적, 그리고 신학적 세계해석의 변양들일 뿐이며, 이러한 기독교적 교회적 그리고 신학적 세계해석 자체는 세계를 초감성계와 감성계로 나누는 플라톤주의에 근거하고 있다. 이제 이러한 플라톤주의적인 사고가 허구로서 드러난 이상 가치정립은 완전히 새로운 것이 되지 않으면 안 된다. 이에 니체는 이제까지의 모든 가치들의 '전환'을 주장하고 있다. 이제까지의 모든 가치들의 이러한 전환은 모든 가치들의 원천으로서 초감성적 차원을 받아들이고 그것에게 단순히 새로운 내용을 부과하는 것이 아니라 초감성적 차원을 송두리째 부정하면서 오직 이 현실로부터 가치정립의 원리를 찾는 것을 의미한다.

가치정립의 원리는 오직 현실적으로 생성하는 존재자 자체의 근본성격에서 찾아지지 않으면 안 된다. 존재자 전체의 근본성격을 니체는 "권력에의 의지"라고 보고 있다. '권력에의 의지'란 존재자 자체의 본질, 즉 존재자의 모든 현상들과 단계들과 형태들을 관통하는 본질을 의미한다. 모든 존재자는 "존재하는" 한, "권력에의 의지"로서만 존재자로서 존재한다. 즉 식물, 동물, 인간, 인간적 행위와 형성 그러나 또한 생물의 "전 형태(前形態)"인 소위 물질적인 "무생물"조차, 단적으로 말해서 자연이든 역사든 모든 존재자가 **권력에의 의지**이다. 인간존재는 탁월한 형태일지라도 "권력에의 의지"의 한 형태일 뿐이다. 이러한 개념은 존재자가 그것의 존재에 있어서 **무엇인지를** 확정하는 개념만은 아니다. "권력에의 의지"라는 용어는 니체에게는 **권력의 본질에** 대한 해석도 포함하고 있는 것이다. 어떠한 권력도 그것이 권력의 증대, 즉 권력의 고양인 한에 있어서만 권력이다. 권력은 그때그때마다 도달된 권력의 단계를 초월할 경우에만, 따라서 그때그때마다 자기자신을 초월하고 자신을 고양할 경우에만—말하자면 자신을 **보다 강력하게 할** 경우에만—권력은 자신을 그 자체에 있어서, 즉 자신의 본질에 있어서 유지할 수 있다. [15] 권력이 특정한 권력의 단계에 머무르자마자 권력은 이미 무력(無力)하게 된다. "권력에의 의지"는 아직 권력을 갖지 않은 자가 권력을 갖기를 원하는 바람과 열망을 의미하는 게 결코 아니며, "권력에의 의지"는 권력이 보다 강력해지는 것을 통해서만 권력으로서의 자격을 갖는다는 것을 의미한다. 이 경우 권력에의 의지는 다른 인간들을 지배하려는 의지가 아니라 오히려 자신을 통제할 수 있고 자신의 주인이 되는 것을 의미한다. 권력에의 의지는 바로 그러한 자기지배로 인해 다른 인간들과 다른 존재자들도 지배할 수 있는 것이다. 그리고 그것은 끊임없이 자신을 고양하는 것, 즉 자신을 보다 높은 단계로 올리고 자신에게 보다 큰 폭을 부여하는 것을 의미한다. "자기극복"이 권력에의 의지의 본질이다. 생은 니체에게는 다윈의 경우와는 달리 한갓 "생존을 위한 투쟁", 즉 자기보존이 아니라 자기**고양**이다. 생은 성장이다. 권력에의 의지가 목표하는 것은 자신의 강화일 뿐이며 따라서 그것은 자신 이외의 아무것도 가치있는 것으로서 인정하지 않는다. 바로 여기에 새로운 가치정립의 원리인 권력에의 의지가 존재자 전체의 외부에, 다시 말해서 피안에 어떠한 다른 목표도 용인하지 않는 이유가 존재한다.

인간의 목표는 이제 초감성적 차원에 대한 숭배가 아니라 지상 위에 순수한 권력의 무조건적인 지배를 확립하는 것이다. 모든 가치들을 권력에의 의지라는 유일한 가치정립의 원리에로 전환시키는 과제를 인수하고 지상에 순수한 권력의 무조건적인 지배를

---

15) 하이데거, 『니체와 니힐리즘』, 28면 참조.

확립하려는 인간이 초인이다. 신은 죽었기 때문에 인간에게 척도
와 중심이 되어야만 하는 것은 오직 인간자신일 수 있을 뿐이며,
이 경우 초인, 즉 순수한 의지의 무조건적인 지배야말로 피안이
사라짐으로써 유일한 현실로 남는 대지의 "의미(목표)"이다. 초
인은 이제까지의 가치들을 신봉하는 인간들을 초월하고 그들을
무시해 버리며, 순수한 권력의 강화라는 관점에서 모든 가치들을
정립한다. 니체는 자신이 목표하는 것을 다음과 같이 단호하게
표명하고 있다. "우리가 실재하는 사물과 공상의 사물에 대여했
던 모든 아름다움과 고상함을 나는 인간의 소유와 산물로서, 즉
인간에 대한 가장 아름다운 변명으로서 반환을 요구한다. 시인,
사상가, 신, 사랑 그리고 권력으로서의 인간─오, 왕과 같은 관
대함으로 사물들을 풍요롭게 하고 **자신은 빈곤하게 되고** 비참하
게 느끼게 된 인간. 그가 경탄하고 기도하면서, **그 자신이야말로**
그가 경탄하는 바로 그것을 창조한 자라는 사실을 자신에게 숨길
줄 알았던 것은 그에게 사심이 전혀 없었기 때문이다."[16] 이 메
모가 말하고자 하는 것은 극히 명확하다. 인간은 더 이상 양보해
서도 안 되며 대여해 줘도 안 된다. 또는 그에 의해서 선사되었
을 뿐인 것에게 자신에게 낯선 것처럼 복종해서도 안 되며, 그것
이 비참한 인간이 필요로 하는 그러한 것인 것처럼 그것에 복종
해서도 안 된다. 인간은 그 모든 것을 자기 것으로 간주하면서
자신을 위해 청구해야만 한다. 인간이 이렇게 할 수 있기 위해서
는 그는 먼저 자기자신을 존재자 전체 앞에서 비참한 노예라고
생각해서는 안 되고 존재자 전체를 무조건적으로 지배할 수 있게
되지 않으면 안 된다. 그러나 이는 그 자신이 무조건적인 권력에
의 의지라는 것을 의미한다. 즉 그것은 자신을 존재자 전체를 지
배하는 주인으로서 인식하고 권력의 수행을 향해, 즉 권력의 끊
임없는 고양을 향해 자각적으로 결단한다는 것을 의미한다.

---

16) 니체 전집 XV권, 241면. 하이데거 전집 48권 *Nietzsche: Der europäische
Nihilismus, 130면에서 재인용.

이제 가치들은 그 자체로 존립하는 초감성적인 것으로부터 비롯되는 것이 아니라, 권력에의 의지의 조건들, 즉 권력의 고양을 위한 조건들이며 오직 이러한 권력에의 의지로부터만 비롯되는 것이다. 가치는 자신의 고양을 위해서 권력에의 의지가 설정한 조건들이다. 권력은 그것의 본질에 있어서 무목적적이며, 얼핏 목적정립과 같이 보이는 모든 것들은('문화적 진보'와 같은 것) **권력에** 의해서 정립된 목적들로서 항상 권력의 **수단들일** 뿐이며 그때그때마다 필요에 따라 다른 목적들에 의해서 대체될 수도 있는 것이다. 바로 권력에의 의지 자체가 모든 목적과 가치 그리고 정의와 정당화의 원천이다. 결론부분에서 니체는 "자기자신을 만물의 의미와 가치척도로 설정한다는 것은 여전히 인간이 과도하게 순진하다는 것을 의미한다"라고 말하고 있는데, 이것이 의미하는 것은 순진함이란 인간이 가치를 정립하고 이를 통해 의미와 가치척도로서 기능한다는 것이 아니라, **자신이** 가치를 정립하고서도 정립하는 자가 권력에의 의지라는 것을 '자각하지 못하고' 가치를 자신에게 주어지는 "사물의 본질"로서 **정립한다**는 것이다.

2. 니체의 형이상학에 대한 하이데거의 존재사적 해석과 니힐리즘의 기원과 본질 그리고 극복에 대한 하이데거의 사상

2.1 근대 형이상학의 완성으로서의 니체의 형이상학

이러한 분석으로부터 니체가 니힐리즘의 기원과 전개 그리고 극복을 가치사상으로부터 사유하는 근본적인 배경을 파악할 수 있다. 이는 니체가 모든 존재자의 본질을 권력에의 의지로 보기 때문이다. **가치사상은** '권력에의 의지의 형이상학'의 **필연적인 구**

성요소이다.[17] 그러나 하이데거는 여기서 더 나아가 권력에의 의지의 형이상학의 역사적 본질근거가 어디에 존재하는지를 묻고 있다.[18] 이렇게 묻는 것을 통하여 하이데거는 니체와의 대결을 본격적으로 전개하고 있다. 니체의 니힐리즘 사상에 대한 하이데거의 이제까지의 서술은 니체의 저작에 바탕하면서 니체의 사상의 핵심을 가능한 한 객관적으로 개진하려 한 것이었다. 이에 대해서 하이데거가 니체가 자명하게 생각하고 있는 권력에의 의지의 형이상학이 비롯된 역사적 근거를 물을 경우 이는 니체 사상에 대한 객관적 개진이라는 차원을 넘어서 니체보다도 더 폭넓고 심원한 역사이해로부터 니체 사상을 이해하고자 하는 것이다. 니체는 플라톤 이래의 형이상학을 자신의 권력에의 의지사상으로부터 해석하고 있다. 플라톤 이래의 형이상학은 니체가 보기에 퇴락한 권력에의 의지의 한 형태라는 것이다. 그것은 자신이 자신의 고양을 위해서 자각적으로 가치를 정립하는 것이 아니라 자신의 권력을 포기하고 초감성적인 가치들을 자체로 존재하는 것으로 간주하면서 그것에 복종하는 무기력한 권력에의 의지의 한 형태이다. 니체는 권력에의 의지의 형이상학을 자명하게 옳은 것으로 간주하고, 그것을 시대를 통틀어서 역사를 해명하는 실마리로 삼았지만 하이데거에게 니체의 권력에의 의지의 형이상학은 통시대적으로 타당한 자명한 것은 아니다. 니체의 권력에의 의지의 형이상학은 아래에서 보겠지만 근대에서만, 더 나아가 근대의 완성기에서만 나올 수 있는 사상이다. '니체가 세계를 권력에의 의지로서 기투함에 있어서 단지 서구의 오랜 역사, 특히 근대의 역사가 그것의 가장 은폐된 진행에 있어서 지향하고 있었던 것을 말하고 있을 뿐'인 것이다. 아울러 하이데거는 '서구 형이상학이 궁극적으로 권력에의 의지의 형이상학이 된 것은 서구 형이상학의 어떠한 성격에서 비롯되는 것인가'라고 묻고 있다.

---

17) 하이데거, 『니체와 니힐리즘』, 134면.
18) 같은 책, 175면 참조.

가치사상은 비로소 근세에 그리고 **결정적으로** 오직 니체에 의해서 형이상학 내에서 지배적인 지위를 점하게 되었다. 하이데거는 니체의 형이상학을 해석하는 데 있어서, 니체가 자신이 극복한다고 생각했던 형이상학의 전통, 특히 근대 형이상학의 전통에 의해서 구속되고 있다는 사실을 아니 더 나아가 그가 그러한 전통을 궁극에까지 밀고 나가고 있다는 사실을 밝히고자 한다. 하이데거는 이를 위해서 그의 전집 48권 『니체 : 유럽의 니힐리즘』에서 얼핏 보기에 인간을 존재자 전체의 중심으로 보는 세 명의 사상가들, 즉 '인간을 만물의 척도'로 본 프로타고라스와 근대 주체성형이상학의 시조라고 할 수 있는 데카르트와 니체를 서로 비교하고 있다. 우리는 여기서 프로타고라스에 대한 하이데거의 분석을 지면관계상 고찰할 수는 없다. 여기서는 다만 니체의 형이상학이 결국은 데카르트의 형이상학에 근거하고 있다는 사실에 대한 하이데거의 해석을 고찰할 수밖에 없다. [19]

하이데거는 데카르트를 고찰함에 있어서 인간이라는 "주체"가 데카르트의 형이상학에서 특별한 지위를 갖게 된 것은 어떤 연유에서인가라는 물음을 실마리로 삼고 있다. 근대적인 모든 인간유형과 세계이해를 주도하는 주체적인 것의 지배는 어디로부터 유래하는 것인가? 이러한 물음은 정당한 물음인 바, 왜냐하면 데카르트와 더불어 근대 형이상학이 시작할 때까지 그리고 부분적으로는 여전히 이러한 형이상학 내에서조차 **모든 존재자**는 그것이 존재자인 한, sub-iectum(주체 내지 기체)으로서 파악되고 있기 때문이다. sub-iectum이란 용어는 $\upsilon\pi o\chi\varepsilon\acute{\iota}\mu\varepsilon\nu o\nu$(히포케이메논)을 라틴어로 번역하고 해석한 것인데 밑에—그리고 근저에—놓여 있는 것, 즉 자체로부터 이미 현존하고 있는 것을 의미한다. 그러나 데카르트를 통하여 그리고 데카르트 이래 형이상학에서 인간은, 보다 정확히 말하면 인간의 "자아"는 우월한 방식으

---

19) 이와 관련하여 하이데거, 『니체와 니힐리즘』, 101-314면 참조.

로 "주체"가 된다. 근대에 와서야 인간만이 우월한 방식으로 주체가 되는 것이다. 중세의 기독교 시대에 대해서 근대(die neue Zeit)가 갖는 새로운 점(das Neue)은 인간이 존재자 전체의 한가운데서 자신의 인간존재를 자체로부터 그리고 자신의 능력으로 확실하게 확보하려고 하기 시작한다는 데에 존재한다. 구원을 확보한다는 본질적으로 기독교적인 사상은 인수되지만 근대에서의 "구원"은 피안의 영원한 지복에 존재하는 것이 아니며 그것에로 이르는 길은 인간의 자기포기가 아니다. 구원에로 이끄는 길은 오직 인간이 자신의 모든 창조적인 능력을 자유롭게 전개하는 데에 존재한다.

근대철학의 발단에는 ego cogito, ergo sum, "나는 생각한다. 고로 나는 존재한다"는 데카르트의 명제가 존재한다. 사물들과 존재자 전체에 대한 모든 의식은 모든 확실성의 부동의 기초로서의 인간주체의 자기의식에로 환원된다. 데카르트 이후의 시대에는, 사물은 객체(Objekt)로서, 즉 주체에게 향해져 있고 주체를 통하여 파악되어지는 것으로서 규정된다. 사물이 존재한다는 것은 표상하는 주체를 **통하여** 그리고 이것에 **대해서** 표상되어져 있다는 것(Vorgestelltheit durch das Subjekt und für dieses)이다. 인간은 자기자신을 그 존재가 가장 확실한 존재자로서 무조건적으로 확실하게 인식한다. 인간은 모든 확실성과 진리에 대해서 근거와 척도가 되는 것이다. 존재하는 모든 것과 그것들이 존재하는 방식을 인간의 "소유와 소산"이라고 설명하는 니체의 사상은 결국, 모든 진리는 인간주체의 자기확실성에로 환원된다고 설명하는 데카르트의 사상을 극한에까지 전개한 것이다. 데카르트는 cogitare라는 말에 대해서 percipere(per-capio)라는 단어를 사용하고 있는데 이 단어는 어떤 것을 소유한다, 하나의 사태를 정복한다는 것을 의미하며, 그리고 여기서는 자신의 앞에 세우는(Vor-sich-stellen) 방식으로 자신에게로 가져온다(Sich-zu-stellen)는 의미로, 즉 표-상한다(Vor-stellen)는 의미로 사용되고 있다. [20] 데카르트가 cogitatio와 cogitare를 perceptio와 percipere로서 파악하는 것은 cogitare에는 어떤 것을 자기자신에게 가져온다는 것이 속한다는 사실을 강조하기 위해서이다. 자신에게 가져온다는 것에는 표상된 것이 일반적으로 앞에 놓여져 있을 뿐 아니라 '처리될 수 있는 것으로서 노정되어 있다'는 결정적인 사실에 대한 시사가 필연적으로 포함되어 있다. 따라서 인간이 우려나 의심을 갖지 않고 언제라도 그리고 명확히 처리할 수 있는 것으로서 어떤 것이 확정되고 확보되어 있을 경우에만, 비로소 어떤 것이 표-상되었다(cogitatum)고 할 수 있다. cogitare는 이에 단순히 무규정적인 표상작용을 의미하는 것이 아니라 자신에게 제시된 것이 무엇이고 그것이 어떠한 방식으로 존재하는지에 대해서 어떠한 의심도 허용하지 않는 식으로 표상하는 것이다. cogitare는 항상 회의(Be-denken)라는 의미에서의 "사유", 더 나아가 오직 의문의 여지가 없는 것만을 확실히 확보된 것으로서 그리고 본래적인 의미에서 표상된 것으로서 간주하려고 하는 회의라는 의미의 "사유"이다. cogitare는 이에 본질상 회의하는 표상, 철저히 검토하고 신중히 계산하는 표상이다. cogitare는 dubitare(의심하다)이다. 그러한 사유는 모든 것에 대해서 의구심을 갖고 모든 입장에 대해서 혐의를 품고 어

---

20) 여기서 표상한다는 의미는 독특한 의미로 사용되고 있음을 유의해야 한다. 보통 표상은 모든 종류의 생각을 다 포괄하고, 표상작용 역시 모든 종류의 사유작용을 다 포괄하는 넓은 의미로 사용된다. 그러나 여기서 표상작용은 고대적, 중세적 인식방식과 전적으로 구별되는 근대적인 인식방식을 가리키는 용어로 사용되고 있다. 표상작용이란 존재자를 인간의 눈앞에 세우고(vor-stellen) 그것의 객관적인 성격과 작용을 파악하고자 하는 인식방식이며, 그러한 인식방식은 존재자에 대한 모든 경외나 애정이 제거된 냉철한 파악방식이다. 존재자를 냉철하게 관찰하기 위해서 존재자를 주체 '앞에 세운다'는 이러한 사태를 시사하기 위해서 하이데거는 표상작용을 의미하는 독일어인 das Vorstellen을 das Vor-stellen이란 형태로 자주 사용하고 있다. 필자는 das Vor-stellen을 간혹 표-상작용이라고도 번역했으나, 표상작용이란 단어가 근대적인 인식방식을 가리키는 용어로 쓰이고 있다는 것이 대부분의 경우 문맥에 따라서 명확히 드러나고 있다고 생각했기 때문에 보통 표상작용이라고 번역했다. 이하에서 나오는 표상작용이란 용어는 사실상 거의 다 데카르트가 정립한 근대적인 인식방식을 의미한다고 생각하면 된다.

떠한 동의도 거부한다는 의미에서의 "의심한다"는 것은 아니다. 의심한다는 것은 오히려 의심할 수 없는 것, 확실한 것 그리고 그것의 확보(Sicherstellung)와 본질적으로 관련된 것으로서 이해되고 있다. 이러한 회의하는 사유에서 항상 문제되고 있는 것은 표상된 것이 계산하는 처리의 범위 내에 그때그때마다 확보되어져 있는가 하는 것이다. 모든 cogitare가 본질상 dubitare라는 것은 표상작용이 본래 일종의 확-보라는 것을 의미한다. **본질상** 회의인 사유는, 자신이 "처리했고" 계산을 끝낸 것으로서 의심할 여지가 없는 것이라는 성격을 갖는다고 그 자신에게 증시되지 않은 아무것도 확실하게 확보된 것으로서, 즉 참된 것으로서 인정하지 않는다.

표상하는 인간은 모든 표상작용에서 표상된 것을 자신 앞에 세우는 것이기 때문에, 표상하는 인간은 모든 표상에 개재하는 것이며 그것도 추후적으로가 아니라 처음부터 표상작용에 있어서는 인간의 **자기**가 본질적으로 그리고 항상 근거가 되며, 근저에 놓여 있는 것, 즉 sub-iectum이 된다. 데카르트 이전에도 사람들은 표상작용과 표상된 것은 표상하는 자아와 관련되어 있다는 사실을 이미 알고 있었다. 그러나 데카르트에서 결정적으로 새로운 점은 표상하는 자에 대한 이러한 관련이 그리고 표상하는 **자로서의** 표상하는 자가, 존재자를 자신 앞에 세우는 표상작용 안에서 하나의 본질적인 척도로서 기능한다는 것이다. 진리는 이제 존재자의 노정이 확실하게 되었다는 것, 즉 확실성을 의미하기 때문에 그리고 존재는 이렇게 '확실하게 표상되어져 있음'을 의미하기 때문에, 인간은 그렇게 근거지우는 표상작용에서 자신이 행하는 역할에 따라 탁월한 주체가 된다. 데카르트는 표-상하는 인간의 자기를, 표-상되어져야 하고 표-상되어진 모든 것이 그것 앞에 확실하게 세워져야만 하는 "재판소"로서 정립했다. 즉 표-상된 것이 일종의 존립과 존속성, 다시 말해 견고함과 안전성을 갖는지, 갖는다면 어느 정도만큼 갖는지에 대해서 결정하는 최고의 그리고 유일한 "재판소"로서 정립했다. 이러한 subiectum의 지배영역에서는 ens(존재자)는 더 이상 ens creatum(피조물)이 아니며 ens는 certum(확실한 것)=indubiatum(의심할 수 없는 것)=vere cogitatum(참으로 인식된 것)이다.

이제 존재자성은 표상하는 주체에 의해 표-상되어져 있음(앞에 세워져 있음)을 의미한다. 이는 결코 존재자가 "한갓 표상"이며 표상은 인간의 "의식" 안에서 일어나는 하나의 사건이고 따라서 모든 존재자는 한갓 인간의 생각의 소산이라는 것을 의미하지 않는다. 데카르트는 후의 칸트와 마찬가지로 존재자와 존재자로서 확정된 것은 그 자체에 있어서 그리고 그 자체로부터 현실적으로 존재한다는 사실을 의심한 적이 없었다. 그러나 이 경우 존재가 무엇을 의미하고 존재자는 주체인 인간에 의해서 어떻게 파악될 수 있는가 하는 물음이 남는다. 존재는 계산하는 표-상작용에서 확실하게 확보되어져 있음이며 이를 통하여 인간에게는 존재자에 대한 철저한 탐구, 그것의 정복과 지배가 보장되며 이러한 방식으로 인간은 신을 통해서가 아니라 자신을 통해서 자신을 구원할 수 있게 된다. 인간은 그 자신의 안전보장의 주체로 존재할 수 있게 된다.

데카르트의 이러한 사상에 대해서 니체는 어떠한 입장을 취하고 있는가? 하나의 부동의 확실성에 대한 데카르트의 추구는 일종의 "진리에의 의지"라고 니체는 말한다. 즉 "'나는 기만되길 바라지 않는다'라든가 '나는 기만하기를 원하지 않는다'라든가 '나는 확신을 갖기를 바라고 확고하게 되기를 바라는' 것으로서 '진리에의 의지'이며 이것들은 권력에의 의지의 형태들이다."[21] 여기서 니체는 ego cogito를 ego volo(나는 의지한다)에로 환원하고 있으며 velle(의지한다는 것)를 권력에의 의지란 의미의 의지로서 해석하고 있다.[22] 니체에게 권력에의 의지는 존재자 전체의 근본

---

21) 니체 전집 XIV권, Leipzig, 1911, 160번. 여기서는 하이데거 전집 48권 *Nietzsche: Der europäische Nihilismus*, 242면에서 재인용.

성격이다. 그러나 이러한 근본성격의 설정은 데카르트의 형이상학적인 근본입장을 근거로 해서만 가능하다. 니체는 자신이 인간을 주체로 보는 데카르트의 입장을 궁극에까지 밀고 나가고 있을 뿐이라는 사실을 망각하고 있다.

니체가 근원적인 형이상학적인 성찰의 궤도로부터 이미 얼마나 일탈되어 있는지를 다음의 명제가 보여 준다. "**실체**-개념은 **주체**-개념의 귀결이며 그 역은 아니다."[23] 니체는 "주체"를 여기서 물론 근대적인 의미로 이해하고 있다. 주체는 인간의 자아이다. 실체개념은 니체가 생각하듯이 주체개념의 귀결이 아니며, 그렇다고 하여 주체개념이 실체개념의 귀결도 아니다. 주체개념은 전통적으로 $oὐσία$(우시아)와 $ὑποχείμενον$(히포케이메논)로서 해석되었던 존재자의 **진리**에 대한 새로운 해석으로부터 비롯된다. 즉 cogito sum에 근거하여 인간이 본래적으로 근저에 놓여 있는 것(quod substrat), 실체가 되는 것으로부터 비롯된다. 주체개념은 전화된 실체개념이 표상하는 자로서의 인간에게 제한된 것에 지나지 않는다. 니체가 "실체개념"의 근원을 오인하고 있는 것은 그가 데카르트를 비판함에도 불구하고 형이상학의 근대적 입장을 당연시하면서 모든 것을 주체로서의 인간의 우위 안에 편입시키기 때문이다. 물론 이제 주체는 권력에의 의지로서 파악되며 이에 입각하여 cogitatio, 즉 사유도 해석된다. "사유"의 본질에 대한 니체의 다음 진술이 이러한 사실을 보여 주고 있다. 이 진술은 다른 어느 곳에서가 아니라 데카르트의 확실성을 권력에의 의지의 한 형태로서 해석하는 맥락에서 행해지고 있다. "사유는 우리가 보기에는 (사태 자체의) '인식'을 위한 수단이 아니라 사태를 지칭하고 질서지우며 우리가 사용하기 쉽게 만드는 수단이다."[24] 니체는 진리를 오직 권력에의 의지를 유지하기 위한 하

---

22) 하이데거, 『니체와 니힐리즘』, 277면.
23) 『권력에의 의지』, 485번, 1887. 여기서는 하이데거 전집 48권 *Nietzsche: Der europäische Nihilismus*, 242면에서 재인용.

나의 필연적인 가치로서만 용인한다. "'진리'는 **어떤 특정한 종류의 생물**(즉 인간)이 그것없이는 살 수 없는 종류의 오류이다. 생을 위한 가치가 궁극적으로 결정한다."[25]

니체는 데카르트의 형이상학적인 근본입장을 전적으로 계승하나 그는 그것을 권력에의 의지로 환원시킨다. 즉 그는 "진리에의 의지"로서의 확실성을 권력에의 의지에 의해서 근거지운다. 니체가 의식과 사유 대신에 권력에의 의지로서의 육체와 본능을 내세운다는 사실은 데카르트를 통해서 확립된 형이상학적인 근본입장을 전혀 변화시키지 않는다. 니체가 데카르트를 이렇게 거부하는 이면에 데카르트와의 일치가 존재하는 것이다. 그것은 진리와 존재에 대해서 근저에 놓여 있는 것은 subiectum으로서의 인간이라는 사실이며, 진리는 확실성을, 존재는 표상되어짐을 의미한다는 사실이다. 더욱이 이러한 일치는 표면적인 거부의 이면에 그러한 거부와 아무런 관계없이 존재하는 것이 아니다. 그것은 오히려 니체가 데카르트를 거부하는 가장 결정적인 계기이다. 다른 말로 하자면 이러한 거부는 사실은 거부가 아니고, 인간을 subiectum으로서 설정하는 것을—사유를 충동적인 생의 한 기능으로서 생리학적으로 해석함으로써—철저하게 밀고 나간 것이다. 표-상작용 자체, 즉 cogitatio는 니체의 비판에서는 근저에 놓여 있는 것으로서 모든 것이 소급되어져야만 하는 육체에로 다시 한 번 소급된다.

2.2 서구 형이상학 전체의 완성으로서의 니체의 형이상학

데카르트의 cogito sum에 대한 니체의 비판은, 니체가 자신의 형이상학적 근본입장이 데카르트의 근본입장에 대해서 갖는 본질적인 역사적 연관을 **오인하고 있다**는 사실을 모든 관점에서 입증

---

24) 니체 전집 XⅢ, 123번. 여기서는 하이데거 전집 48권, 243면에서 재인용.
25) 니체 전집 XⅥ권, 19면, 493번. 여기서는 하이데거 전집 48권, 245면에서 재인용.

한다. 이러한 오인이 갖는 필연적 성격에 대한 근거는, 권력에의 의지의 형이상학의 본질에 존재하며 이 형이상학 자신이 스스로가 형이상학 일반의 본질을 통찰하는 것을 저해한다. 이 형이상학 일반의 본질을 하이데거는 존재자 전체의 존재에 대한 인간의 관계라고 보고 있다. [26) 니체뿐 아니라 근대인으로서 우리는 불가피하게 근대 주체성의 형이상학에 의해서 구속되고 있으므로 모든 것을 인간학적으로 생각한다. 따라서 사람들은 보통 형이상학의 역사, 달리 말해서 존재자 전체의 존재에 대한 인간의 관계는 인간들이 기투한 가치체계 내지 세계관들의 변천의 역사라고 해석한다. 여기서 인간은 형이상학의 역사와 형이상학이 정초하는 서구의 역사의 주체라고 해석된다. 그러나 보다 본질적으로 사유할 경우에는, 서구의 역사적 과정을 통해서 진리가 확실성으로서 개시되고 존재가 표-상되어져 있음으로서 개시됨으로써 인간이 비로소 주체가 된다는 사실이 드러난다. 인간이 그 경우 유일한 주체로서 나타난다는 사실은 인간이 주체성의 본질근거라는 사실을 결코 증명하지 않는다. 역사적인 인간존재는 오히려 진리와 존재 자체의 그때그때마다의 "현성(Wesen)"의 본질적 **귀결**일 뿐이다. 그렇다면 인간의 본질은 인간을 animal rationale(이성적 동물)로 보는 이제까지의 인간관, 즉 형이상학적인 인간관을 통해서 결코 충분히 근원적으로 규정되어질 수 없게 된다. 인간을 animal rationale로 보는 서구의 통상적인 해석에서 인간은 애초부터 animalia($\zeta\bar{\omega}\alpha$, 생물들)의 범위 내에서 경험된다. 그리고 나서는 인간의 동물성이 한갓 동물들의 동물성에 대해서 갖는 차이의 징표로서 인간에게 ratio($\lambda\acute{o}\gamma o\varsigma$)가 귀속된다. 이러한 형이상학적인 인간관에서 사람들이 rationalitas(합리성과 의식성 그리고 정신성)을 우위에 두든 혹은 animalitas(동물성과 육체성)을 우위에 놓든, 혹은 양자 사이에 그때그때마다 적절한 균

---

26) 하이데거, 『니체와 니힐리즘』, 317면.

형을 구하든 인간의 본질은 결코 충분히 근원적으로 파악될 수 없는 것이다. 인간의 본질은 존재의 진리 자체로부터 존재 자체를 통하여 규정되어진다. 인간은 존재자들과 관계하기 전에 이미 존재에 관여하고 있고 이러한 존재에의 관계야말로 인간의 인간됨을 구성하는 것이기에 하이데거는 인간을 **현-존재**라고 부르고 있다.

주체성의 본질을 규정함에 있어서 인간의 자기해석이 아니라 존재와 진리의 그때그때마다의 "현성"이 결정적일 경우에, 그때그때마다 척도가 되는 진리의 본질로부터 그때그때마다의 주체성도 규정될 수 있음에 틀림이 없다. 그러나 진리의 그때그때마다의 본질은 다른 어디에서보다도 진리의 본질로부터 비진리가 어떻게 규정되고 어떠한 관점에서 파악되는지라는 점에서 항상 알려지게 된다. 데카르트에서 비진리는 falsitas(거짓 : Falschheit)으로서 파악되며 이것은 error(오류 : Irren)로서 파악되고 있다. 오류는 표-상작용 내에 의심될 수 없음과 확실성의 조건들을 충족시키지 못하는 것이 노정된다는 데서 비롯된다. 그런데 인간이 오류에 빠진다는 것, 이에 직접적으로 그리고 항상 참된 것을 완전히 소유하고 있지 **않다**는 사실은 인간의 본질이 제한되어 있음을 의미한다. 따라서 인간은 표-상작용 내에서 주체로서 기능하나, 이 주체는 제한되어져 있고 유한하다. 인간은 절대적인 인식을 소유하고 있지 않으며, 기독교적으로 말하면 인간은 신이 아닌 것이다. 그러나 그가 인식하는 자인 한, 그는 또한 단적으로 공허한 무 안에 존재하지도 않는다. 인간은 medium quid inter Deum et nihil(신과 무의 어떤 중간자)이다. 근대 형이상학의 그후의 전개에서 비진리는―헤겔의 경우에는―진리의 한 단계와 한 양태가 된다. 이러한 사실이 의미하는 것은 주체성은 자신을 실현해 나가는 운동 안에서, 자신을 하나의 조건지워진 것이면서 유한한 것으로 만드는 비진리를 무조건적인 절대지에로 지양하는 것을 본질로 갖는다는 것이다. 여기서 모든 오류와 거짓은 그 자체에 있어서 그리고 자각적으로(an und für sich) 투명하게 참된 것에 지나지 않는다. 부정적인 것은 절대적인 표상작용의 긍정성에 속한다. 주체성은 여기서는 조건지우는 모든 것을 그 자체 안에 매개하고 지양하는 무조건적인 표-상작용(절대정신)이다. 니체에게도 주체성은 똑같이 하나의 무조건적인 주체성이지만 진리의 본질이 달리 규정됨에 따라서 헤겔과는 다른 의미를 갖는다. 여기서는 진리와 비진리 사이의 구별도 붕괴하게 된다. 보다 정확히 말하면 진리와 오류 사이의 구별은— 그때그때마다의 관점들을 무조건적으로 관장하는—권력에의 의지의 절대적인 명령권에 복속된다. 참된 것과 참되지 않은 것에 대한 관장은 오직 권력에의 의지 자체에 속한다. 권력에의 의지의 고양에 기여하는 것은 참이나 그렇지 않은 것은 오류이다. 진리란 단적으로 권력에의 의지가 자신의 유지와 고양을 위해서 정립한 수단에 지나지 않는다. 이에 주체성은 모든 한계로부터 벗어날 뿐 아니라, 이제는 모든 종류의 제한의 설정과 철폐를 관장한다. 이런 의미에서 하이데거는 니체의 형이상학은 **권력에의 의지의 무조건적인 주체성의 형이상학**으로서 보다 명확히 규정한다. 하이데거가 단순히 "무조건적인 주체성의 형이상학"이라고 말하지 않는 이유는 이러한 규정이 '인식하는 의지의 무조건적인 주체성', 즉 정신의 형이상학인 헤겔의 형이상학에 대해서도 타당하기 때문이다.

니체에게 주체성은 육체, 즉 충동과 열정, 다시 말해서 권력에의 의지의 주체성으로서 무조건적이다. 무조건적 주체성의 이 두 가지 형태에서 인간의 본질은 각각의 경우에 상이한 역할을 갖게 된다. 형이상학의 역사 전체를 통해서 인간의 본질은 일관되게 animal rationale로서 확정되었다. 헤겔의 형이상학에서는 완전히 전개된 rationalitas가 주체성을 규정하는 것이 되며 니체의 형이상학에서는 animalitas(동물성)가 중심이 된다. 주체성의 무조건적인 본질은 이에 필연적으로 야만적인 야수성(bestialitas der brutalitas)으로서 전개된다. 형이상학의 종말에는 homo est brutum bestiale(인간은 야만적인 야수이다)라는 명제가 제시된다. 이와 함께 *animal rationale*의 본질들 내에서 인간을 무조건적으로 규정하는 **최후의** 가능성이 실현되었다. rationalitas와 animalitas **외에** 형이상학적으로 어떠한 제3자도, 다른 것도 존재하지 **않는다.** 이는 헤겔에서 인간을 rationalitas로 보는 입장이 그리고 니체에서 인간을 animalitas 로 보는 입장이 궁극에까지 전개됨으로써 형이상학이 완성된다는 것, 즉 본질적으로 종말에 도달한다는 사실을 가리킨다. 여기서 **"형이상학의 종말"**은 형이상학적인 사유양식의 중단과 소멸을 의미하는 것이 아니라 형이상학의 본질적 가능성들이 고갈된 역사적 순간을 의미한다.

주체성의 우위의 은닉된 근거와 주체성이 조건지워진 것으로부터 무조건적인 주체성에로 나아가는 역사적 전개의 은닉된 근거는 진리와 존재의 현성에 존재한다. 우리는 이를 인간이 진리와 존재에 대한 무제한적인 규정근거로서 나타나는 곳에서도, 즉 니체의 초인설에서도 인식할 수 있다. 주체의 주체성에 의해서 비로소 존재자 전체 내에서의 인간의 본질과 위치가 변하는 것이 아니라, 존재자 전체는 이미 주체성 자체의 근원이 되는 것, 즉 존재의 **진리**를 통하여 다르게 해석된다. 존재와 인간의 이러한 본질적 관계에 그리고 오직 여기에만 형이상학의 본질은 자신의 근원을 갖는다.

우리가 이제까지의 고찰에서 서구 형이상학의 근본입장들을 설명하는 중에 항상 우리는 인간자신도 하나의 존재자로서 포함하는 존재자 전체의 존재에 대한 인간의 관계에 맞닥뜨렸다. 니체의 근본입장을 제외하면 도처에서 우리는 존재의 지배에 마주치며 그 어느 곳에서도 가치에 대한 경험과 언급은 존재하지 않는다. 하이데거는 전통 형이상학을 규정하는 물음을 '존재자란 무엇인가(Was ist das Seiende?)'라고 집약하고 있다.[27] 모든 형이상학은 물리적인 것으로서 또는 생물적인 것으로서 또는 경제적인 것으로서의 존재자가 무엇인지를 묻는 것이 아니라 도대체 존재하는 것으로서의 존재자가 무엇인지를 말한다. 이에 형이상학에서는 개별과학에서와는 달리 존재하는 것들의 전체가 문제가 된다. 라이프니츠는 존재자로서의 존재자는 단자(Monade)라고 말하며, 칸트는 선험적 객관성이라고 말하고, 헤겔은 절대정신이라고 말한다. 그리고 니체는 권력에의 의지라고 대답한다. 이러한 모든 대답들을 통해서 존재자가 무엇인지가 규정되고 있다. 존재자의 존재는 존재자의 가장 일반적인 규정이다. 즉 그것은 **존재자성**(Seiendheit)이다. 하이데거가 존재 대신에 이 표현을 사용할 경우에 그는 형이상학에 의해서 이해된 존재, 존재자들의 가장 일반적이고 보편적인 규정으로서 이해된 존재를 가리키고 있다. 니체의 철학 역시 존재자 전체의 일반적 규정을 구명하려고 하는 형이상학의 하나이며 자신이 의식하지 못하는 형이상학의 역사에 의해서 규정되고 있다.

형이상학의 역사는 존재자성으로서의 존재와 인간의 관계가 여러 가지 형태로 전개되는 역사이다. 하이데거가 이렇게 말함으로써 그는 자신이 니체 해석의 시발점에서 제기했던 '니체의 가치사상의 역사적 근원은 어디에 존재하는가'라는 물음을 니체의 형이상학을 종국적으로 배태한 형이상학의 본질은 무엇인가라고 물음으로 심화전개하고 있다. 하이데거는 가치사상이 니체 이전의 형이상학에게는 낯설었고 낯설 수밖에 없었으나, 그럼에도 불구하고 가치사상이 형이상학의 역사 안에서 결과적으로 나올 수밖에 없었던 근거를 묻는 것이다. 그는 이제 니체의 형이상학의 역사적 근원을 단순히 데카르트 이래의 근대 형이상학의 역사적 지평으로부터 탐색하는 것을 넘어서 플라톤 이래의 서구 형이상학의 전체의 역사적 지평으로부터 조망하고자 한다. 즉 하이데거는

---

27) 같은 책, 317면.

다음과 같이 묻고 있는 것이다. '도대체 형이상학의 역사 전체에서 존재자 전체의 존재와 인간의 관계가 문제가 되고 가치에 대한 인간의 관계는 존재의 진리의 한 형태일 뿐일 경우, 형이상학의 어떠한 성격 때문에 니체의 가치사상이 형이상학의 역사의 종국점에서 나타나게 되는가?'

2.3 형이상학의 근원과 하이데거의 존재 물음

형이상학의 근원적 본질로부터 가치사상이 기원한다는 사실을 인식하기 위해서는 형이상학의 근원적인 본질을 보다 명확히 파악하지 않으면 안 된다. 위에서 보았듯이 이러한 본질은 존재자 전체의 존재에 대한 인간의 관계이다. 형이상학은 존재자로서의 존재자 전체에 대해서, 즉 존재자의 **존재**에 대해서 말한다. 따라서 형이상학에서는 존재자의 **존재**에 대한 인간의 관계가 지배하고 있다.

그러나 인간이 이런저런 존재자뿐 아니라 존재자의 **존재**에 관계하는지 그리고 어떻게 관계하는지라는 물음은 형이상학에서는 물어지지 않은 채 남아 있다. 이는 우연이 아니다. 왜냐하면 형이상학은 "존재"에 대한 인간의 관계를 존재자에 대한 인간의 관계를 설명하는 것을 통해서 이미 충분히 규정했다고 착각하기 때문이다. 형이상학은 존재자에 대한 관계와 존재에 대한 관계, 양자를 동일한 것으로 여긴다. 이렇게 동일시한다는 점에서 형이상학적 사유일반의 근본특성이 암시되고 있다.

존재는 형이상학에서 존재자**성**(Seiendheit)을 의미하며 따라서 존재자에 대해서 일반적인 것을 가리킨다. 우리가 존재자, 예컨대 집, 말, 인간, 돌, 신에 대해서 단지 다음 사실, 즉 그것은 존재하고 있다(es sei seiend)고 말한다면 가장 일반적인 것이 말해진 것이 된다. 따라서 존재자**성**은 이러한 가장 일반적인 것 중에서 가장 일반적인 것, 즉 최고로 일반적인 것, $\tau\grave{o}$ $\chi o\iota\nu\acute{o}\tau\alpha\tau o\nu$, 최고류(genus), "가장 보편적인 것"을 가리킨다.

이러한 가장 일반적인 것인 존재와 달리 존재자는 각각 "특수한 것"이며 "이러저러한 종류의 것"이며 "개별적인 것"이다. 존재자에 대한 존재의 구별은, 여기서는 가장 추상적인 것으로서 가장 일반적인 것을 남기기 위해서 존재자의 모든 특수성이 사상(捨象)된다는 사실에 근거하고 그러한 사실을 본질로 갖는 것처럼 보인다. 존재는 추상을 통해서 파악되는데 이러한 추상의 방법은 그외에도 임의의 사물이나 사물들간의 관계를 표상하고 사유할 경우에도 보통 행해지는 방법이며 결코 "존재"의 파악을 위해서만 유보되어 있는 방법은 아니다. 형이상학에서 존재는 존재자를 파악하듯이 파악된다. "존재자에 대한 관계"를 넘어서 존재에 대한 관계는 형이상학에서는 거의 사유되지 않으며, 만일 사유된다고 해도 항상 단지 존재자에 대한 관계의 **그림자**처럼 간주되기 때문에 존재자에 대한 관계의 본질조차 어둠 속에 묻혀 있다. 그러나 우선은 오직 존재자에 대한 인간의 관계밖에 경험되지 않는다 해도, 이러한 관계도 인간이 **인간인 한에서는 존재에 대한 관계 안에 서 있기** 때문에 성립할 수 있는 것이다. 이는 존재에 대한 관계가 인간에게 증여되지 않는다면, 인간은 존재자에 관계할 수도 없고 존재자를 존재자로서 경험할 수 없기 때문이다.

그러나 존재는 존재자와는 철저하게 다른 것으로서 존재자를 파악하듯이 파악될 수는 없다. 존재는 오히려 존재자를 '존재자로서' 드러내는 것으로서 독자적인 개현방식을 갖는다. 하이데거에서 문제는 존재를 존재 자체로서 파악하는 것이며 이것이 바로 하이데거의 존재물음이 목표하는 것이다. 이러한 존재물음은 모든 형이상학으로부터 벗어난 것이다. 이는 형이상학이 참이 아니고 타기되어져야 할 것이어서가 아니라, 그것이 형이상학인 한 자신이 결코 근거지울 수 없는 근거에 기초하고 있기 때문이다.

형이상학이 존재자성으로서 그리고 존재자의 궁극적이고 확실한 진리로 간주하는 존재의 진리는 어디에 근거하는가라는 물음이 하이데거의 존재 물음이다. 형이상학적인 물음은 존재자로부터 출발하면서 그것의 근거로서의 존재를 추궁해 들어간다. 이에 대해서 하이데거는 이러한 존재 자체와 그것의 진리의 근거에로 향한다. 이러한 다른 물음은 '존재자는 무엇인가?'라는 형이상학의 주도적 물음의 근저에 물어지지 않은 채로 놓여 있었던 것을 묻는다. 그것은 형이상학 자체가 서 있고 근거하며 형이상학이 그것으로부터 비로소 발원하는 것을 묻는다. 하이데거는 형이상학이 묻지 않으면서도 항상 원용하고 있는 존재와 존재자의 구별 자체의 본질을 탐색하고자 한다. 형이상학은 이러한 구별을 인간의 정신이나 이성에 의해서 파악되는 항존적인 근거와 그 근거에 의해서 근거지워지는 것들 사이의 차이로, 그리고 형이상학의 종국점인 니체에서는 권력에의 의지로서의 인간자신이 자신의 고양을 위해서 설정하는 근거로서의 가치와 존재자들 사이의 차이로 해석한다. 그러나 하이데거는 형이상학의 역사가 오히려 인간의 정신이나 이성 더 나아가 권력에의 의지에 의해서 주체적으로 구성된 것이 아니라 오히려 존재의 진리의 그때그때마다의 발현형태에 따라서 형이상학과 인간의 역사가 바뀌는 것을 본다. 하이데거에게는 이렇게 형이상학과 형이상학의 역사를 가능케 하면서도 그것이 근대로 갈수록 오히려 인간의 산물로서 오인되는 존재 자체의 본질을 탐구하고자 하는 것이다. 이러한 존재는 인간이 눈앞에 보는 존재자와는 전적으로 다른 것이다. 그것은 형이상학과 인간의 역사를 가능케 하면서도 그러한 것으로서의 자신을 은닉한다. 존재자 전체를 드러냄으로써 형이상학의 역사를 가능케 하면서도 자신의 본질을 은닉하는 그것의 본질이 하이데거의 존재 물음이 지향하는 것이다.

하이데거는 존재란 존재자가 존재하는 것으로서 개시되는 것을 가능케 하는 것이라고 말하고 있다. [28] 그러면 하이데거가 존재자

---

28) 하이데거 *Was ist Metaphysik?* 제5판, 35면 참조. "Das Nichts ist die Ermöglichung der Offenbarkeit des Seienden als eines solchen für das menschliche Dasein(무는 존재자가 그 자체로서 인간 현존재에게 개시되는 것을 가능케 하는 것이

가 존재자로서 우리에게 개시된다고 말할 경우 그는 어떠한 사태를 염두에 두고 있는가? 하이데거는 이 경우 존재자가 '존재한다'는 사실이 단적으로 우리에게 개시되는 사태를 염두에 두고 있다. 우리는 보통 존재자들을 볼 때 그러한 것들이 무엇이며 어떠한 성질을 가지고 있는지에 관심을 갖는다. 그러나 어느 순간 우리는 존재자가 무엇이든 그것이 존재한다는 사태 자체에 대해서 경이를 느낄 때가 있다. 하이데거는 이러한 사태를 염두에 두면서 '존재자가 존재한다'는 기적에 대해서 말하고 있다. [29] 이 경우 존재자는 그것의 존재 자체를 통하여 우리들의 관심을 끄는 것이다. 존재자가 존재한다는 것은 사실은 가장 평범하고 진부하기 짝이 없는 사실이며 이에 통상적으로 우리의 관심을 전혀 끌지 못하는 사실이다. 통상적으로 우리의 관심을 끄는 것은 어떤 특정한 존재자가 어떤 특이한 성질을 가질 때다. 이에 대해서 어떠한 존재자든 모래알이든 꽃이든 그리고 자기자신이든 그것이 존재한다는 사태 자체가 우리의 관심을 끌고 우리를 사로잡는 것은 극히 드문 순간뿐이다.

하이데거는 존재자가 존재한다는 사태가 우리의 관심을 끄는 순간으로서 경이라는 근본기분을 들고 있다. 이러한 근본기분은 원래 전통적 형이상학을 가능케 했던 근본기분이다. 전통 형이상학이란 '존재자가 무가 아니고 존재한다'는 사실에 대한 경이에서 출발한다. 전통 형이상학은 존재자가 왜 무가 아니고 존재하는지를 물으며 그것의 궁극적 근거를 자신이 자신의 존재근거인 최고의 존재자인 신에게서 찾는다. 전통 형이상학은 '존재자가 왜 무가 아니고 존재하는지'를 물음으로써 존재자 전체를 문제삼고 있다. [30] 그것은 이런저런 존재자가 존재하는 근거를 파고들어가는

다)."
29) 같은 책, 46면 이하 참조. "Einzig der Mensch unter allem Seienden erfährt, angerufen von der Stimme des Seins, das Wunder aller Wunder: daß Seiendes ist (모든 존재자들 중에서 오직 인간만이 존재의 소리에 부름받는 것을 통해서, 존재자가 존재한다는 모든 기적들 중의 기적을 경험한다)."

것이 아니라 '어떠한' 존재자든 그것이 존재하기 위한 궁극적 근거를 파고들어가고 있다. 전통 형이상학의 이러한 탐구는 실증주의의 대두 이래 쓸모없고 도로에 그칠 수밖에 없는 무모한 작업으로서 비판을 받지만 인간은 인간인 이상, 다시 말해서 인간이 동물과 달리 '존재자가 무가 아니고 존재한다'는 사실에 대해서 경이를 품을 수 있는 한, 형이상학적인 물음은 인간이 피할 수 없는 숙명적인 물음이라고 말할 수 있다. 전통 형이상학은 여가에서 비롯된 지적인 유희가 아니라 존재자가 한갓 자신의 본능충족의 대상으로서 나타나지 않고 그것이 존재자 그 자체로서 우리들의 관심의 대상이 될 때 비롯되는 것이다. 존재자가 존재하는 것 자체로서 우리들의 관심이 되는 것, 달리 말해서 우리가 존재자 자체의 본질과 근거를 묻게 되는 것 역시 우리 인간의 지적인 호기심에서 비롯되고 우리 인간이 원하지 않으면 묻지 않을 수 있는 것이 아니라 어떤 의미에서는 우리 인간은 그러한 물음을 묻지 않을 수 없도록 내던져 있는 것이다.

존재자가 무가 아니라 존재한다는 사실에 대한 경이는 하나의 근본기분으로서 우리가 임의로 조성할 수 있는 것이 아니고 우리를 오히려 엄습해 오는 것이며 그러한 근본기분에 의해서 우리는 존재자는 왜 무가 아니라 존재하는가라고 묻게 된다. 그러한 물음은 경이라는 근본기분을 통해서 우리에게 던져지는 것이며 우리는 이 질문에 의해서 사로잡히게 된다. 동물적 차원에서 존재자는 존재자 그 자체로서 문제되지 않고 욕망과 본능충족의 대상으로만 문제될 뿐이나, 오직 인간에게만 존재자 전체가 존재하는 것으로서 문제가 된다. 그리고 이렇게 인간이 존재자 전체를 문제삼을 수밖에 없게 되는 것은 우리가 존재자 전체에 이미 열려 있기 때문이다. 존재자 전체가 인간에게 자신을 존재하는 것으로서 이미 개시하고 있기 때문이다. 이렇게 우리 인간이 욕망의 실

---

30) 같은 책, 42면 참조.

현의 장으로서의 환경세계를 넘어서 존재자 전체에 이미 나가 있다는 이러한 사실이야말로 인간을 동물로부터 철저히 구별지우는 근본적인 사실이다. 우리 인간은 자신의 의지와 상관없이 존재자 전체에 이미 열려 있는 것이며 이를 통해서 존재자 전체를 이해하고 존재자 전체와 어떤 형태로든 관계하도록 운명지워져 있는 것이다. 그것이 존재자 전체와 관계할 수밖에 없다는 것은 그것은 어떤 형태로든 '존재자 전체가 무가 아니고 존재하는 것으로서 나타나는 지평'인 무와 대결할 수밖에 없다는 것을 의미한다. 형이상학은 이미 개시되어 있는 존재자 전체를 고찰하면서 존재자 전체의 본질과 근거를 묻는다. 그것은 존재자를 무가 아니고 존재자이게끔 하는 것을 탐구한다. 형이상학에서 무는 철저하게 존재와 대립되는 것으로서 사유된다. 형이상학에서 존재하는 것은 어디까지나 존재자일 뿐이며 그 이외는 무이다. 무란 존재자가 아니기에 그것은 생각할 수도 말할 수도 없는 것이다. 존재는 존재자에게 속하는 것으로 생각되며 존재는 존재자 전체가 공통적으로 갖는 성질이 된다. 그리고 존재자에게 존재가 부여되는 근거는 그 자신이 존재근거인 존재자인 최고의 존재자에게서 찾아진다. 그 자신이 존재근거인 존재자는 무로부터 철저하게 벗어나 있는 영원한 존재자로서 파악된다. 이에 존재자를 무로 이끄는 사멸 내지 죽음이란 것도 철저하게 부정적으로 파악되며 여기서 존재와 무 그리고 죽음과 영원은 철저하게 대립적으로 파악된다.

하이데거는 이러한 형이상학의 사유방식에 하나의 필연성이 존재함을 결코 부정하지 않는다. 존재자가 무가 아니고 존재한다는 사실이 경이라는 근본기분에서 인간에게 개시되었을 때 형이상학은 인간이 전개할 수 있는 아니 인간이 전개할 수밖에 없는 하나의 사유형태이며, 그것은 그 자체로서 하나의 엄밀함을 갖는다. 하이데거는 형이상학이 엉터리며 쓸모없는 것이라고 보지 않는다. 형이상학은 형이상학이 처한 물음의 상황에서는 그 상황에 대한 유일한 응답방식이며 그러한 방식으로서 서구의 역사를 지탱해 온 것이다.

그런데 형이상학이 존재자가 무가 아니고 존재한다는 기적 앞에서의 경이라는 근본기분에서 출발하면서 존재자를 무가 아니고 존재케 하는 근거를 파들어갈 경우에 이러한 사유방식 이외의 다른 사유방식이 가능한가? 형이상학적인 방식 이외에 존재를 사유하는 다른 방식이 있을 수 있는가? 존재자가 존재하는 근거들을 따져 들어가는 형이상학적 사유방식은 필연적인 것일 뿐 아니라 유일하게 가능한 사유방식은 아닌가? 하이데거는 그러한 다른 사유가 가능하다고 생각할 뿐 아니라 필수적이라고 말하고 있다. 하이데거는 그러한 사유를 형이상학의 근거에로 진입하는 사유라고 하고 있다. 그러한 사유란 형이상학과 형이상학적인 문제제기, 즉 존재자는 왜 무가 아니고 존재하는가라는 물음을 가능케 하고 이를 통해서 형이상학의 역사를 가동케 했던 사태에로 진입하는 사유이다. 형이상학은 존재자가 '무가 아니고 존재한다'는 사태에 대한 경이로부터 비롯된다. 그 경우 형이상학은 존재자가 이런저런 어떤 특정한 성격을 갖는 것으로서 아니라 '존재하는 것으로서 단적으로 개시되는 사건 자체'를 문제삼지는 않는다. 달리 말해서 그것은 존재자 전체가 무가 아니고 존재하는 것으로서 단적으로 개시되는 경이라는 근본기분의 사건을 문제삼지 않는다. 그것은 인간이 존재자를 단순히 욕구의 대상으로서가 아니라 존재자 자체로서 이해할 수 있는 근거를, 존재자 전체가 이미 개시되어 있는 것을 토대로 하여 이론적으로 전개함으로써 자신이 발굴해 낸 궁극적인 존재근거로부터 이해하며 인간이 이러한 존재근거로부터 부여받은 정신 내지 이성이라는 특유한 능력으로부터 이해한다. 하이데거에게는 이에 대해서 존재자가 단적으로 존재한다는 사실이 개시되는 사건 자체를 문제삼고자 한다.

전통 형이상학에 있어서 존재하는 것은 존재자뿐이다. 그러나 존재자가 무와의 차이로부터 존재한다는 사실이 개시되는 경이라는 근본기분의 사건은 존재자는 아니다. 그럼에도 그것은 '존재하는' 것은 아닌가? 그것은 인간이 만들어 낸 한갓 환상에 불과한 것인가? 그것은 존재자는 아니면서도 오히려 인간을 형이상학적인 물음으로 몰아세우고 우리가 형이상학이란 형태로 응답하도록 촉구하는 강력한 어떤 것이 아닌가? 그것은 형이상학의 건립을 통하여 서구의 역사 자체를 가능케 할 정도로 그 어떤 존재자보다도 강력하게 우리에게 말을 거는 것이 아닌가? 그러한 사건이야말로 형이상학에 자명한 것으로 전제되면서 물음의 대상이 되지 않으면서도 형이상학 자체를 가능케 하는 것은 아닌가? 하이데거가 형이상학의 본질근거라고 말하는 것은 바로 '존재자가 무와의 차이에 대한 경험으로부터 단적으로 존재한다'는 사실이 경험되는 이 사건을 말한다. 이 사건은 여타의 존재자들처럼 존재하지는 않는다. 그럼에도 그것은 우리에게 말을 걸고 우리에게와 닿으면서 우리를 경이에 빠뜨리는 것으로서 존재한다.

하이데거에게는 전통 형이상학이 자명한 것으로서 전제한 형이상학의 가능근거에로 물어 들어간다. 전통 형이상학이 취한 사유방향, 즉 인간의 이성을 통하여 존재자의 근거를 냉정하게 파헤쳐 들어가는 사유방향은 현대의 과학기술 문명에서 그 가능성이 완전히 다 길러 내어졌기에 형이상학적인 사유방향과는 전적으로 다른 사유방향은 전통 형이상학을 가능케 했으면서도 전통 형이상학에 의해서는 전혀 물어지지 않았던 영역으로 진입하는 방향밖에는 존재하지 않는다. 이에 하이데거는 형이상학의 시발점인 그리스 철학에로 되돌아가 무엇이 그리스 철학을 가능케 하고 그를 통하여 서구의 역사를 가능케 했는지를 묻는다. 그리고 하이데거는 그리스 철학의 시발점에 경이라는 근본기분이 존재함을 보면서 그러한 기분에서 일어난 사건을 구명하고자 한다. 그러한 사건에서는 존재자가 '존재자로서' 개시된다. 그리고 그 경우 존재자는 무와의 차이로부터 개시된다. 이는 달리 말해서 존재자가 단적으로 존재하는 것으로서 개시되기 위해서는 무에 대한 경험이 촉구된다는 것이다.

그러나 이 경우 무란 무엇인가? 전통 형이상학에서 무란 존재하지 않는 것, 단적으로 공허한 것, 이에 경험할 수도 사유할 수도 없는 것이다. 그러나 하이데거는 무에 대한 경험을 말한다. 무는 존재자처럼 존재하는 것은 아니나 존재자가 존재자로서 개시되는 근원으로서 경험된다. 하이데거가 무에 대한 경험을 다룬 대표적인 글은 그의 프라이부르크 대학 교수취임 강연인 「형이상학이란 무엇인가?」이다. 거기서 하이데거는 무의 경험이 일어나는 사건으로서 불안의 경험을 말하고 있다. 불안이란 근본기분에 의해서 엄습될 경우 존재자 전체는 자신들의 일상적인 의미를 상실한다. 존재자 전체로부터 이러한 일상적인 의미가 벗겨져 나감으로써 존재자 전체는 단적으로 존재하는 것으로서 자신을 개시한다. 그리고 그 경우 인간을 불안이란 근본기분에 빠뜨리면서 일상적인 존재자 전체를 무화시키는 한편 다시 존재자 전체가 단적으로 존재한다는 기적 앞에 인간을 직면시키는 근본적인 힘을 하이데거는 무라고 말하고 있다. 그것은 전혀 존재자가 아니면서도 그 어느 존재자보다도 강력하게 인간에게 말을 걸음으로써 인간의 눈을 새롭게 뜨게 하고 이를 통해서 존재자가 단적으로 존재한다는 사실 앞에 직면케 하는 것이다. 그리고 이를 통해서 인간은 '존재자는 왜 무가 아니고 존재하는가'라는 물음을 던지게 되는 것이다.

후기 하이데거가 경이라는 근본기분에서 전통 형이상학의 근본물음의 기원을 찾고 불안이란 기분을 새로운 사유를 가능케 하는 근본기분으로 간주하고 있는 반면에, 전기의 하이데거는 불안이란 근본기분에서 전통 형이상학의 근본물음의 기원을 찾고 있다. 그런데 여기서 이렇게 경이나 불안이란 근본기분이란 형태로 인간을 엄습하고 인간에게 말을 거는 그 근본 힘은 무엇인가? 하이데거는 일단 그것이 전혀 존재자가 아니라는 면에서 우리가 눈앞에 드러나 있는 존재자를 파악하듯이 그것을 파악하려고 하면 빠져 달아나고 자신을 은닉하는 것이라는 점에서 그것을 무라고 말하고 있다. 그러나 다른 한편으로 그것은 존재자가 존재자로서 개시되게 하고 이를 통해 존재자에 대한 모든 형이상학적 과학적 인식과 존재자들에 대한 모든 실천적 교섭을 가능케 하는 것이라는 점에서 존재라고 말하고 있다. 이에 무와 존재라는 용어는 근본기분이란 형태로 인간에게 말을 거는 근원적인 것이 갖는 성격들을 지칭하는 용어라고 할 수 있을 것이다. 이에 하이데거는 무와 존재의 공속성에 대해서 언급한다.

하이데거가 존재라는 것으로 무엇을 의미하고 있는지를 보다 더 명확히 파악하기 위해서 우리는 근본기분의 성격을 더 분명히 파악하지 않으면 안 된다. 왜냐하면 근본기분이야말로 우리가 하이데거가 존재라고 말하는 것을 경험하는 장이며 존재가 자신을 개현하는 장이기 때문이다. 근본기분에서는 존재자 전체가 문제가 된다. 아니 차라리 여기서는 단적으로 '전체'가 문제가 된다고 보아야 할 것이다. 불안이란 기분에서 존재자 전체가 자신에게 부과되었던 일상적인 의미를 잃고 단적으로 존재하는 것으로서 자신을 드러낸다고 할 경우 우리는 존재자 하나하나에 대해서 순차적으로 이러한 경험을 하고 그 총합의 결과 존재자가 단적으로 존재하는 것으로서 자신을 드러낸다고 하는 것이 아니기 때문이다. 거기서는 단적으로 존재자 '전체'가 문제가 되고 있다. 그런데 이 전체란 무엇인가? 이 전체는 존재자들의 합인가? 존재자들이 존재할 뿐이며 전체는 이러한 존재자들의 순차적 합의 결과일 뿐인가? 그렇다면 모든 존재자들이 단적으로 문제가 되는 근본기분의 사건이라는 것도 불가능할 것이다. 근본기분에서는 단적으로 전체가 문제가 된다. 그러나 이 전체가 존재자들의 단순한 합이 아니라면 그것은 무엇인가? 그것은 또한 어떤 특별한 존재자도 아니다. 오히려 그것은 신이든 바위든 인간이든 모든 존재자들이 단적으로 존재하는 것으로 개시되는 것을 가능케 하는 것으로서 그 어떤 존재자도 아니다. 그렇다고 하여 그것이 존재자들로부터 독립하여 따로 존재하는 것은 아니다. 그것은 모든 존재자들의 위나 옆에 존재하는 것이 아니다. 그렇다면 그것은 또 하나의 존재자에 지나지 않을 것이다. 그것은 존재자들에 즉해서 존재한다.

하이데거가 존재 자체라고 말하는 것은 이렇게 근본기분에서 그때그때마다 다르게 자신을 드러내는 '전체'를 말한다. 전체는 존재자와는 전적으로 다른 것이기에 존재자들과 분리해서 존재하는 것이 아니다. 존재자들만이 '존재한다(das Seiende ist)'고 말할 수 있다고 할 경우에, 하이데거는 이러한 전체로서의 존재가 갖는 특유한 존재양식을 가리키기 위해서 'es gibt Sein'이라고 말하고 있다. 전체는 근본기분을 통해서 인간에게 말을 걸되 인간을 그것을 통해서 개시된 존재자들에 직면케 하고서 자신은 은닉하는 것이다. 그것은 모든 존재자들을 개시하면서 자신은 은닉한다. 이렇게 자신을 은닉함으로써 전통 형이상학이나 현대의 과학 그리고 인간의 모든 실천적인 행위들은 존재자들에만 향하게 된다. 그리고 이를 통해서 그것은 망각된다. 그럼에도 그것은 모든 존재자들이 근원적으로 자신을 개시하는 것을 가능케 하는 것이다.

그리고 그것이 망각된다는 사실은 존재자들의 근원적인 개시를 가능케 하는 빛이 망각된다는 것이며 이를 통해서 존재자들은 갈수록 피상적으로 드러나게 된다는 것을 의미한다. 이에 인간이 존재자들을 보다 근원적으로 이해하려면 인간은 항상 근본기분을 통해서 인간에게 말을 거는 이 전체에 자신을 열어야 한다. 이는 이 전체가 인간에게 근본기분을 통하여 자신을 개시하는 것을 통해서 모든 존재자들은 근원적으로 자신을 개시하기 때문이다. 인간은 근본기분을 통하여 이 전체의 개현에 나가 있다. 근본기분이란 인간에게 전체의 개현(Lichtung)이 일어나는 사건 이외의 것이 아니다. 형이상학이 우리의 개별과학적인 탐구와 일상적인 삶을 이끄는 빛으로서 드러내는 존재자 전체에 대한 이해의 틀인

범주 등은 사실은 근원적인 빛이 아닌 것이며 이러한 형이상학적인 빛은 사실은 불안이나 경이라는 근본기분에서 일어나는 보다 근원적인 빛(Lichtung)에서 파생한 것이다. 이러한 근원적인 빛은 형이상학과 모든 개별과학을 인도하는 빛과는 달리 인간에 의해서 언제든지 구명될 수 있는 빛이 아니고 오히려 인간이 헤아릴 수 없는 은닉된 심연으로부터 발하는 빛이다. 형이상학을 인도하는 빛이 이러한 근원적인 빛의 한 파생이라는 면에서 하이데거는 자신의 존재물음을 형이상학의 근거에로의 진입(Eingang in den Grund der Metaphysik)이라고 명명했던 것이다.

하이데거가 말하는 존재망각이란 이러한 근원적인 빛에 대한 망각이다. 이러한 근원적인 빛이란 형이상학에서처럼 어둠과 대립되고 모든 종류의 비밀과 은닉의 차원이 배제된 빛이 아니라 은닉과 비밀과 내밀하게 연관되어 있는 빛이다. 우리가 빛을 존재라고 하고 이러한 은닉과 비밀의 차원을 무라 한다면 하이데거에서 존재란 형이상학에서처럼 무의 대립개념이 아니라 무와 공속(共屬)하는 것이라 하겠다.

형이상학에서 존재는 그렇게 모든 어둠과 무가 배제된 존재이기에 이러한 존재는 냉철한 정신에 의해서 파악되는 것이라면 하이데거가 말하는 존재란 정신이 아니라 근본기분에서 자신을 드러낸다. 정신에 의해서 파악되는 존재란 '지속적으로 존재한다'는 고정성을 특색으로 갖는 반면에 근본기분에서 자신을 드러내는 존재는 인간에 와 닿으면서 엄습하는(betreffen) 시간성과 역사성을 특징으로 갖는다.

통상적으로 이 전체는 세계라고 불리워진다. 세계란 무엇인가? 세계는 흔히 존재자들의 연쇄라고 이해된다. 하이데거는 전체 내지 세계에 대한 사변을 추구하지 않는다. 그는 현상학자로서 우리에게 전체가 자신을 개현하는 사건을 이해하고자 할 뿐이다. 그에 따르면 존재자들만이 경험의 대상이 되고 인간은 존재자들과만 관계하는 것이 아니다. 전체가 경험되는 근본기분이란 사건이 있으며 그리고 근본기분을 통해서 열려진 전체에 대한 경험을 통해서 인간은 비로소 존재자들과 관계할 수 있다. 초기 하이데거 식으로 말하면 인간은 세계에로 초월하는 것을 통하여 개개의 존재자들에 대한 지향적 관계를 맺을 수 있는 것이다. 세계로의 초월이 지향성의 근거이다. 후설이 지향성을 인간의식의 근본적 사실로 간주한 반면에 하이데거에게는 세계에로의 인간이 열려 있다는 것, 인간이 세계를 이해한다는 것이 인간의 근본사실이다. 인간이 이렇게 전체로서의 존재에 이미 열려 있다는 사실이 인간의 인간됨을 구성하는 가장 근본적인 사실이라는 것을 드러내기 위해서 하이데거는 인간을 현-존재라고 부르고 있다.

2.4 니힐리즘의 기원과 본질 그리고 극복에 대한 하이데거의 사상

존재자 '전체' 내지 세계는 그리스 시대에서는 경이라는 근본기분에서 자신을 개현한다. 경이라는 근본기분에서 세계는 은닉으로부터 자신을 드러내는 피지스로서 이해된다. 여기서 존재자 전체는 찬연하게 빛을 발하면서 자신을 드러내고 현존재에게 말을 거는 것으로서 이해된다. "그리스인들은 존재를 처음으로 그리고 시원적으로 $\varphi\acute{v}\sigma\iota\varsigma$(피지스)로서, 즉 자신으로부터 피어나면서 본질적으로 자신을 개현하는 것, 자신을 여는 것 그리고 열려진 장 안으로 자신을 개현하는 것(das von-sich-aus-Aufgehen und so wesenhaft sich-in-den-Aufgang-Stellen, das Sich ffnen und ins-Offene-sich Offenbaren)으로서 파악했다."[31] 그러나 그리스인들은 경이라는 근본기분에서 일어나는 피지스의 근원적인 개현의 사건 자체를 문제삼지 않으며 그러한 세계개현을 자명한 것으로 전제한다. 그리스인들에게는 이러한 세계개현에서 개현된 존재자들을 이론적으로 그리고 실천적으로 해석하는 것이

---

31) 하이데거, 『니체와 니힐리즘』, 329면.

문제이다. 그들은 존재자 전체의 개현이란 사건에 관심을 갖기보다는 이미 개현되어 있는 존재자들을 구체적으로 해석하는 데에 관심을 가졌다. 이에 따라서 그들은 세계를 피지스로서 이해하면서도 그러한 세계개현을 존재자들로부터 그리고 존재자들에 적용되는 이해틀로부터 이해하고자 한다. 이러한 경향은 플라톤에서 극히 강력하게 드러난다. 플라톤의 이데아란 양의적인 것이다. 이데아란 피지스의 경험에 입각하는 한편으로, 존재 내지 존재자들의 개현을 규정하는 세계개현을 이미 개시되어 있는 존재자로부터 이해한다. 그리고 이를 통해서 세계는 존재자와 같은 방식으로 파악된다. 그것은 존재자가 파악되는 방식과 유사하게 파악될 수 있는 것으로 이해되는 것이다. 다만 존재자는 지각의 대상인 반면에 그것은 인간의 정신에 의해서 파악되는 것이다. 여기서 존재 내지 세계는 존재자와 유사하게 파악되는 바, 존재자는 다만 생성변화하는 반면에 존재는 영원불변하는 것으로서 이해되는 것이다. 그것은 존재자를 가능케 하는 조건으로서 이해된다. 그것은 존재자의 존재를 가능케 하는 항존적인 근거이다. 그리고 그것은 그러한 것으로서 인간의 정신적인 파악노력에 의해서 언제라도 파악될 수 있는 것이다. 그럼에도 플라톤의 이데아는 피지스의 경험에 입각한 것으로서 아직 피지스의 성격을 보존하고 있다. 여기서 이데아는 단적인 은닉으로부터 자신을 드러내는 것이라는 성격을 갖고 있다. 그것은 근대에서처럼 인간이성에 속해 있는 것으로 파악되지 않고 오히려 은닉으로부터 자신을 드러내면서 우리를 매료시키는 것이라는 성격을 아직도 보존하고 있는 것이다. 플라톤의 이데아란 칸트가 생각하는 사유범주나 이념과는 전적으로 다르다. 칸트의 사유범주나 이념은 인간에게 귀속되는 사유의 틀 이외의 것이 아니지만 플라톤의 이데아란 단적인 은닉으로부터 자신을 드러낸다는 피지스의 비은닉성의 성격을 아직도 가지고 있다.

그러나 플라톤은 이러한 존재를 지각의 대상인 존재자처럼 파악하고 존재자를 조건지우는 항존적인 근거로서 파악함으로써, 존재를 존재자에 대한 경험을 가능케 하고 이를 통해서 경험대상을 가능케 하는 항존적인 조건으로 파악하는 칸트 식의 근대적인 존재이해를 가능케 했던 것이다. 플라톤에서 존재자와 존재를 조건지워진 것과 조건지우는 것 내지 근거지워진 것과 근거지우는 것으로 보는 형이상학적인 도식이 시작된다. 존재는 존재자들을 가능케 하는 조건 내지 근거로서 인간의 정신에 의해서 언제든지 파악될 수 있는 항존적인 것으로 파악되고 있다. 그리고 바로 이러한 이해가 그후의 형이상학의 길을 결정하는 것이다.

근대에 와서 존재는 존재자에 대한 경험을 조건지우는 인간본래의 직관형식과 사유형식으로서 파악된다. 존재가 갖는 피지스의 성격 즉 단적인 은닉으로부터 자신을 드러내는 성격은 이를 통해서 더욱 은폐된다. 존재는 인간에 속하는 직관과 사유의 틀로 간주되는 것이다. 하이데거는 이를 존재망각의 심화로 보고 있거니와 이러한 망각과 이를 통한 존재의 피지스적인 성격의 은폐는 니체에 있어서 바로 극단에 달한다.

니체에서 존재란 이제 권력에의 의지라는 성격을 갖는 존재자가 자신의 권력을 유지하고 고양하기 위해서 설계한 조건에 지나지 않는다. 니체에게서 존재란 은닉으로부터 자신을 단적으로 드러내는 피지스의 성격을 완전히 상실하는 것이다. 그것은 존재자 특히 권력에의 의지의 대표적인 구현자인 인간에 의해서 기투되는 한편 그것이 불필요하게 되면 언제라도 폐지될 수 있는 것이 된다. 플라톤에서 존재로서의 이데아란 인간에 의해서 언제라도 폐지될 수 없는 것이며 오히려 은닉으로부터 발하는 그 자체의 아름다움으로 인간을 사로잡는 성격을 갖고 있었다. 그리고 칸트에서만 해도 직관의 형식과 사유의 형식 그리고 이념이란 결코 인간이 임의로 기투한 것이 아니라 인간이 직관과 사유를 제대로 하려고 할 경우에 항상 의지할 수밖에 없는 규범이란 성격을 가지고 있었다. 인간이 적어도 이성적이고자 한다면 인간은 그러한 규범에 자신을 복속시켜야만 했던 것이며, 그것은 따라서 인간이 언제라도 철폐할 수 있는 것은 아니었다. 그러나 니체에 와서 존재란 권력에의 의지로서의 인간의 수단 이외의 것이 아니다. 그것은 권력의 고양에 기여하면 가치를 갖고 소중하게 여겨지지만 그렇지 않으면 무가치한 것으로서 폐기된다. 니체에서는 플라톤이 말하는 이데아나 칸트가 말하는 직관형식이나 범주란 인간이 존재자 전체를 통어하면서 자신의 권력을 유지하고 고양하기 위해서 기투한 것들에 지나지 않는다. 그리고 니체에 따르면 이러한 것들은 이제는 권력을 고양하는 것이 아니라 오히려 인간의 권력을 저하시키는 것들로서 마땅히 폐기처분되어야 한다. 여기서는 존재가 존재자에 대해서 가졌던 전통적인 우위는 전적으로 상실되고, 존재는 존재자가 자신의 권력을 유지하고 고양하기 위해서 설정하는 수단으로 전락한다.

이러한 맥락에서 하이데거는 니체를 플라톤에서 시작된 피지스 망각 내지 존재망각의 완성이라고 보고 있다. 그리고 플라톤에서 존재망각에 바탕하면서 존재자 전체를 사유하려고 시도하는 형이상학이 시작된다고 보면서, 니체의 철학을 그러한 형이상학의 완성이라고 규정하고 있는 것이다. 하이데거는 니체의 철학을 현재의 기술시대의 철학으로 보고 있다. 기술시대를 지배하고 있는 것은 무조건적인 권력에의 의지이다. 여기서 존재자 전체는 '언제라도 처분될 수 있는 양화가능한 에너지의 저장원'으로 간주된다. 인간은 흔히 이러한 상황에서 자신을 존재자를 지배하는 주체라고 자부하나 사실은 인간 개개인도 양화가능한 노동력으로서 존재할 수 있을 뿐이다. 다만 그의 에너지는 다른 존재자들이 갖는 에너지를 추출해 낼 수 있는 능력을 갖는다는 점에서 차이가 존재할 뿐, 그 역시 다른 존재자들과 마찬가지로 더 많은 에너지를 더 빨리 내놓도록 닦달당한다는 점에서는 마찬가지이다. 그러면 이 기술시대에서 진정한 주체는 무엇인가? 그것은 인간으로 하여금 자신뿐 아니라 존재자 전체로 하여금 에너지를 더 많이 내놓도록 닦달하는 힘이다. 이러한 힘은 그 어떤 목적도 없이 자신을 끊임없이 확대하고자 하는 맹목적인 의지이다. 하이데거는 이러한 의지가 갖는 맹목적인 자기확장성을 가리켜서 '의지에의 의지'라고 하고 있다. 인간은 자신을 이러한 의지의 주체라고 생각하나 사실은 이러한 의지가 자신의 지배를 끊임없이 확장하기 위해서 사용하는 하수인(Funktionär)들일 뿐이다. 하이데거는 이러한 사태를 가리켜 인간이 '의지에 의해서 의지된다'고 하고 있거니와, 이는 특히 자신을 시대를 이끌어 가는 지도자들이라고 생각하는 사람들에 대해서도 타당하다. 현재의 기술시대란 이러한 맹목적인 의지의 자기확장을 위해서 인간을 비롯한 존재자 전체가 소모되고 황폐화되는 시대이다. 여기서 인간을 비롯한 존재자 전체는 자신의 고유한 존재를 상실하고 계산가능한 에너지의 집합체로 환원되는 것이다. 존재자가 자신의 고유한 존재와 무게를 상실하고 한낱 소모품으로 전락한 시대란 바로 니힐, 즉 공허한 무가 지배하는 시대이다.

하이데거는 이 시대의 니힐리즘의 기원을 존재가 자신을 근원적으로 개현하는 경이라는 근본기분의 망각 내지 피지스의 망각에서 찾았다. 그리고 그 망각의 기원은 이미 그리스 형이상학 자체에 존재하고 있었다. 그리스인들은 경이라는 기분에서 열리는 피지스로서의 전체를 이론적으로 탐구했다. 그러나 그것은 경이라는 기분에서 전체가 피지스로서 자신을 개현하는 사건은 하나의 자명한 전제로서 탐구하지 않은 채 남겨 두었다. 이를 통해서 근본기분을 통해서 자신을 여는 전체의 차원은 망각되어 갔으며 이와 아울러 존재자들은 피상적으로 자신을 드러내게 되었다.

이에 니힐리즘의 본질이란 하이데거에게는 이러한 존재망각 이외의 것이 아니다. 그러면 니힐리즘은 어떻게 극복될 수 있는가? 니힐리즘의 극복이란 존재자 전체의 충만한 존재에 대한 경험에 의해서만 극복될 수 있다. 이는 하이데거에 따르면 현대에서 이러한 존재가 자신을 고지하는 장인 불안과 경악이란 기분에 적극적으로 진입하는 것에 의해서만 가능하다. 불안이란 근본기분에서 존재자 전체에 대한 모든 종류의 과학기술적 지배란 무의미한 것으로서 나타난다. 그리고 그와 아울러 우리가 존재자 전체에 씌워졌던 과학기술적 의미는 존재자 전체로부터 미끄러져 사라지며 우리는 모든 의미 내지 빛이 사라진 무 안에 서게 된다. 이러한 무의 경험이란 실은 과학기술의 공격에서 벗어나 존재자에서 떠나 버린 존재가 자신을 그렇게 떠나 버린 것으로서 자신을 고지하는 것 이외의 것이 아니다. 이에 우리가 이러한 무에 우리를 열 경우, 다시 말해 과학기술적 세계로부터 의미를 박탈하는 무의 무화라는 사건에 우리 자신을 열 경우에, 우리는 존재자 전체가 '단적으로 있다'는 사태에 직면하게 된다. 존재자는 단적인 은닉으로부터 자신을 개현하는 것으로서 드러난다. 존재자 전체의 이러한 단적인 개현 앞에서 우리는 경외라는 근본기분에 사로잡히게 되거니와 여기서 존재자 전체는 한때 그리스인들이 경험했던 피지스로서 다시 나타나게 되는 것이다. 우리에게 그동안 자명한 것으로 간주되었던 기술적으로 해석된 세계가 무가 무화하는 사건 안에서 파괴됨으로써 존재자 전체는 우리에게 전혀 낯설게 열리는 것이다.

그러나 그리스인들에게는 피지스가 개현되는 사건 자체보다 그 안에서 개현되는 존재자들이 문제였던 반면에 오랜 존재망각의 종국에서 존재자 전체의 황폐화를 경험하는 우리들에게는 존재자 전체가 근원적으로 자신을 개현하는 사건이 가장 중요한 문제가 된다. 우리에게는 이미 개시되어 있는 세계를 전제로 한 존재자들에 대한 해석보다는 세계의 근원적인 개현과 은폐라는 문제가 가장 중요한 문제가 되는 것이다. 즉 존재가 자신을 은닉하면서 존재자 전체를 개현하는 사건이 문제가 된다. 하이데거에게 사유의 과제는 이제 형이상학의 역사를 존재가 자신을 고지하는 역사로서 해석하는 것이 된다. 존재는 그리스 시대라는 제1의 시원에서는 경이라는 근본기분에서 자신을 피지스라는 풍요로운 형태에서 드러내었다. 그러나 경이라는 근본기분의 성격은 피지스가 은 닉으로부터 자신을 드러내는 사건 자체보다는 이러한 사건에서 드러나는 존재자 전체의 아름다움에 매료되어 있는 상태이다. 여 기서는 세계개현의 사건보다는 존재자들이 문제되는 것이다. 이 와 아울러 그후의 형이상학의 역사에서는 존재자들을 개시하면서 자신은 한편으로는 은닉하는 세계개현의 사건은 망각되고 존재는 존재자들의 개시를 가능케 하는 존재자적인(ontisch) 근거인 이 데아나 이성범주나 절대정신, 권력에의 의지 등으로 자신을 비근 원적인 방식으로 고지한다. 이러한 비근원적인 존재의 자기개현 의 종국에 니체의 형이상학이 존재하거니와 니체의 형이상학이란 기술시대를 지배하는 의지에의 의지로서의 존재를 개념적으로 파 악한 것이다.

존재의 이러한 비근원적인 개현이 존재자 전체를 황폐화하면서 인간 현존재가 모든 의미와 빛이 사라지는 무 안에 서게 되는 사 건이 불안이라는 근본기분의 사건이다. 그런데 현존재가 이렇게 무를 인수함으로써 존재자 전체가 자신의 고유한 존재를 드러내 는 사건이 바로 제2의 시원이다. 여기서 존재자 전체의 존재는 단적인 무와 은닉으로부터 자신을 드러내는 것으로서 어떠한 기 술적 과학적 공격도 침투할 수 없는 단적인 충만으로서 드러낸 다. 제2의 시원에 진입한 인간들은 '불안이라는 무의 경험을 통 과하면서' 존재의 충만한 개현을 경험한다는 점에서 그리스인들 과는 다르다. 그러나 이는 제2의 시원으로서의 현대가 제1의 시 원인 그리스 시대보다 더 우월하다는 것은 아니다. 존재자들의 아름다움을 경험하는 데에 있어서는 우리가 그리스인들을 능가할 수가 없다. 그러나 존재자들의 고유한 존재가 은닉과 비밀의 차 원으로부터 비롯된다는 사실을 자각함에 있어서는 그리스인들이 우리를 능가할 수 없다.

니체에게는 무의 경험이란 최고의 가치들이 무가치하게 되는 경험을 의미한다. 이에 대해서 하이데거는 무를 존재자와의 차이로부터 경험된 존재 자체로 보면서 무의 경험을 존재 자체에 대한 경험으로 해석하고 있다. 니체가 그의 모든 통찰에도 불구하고 니힐리즘의 은폐된 본질을 인식할 수 없었던 것은 그가 니힐리즘을 처음부터 그리고 오직 가치사상의 입장에서 파악하며 최고의 가치들이 무가치하게 되는 과정으로서 파악하기 때문이다. 니체는 서구 형이상학의 궤도와 영역 안에서 사유하기 때문에 그리고 그는 그러한 궤도와 영역에서 서구 형이상학을 종국에 이르기까지 사유하고 있기 때문에, 니힐리즘을 그런 식으로 그리고 오직 그런 식으로만 사유할 수밖에 없다. 니힐리즘에서 자신을 고지하는 무는 우리의 삶을 지배하고 우리로 하여금 이러한 상황으로부터 벗어나기 위해서 무엇인가를 모색하게 하도록 몰아세우는 그 무엇이다. 여기서 무는 전적으로 없는 것이 아니라 오히려 그 어떤 존재자들보다도 우리에게 와 닿고 말을 거는 그러한 것이다. 그것은 존재자들처럼 우리가 지각하고 파악할 수 있는 방식으로 존재하는 것은 아니지만 그럼에도 불구하고 **있는** 것이다.

니힐리즘을 극복하기 위해서는 니힐리즘의 사건을 이해해야 하며 니힐리즘의 사건을 이해하기 위해서는 니힐리즘에서 자신을 고지하는 무의 의미를 이해해야 한다. 그리고 이 무를 이해하기 위해서는 우리는 무엇보다 존재자들과는 전혀 다른 방식으로 존재하는 이 무의 존재방식과 그 의미를 이해해야 한다. 여기서 우리는 니힐리즘의 문제가 왜 하이데거에게는 존재 물음과 불가분의 관계를 갖는지를 이해할 수 있다.

하이데거 사상의 근본경험이 불안을 통한 경외라는 근본기분에서 존재자 전체를 피지스로 경험한 것이었다면 니체의 근본경험은 신의 죽음을 통한 절망의 경험과 이를 강력한 권력에의 의지를 통해서 극복하는 것이었다. 근본경험이 갖는 이러한 차이에 따라서 양자가 전통 형이상학을 파악하는 시각은 완전히 달라진다. 하이데거에게는 전통 형이상학은 플라톤과 아리스토텔레스에게로 거슬러 올라갈수록 피지스의 경험에 더 가깝고 근대로 올수록 인간의 주체적인 힘에 대한 과신을 통해 피지스로부터 멀어진다. 이에 대해서 니체에게는 근대는 고대와 중세에서보다는 인간의 주체성이 더 강화된 시대로서 더 높이 평가된다. 하이데거에게 플라톤 이래의 서구의 역사는 존재망각이 갈수록 심화되어 가는 역사라면 니체에게는 인간의 해방이 진행되어 가는 역사이다.[32]

참 고 문 헌

1. 하이데거의 저술들

Was ist Metaphysik ? Frankfurt a.M. 1969.
Holzwege 전집 5권.
Der Wille zur Macht als Kunst 전집 43권.
Nietzsches metaphysische Grundstellung im abendländischen Denken.
-Die ewige Wiederkehr des Gleichen 전집 44권.
Grundfragen der Philosophie 전집 45권.
Nietzsche: Der europäische Nihilismus 전집 48권.
/『니체와 니힐리즘』, 박찬국 역, 지성의 샘, 1995.

---

32) 니체의 형이상학을 근대 형이상학뿐 아니라 서구 형이상학 전체의 완성으로서 보는 하이데거의 해석에 대해서는 많은 이의가 제기되어져 왔다. 이러한 이의와 니체의 형이상학을 하이데거와는 전혀 다른 시각에서 해석할 수 있는 가능성에 대해서는, 안상진 선생 고희기념을 위해서 제출한 필자의 미출간 논문 「니힐리즘의 기원과 본질에 관한 니체의 사상에 대한 하이데거의 대결」에서 '결론에 부쳐 : 하이데거의 니체 해석에 대한 검토' 부분을 참고할 것.

2. 그 밖의 문헌들

Schaeffler, Richard: *Frömmigkeit des Denkens ?*, Darmstadt, 1978.

Volkmann-Schluck, Karl Heinz: *Einführung in das philoso - phische Denken*, Frankfurt a.M. 1989. *Die Philosophie Nietzsches*. Würzburg 1991.

하이데거 철학에 있어 신의 의미

최 상 욱

1. 들어가는 말

현대사회에서 신에 대한 논의는 이중적인 특징을 지닌다. 우선 현대사회는 인류역사상 그 어느 때보다도 신에 대한 주장들에 대하여 관대하다는 점이다. 국가조직이 체계화되고 거대해진 현대에 있어, 그 조직원이 어떠한 종교를 갖는가 하는 점은 국가체제에 위협적인 요소가 되지 못한다. 따라서 각 개인이 어떠한 종교를 갖는가 하는 점은 전적으로 개인의 선택에 달려 있고, 그만큼 현대사회에서 종교는 자유로운 영역에 놓여지게 되었다. 그러나 이러한 현상은 역설적으로 수요자가 더 이상 아무런 구매욕구를 느끼지 못하는, 퇴색하고 빛바랜 상품과 같이 여겨지고 있다는 사실을 반영한다. 이러한 결과가 나타나게 된 결정적인 요소는 무엇보다도, 과학이라고 불리워지는 실증적이고 합리적인 접근방식에 의한 주장, 즉 종교현상은 사태에 대한 비합리적인 처리방식이었으며, 그러한 처리방식 중 상당수는 단지 아직 과학적이지 못했던 시대에나 가능했으며, 그러한 종교적인 처리방식은 역사적으로 과학에 의해 자리를 내어주고 말았음을 상기시키려 한다. 이로써 현대사회에서 신은 과학에 의해 대체될 운명에 처하게 되었다는 것이다. 그러나 이러한 주장은 "하나의" 주장이 어떠한 역사적 맥락을 갖고 있는지를 간과한 것이라고 볼 수 있다. 이러한 "하나의" 주장들의 역사적 맥락을 하이데거는 존재의 드러남과 감추임의 역사의 각 해석들이라고 본다. 이때 중요한 것은 각각의 주장들은 존재를 전제로 하고 있으며, 이러한 존재에 의해 비로소 여러 주장들이 가능하다는 것이다. 이러한 하이데거의 입장을 따르면 신화와 로고스, 혹은 신과 과학이라는 구분은 그 자체로서 중요성을 갖는 것이 아니라, 그러한 해석들의 배후근거인 존재와 관련해서만 중요성을 갖는다는 것이 분명해진다. 따라서 신이 과학에 의해서 대체될 수 있다는 주장은, 단지 신 자체가 과학 자체에 의해 대체 혹은 멸절된다는 것이 아니라, 오히려 존재에 대하여 "신"이라는 기표가 "과학"이라는 기표에 의해 대체될 뿐, 그 배후근거는 동일하게 머문다라는 입장으로 보아야 한다.

그렇다면 마찬가지로 "신"이라는 기표 자체가 갖고 있는 변화에 대해서도 우리는 위와 동일한 입장을 견지할 수 있다. 즉 "신"이란 기표 역시 그 자체 안에 이중성을 갖고 있다는 점이다. 한편으로 "신"이란 기표는 절대성, 무한성, 영원성, 자기동일성 등으로 표상되며, 다른 한편 그것은 "살아 있는 신"을 표현하기 위해 역사적 맥락하에 변화, 발전되어 왔다는 점이다. 이러한 이중성 역시 우리는 존재와 연관된 "신적 해석들"의 역사적 다양성과 그러한 다양한 해석을 가능케 한 배후근거의 동일성으로부터 파악할 수 있다.

2. 형이상학의 신

하이데거는 서양 형이상학을 존재-신-론(Onto-theo-logie)이라 부른다. 이러한 그의 지적은 서양철학에 있어 존재와 신의 밀접성을 단적으로 표현하고 있다. 신은 존재근거로서 혹은 최고의 존재자로서 파악되어 왔다는 것이다. 과연 서양 형이상학은, 첫째로 인간존재를 포함하여 전체로서의 존재자가 "왜 존재하는지"

에 대하여 질문하고 있으며, 이에 대하여 "근거가 없는 것은 아무것도 없다(Nihil est sine ration)"[1]고 대답을 하여 왔음을 알 수 있다. 이러한 노력은 전체로서의 존재자의 있음이 우연한 것이 아니라, 어떠한 필연적인 성격을 갖는다는 해석에 의존하고 있다. 그런데 이러한 해석은 다만 우연적인 결과가 아니라, 인간이 자연을 관찰하면서, 그리고 인간자신의 존재의미를 숙고하면서 내린 비장한 선택이라고 볼 수 있다. 즉 자연을 포함한 인간, 그리고 "나"는 우연히 이 세상에 던져진 것이 아니라, 필연적인 의지에 의해 규정된 것이라는 해석이다. 이러한 해석은 무엇보다도 황량하고 사나워 보이는 자연을 조화로운 우주로 변형시키고, 의지할 것 없는 불안한 인간의 삶에 안정감을 부여했음에 틀림없다. 따라서 근거에 의지해 이제 자연과 인간은 원리로, 시간적 불확실성과 소멸에 대한 공포로부터 조화로운 존재자로 변하게 되는 것이다. 따라서 신에 대한 서양 형이상학의 해석은 둘째로 신을 인격적인 신, 즉 윤리적인 신으로 주장하기에 이르는 것이다. 왜냐하면 신은 이제 인간의 삶에 조화와 의미를 부여하는 존재자이기에, 그러한 신은 인간에게는 필연적으로 "선한 신"일 수밖에 없는 것이다. 여기서 중요한 것은, 신이 원래 선하기에 인간에게도 선한 것이 아니라, 인간을 근거지우는 존재자이기에 인간에게는 필연적으로 선한 신인 것이며, 그 반대는 아니라는 점이다. 이것은 마치 우주를 보고 그 안에서 논리적인 면을 발견한 인간이, 그 우주를 이러한 논리에 의해 파악하고, 결론적으로 우주는 논리적이다라고 말하는 경우와 같다. 즉 우주가 논리적인 것은, 우주 안에 있는 논리성을 바탕으로 인간이 우주를 바라보기 때문이다. 이러한 형이상학의 확신은 현대의 카오스 이론이 나오기까지 절대적인 타당성으로 간주되어 왔지만, 이제는 더 이상 우주를 이제까지 발견한 논리의 틀 안에서만 파악하려는 시도

---

1) M. Heidegger, *Der Satz vom Grund*, Neske, Tübingen, 1986, 63면 이하.

는 의심스러워지고 있는 것이다. 그렇다고 여기서 신이 그 자체로 볼 때 선하지 않다는 주장을 하려는 것이 아니다. 오히려 여기서 지적하려는 점은 신의 속성이 인간존재의 의미에 의해 한정되어 이해되어 왔으며, 그러한 이해를 서양 형이상학은 '신은 선하다'라고 언표해 왔다는 점이다. 그런데 이러한 신의 선함이 가능하기 위해서는 신은 단 "하나"여야 한다는 점이 전제되고 있다. 이것이 신에 대한 서양 형이상학의 세번째 전제이다. 만약 신이 다수라고 한다면, 신의 선함은 절대적인 성격을 지닐 수가 없다. 왜냐하면 다수의 신의 경우에는 선과 악이 아니라, 다만 다수의 해석들만이 존재하기 때문이다. 이때 여러 해석들은 동등한 자격을 지니는 해석들이며, 아직 옳은 혹은 그른, 또는 선한 혹은 악한 해석으로 구분되지는 않는 것이다. 혹은 각각의 신들에게 고유한 선과 악에의 기준이 존재한다고 하더라도, 이때 선과 악에의 절대적 기준은 존재하지 않으며, 결과적으로 선과 악에 대한 판단과 싸움은 신들간의 싸움으로 묘사되는 것이다. 따라서 이러한 상이한 해석들의 동시적인 상이함에서는 아직 "근거"라는 것은 존재할 수가 없다. 왜냐하면 동시에 동일한 지점에서 겨울과 여름이 있을 수 없는 것과 마찬가지이기 때문이다. 반면에 전체로서 존재자가 일정한 원리를 따른다면, 그러한 조화로운 질서는 하나의 근거를 통해서만 가능하다. 이런 까닭에 형이상학적으로 신은 하나의 신, 즉 일자로 규정되게 되는 것이다. 신에 대한 이러한 규정을 통해 신은 "무한한 초월자"로 끌어올려지게 된다. 바로 이러한 점이 학문적으로 고정된 것은 서양 형이상학의 시초라고 볼 수 있는 플라톤에 이르러서였다. 그에 의하면 신은 절대적 근거로서 일자이며 모든 존재자를 넘어서는 초월자로 나타난다. 이러한 초월자는 모든 존재자의 근거인 한에 있어 선한 존재이며, 존재자에 대한 절대적 초월자인 한에 있어, 그 자체로 "변화하지 않고 항상 스스로 동일한 자"이며, 따라서 진리 자체인 것이다 : "신은 행동에서도 말에서도 단순하고 참다

우며, 또 스스로 변하지 않고, 또 깨어 있을 때건 꿈꾸고 있을 때건, 환상으로나, 말로나, 또는 신호를 보내서거나, 다른 것들을 속이지는 않는 걸세. "[2] 그런데 이러한 플라톤의 주장은 데카르트 이후 특히 독일관념론에서 어떻게 이미 신이 실체가 아니라, 관계성으로 파악될 수 있었는지에 대하여 그 단초를 제공하고 있다. 신은 그 자체 스스로 존재할 뿐 아니라, 신의 존재는 항상 이미 신의 인간에 대한 관계성을 규정하는 것이다. 따라서 인간이 삶을 유지하는 한에 있어, 그리고 전체로서 존재자가 존재하는 한에 있어, 신적 이성은 이미 인간적 이성의 선험적 토대로서 함께 작용하고 있는 것이다. 이러한 의미로 데카르트는 "내 안에 있는 무한자의 이념"에 대하여 말할 수 있었던 것이며, 그의 방법론적 회의를 주장함에 있어 심지어 신에 대한 회의를 수행할 때에도, 인간적 이성의 확실성으로부터 신적 이성의 확실성(진리성)을 검증없이 주장할 수 있었던 것이다. 그런데 인간적 이성을 가능케 하는 신적 이성은 그 자체로 절대적인 초월성이기에 그것은 인간적 이성과 무한한 질적인 차이를 지녀야만 한다. 그런데 바로 이러한 점으로부터 신의 초월성과 더불어 비로소 신의 죽음이 시작되는 아이러니가 발생하는 것이다. 왜냐하면 신의 절대적 초월성은 모든 존재자와 질적인 차이를 가져야 하며, 이런 한에 있어 신의 초월성은 한편으론 초월성 그 자체로 머물러야만 하기 때문이다. 그렇다면 그러한 신적 초월성은 순수한 사유의 영역으로 올려질 수밖에 없으며, 사유의 영역 안에서만 신의 초월성은 자신의 존재를 가질 수 있는 것이다. 즉 사유 안에서만 신은 자신의 초월성으로 존재할 수 있는 것이다. 그러나 다른 한편 이러한 신적인 초월성은 인간이성과 어떻게든 관계를 맺어야만 한다. 그렇기 위해서 신의 초월성은 인간 안에 내재적으로 이미 어떠한 식으로든 존재해야만 한다. 그런데 신의 절대적

---

2) Platon, *Politeia*, Sämtliche Werke 3, übersetzt v. Schleiermacher, Rowohlt, Hamburg 1986, 382e~.

초월성이 자신의 초월성을 상하지 않으면서 인간의 사유 안으로 들어오는 방법이란 무엇일까? 이러한 것을 플라톤은 인간 안에 있는 영혼에서 주장하고 있는 것이다. 그에 의하면 인간 안에 있는 영혼은 그 자체로 신적인 것을 파악할 수 있는 능력을 지니고 있다는 것이다.[3] 영혼을 통해 신적인 초월성을 인간은 파악할 수 있게 되며, 플라톤의 이러한 점이 독일관념론에 와서 절대정신과 유한한 정신의 변증법적 종합이라는 형태로 이어지게 되는 것이다. 그렇다면 신의 절대적 초월성이 왜 이미 신의 죽음이라는 결과를 잉태하는 것일까? 그것은 신의 절대적 초월성이 동시에 신의 내재성과 연결됨으로써 나타나는 현상이라고 볼 수 있다. 신의 절대적 초월성은 인간적 이성 안에 하나의 불변적 이념으로 주어지게 되는 것인데, 바로 이때 이러한 이념은 자신의 존재성을 단지 이념 안에서만 확보할 수 있게 된다. 그런데 이념이라는 것은 구체적인 시간성과 관계를 맺을 수 없는 것이다. 왜냐하면 이념은 그 자체 영원히 불변적인 자기동일성을 지녀야 하기 때문이다. 따라서 이념은 구체적 시간 안에서 자신의 존재성을 갖지 못하는 결과를 초래하게 된다. 왜냐하면 이념은 항상 보편적인 이념이기 때문이다. 그런데 보편이란 구체성에 대한 유적인 상위 개념인 것이다. 따라서 신에 대한 서양 형이상학의 이러한 노력은 결과적으로 신의 초월성이 인간의 유적 보편성으로 전락하게 되거나(포이에르바하), 혹은 그러한 보편적 이념이 인간의 구체적 삶 가운데서 자신의 존재성을 갖지 못하는 한에 있어, 무의미한 가치로 전락하게 되는 것이다(니체). 따라서 신의 존재유무에 상관없이 신의 초월성은 그것의 존재의미, 즉 "신의" 초월성이라는 타당한 근거를 상실하게 되는 것이다. 이러한 현상을 니체는 "신은 죽었다"라는 말로 간결히 표현하고 있는 것이며, 하이데거의 경우 서양 형이상학은 그 시초부터 존재-신-론이었고, 그때부

---

3) Platon, *Phaidon*, Sämtliche Werke 3, 80a.

터 "존재이탈"이 시작된 "존재망각의 역사"였다고 말하는 것이다. 종합적으로 말하면, 서양 형이상학은 전체로서 존재자의 근거를 찾으려는 역사였으며, 이때 그 근거는 존재자에 대한 초월로서 파악되었던 것인데, 아이러니컬하게도 신이 초월적으로 높아지면 질수록, 그러한 서양 형이상학의 신은 이미 죽음의 길로 접어들기 시작했다는 점이다. 서양 형이상학에서 신은 본래적 의도와는 달리 모든 존재자의 근거가 되는 순간에 이미 자신의 근거성을 상실하기 시작한 것이며, 그 까닭은 형이상학의 신이 구체적 시간과 무관한 영원한 자기동일자이기 때문이다. 따라서 서양 형이상학이 신을 신으로 높일수록 그 신은 죽은 신으로 전락하게 되는 것이다. 그렇다면 선-형이상학적, 혹은 탈-형이상학적인 신은 어떻게 만날 수 있을까? 이러한 질문에 답하기 위해 우선 우리는 종교발생의 제 원인을 살펴봄으로써 선-형이상학적인 신에 대하여, 하이데거를 통해 탈-형이상학적인 신에 대하여 논하고자 한다.

3. 종교발생의 여러 원인들

종교발생의 원인에 대한 학설은 다양하고, 서로 공통된 입장을 견지하지 못하고 있다. 따라서 여기서 우리는 종교발생에 대한 어떠한 한 이론을 선택하는 것이 아니라, 각각의 이론들의 배후에 있는 것, 즉 각각의 이론을 가능케 하는 사태 자체가 무엇인지에 대한 해석학적 접근을 시도하고자 한다.

형이상학에 의하면 신은 "최고의 선", "최초의 부동의 원동자", "순수 현실태", "무한한 일자", "내 안에 있는 무한자의 이념", "실천적 요청", "절대정신" 등으로 표현되어 왔다. 그런데 신에 대한 이러한 규정이 그 자체로 처음부터 이렇게 고정된 형태로 주어진 것이 아니라, 형이상학의 역사를 통해 형성된 것이라면, 이러한 형이상학적 규정을 가능케 했던 근원적인 신에 대한 규정은 어떠한 것일까? 이것은 형이상학 이전에 대한 질문, 즉 어떻게 종교가 발생했으며, 그러한 종교는 어떻게 철학으로 연결되었는지에 대한 질문이다. 따라서 우선 종교를 발생시킨 사태 자체가 무엇인지 알기 위해, 우선 종교발생에 대한 어떠한 주장들이 있는지 살펴보고자 한다.

종교의 발생원인은 여러 학자들에 의해 다양하게 주장된다. 사피르의 경우,[4] 종교발생의 원인은 죽음의 공포와 우연성에 대한 극복노력이라고 볼 수 있다. 허버트 스펜서[5]는 그 이유를 조상숭배에서 찾고 있다. 그에 의하면 죽은 자는 말이 없는 것이 아니라, 죽음 이후에도 또 다른 어떠한 방식으로 산 자들에게 영향력을 통해 간섭한다는 것이다. 즉 조상숭배는 죽은 자와 가족의 유대가 끊기지 않았다는 것, 죽은 자가 계속해서 그들의 권위와 보호를 행사한다는 사실이다. 그리고 그러한 영향력이 계속될 수 있는 것은, 죽음이 무가 아니라, 또 다른 형태의 삶의 연속이라고 보고 있기 때문이다. 죽음은 삶의 단절이 아니라, 새로운 삶의 형태에로의 전이라고 보는 것이다. 따라서 죽은 자와 산 자는 동일한 생명고리의 연결성에 매여 있는 것이며, 종교는 이러한 생명고리에 대한 확실성에서 비롯되었다는 것이다. 이러한 주장의 배후에는 종교는 인간의 삶이 우연한 것이 아니라, 필연적인 것이고, 혼돈이 아니라, 일정한 질서를 따르고 있다는 확신 혹은 소망이 잠재되어 있음을 알 수 있다. 인간에게 있어서 탄생과 삶, 죽음은 구체적이고 명백하고 절대적인 사실이다. 그런데 이때 우리가 일반적으로 구체적인 것은 경험적이고, 보편적인 것은 추상적이라고 구별한다면, 삶과 달리 탄생과 죽음은 구체적이긴 하지만, 경험적인 사건은 아니다. 따라서 그것들은 경험될 수 없는 구체적 사건인 것이다. 즉 그것들은 탈-실존적 사건인 것이

---

4) 토마스 오데아, 『종교사회학 입문』, 권규식 역, 대한기독교서회, 1982, 51면.
5) 에른스트 캇시러, 『인간이란 무엇인가』, 서광사, 134면 이하.

며, 이러한 탈-실존적 사건은 예측 불가능한 사건으로서 불안과
더불어 인간을 압도하는 사건인 것이다. 이 사건에 의해 구체적
인간은 구체적 초월(추상적, 보편적 초월이 아님)에의 의욕을 갖
게 되는 것이며 이것이 종교를 가능케 했다는 것이다. 이러한 주
장은 토템적 종교의 경우에도 동일하게 적용될 수 있다. [6] 토템의
경우, 그 조상이 인간이 아니라, 동물로서 표현되고 있는 점이
다를 뿐, 산 자와 죽은 자(여기서는 토템)의 동일성이 주장되고
있는 점에서는 조상숭배의 경우와 다를 바 없다. 토템의 경우 단
지 다른 점은 생명고리의 연속성을 좀더 광범위한 생명현상에로
확장·적용하고 있다는 점이다. 즉 동일화 행위를 통해서 자신의
생명을 자연의 생명력 그 자체와 동일화하고 있는 것이다. 이것
이 가능한 것은 이때 중요한 것이 생명고리의 연속성이라는 것이
지, 개체적 존재자가 문제되고 있는 것이 아니기 때문이다. 따라
서 인간과 동물이란 개체적 존재자는 생명고리의 한 현상일 뿐이
며, 그 자체의 개체적 차이성은 생명고리의 동일성에 의해 동등
한 계기로서 인식되는 것이다. 이러한 동일성을 부버는[7] 원시인
들이 가졌던 사물과의 관계에서 찾으려 하고 있다. 그에 의하면
원시인의 경우 자연은 현대인, 즉 데카르트 이후 학문적으로 확
정된 주체에 대한 객체, 즉 3인칭적 대상으로 파악된 것이 아니
라, 2인칭적으로 만나졌다는 것이다. 이러한 점은 현대인에게서
도 아직도 찾아볼 수 있다. 어린이들이 동물이나, 인형을 가지고
노는 경우, 혹은 애완용 동물 등이 그러한 경우이다. 인형이나
동물은 이때 3인칭적인 사물이 아니라, 2인칭적인, 즉 인격적인
파트너로서 존재하는 것이다 : "고대인들은 …… 인간을 사회의
일부분으로 보았고, 또한 사회는 자연 속에 매몰되어 있고 우주
의 힘에 의지해 있다고 보았다. 그들에게 있어 자연과 인간이 반

---

6) 지그문트 프로이트, 『토템과 타부』, 김종엽 역, 문예마당 ; 에른스트 캇시러, 앞의
   책, 134면 참조.
7) 마르틴 부버, 『나와 너』, 김천배 역, 대한기독교서회, 33면 이하.

대관계에 있지 않으므로 상이한 인식방법으로 이해될 필요가 없었다. …… 주위환경에 대한 현대인과 고대인의 태도의 근본적인 차이점은 현상세계가 '그것'이 아니라 ……'너'가 되는 것이다. "8) 이러한 주장에 의하면 개체적 존재자의 상이함이 생명고리 전체에 대하여 아무런 문제도 유발시키지 않으리라는 점을 알 수 있다. 그런데 인격적인 '나'와 '너'의 만남은 비단 동일종에서만 가능한 것이 아니라, 상이한 종에서도 가능하며, 그러한 가능성의 근거는 모든 개체적 존재자가 동일한 생명현상이기 때문이라는 것이다. 따라서 토템은 조상숭배와 동일한 현상으로 볼 수 있다. 그리고 이러한 토템의 가능성을 설명한 또 다른 주장으로서 우리는 막스 뮐러를 들 수 있다. 그는 이러한 현상을 언어의 문제로 파악하려고 한다. 9) 그에 의하면 언어는 논리적이고 합리적이지만, 또한 착각과 오류의 원천이라는 것이다. 그렇다면 언어가 갖는 애매성은 두 개의 상이한 존재를 드러낼 수 있는 것이다. 예를 들면 우리가 "때"라고 말할 때, 그것은 한편으론 물리적 더러움을 뜻하기도 하지만, 형이상학적인 때, 즉 "죄"를 뜻할 수도 있다. 이러한 뮐러의 주장을 토템의 발생에 적용시킨다면, 토템은 우선 토템 동물과 토템 신이라는 두 가지로 구분될 수 있다. 그런데 그것들이 하나로 될 수 있었던 것은 언어의 애매성에 근거한다는 것이다. 그런데 우리는 여기서 뮐러의 주장이 전제로 하고 있는 점을 우선 밝혀야 한다. 그가 전제하는 언어의 합리성이나 애매성은 바로 존재에 의거하고 있다는 점이다. 니체에 의하면 세계가 논리적인 것은 그것이 처음부터 이미 그 자체로 논리적이기 때문이 아니라, 오히려 거꾸로 논리가 세계 속에서 찾아진 것이기 때문이다. 논리에 의해 세계가 논리적이 되는 것이 아니라, 세계에 의해 논리는 논리적이 되는 것이다. 이러한 니체의 주장을 따르면 하나의 토템이 등장되는 이유는, 하나의 부족

---

8) 토마스 오데아, 앞의 책, 56면.

9) 막스 뮐러, 『종교학 입문』, 김구산 역, 동문선, 1998 참조.

이 가졌던 존재세계에서 비롯되는 것이다. 예를 들면 어떠한 하나의 부족에서 가장 인상적이고 힘이 있는 동물은 그 부족구성원에게 강한 인상을 줄 것임에 틀림없다. 그리고 이와 더불어 그러한 존재의 힘이 그러한 존재에 대한 이름을 통해서 동일한 영향력으로 나타난다고 믿어질 때, 그 부족의 구성원은 그러한 이름을 택하려고 할 것이다. 그러나 그때 아무나 그러한 힘을 지닌 존재이름을 가질 수 있는 것이 아니라, 그 부족의 족장만이 그러한 이름을 가질 수 있는 것이며, 그 족장의 이름은 곧바로 그 족장의 존재와 동일해지는 것이다. 따라서 그러한 족장의 후손들은 자신들이 그러한 이름을 가진 족장의 후손으로, 그리고 결과적으로 그 족장의 후손이라고 여기는 것이며, 후손들에 의해 이름은 존재와 동일한 것으로 간주되는 것이다. 이러한 뮐러의 주장은 앞의 경우들과 동일한 존재의 생명현상을 다루고 있으며, 그것을 단지 언어발생학적인 측면에서 설명하고 있는 것임을 알 수 있다. 이 모든 주장은 동일하게 종교의 발생원인을 존재론적으로 파악하고 있는 것이다. 이외에 우리는 프로이트의 심리학적인 주장을 볼 수 있는데, 이에 따르면 종교발생을 가능케 한 존재론이 인간의 심리적인 요인, 특히 욕망에 의한 요인으로 축약되는 것을 볼 수 있다. 프로이트에 의하면 종교는 하나의 환상일 뿐이다. 그러나 그러한 환상은 단지 무적인, 따라서 무의미한 환상이 아니라, 인간의 무력함을 완화시키기 위한, 따라서 인간존재를 위하여 필연적인 해석인 것이다. 그런데 이러한 해석의 구도는 자연과 인간의 관계가 부모와 유아의 관계와 동일하다는 것이다.[10] 유아에게 있어 부모는 이중적인 모습으로 나타난다. 한편으로 부모는 위협적인, 혹은 욕망을 제한시키는 존재로서, 그 앞에서 유아는 무력한 상태로 놓여 있게 된다. 그런데 이러한 무력함을 피할 수 있는 방법은, 자신이 그 부모의 자식임을 고백하는

---

10) 지그문트 프로이트, 앞의 책, 127면 이하, 206면.

것, 전적으로 자신은 부모와 동일성 안에 있다는 것을 고백하는 것이다. 이러한 동일성에의 고백을 통해 이제 부모는 유아에 대한 위협자로부터, 유아를 지켜 주는 보호자로 변모하게 되는 것이다. 이와 마찬가지로, 인간에게 있어 자연은 위협적인 존재였고, 그 앞에서 인간은 무력했으며, 이러한 무력함 앞에서 인간은 자신을 자연과 동일화시킴으로써, 위협적인 자연을, 자신을 보호해 주는 힘으로 변모시키려는 욕망에서 종교가 발생했다는 것이다. 인간은 자신의 유아적인 존재상태를 자연에 대하여 재연하는 것이며, 이것이 종교의 발생을 가능케 했다는 것이다. 우리는 종교발생에 대한 이러한 프로이트의 주장은 자연 앞에 어린아이와 같았던 고대인에게나 가능했으며, 자연을 정복한 현대인에게는 무의미해졌다고 반론을 펼 수도 있다. 그리고 이러한 주장은 포이에르바하에 의해 주장되었다. 그에 의하면 종교는 인간이 자신의 존재를 객체에 투영시킨 것에 불과하다는 것이다. [11] 각각의 개체적 인간은 자신 안에 자신이 도달할 수 없을 것 같은 어떠한 것이 존재한다는 것을 깨닫고, 이러한 것을 신적인 존재로 고양시켜서 숭배한다는 것이다. 그러나 그러한 신적 본질은 사실은 유적인 인간의 술어에 불과한 것이라는 것이다. 신은 인간으로부터 추상된 인간의 가장 고차적인 주체인 것이다. 따라서 이제는 그러한 종교발생의 원인이 밝혀진 이상 더 이상의 종교는 무의미하다는 입장이다. 그러나 이러한 포이에르바하와 프로이트의 주장은 또다시 반박될 수 있다. 예를 들면 프로이트의 주장과 같이, 이제는 하나의 부모와 하나의 유아의 관계가 아니라, 사회가 분화되고 거대해지면서, 점차 부모의 위협적인 요소는 사라질 수 있다. 마치 자연이 정복되면서 점차 그 위협적인 요소가 사라졌듯이. 그러나 욕망이 슈퍼에고에 의해 제한되는 한에 있어, 다시 말하면 인간존재가 실존하는 한에 있어, 욕망의 제한과 변용, 전

---

11) L. Feuerbach, *Das Wesen der Religion*, Verlag Lambert Schneider, Heidelberg 1983 참조.

이는 끊임없이 존재할 수밖에 없는 것이며, 그런 한에 있어 위협적인 요소는 또 다른 형태로 존재할 수 있는 것이다. [12] 그렇다면 비록 자연이란 형태는 아닐지라도, 인간에게 종교를 발생케 하는 요소는 항존한다고 보아야 할 것이다. 이제까지 종교발생 원인에 대한 주장들을 종합하면 우리는 다음과 같이 결론내릴 수 있을 것이다 : 하이데거 식으로 표현하면 종교는 죽음 앞에서 불안과 더불어 기분(추리나 반성이 아님)에 휩싸인 현사실적인 인간 현존재가 존재적인 실존으로부터 존재론적인 실존에로의 결단성을 통해 자신의 무적인 존재를 자신의 존재가능성으로 선취하는 활동성인 것이다. 이러한 결단성을 통해 인간 현존재는 자신의 존재가 존재적 존재에 국한된 것이 아니라, 오히려 거꾸로 존재론적인 존재에 의해 존재적 존재가 가능하다는 것을 경험하게 되는 것이다. 따라서 이러한 존재론적 실존방식에서 불안은 안전감으로 전환되는 것이며 이러한 전회의 경험을 사피르는 : "종교는 편재하는 공포와 철저한 무력감이 역설적으로 근본적인 안전감으로 변화하는 것을 말한다. 왜냐하면 공포가 일단 상상적으로 인간의 마음에 새겨지며 또한 무력감을 고백하고 나면 영원히 인간의식의 승리가 보증된다. 깊은 종교적 본체에는 공포도 무력감도 있을 수 없다. …… 그것은 전체적이고 필요한 패배가 있은 후에 종교의 핵심을 이루는 궁극적 실재에 대한 의식적, 무의식적 추구이다"[13]라고 말한다. 이로써 우리는 종교발생의 근본원인은 바로 존재 자체에서 비롯되었음을 알 수 있다.

종교발생에 대한 첫번째 부류의 주장들 외에 종교가 자연 외 다른 요소, 즉 사회적 요소에 의해 발생했다는 주장들을 볼 수 있다. 이러한 예로서 뒤르깽이나 버거, 니체 등을 들 수 있다. 우선 앞의 두 사람에 의하면 종교는 사회가 개인의 사고와 행위를 지배하기 위해 조작한 것이라고 주장된다. 따라서 이러한 종

---

12) 허버트 마르쿠제, 『에로스와 문명』, 나남, 63면 이하.
13) 토마스 오데아, 앞의 책, 51면.

교에 있어서 신은 한 사회를 유지시키는 사회적 상징으로서, 초자연적 실재가 아닌 것이다. 그러나 그러한 상징은 사회에 일정한 의미로 존재하는 한, 그것은 그 사회에 있어 하나의 포괄적 실재로서 존재하는 것이다. 페터 버거에 의하면[14] 하나의 종교는 인간이 자신의 존재를 외적으로 표현하는 과정에서 생겨난, 인간적 산물이다. 종교는 처음부터 저기 밖에 그 자체로 존재했던 것이 아니라, 인간이 자신이 삶의 과정 속에서 자신의 존재를 외부로 표현함과 더불어 생겨난 주관적인 것에 불과하다. 그러나 이러한 주관적인 요소가 인간개인을 넘어선 사회적 산물인 까닭에, 그러한 주관적 요소는 각각의 개인에 대하여 실재성을 갖게 되는 것이다. 인간 유가 각 개인에 대하여 자신의 실재성을 주장하게 되며, 각 개인이 그러한 사회적 구성물 안에서 삶을 유지하는 한에 있어, 그러한 종교의 주관적 요소는 모두에 의해 객관성을 갖게 되는 것이며, 이제 종교는 개인과 떨어져 저 밖에 스스로 존재하는 것으로 나타나게 된다. 그리고 각 개인은 자신의 삶에서의 질서를 확보하기 위해 그러한 종교를 자신의 것으로 내면화함으로써, 이제 종교는 객관적일 뿐 아니라, 모두에게 주관적인 타당성도 갖게 되는 것이다. 이제 종교는 각각의 개인에게 조화와 질서를 부여하는 노모스의 역할을 하게 되며, 구체적인 힘으로 등장하게 된다. 그런데 이때 우리가 관심을 가져야 되는 점은, 이러한 노모스의 탄생은 필연적으로 아노미를 산출시킨다는 점이다. 즉 인간의 삶의 과정에서 발생한 수많은 종교적 해석들은 노모스의 확정 이전에는 모두 동등한 자격과 의미를 지닌 동등한 해석이었던 것이지만, 그러한 해석들 중 하나의 해석이 삶의 유용성에 의해 선택되었을 때, 그러한 해석은 이제 하나의 유일하게 정당한 진리로, 그리고 다른 해석들은, 그것이 진리에 부합되는가의 여부에 따라, 하나의 진리에 이바지하는 계기로 남든지,

---

14) 피터 버거, 『종교와 사회』, 이양구 역, 종로서적, 제1부 참조.

혹은 진리와 부합될 수 없을 때 비진리로 그 존재성을 위협받게 되는 것이다. 이러한 현상은 고대 근동의 여러 신들이 야훼신 안에서 천사의 형태로 복속되거나, 야훼에 반하는 악마의 형태로 고착되는 점에서도 찾아볼 수 있다. 진리를 주장하는 종교는 필연적으로 비진리를 상정하거나 그 자체 안에서 산출해 낼 수밖에 없는 것이다. 그러나 이렇게 어떠한 종교가 하나의 진리로 선택, 확정되는 과정에는, 물론 그 종교가 갖는 권위에 의존함을 볼 수 있다. 이 말은 하나의 종교의 확정은 인간의 임의적인 선택에 의해 이루어지는 것이 아니라, 그 종교 자체가 갖는 권위에 의해 초개인적으로 결정된다는 것이다. 그런 한에 있어 하나의 종교의 확정됨은 어떠한 사회에서 일어난 우연적인 사건이 아니라, 그 사회 안에서의 필연적 사건인 것이다. 왜냐하면 그때 종교는 이미 객관성과 각 개인에 대한 주관적 타당성을 확보하고, 사회와 각 개인에게 구체적이고 현실적인 힘과 권위로 존재하기 때문이다. 따라서 이때 종교는 인간의 투사가 아니라, 그 자체 힘을 지니며, 또한 그 힘을 각 개인에게 나타낼 수 있는 것으로 등장하는 것이다. 이런 점에 있어 종교를 성스러운 것의 체험이라고 본 엘리아데의 주장은 정당하다. [15] 왜냐하면 이때 신은 이미 각 개인으로부터 전적인 초월성을 지닌 존재, 따라서 신비적인 두려움 (mysterium tremendum)으로 체험되기 때문이다. 이렇게 본다면 종교적 성스러움의 체험은 초월적 사건으로 이해되고, 이러한 이유로 각 개인은 성스러운 공간과 성스러운 시간에 대한 체험을 할 수 있으며, 또한 종교의 의미는 이러한 성스러움의 체험을 반복하는 것에서 찾아지게 되는 것이다.

그런데 어떠한 종교가 결정되는 데 있어, 이러한 종교 자체의 권위와 더불어 또 하나의 요소가 개입되고 있는데, 그것은 바로 권력이라는 점이다. 종교는 하나의 사회에 의해 형성되고, 그 자

---

15) 멀치아 엘리아데, 『성과 속』, 이동하 역, 학민사, 1, 2장 참조.

체의 권위에 의해 그것의 초월적 실재성을 갖게 되지만, 그것은 동시에 자연적 요소를 계보론적으로 자체 안에 간직하고 있는 것이다. 이 자연적 요소는 니체의 표현에 의하면 진리 자체가 아니라, 일정한 시각에 의해 선택된, 그러나 그 당시로는 필연적으로 그렇게 선택할 수밖에 없었던, 그러한 해석인 것이다. 16) 그런데 해석은 바로 사회와 각 개인의 힘에의 의지를 통해 이루어지는 것이며, 이러한 의지는 한 사회에서 노모스 형성을 위한 권력에의 의지나, 아노미적인 권력에의 의지로 다시 나뉘어질 수 있다. 전자의 경우는 다시 두 가지 형태로 나뉘어질 수 있는데, 첫째의 경우로서 니체는 종교가 한 민족 공동체의 힘에의 의지를 가장 긍정적으로 표현하는 것을 들고 있다. 이때 종교는 노모스를 주장할 뿐 아니라, 그러한 노모스는 한 민족 공동체의 힘의 상승과도 일치하는 것으로, 니체는 구약의 야훼 신앙을 대표적인 예로 들고 있다. 17) 야훼 종교는 이스라엘의 자부심이고 능동적이고 적극적인 힘에의 느낌이자 현실성이었던 것이다. 반면 전자의 두번째 경우로서 니체는 사제들에 의한 종교에의 의지를 들고 있다. 18) 이들의 의지는, 구체적 삶과 하나였던 앞의 예와 달리, 삶을 피안으로 전이시킨 경우이다. 그런데 이렇게 삶을 피안으로 전이시킴을 통해서 사제들은 아이러니컬하게도 자신의 지상에서의 권력에의 의지를 확고히 한다는 것이다. 따라서 니체에 의하면 사제의 의지는 모든 개인들의 삶의 희생을 대가로 확보할 수 있는 반동적인 의지인 것이다. 이렇게 서로 상반되는 점에도 불구하고 구약의 야훼 신앙과 사제의 권력에의 의지는 하나의 노모스를 확보하기 위한 의지라는 점에서 공통점을 지닌다. 반면 후자의 경우, 즉 아노미적 의지로서 니체는 천민의 원한감정을 들

---

16) F. Nietzsche, Kritische Studienausgabe. hrsg. v. G. colli und M. Montinari, dtv/de Gruyter, 1988. Bd. 2, 506.
17) F. Nietzsche, KSA 6, 193.
18) KSA 6, 215, 246.

고 있다. 이때 닉체가 사용한 천민이란 표현은 사회계층적인 표현이라기보다는, 권력에의 의지를 수동적으로 확보하는 부류의 인간형을 의미한다고 볼 수 있다. 이러한 종교형태는 현재적 노모스를 피안의 노모스에로 전이시킴으로써 현재적 노모스를 잠정적인 아노미적 상태로 규정하는 것이다. 그러나 이들은 현재에서 적극적인 권력에의 의지를 갖지 못하기에, 현재적 노모스 자체를, 그 자체로 부정하기보다는, 오히려 노모스를 피안으로 전이시킴을 통해 현재적 노모스에 대하여 변형된 형태로 적용하는 경향을 지닌다는 것이다. 즉 원한을 사랑으로 변형시킴으로써 피안적 노모스를 확고하게 보존하려는 의지인 것이다. 이러한 경우는 기독교 교리확립 과정에서 나타난 수많은 교회사적인 권력에의 의지들의 투쟁을 통해 확인될 수 있고, 심지어는 성서 자체 안에서도 사제적 전통과 예언자적 전통, 예루살렘과 갈릴리라는 형태로 나타나고 있음을 볼 수 있다.

이제까지 종교발생의 여러 원인에 대한 입장들의 공통점을 제시한다면, 종교는 거대한 힘, 공포와 죽음, 혼돈, 그리고 그에 대한 인간의 무력함, 그럼에도 불구하고 조화와 질서, 원리에의 희망과, 그것을 통한 생명에의 영속적 의지, 즉 생명의 순환고리에의 동일화 작용을 통한 생명에의 해석, 그리고 삶의 방식에 대한 노모스 확보에의 의지라고 볼 수 있다. 이런 한에 있어 종교는 사변이 아니라 현실이며, 이러한 현실은 여러 종교의 형태에도 불구하고, 그러한 종교들을 가능케 한 근저에 있는 원리이며, 그 원리는 상이한 종교형태에도 불구하고 동일하다는 점을 알 수 있다. 이러한 동일한 사태는 삶과 죽음의 문제이며, 삶과 죽음은 세계와 시간, 역사를 통해 전개되기에, 종교에 있어서 권력의 등장은 인간존재의 세계와 역사의 장에서 나타나는 현상임을 볼 수 있다. 그런데 인간존재가 그 자체로 완결되고 폐쇄된 모나드와 같은 실체가 아니라, 세계와 역사를 한편으로 형성하고, 다른 한편 그것들에 의해 영향받는 존재인 한에 있어, 종교발생의 원인을 사회적인 요소로 보는 것 또한 존재론적인 문제로 파악될 수 있음을 알 수 있다. 왜냐하면 존재론은 인간뿐 아니라, 인간과 관계하는 모든 존재자와 이념들, 그리고 그러한 형태로 존재를 주장하는 모든 것들에 대한 학문적 입장이기 때문이다. 그런데 존재론은 플라톤 이래로 형이상학을 통해서 초감각적 최고의 존재자로부터 모든 존재현상을 파악하려고 했기 때문에 신과 종교에 대한 현실적이고 구체적인 사태는 은폐되어 왔던 것이다. 따라서 이러한 신은 형이상학에 의해 또다시 죽은 신으로 선언될 수 있는 것이고, 이러한 신에게 인간은 더 이상 무릎을 꿇고 경배할 수 없게 된다. 따라서 신과 종교에 대한 질문은 형이상학에 의해 은폐되기 이전의 생생한 사태 자체와의 만남을 통해 새롭게 설정되어야 한다. 그런데 이것은 여태까지의 형이상학적 존재론에 대한 질문을 통해서 가능한 것이며, 이러한 시도를 우리는 하이데거에서 만날 수 있는 것이다. 따라서 우리는 하이데거를 통해 신에로의 새로운 접근가능성을 살펴보기로 한다.

4. 하이데거에 있어서 신의 의미

4.1 인간의 자기해석을 통해 신에 이르는 존재론적인 길

하이데거는 『존재와 시간』에서 신을 주제로 삼고 있지 않을 뿐 아니라, 신에 대한 언급조차 거의 않고 있다. 따라서 『존재와 시간』에서 신에 이르는 길의 자취를 찾는 일은 불가능할 뿐 아니라, 임의적인 것처럼 보인다. 그럼에도 불구하고 『존재와 시간』의 현존재 분석이 신에 이르는 하나의 길이 될 수 있음은, 하이데거가 그의 작품 전체를 통해서 신을 직접적인 주제로 삼은 적이 없음에도, 신에 대한 논의 자체를 부정한 것은 아니며, 또한 오직 하나의 신만이 우리를 구원할 수 있다는 그의 진술에서도 나타나듯이, 신은 그의 숨겨진 주제임을 알 수 있다. 그런데 그가 신 자체를 문제삼을 수 없었던 것은, 신은 더 이상 최고의 존 재자가 아니라, 존재를 통해 새롭게 규명되어야 하기 때문이다. 그런데 존재마저도 아직까지 존재 자체로 질문되지 않았기 때문에, 그는 우선 존재질문이 선행되어야 한다고 보았던 것이다. 그 런데 신이 존재를 통해 비로소 드러날 수 있다면, 존재의 의미를 질문한 『존재와 시간』에서도 이미 신에로의 길은 선취적으로 열 려 있다고 보아야 할 것이다. 이러한 점을 근거로 본 논문에서는 신에 대한 하이데거의 입장을 밝히려고 한다. 그러나 분명히 지 적해야만 하는 것은, 『존재와 시간』에서 하이데거가 신에 대해서 명시적으로 다루지 않고 있기 때문에, 여기서 이루어지는 해석은 하나의 시도라는 점이다.

하이데거의 경우 신이 존재를 통해서 비로소 파악될 수 있다면 『존재와 시간』에서 존재망각에 대하여 언급하듯이 신의 의미는 "우선 그리고 대체로" 잊혀져 있다고 보아야 할 것이다. 그렇다 면 우선 신에 대한 질문부터 새롭게 설정되어야만 한다. 그런데 신에 대한 새로운 질문함이 무엇을 의미하는지 분명히 드러날 수 있도록 잠정적으로 신에 대한 부정적인 이해부터 제시해 보도록 한다.

첫째 하이데거가 존재에 대한 질문을 통해서 존재적으로 명명 한 것은 신에 이르는 길에서 배제되어야 할 것이다. [19] 왜냐하면 존재적인 존재이해는 바로 존재 자체에 대한 질문을 가로막는 가 장 큰 방해요소이기 때문이다. 그렇다면 우리는 신을 사물적 존 재자나 도구적 존재자로 파악해서는 안 된다. [20] 이 말은 신은 이 론적 대상이거나 실천적으로 사용되는 도구와 같이 유용성이란 의미로 이해되어서는 안 된다는 것이다. 신은 그 자체로 존재하 는 자연적 존재자도, 또한 인간 현존재의 실존을 위해 존재하는

19) M. Heidegger, "*Brief über den Humanismus*", in: *Wegmarken*, Klostermann, Frankfurt a.M. 1978, S. 328.
20) M. Heidegger, *Sein und Zeit*, Niemeyer, Tübingen 1972, 15장.

도구적 존재자도 아니다. 따라서 신에 대한 이론적-유용성에 입각한 실천적 접근은 봉쇄되어 있다고 보아야 할 것이다.

둘째, 위에 따르면 이제 신의 초월성도 존재적으로 이해된 초월성, 즉 초자연적 존재자로서의 초월성으로 파악되어서는 안 된다. 오히려 신의 초월성은 신이 존재자가 아니라는 점에 놓여 있는 것이다. [21] 그런데 신의 존재론적 의미가 잊혀져 온 까닭은, 신이 존재론적으로 너무 가까우면서, 존재적으로 너무 멀기 때문이다. 따라서 서양 형이상학은 신은 존재적으로 가까운 것으로 표상해 왔고, 그 결과 신은 존재론적으로 먼 것으로, 그 본질에 있어 잊혀지게 되거나, 혹은 도구를 만드는 "하나님의 손"과 같은 형태로 표상되어 온 것이다. 그렇다면 신에 대한 존재론적 이해는 어떻게 가능한가? 하이데거의 경우 신에 대한 이해가 존재이해와 연관되어 있다면, 신에 대한 접근가능성은 『존재와 시간』에서는 실존론적인 길을 통해서 가능하다고 볼 수 있겠다. 그런데 하이데거는 현존재 분석에 있어서 실존의 비본래성과 본래성을 구분하고 있으며, 비본래적인 실존방식은 존재자에 자신을 빼앗기고 있는 상태로 파악한다. 그렇다면 신에 대한 이해도 이에 상응해야 할 것이다.

따라서 셋째로, 우리는 군중존재이면서, 동시에 아무도 아닌 자인 익명의 인간 역시 신에 대한 존재론적 이해에 도달할 수 없다고 보아야 할 것이다. 왜냐하면 그들은 신을 존재자로 파악하기 때문이다. 따라서 『존재와 시간』의 맥락을 고려하면 신은 일상적, 평균적, 자명한 것, 유혹적인 것, 확실성을 주는 것이 아니며, 오히려 본래적 실존이라는 존재의 짐스러운 성격을 통해 드러나는 존재방식을 가진다고 보아야 할 것이다. [22]

넷째로 신이 현존재의 본래적 실존함을 통해 가능존재의 방식으로 드러난다면, 하이데거에 있어 신과의 만남은 본래적 실존을

---

21) M. Heidegger, "Das Ding", in: *Vorträge und Aufsätze*, Pfullingen 1985, 170ff.

22) SZ, 27장.

선취적으로 결단하는 단독자에게만 가능하다고 보아야 할 것이다. [23] 신은 초월적 존재자로서 공간 어느 곳엔가 스스로 존재하는 존재자가 아니라, 현존재가 자신의 가능적 존재를 본래적으로 수행하면서 만나지게 되는 것이다.

다섯째, 그런데 본래적 실존함에서 현존재가 만나게 되는 것이 자신의 무와 같은 부채존재라고 한다면, 『존재와 시간』에서 신은 무와 같은 형태로 드러난다고 보아야 할 것이다. [24] 그런데 이 무는 현존재와 상관없는 부정적 의미의 무가 아니라, 현존재의 심연존재로서 세계와 시간을 통해 현존재에 전승되어 드러나고, 은폐되는 존재라고 한다면, 하이데거의 경우 신과의 만남은 단독자인 현존재로서만 가능하지만, 그렇다고 이러한 단독자는 실체적 단독자가 아니라, 실존함을 통해 자신의 존재를 선택하는, 그러한 세계와 시간 안에 있는 존재인 것이다.

따라서 여섯째, 신과의 만남은 세계-내-존재이고, 시간-내-존재인, [25] 그러한 단독자로서 가능한 것이다. 이 말은 또한 동시에 신이 실체적 존재자로 머무는 것이 아니라, 세계와 시간을 통해 현존재에게 드러난다는 사실을 지시한다. 그런데 하이데거가 말하는 이러한 세계와 시간은 형이상학에 의해 갇혀진 세계와 시간이 아니라, 그 이전의 가능성에로의 뒤돌아가는 발걸음이기에, 신은 형이상학적인 파악 이전의 형태로 드러나게 되며, 그것은 무와 같은 모습이고, 따라서 모든 존재자를 물리치고 그 자리에 드러나는 섬뜩한 것으로 나타나게 되는 것이다. 즉 현존재는 자신의 본래적 실존함을 통해 존재적으로 파악된 최고존재자로서의 신의 죽음을 경험하며, 존재적으로 더 이상 말해질 수(Ist-sagen) 없는 신의 드러남을 경험하게 되는 것이다. 그러나 이러한 경험은 우선적으로 낯설고 섬뜩한, 따라서 부정적인 형태로

---

23) SZ, 62장.
24) M. Heidegger, "Was ist Metapysik? Nachwort", in: *Wegmarken*, 304.
25) SZ, 58장.

경험되는 것이다. 존재론적인 신 이해는 존재적인 신 이해의 해체, 존재적으로 파악된 신의 죽음을 위급함으로(Not) 필요로 한다. 그런데 이러한 신의 죽음은 현존재의 실존함에서뿐 아니라, 형이상학의 역사를 통해서도 드러나게 된다. 왜냐하면 형이상학의 역사는 세계-내-존재와 시간-내-존재인 현존재의 세계와 시간을 통해 드러난 역사에 다름아니기 때문이다.

4.2 형이상학의 해체를 통해 신에 이르는 길

니체는 신의 죽음에 대하여 말한다. 그러나 신의 죽음에 대한 진술은 비단 니체 자신의 것만은 아니다. 오히려 그가 인용하듯이 고대 게르만족의 말에 의하면 모든 신은 죽어야만 한다는 것이다. [26] 또한 근대 이후에도 헤겔에 의해 즉자적인 신의 죽음이 언급되고 있다. 그러나 이러한 헤겔의 진술은 그의 철학적 방법론에 기인하는 것이다. 반면 고대 게르만족, 혹은 모든 신화적 표현들에 의한 신의 죽음은 신의 탄생이, 혹은 신에 대한 인간의 앎이 자연보다 나중의 일임을 암시하고 있다. 즉 인간은 삶의 과정 속에서 비로소 신을 발견한 것이고, 그 신은 인간의 삶의 해석을 통해, 그러한 신의 모습으로 확정된 것이다. 그리고 이러한 신의 모습은 형이상학에 의해 또다시 재해석되는 과정을 갖게 된다. 왜냐하면 형이상학은 최고의 근거를 추구하기 때문이며, 이러한 형이상학에 의해 신은 최고의, 최초의, 최후의, 단 하나의 근거로서 해석되는 것이다. 바로 이러한 점을 들어 니체는 플라톤에게서 형이상학적인 신의 모습을 보는 것이다. 그런데 니체에 의하면 이러한 신의 모습은 삶에 대한 오류에서 비롯된 해석이라는 것이다. 왜냐하면 이제부터 신은 자신의 유일성에 걸맞는 시간성인 영원성을 요구하게 되고, 따라서 삶의 자리 역시 영원한 삶에로 전이되는 사건이 일어나게 되었다는 것이다. 그런데 니체

---

26) M. Heidegger, "Nietzsches Wort 〈Gott ist tot〉", in: *Holzwege*, 197.

에 의하면 이러한 삶은 수동적으로 변형된 삶에 대한 해석이라는 것이다. 따라서 삶에 대한 적극적이고 능동적인 해석이 필연적으로 요청될 때, 삶에 대한 변형된 해석은 무화되어야 한다는 것이 그의 주장이다. 따라서 허무주의의 도래는 역사적 사건인 것이다. 즉 허무주의는 이론적 고찰의 결과가 아니라, 현존재를 통한 실존함의 비본래적 역사의 드러남인 것이다.

그런데 이러한 니체의 진단을 하이데거는 비판하고 있다. 하이데거는 우선 니체가 존재를 가치로 판단했다는 점과, 니체가 고대 그리스에 관심을 가졌음에도 불구하고, 형이상학의 역사 이전의 시원에 대하여 근본적인 이해를 갖지 못했다는 것이다. 하이데거에 의하면 니체는 형이상학적으로 해석된 신에 대해서만 다루었을 뿐, 형이상학 이전의 신의 계보학에 대해서는 다루지 않았다는 것이다. 반면에 하이데거는 형이상학의 역사를 존재망각의 역사로 보고, 그 이전의 시원으로의 돌아감을 시도하고 있다. 따라서 하이데거는 형이상학의 신의 죽음과 새로운 신의 도래하지 않음이란 이중의 결핍 속에서 새로운 신의 가능성을 찾으려 하며, 그것도 새로운 가치를 통해서가 아니라, 신의 탄생을 가능케 했던 근원적 사태로의 접근을 통해 찾으려 하는 것이다. 이러한 그의 시도는 형이상학을 비판하고 있는 니체까지 형이상학의 역사에 포함시키고, 이러한 형이상학 전반에 대한 비판적 고찰을 통해 나타나고 있다. 그에 의하면 형이상학은 존재론에 대한 일정한, 역사적인 해석들인 것이다. 그리고 이러한 해석들은 각각의 시대적, 민족적 기질에 의해 상이한 모습으로 나타났지만, 그럼에도 불구하고 최고의 궁극적 실재자로부터 모든 존재현상들을 해석하려는 의도를 가졌다는 공통점을 지니고 있다는 것이다. 즉 각각의 형이상학은 궁극적 실재를 이데아, 에네르게이아, 일자, 사유하는 자아, 힘에의 의지 등으로 해석했지만, 그들은 모두 일정하게 한정지워진—여기에서 형이상학에 대한 니체와 하이데거의 입장은 일치한다—, 플라톤주의적인 해석 안에 머물고 있다는 것이다. 27) 따라서 니체는 플라톤주의를 전도시킴으로써, 새로운 해석가능성을 찾으려 하지만, 이러한 니체의 시도는 하이데거에 의하면, 비록 전도시킨 형태이긴 하지만, 여전히 플라톤적인 틀 안에서의 전도라는 것이다. 반면에 하이데거는 아직 플라톤적이지 않은 존재론의 본래적 질문에로 되돌아가려고 시도한다. 하이데거에 의하면 형이상학의 극복은 더 이상 형이상학적인 방식으로는 이루어질 수 없는 것이며, 따라서 패러다임 자체에 대한 탈형이상학적인 질문이 선행되어야 한다는 것이다. 그리고 이러한 패러다임 자체에 대한 질문은 이제까지 형이상학적인 신에 대한 전적인 질문과 극복가능성에 대한 질문으로 이어지는 것이다. 그러나 이것은 어떻게 가능한가?

우선 하이데거는 진리와 비진리에 대한 형이상학적인 도식부터 파괴하고 있다. 그에 의하면 진리는 일정하게 선행적으로 전제된 진리기준에 의거한 정합성 여부에 의해 밝혀지는 것이 아니라, 존재 자체의 드러남과 감추임이라는 이중적인 운동성 자체로 드러나는 것이다. 진리는 진리기준에 합치된 내용이 아니라, 존재현상 자체를 통해 드러나는, 혹은 감추인 채로 드러나는, 그러한 존재의 의미인 것이다. 따라서 기존의 진리설에 의거하여 하이데거를 판단하면, 그는 진리가 갖는 비판성을 의도적으로 무시한다는 비판을 받을 수 있다. 28) 그러나 하이데거에 따라 이해하고자 노력한다면, 이러한 진리기준이나, 진리기준에의 정합성이란 이미 일정한 해석을 전제로 해서 가능한 주장들이었던 것이다. 또한 이러한 진리기준에 대한 파괴가 곧바로 진리 자체에 대한 부정을 뜻하는 것은 아니고, 하물며 하이데거 한 개인의 임의적인 주장에 불과한 것도 아니라는 점이다. 왜냐하면 그가 추구하고자 하는 것은 존재론에 대한 일정기간 동안의 형이상학에 대한 비판

---

27) M. Heidegger, *Zur Sache des Denkens*, Tübingen 1976, 22.
28) E. Tugendhat, *Wahrheitbegriff bei Husserl und Heidegger*, De Gruyter, Berlin 1967, 330ff.

일 뿐, 존재론에 대한 "형이상학적" 시도 자체에 대한 비판이 아니기 때문이다. 즉 형이상학적인 해석 이전에도 존재론에 대한 "형이상학적"(물론 이때 형이상학적이란 단어는 플라톤 이래의 형이상학과는 다른 의미로 파악되어야 한다) 해석이 존재했었기 때문이다. 이런 의미에서 하이데거는 형이상학의 극복은 형이상학을 제거하거나 극복하는 것이 아니라, 형이상학과 더불어 형이상학이 갖고 있는 한계를—그 한계는 허무주의라는 병적인 형태로 나타났으며—견디어 넘으로써(Verwindung) 가능한 것이다. 그것은 형이상학의 배후로 돌아감을 통해 가능하지만, 지나간 과거를 회상함으로써 가능한 것이 아니다. 또한 그것은 현재로 과거의 존재이해를 전이시킴으로써 가능한 것도 아니다. 왜냐하면 하이데거에 의하면 플라톤 이전의 고대 그리스 사유는 존재 자체 안에서 존재와 더불어 이루어진 사유였을 뿐, 존재를 존재로 사유하지는 못했기 때문이다. 따라서 형이상학 이전에로의 사유는 필연적으로 존재질문에의 시원에로 되돌아감뿐 아니라, 존재를 존재로 새롭게, 즉 존재의 도래를 경험하는 사유가 필요한 것이다. 이것을 하이데거는 첫째 시원과 구별해 새로운 시원이라고 부르며, 이를 위해 필연적인 과정으로서 횔덜린을 들고 있다. 그는 새로운 시원이 단지 니체와 횔덜린을 통해 가능하다고 보고 있다. 그렇다면 우리는 니체를 통해서 형이상학적인 신의 죽음과 그 의미를, 그리고 횔덜린을 통해서 하이데거가 의도하는 새로운 신의 도래가능성을 살펴볼 수 있을 것이다. 그렇다면 새로운 신과의 새로운 만남은 어떠한 형태로 가능할 것인가? 이 문제를 우리는 횔덜린을 통해 알아보고자 한다.

4.3 신의 존재의 의미에 대하여

하이데거는 신에 대한 존재증명에 관심을 갖지 않는다. 오히려 그는 이미 신이 존재한다고 보고 있는 듯하다. 왜냐하면 그는 신의 존재여부에 대한 의심을 표현하지 않았으며, 오히려 여러 곳에서 "신"의 존재성을 전제하는 표현을 쓰고 있고, 또한 새로운 신의 구원가능성에 대하여 언급하고 있기 때문이다. 그렇다면 하이데거가 니체와 횔덜린을 통해 현대를 옛 신의 죽음과 새로운 신의 아직 도래하지 않음이란 이중결핍의 시대라고 칭하는 것은, 신이 현대에는 "존재하지 않는다"라는 것을 뜻한다고 볼 수는 없다. 오히려 신의 사라져 버림이나 신의 도래함은 이미 신의 존재를 전제로 하는 표현들이며, 신이 "없다"라는 것을 뜻하지는 않는 것이다. 왜냐하면 그에 따르면 존재가 은폐된 채로 자신을 드러내듯이, 신 역시 은폐된 채로 자신을 드러내기 때문이다. 그렇다면, 하이데거가 더 이상 중세적인 신 존재증명에 관심을 갖지 않는 것은 무엇을 뜻하는 것일까? 하이데거는 신의 존재에 대한 증명도 없이 어떻게 신이 존재한다고 전제하고 있는 것일까? 신이 존재한다는 것은 신학을 하려고 했던 하이데거의 개인적인 확신에서 비롯되는가? 혹은 그가 존재현상에서 목적론적인 요소를 배제하고 있다면, 그는 신에 대한 존재론적 증명에 동의하고 있는 것일까? 이러한 주장은 한편으론 그럴듯해 보이기도 한다. 왜냐하면 하이데거가 "신"이란 단어를 사용하고 있기 때문이다. 그러나 다른 한편 존재론적 증명은 하이데거 철학과는 전적으로 다른 점을 내포하고 있음을 알 수 있다. 존재론적 증명에 의하면 신이란 "개념"이 "존재"까지도 포함한다는 주장이지만, 이러한 주장의 배후에는 신이란 "개념"은 "절대자"를 뜻한다는 것이 포함되어 있다. 절대자라는 개념은 어떠한 것도 결핍할 수 없으며, 따라서 만약 존재를 갖지 않는다면, 그것은 이미 "신"이란 "개념"이 아니라는 주장이다. 그러나 하이데거는 신이 절대적 존재자라는 형이상학적 주장을 거부하고 있는 것이다. 따라서 하이데거에 의하면 "신"이란 "개념"이 굳이 "존재"까지도 포함하는 절대적 존재자일 필연성은 없는 것이다. 그렇다면 그의 경우 신은 왜, 어떻게 존재하며, 그렇게 존재한다는 사실을 어떻게 알 수 있는 것일까?

이러한 질문에 대답하기 위해서 우리는 신의 존재 → '신의 창조' → 존재자의 존재라는 도식을 근본적으로 바꾸어야만 한다. 앞서 제시했듯이 신의 존재는 선험적 사실이 아니라, 존재현상을 통해 드러난 경험이라는 것이다. 그렇다고 이 말이 신은 경험의 소산이라고 말하는 것은 아니다. 왜냐하면 하이데거에 있어서 신은 존재론적으로 접근가능하고, 실증적 경험에 의해 추상된 개념이 아니기 때문이다. 그러나 신이 경험도 관념도 아니라면, 신은 도대체 무엇이라는 것인가? 그런데 하이데거에 의하면 이러한 질문도 바뀌어져야 한다. 왜냐하면 경험 (존재자) / 관념 (존재) 이라는 도식과는 달리, 형이상학적으로 파악된 경험이나 관념 모두가, 그에게는 존재자이기 때문이다. 반면 하이데거가 관심을 갖는 것은 신이 어떠한 존재자인가가 아니라, 신이 "있다 (존재)"라는 사실이 무엇을 의미하는지에 대해서인 것이다. 그는 신의 존재의미에 대하여 관심을 갖는 것이다. 그러나 이것은 또 무엇을 뜻하는가? 그는 신의 존재에 대한 신적인 의미를 묻고 있는 것인가? 이러한 시도는 형이상학적으로 많은 사람들에 의해 주장되어 왔다. 즉 우리는 신에 대하여 분석적 판단과 종합적 판단을 모두 가지고 있다. 예를 들어 신에 대한 분석적 판단으론 최고의 존재자 혹은 절대자 등이 그렇고, 종합적 판단으론 신은 사랑이다, 혹은 질투한다, 전쟁의 신이다 등이 그렇다. 그렇다면 하이데거는 신에 대한 분석적 판단을 전제로 그에 대한 종합적 판단의 정합성 여부에 대하여 질문하고 있는 것인가? 그러나 이러한 시도는 그 자체로 불가능하다. 왜냐하면 분석적 판단과 종합적 판단은 서로 다른 영역에 속하는 판단이기 때문이다. 그리고 "신"에 대하여 말할 때 분석적 판단과 종합적 판단의 연결은 아무런 새로운 의미도 제공할 수가 없다. 왜냐하면 신에 대한 존재론적 증명의 경우와 마찬가지로 신에 대한 분석적 판단은 이미 신에 대한 종합적 판단을 포괄하고 있기 때문이다. 왜냐하면 신에 대한 분석적 판단은, 신이 최고의 존재자라는 주장이기 때문이다. 따라서 이러한 시도는 다시 신에 대한 존재론적 증명의 경우로 환원되는 데 불과하다. 그렇다면 하이데거가 말하는 신의 존재의미란 무엇을 뜻하는가? 그가 말하는 존재와 의미는 어떠한 관계에 서 있는가? 우선 그의 표현을 따르면 "의미는 존재의 배후에 있는 어떤 것"[29]이 아니다. 따라서 존재와 의미는 공속하는 것이며 롯츠는 : "존재는 비로소 의미 안에서 그리고 의미로서 전적으로 그것 자체이며, 혹은 전적으로 자신에로 도래한 의미이다"[30]라고 말한다. 그러나 다른 한편 하이데거는 "엄밀히 말해 이해되는 것은 의미가 아니라, …… 존재이다"[31]라고 말한다. 그러나 이때 하이데거가 의도하는 것은, 존재는 객관적 대상이고 의미는 주관이 부여한 것이란 이원론적 도식이 아니다. 오히려 그가 말하고자 하는 것은 의미가 관계개념이라는 것이다. 그에 의하면 존재는 존재자와 달리 단지 의미로서 접근가능하고, 의미는 "그것으로부터 그리고 그것을 근거로 하여 도대체 존재가 그것 자체로 개시되고 진리에 이를 수 있는"[32] 그러한 것을 뜻하는 것이다. 따라서 "존재의 의미에 대하여 질문하는 것은 존재에 대한 가능한 이해에 대하여 질문하는 것이다."[33] 이에 따르면, 하이데거의 경우 신의 존재의미에 대한 질문은 결국 신이 "있다"라는 사실에 대한 이해가능성에 대하여 질문하는 것이다. 그렇다면 신이 "있다(존재)"라는 사실은 어떻게 증명되는가? 라는 질문이 생길 수 있다. 그러나 이러한 질문은 하이데거에 의하면 존재증명을 통해서가 아니라, 해석학적 순환에 의해 우리에게 주어진 자명한 사실인 것이다. 신은 이미 의미로서 현존재에게 개시되어

---

29) SZ, 152면.
30) J.B. Lotz S. J., "Vom Sein zum Sinn, Entwurf einer ontologischen Prinzip-lehre", in: *Sinn und Sein, Ein philosophisches Symposion* hrsg. v. R. Wisser, Tuebingen 1960, S. 293~.
31) SZ, 151면.
32) M. Heidegger, *Nietzsche I*, Pfullingen 1961, S. 26.
33) O. Pöggeler, *Heidegger und die hermeneutische Philosophie*, Freiburg/München 1980, S. 108.

있는 것이다. 신은 모든 존재자에 대한 궁극적 근거로서 존재하는 것은 아니며, 세계와 시간을 통해서 현존재에게 주어져 있으며, 전형이상학적, 형이상학적 해석을 통해 주어져 있는 현상인 것이다. 따라서 엄밀하게 말하면 하이데거에 있어서 신의 존재증명은 무의미하다. 왜냐하면 신은 이미 의미로서 드러나고 만나지는 현사실이기 때문이다. 따라서 신의 존재에 대하여 묻는 것은 의미의 무의미성, 혹은 의미의 의미성에 대하여 묻는 것만큼이나 부조리한 노력인 것이다. 그런데 의미가 존재의 드러남을 뜻한다면, 의미는 언어를 통해 접근되어야 한다. 왜냐하면 언어는 존재를 은닉하고 드러내는 존재의 집이기 때문이다. 따라서 하이데거의 신의 존재의미에 대한 질문은 "신"이란 "언어"의 문제로 넘어가게 된다.

4.4 "신"이란 단어와 언어의 본질

이제 하이데거의 경우 신에 대한 접근은 언어라는 우회로를 통해 계속된다. 그렇다면 언어란 무엇인가? 언어의 본질은 무엇인가?라는 질문이 이루어져야 한다.

우리는 일상생활에서 수많은 언어들을 사용하고 있으며, 언어에 대한 이해도 가지고 있다. 그중 하나로서 신이란 단어도 마찬가지이다. 우리는 자신이 "신"이란 단어를 사용할 때, 이미 그 단어가 갖는 의미를 이해하고 있으며, 신에 대한 토론 혹은 대화가 이루어진다면, 신에 대한 공통의 이해가 있음에 틀림없다고 생각할 수도 있다. 그런데 이러한 이해의 근거를 이루고 있는 사상은, 언어가 어떠한 의미를 내포하고, 표현하며, 그러한 의미가 대화자 상호간에 전달된다는 생각이다. 즉 언어는 어떠한 내적인 의미를 표현하는 기호이며, 그 기호를 통해 상호간의 이해가 가능하다는 주장이다. 그러나 이러한 언어이해를 하이데거는 일상적 언어이해, 비본래적 언어이해로 보고 있다. 반면 언어의 본질은 위의 언어이해가 가로막는 한계를 벗어남으로부터 시작되어야 한다. 그런데 이러한 언어의 벗어남은 제3자적 시점에서 외부로 부터 언어에 대한 분석을 의미하는 것이 아니라, 은폐되어 있던 언어사건을 경험함을 뜻한다. 그리고 언어사건의 경험은 "우리가 언어의 요구 안으로 들어가 그것에 구속됨으로써, 언어의 요구와 고유하게 접근하게 함"[34]을 뜻한다.

이를 명확히 하기 위해 하이데거는 슈테판 게오르그의 시 "낱말"을 인용하고 있다. 이 시에 따르면 시인은 우선 낱말이 사물과 맺는 관계를 경험하며, 그것은 "낱말이 사물에게 존재를 부여한다는" 사실이다.[35] 우리의 과제와 결부해 생각하면 신 역시 하이데거에 의하면 존재자로서 하나의 사물이며, 신이란 낱말이 신의 존재를 부여하는 것이다. 따라서 이렇게 존재를 부여하는 낱말을 운명의 샘물로부터 시인이 길어 올릴 수 있다는 것은 "경이롭고", "꿈 같은" 일임에 틀림없다. 왜냐하면 시인을 통해 "낱말이 비로소 하나의 사물을 존재하고 있는 바 그 사물로서 현상케 하며, 따라서 현전케 하기"[36] 때문이다. 이러한 주장을 신과 관련시킨다면, 시인은 "신"이란 낱말을 통해 신의 "존재"가 드러나게 되는 경이롭고 꿈 같은 일을 경험하게 되는 것이다. 그러나 우리가 신에 대하여 접근할 때, 신이란 낱말로부터 무엇을 이해하는가가 문제된다면, 이제 시인의 과제는 "신이란 낱말"과 "신이란 존재"의 관계를 넘어 "신"이라는 "낱말", 즉 언어를 사용할 때, 그 언어를 통해 드러나는 것 자체가 무엇인가에로 전진해 나가야만 한다. 왜냐하면 신이란 낱말 자체가 이미 여러 해석들에 의해 비본래적으로 이해되고 있기 때문에, 시인은, 그리고 이를 통해 하이데거는 신이란 낱말, 즉 그 낱말을 언어 자체의 본질로부터 경험하는 일을 요청하는 것이다. 왜냐하면 언어의 본질로부터만 "신"이란 "낱말"은 본래적인 의미로서 경험될 가능성을 지

---

34) M. Heidegger, *Unterwegs zur Sprache*, Pfullingen 1975, S. 159.
35) 같은 책, 164면.
36) 같은 책, 36면~.

니기 때문이다. 그러나 신이란 낱말의 의미를 우리는 이미 이해하지만, 한 걸음 나아가 우리가 "신이라고 언어로 표현하는 것" 그 자체가 무엇을 의미하는지에 부딪친다면 어떠한 일이 벌어지게 되는 것일까? 그것은 바로 언어 자체의 본질에 대한 경험에의 요청임에 틀림없다. 그러나 그러한 것은 언어를 존재자, 사물로 보는 한에 있어 불가능하다. 따라서 하이데거는 시인의 입을 통해 그러한 것, 즉 언어의 본질에 대한 언어 자체는 존재하지 않는다는 것을 보여 주고 있다 : "여신은 오래 찾다가 나에게 알려 주었다 : 그렇게 여기 깊은 바닥에는 아무것도 잠들어 있지 않다."[37] 따라서 신이란 낱말 자체에 대한 접근을 통해 얻을 수 있는 부정적인 결과는 "낱말이 비어 버린 곳에서는 어떤 사물도 존재하지 않는다는"[38] 점이다. 즉 우리는 신이란 낱말의 의미로부터 신의 존재를 부여할 수 있지만, 우리가 "신"이라는 낱말을 쓸 때, 그때 그렇게 쓰이는 낱말 자체의 의미는 항상 은폐되고 있는 것이고, 그 문제에 도달했을 때, 신이란 낱말의 의미가 부여한 존재마저도 사라져 가는 경험에 부딪히게 되는 것이다. 그러나 하이데거에 의하면 우리가 새롭게 신과의 만남을 경험할 수 있는 것은, 우리가 "신"이란 낱말을 사용할 때, 그 낱말 자체가 언어의 본질로부터 사유될 수 있을 때 비로소 가능한 것이다. 그러나 그것은 마치 의미의 의미나 존재의 존재와 같이 일순 불가능해 보이는 것이다. 따라서 그는 시인의 입을 빌어 그러한 경험의 순간을 "그렇게 나는 슬프게도 체념을 배운다 : 낱말이 비어 버린 곳에서는 어떤 사물도 존재하지 않는다는 것을"[39]이라고 표현하고 있는 것이다. 그러나 이러한 체념은 "또 하나의 길에 따르는 경험"[40]을 가능케 하는 것이다. 즉 체념은 자신이 이미 또 다른

---

37) 같은 책, 162면~.
38) 같은 책, 167면.
39) 같은 책, 170면.
40) 같은 책, 170면.

경험의 영역에 들어설 수 있음을, 혹은 들어서 있음을 기분과 더불어 경험케 하는 것이다. 이에 대하여 하이데거는 : "낱말에 대한 시인의 경험이 슬픔에 조율되어 있지 않다면, 후퇴하는 것과의 가까움에 자신을 내맡기는 기분에 조율되어 있지 않다면, 그러나 동시에 보류되었던 것의 시원적 도래를 위해 그러한 기분에 조율되어 있지 않다면, 시인은 결코 그러한 경험을 철저히 겪어낼 수 없을 것이다"[41]라고 해석하고 있다. 즉 체념을 통해 시인은 언어와 사물의 관계로부터 언어의 언어에 대한 관계에로의 진입가능성에 이르는 것이다. 그런데 이러한 진입이 가능한 것은 언어 자체의 본질이 비록 은폐되어 있지만, 체념을 통해 사물과 언어의 관계로부터 언어 자체의 관계에로의 전이가 이미 기분과 더불어 개시되기 때문이다. 따라서 "신"이란 낱말을 사용할 때, 그 낱말 자체의 의미는 신의 의미와 달리 체념을 통해 도래의 가능성을 갖게 되는 것이고, 그것을 하이데거는 언어와 더불어 하나의 경험을 하는 것이라고 표현하고 있다. 그렇다면 체념을 통해 새로운 길에의 진입이란 어떠한 경험인가? 이에 대하여 하이데거는 "언어 자체가 우리에게 말을 걸어 오는"[42] 경험에 대하여 말하고 있다. 이것은 언어의 본질에 대한 표상으로부터 언어가 본질로서 다가오는 것을 듣는 경험에로의 전회, 즉 언어의 본질이 본질의 언어로 전회되는 경험인 것이다. 그런데 이렇게 듣는 것이 가능하기 위해서는 이미 말을 건네는 언어가 존재해야만 하는데, 이러한 언어를 하이데거는 본질의 언어라고 말한다. [43] 따라서 그는 "사유의 본질적인 태도는 묻는 행위일 수 없고, 오히려 모든 묻는 행위가 본질에 대해 물음을 던지기 때문에 비로소 물음을 걸게 되는 바로 그것, 즉 그것이 건네 주는 확언을 경청하는 행위야말로 사유의 본질적인 태도인 것이다"[44]라고 말하는

---

41) 같은 책, 169면.
42) 같은 책, 174면.
43) 같은 책, 176면.

것이다. 그렇다면 듣는 것을 가능케 하는 이러한 말건넴은 어떠한 것인가? 이에 대하여 하이데거는 : "우리가 언어의 말건넴을 언제나 듣지 않는다면, 우리는 언어의 어떠한 낱말도 사용할 수 없을 것이다. 언어는 이러한 말건넴으로 현성한다. 언어의 본질은 말함(Spruch)으로서, 그의 본질의 언어로서 알려진다"[45]라고 말한다. 듣기를 가능케 하는 말건넴은, 그것에 의존해 시작과 사유가 비로소 가능한 그러한 것이다. 이것을 그는 이야기(Sagen)라고 부른다. 이야기는 비로소 시작과 사유를 가능케 하는 것으로, 이때 이야기는 "낱말들이 거부되는 방식으로 빠져 나가는"[46] 경험을 가능케 하는 것이다. 왜냐하면 말건넴을 듣는다는 것은 낱말의 의미에 매달리는 것이 아니라, 낱말이 말건네는 말건넴 자체, 즉 낱말이 말건네며 주는 어떤 것(Es)에 귀기울이기 때문이다. 이러한 하이데거의 주장은 사물로서의 낱말로부터 낱말이 드러내는 존재에로의 전회를 요구하는 것이다. 그런데 낱말의 존재는 존재자가 아니기 때문에 그것은 아무런 물리적 음성과 내용적 의미로부터의 초월을 의미하며, 이렇게 언어의 초월적 본질을 하이데거는 "정적의 울림(Geläut der Stille)"[47]이라고 부른다. 그런데 이러한 정적의 울림은 인간의 모든 언어를 가능케 하는 것으로서 인간의 언어 이전에 이미 주어져 있기에 인간에게 존재론적으로 가장 가까이 있는 것이며, 따라서 본질의 언어는 가까움(Nähe)[48]으로 특징지워진다. 그렇다면 "신"이란 낱말로부터, 그러한 낱말을 가능케 하는 본질의 언어에로의 전회가 필요하며, 이러한 본질의 언어가 드러나 있는 장소를 하이데거는 슈테판 게오르그의 시를 인용해 "민담(Sage)"[49]이라고 부른다.

---

44) 같은 책, 176면.
45) 같은 책, 180면.
46) 같은 책, 194면.
47) 같은 책, 215면.
48) 같은 책, 211면.
49) 같은 책, 195면.

전설은 "옛 어머니의 동화의 정원의 고유한 나라 속으로 여행"[50] 을 가능케 하는 것이며, "멀리 떨어져 있는 낱말의 지배의 비밀스러운 가까움을 노래하는"[51] 것이다. 그리고 이러한 민담이야말로 시작과 사유, 그리고 비본래적인 언어사용과 형이상학적 언어를 가능케 하는 근원인 것이다. 따라서 "신"에 대한 언어적 접근에서 하이데거가 이러한 민담에서 그 근원적 장소를 찾은 것은 우연이 아니다. 그는 형이상학에 의해 왜곡된 신으로부터 "신"이란 낱말을 사용할 때, 그 근저에 놓여 있는 근원적이고 본질적 언어에로 돌아가려고 하기 때문이다. 민담은 "신"이란 언어를 통해 신의 시원적 존재를 드러낼 수 있는 유일한 장소이기 때문이다. 그렇다면 민담에서 만나지는 신은 어떠한 신이며, 형이상학적 신과 어떻게 다른가?

4.5 새로운 신의 의미

하이데거는 신에 대한 직접적인 서술을 삼가고 있다. 그리고 이것은 어떤 의미에서는 당연한 것이다. 왜냐하면 신에 대한 직접적인 서술은 신을 대상으로, 그리고 그러한 대상 중 최고의 존재자로서 접근하려는 오류에 빠질 수 있기 때문이다. 따라서 하이데거는 존재를 통해 드러나는 신을, 즉 신의 존재의미를 밝히려 하고 있다. 그리고 이러한 신은 인간에게는 존재론적으로 가까움으로 현전함을 그는 강조하고 있다 : "……신적인 것의 본질은 생명체의 낯섬보다는 우리에게 더 가까이 있는 듯이 보인다……."[52] 이때 가까움으로 하이데거가 의미하는 것은 본질의 근원에의 가까움이다. 존재론적으로 신적 본질과 인간본질은 존재적인 멂에도 불구하고 가까움의 관계로서 상응한다는 것이다. 따라서 새로운 신의 의미는 존재론적으로 접근되어야 하고, 그때

---

50) 같은 책, 194면.
51) 같은 책, 195면.
52) M. Heidegger, "Brief über den Humanismus", in: *Wegmarken*, S. 329.

비로소 새로운 신의 도래가능성이 말해질 수 있는 것이다 : "이러한 가까움에서, 만약 도대체 신과 신적인 것이 스스로를 거부하고 밤으로 남는지, 그리고 어떻게 그러한지, 성스러운 것의 낮이 밝아 오는지, 그리고 어떻게 밝아 오는지, 성스러운 것의 출현에서 신과 신적인 것의 현상이 새롭게 시작될 수 있는지, 그리고 어떻게 그럴 수 있는지에 대한 결정이 수행된다. 그러나 또다시 단지 스스로 신적인 것과 신을 위한 차원을 보존하는 신성의 단지 우선적인 본질공간인 성스러운 것은, 그 이전에 그리고 오랜 준비 안에서 존재 스스로가 밝혀지고, 자신의 진리 안에서 경험될 때만이 드러나는 것이다."[53] 그런데 이러한 존재론적인 근원에의 가까움을 하이데거는 고향이라고 표현하고 있다.[54] 새로운 신의 도래는 고향에로의 가까이 감을 통해서 드러날 수 있는 것이다. 왜냐하면 고향은 바로 시원적 근원이기 때문이다. 그러나 이렇게 고향에로 가까이 가는 일은 횔덜린의 시 "이스터"에 대한 하이데거의 해석을 따르면 고향에로의 평탄하고 순탄한 길이 아니라, 하나의 "방랑"의 형태로서 나타난다. 즉 고향에의 가까움은 이미 역사적인 강물의 흐름을 역류해 가는 것이지만, 또한 그것은 역사의 종말을 향하는 도래적인 예감을 포함하는 돌아감인 것이다.[55] 따라서 귀향은 필연적으로 두 세계의 변증법적인 투쟁과 공속이라는 이중적 운동의 형태로 전개되며, 따라서 이것은 역사성과 대지 그리고 민족적인 형태로 나타나는 투쟁과 공속의 사건인 것이다.[56] 물론 이러한 하이데거의 표현이 구체적인 땅과 혈통을 의미하는 것이 아니라는 것은 분명하다. 오히려 그는 그리스와 독일이라는 두 세계를 존재론적인 시원과 종말로 이해하

---

53) 같은 책, 335면.
54) 같은 책, 335면.
55) M. Heidegger, *Hölderlins Hymne ⟪Der Ister⟫*, Vittorio Klostermann, Frankfurt a.M. 1984, Bd 53, S. 43.
56) M. Heidegger, *Hölderlins Hymnen ⟪Germanien⟫ und ⟪Der Rhein⟫*, Vittorio Klostermann, Frankfurt a.M. 1989, Bd 39, S. 88.

고 있으며, 따라서 그 완성은 두 세계의 변증법적 종합으로서 완수된다는 것이다. 그러기에 새로운 신의 도래도 존재론적으론 필연적으로 역사적, 대지적, 세계적인 모습으로 나타날 수밖에 없는 것이다. 이 점은 바로 하이데거가 새로운 신의 도래를 민담에서 찾으려 한 것과 맥을 같이한다. 즉 새로운 신은 존재론적으로 구체적인 초월성을 지녀야만 한다는 것이다. 왜냐하면 존재는 항상 존재자의 존재이듯이 신 역시 인간의 신이어야 하기 때문이며, 그러면서도 존재가 존재자가 아니듯이 신은 인간에 대한 초월성 자체로 남아야 하기 때문이다. 이로써 하이데거가 시적인 표현으로 주장한 4자, 즉 대지와 하늘, 신적인 것과 인간적인 것의 유희라는 것이, 시원과 종말이라는 존재론적인 두 세계간의 변증법적 투쟁을 통한 유희라는 것이 드러난다. 그런데 이러한 것을 보면 하이데거의 경우 새로운 신의 도래는 인간의 일에 달려 있는 듯이 보인다. 그러나 단지 그렇게 보일 뿐이다. 왜냐하면 신 자신이 존재론적인 역사와 대지와 세계를 통해 자신을 드러내지 않는다면, 새로운 신에 대한 진술조차 불가능할 것이다. [57] 그렇다면 이렇게 존재론적 역사 속에서 자신을 드러내는 신이란 어떠한 신인가? 하이데거 자신도 분명히 밝히고 있지는 않지만, 그의 주장의 맥락을 더듬어 보면, 그러한 신은 형이상학적 사변이 아니라, 민담이란 언어형태를 통해, 추상적 보편성이 아니라, 존재를 이해하는 구체적 현존재인 존재론적 민족을 통해 대지와 역사라는 구체적 초월성으로 드러나는 신인 것이다. 그리고 이러한 신은 시원부터 형이상학의 끝까지 자신을 은폐한 채로 드러냈기 때문에, 이러한 신의 드러남은 필연적으로 새로운 사건으로 나타나게 된다. 즉 전적인 새로운 신의 출현은 이해를 통해서가 아니라, 신 스스로의 하나의 사건을 통해 현현하게 되는 것이며, 이러한 신에 상응하여 존재와 시간은 비로소 그 의미를 가

---

57) M. Heidegger, "Ursprung des Kunstwerkes", in: *Holzwege*, Klostermann, Frankfurt a.M. 1957, S. 32.

질 수 있게 되기 때문이다. 따라서 새로운 신은 오히려 스스로 시간이 당도하도록 하고 존재의 현전성을 보내는, 그러한 사건으로 가능한 것이다. [58] 그러나 이 사건 자체는 하이데거의 표현대로 신 자신은 아니며, 오히려 우리는 이러한 사건을 통해 새로운 신의 출현의 가능성을 예감하게 되는 것이다. 즉 이때 인간본질은 새로운 신과의 가까움에 머물게 되고, 대지와 하늘, 신적인 것과 죽어야 하는 자의 4자의 유희라는 시간-공간-유희[59] 안에 들어서게 되는 것이다. 여기서 우리는 이러한 새로운 신적인 유희공간에 대한 하이데거 자신의 말을, 좀 길지만, 들어 보도록 한다 : "대지는 물과 암석 그리고 식물과 동물을 품안에 안고 있으면서 그것들이 존재할 집을 지어 주며 떠받쳐 주고 있는 것, 즉 그것들이 자랄 수 있도록 양분을 공급하여 열매를 맺게 해주는 것이다. …… 하늘은 태양의 운행이며 달의 진행이며 별들의 광채이며 한 해의 계절들이며 낮의 빛과 어스름함이며, 밤의 어두움과 밝음이며 날씨의 은혜로움과 황량함이며 천공의 떠도는 구름과 푸르른 심오함이다. …… 신적인 것은 신성을 눈짓하는 사자이다. 신성이 은닉된 채 주재하는 가운데 신은 현현하는 것과의 어떠한 비교도 물리쳐 버리는 자신의 본질에 맞게 현현한다. …… 죽어야 하는 자는 인간이다. 인간은 죽을 수 있기 때문에 죽어야 하는 자라고 불리운다. 죽는다는 것은 죽음을 죽음으로서 받아들일 능력이 있음을 의미한다……. 죽어야 하는 자는 죽어야 하는 자로서, 존재를 간직하고 있는 것 안에서 현성하고 있다. 죽어야 하는 자는 존재로서의 존재와 현성적인 관계를 맺고 있다. "[60] 이러한 하이데거의 말을 통해 드러나는 것은 신적인 것과 인간, 하늘과 대지는 하나로서 동시적인 관계 속에 본재해야 한다는 것이다. 따라서 그는 이 네 가지의 상이함에도 불구하

58) M. Heidegger, *Zur Sache des Denkens*, 19 이하.
59) M. Heidegger, *Unterwegs zur Sprache*, S. 213.
60) M. Heidegger, "Das Ding", in : *Vorträge und Aufsätze*, S. 171.

고, 매 단락마다 그것들의 동시성을 강조하고 있는 것이다. 이 점을 염두에 두면 새로운 신이 왜 존재론적으로 현현해야 하는지 알 수 있게 된다. 즉 그 신은 하늘높은 곳에 있는 최고의 존재자가 아니기 때문이며, 또한 새로운 신은 더 이상 기존의 윤리적인 척도에 의존하는 신도 아님을 알 수 있다. 왜냐하면 윤리 또한 존재현상에 대한 인간의 해석이기 때문이다. 오히려 새로운 신은 이러한 윤리적 척도까지 새롭게 정초할 수 있는 자유로운 신인 것이다. 또한 새로운 신은 존재론적으로 파악된 민족과 무관한 추상적 보편성이 아니라, 민족의 존재이해와 관계를 맺는 신인 것이며, 따라서 그 민족의 시원적 존재이해가 담긴 언어를 통해 자신을 사건으로 드러내는 신인 것이다. 그리고 새로운 신은 처음과 마지막인 신이 아니라, 존재의 유희를 통해 반복되어 자신을 드러내는 신인 것이다.

5. 맺는 말

신에 대한 하이데거의 명시적이지는 않은, 그러나 사유의 맥락을 통해 끊임없이 동행하고 있는 신의 모습은 분명 많은 형이상학자들이 표상했던 신의 모습과는 전적으로 상이하다. 그런데 그 이유는 하이데거가 신에 대하여 전형이상학적, 탈형이상학적인 접근을 시도하고 있기 때문이다. 그는 형이상학적으로 해석된 신에 대한 표상들 외에 또 하나의 형이상학적 표상을 추가하려는 것이 아니다. 오히려 그가 추구하는 것은 신에 대한 형이상학적 표상을 도대체 가능케 했던 시원적 근원에로 소급해서, 그 근원을 미래적 기투와 연관해 새롭게 드러내려 하는 것이다. 따라서 그의 신에 대한 파악은 형이상학의 범위를 벗어날 뿐 아니라, 신에 대한 일반 종교학적인 접근과도 구별된다. 왜냐하면 종교학은 종교의 발생원인을 계보론적으로 소급해서 추정하고, 그러한 추정이 정당한 이론임을 검증하려고 시도하지만, 하이데거는 신에 대한 시원적 사태 자체를 도래적으로, 즉 변증법적으로 드러내려 하기 때문이다. 따라서 하이데거의 경우 새로운 신은 이미 지나간, 그리고 형이상학과 고등종교를 통해 사라져 버린 옛 신에 대한 향수가 아니라, 전적으로 시원적이며 동시에 도래적인 신의 모습을 띠고 있는 것이다. 우리는 이러한 그의 시도가 횔덜린에 의해 주장된 옛 신과 새로운 신 사이의 이중결핍의 시대를 결핍 자체로 받아들이면서 예감한 새로운 신에 대한 사유의 경건함에 기인한다고 볼 수 있겠다. 그러나 그러한 사유는 또한 당혹스럽고 섬뜩한 것이라고도 볼 수 있겠다. 그리고 우리는 또한 다음과 같이 하이데거의 사유에 대하여 질문할 수 있을 것이다 : 그렇다면 이러한 신이란 무엇인가?

우리는 이러한 질문을 하나의 사유의 여운으로서 열려진 채 남겨 두기로 한다.

참 고 문 헌

1. 하이데거의 저술들

(1927) *Sein und Zeit.* Niemeyer, Tübingen 1972.

(1934/35) *Hölderlins Hymnen "Germanien" und "Der Rhein".* Klostermann, Frankfurt, 1989, Bd. 39.

(1935/36) "Der Ursprung des Kunstwerkes", in: *Holzwege*, Klostermann, Frankfurt, 1957.

(1942) *Hölderlins Hymne "Der Ister"*, Bd. 53.

(1943) "Nachwort zu "Was ist Metaphysik?" (1943)", in: *Wegmarken*, Klostermann, Frankfurt, 1978.

(1943) "Nietzsches Wort "Gott ist tot"", in: *Holzwege*.

(1946) "Brief über den Humanismus", in: *Wegmarken*.

(1955/56) *Der Satz vom Grund*, Pfullingen 1986.

(1957) "Das Wesen der Sprache", in: *Unterwegs zur Sprache*, Neske, Pfullingen, 1975.

(1962) "Zeit und Sein", in: *Zur Sache des Denkens*, Tübingen 1976.

2. 그 밖의 문헌들

L. Feuerbach, *Das Wesen der Religion*, Verlag Lambert Schneiber, Heidelberg 1983.

J. B. Lotz, "Vom Sein zum Sinn", in: *Sinn und Sein, Ein philosophisches Symposion*, Niemeyer, Tüebingen 1960.

F. Nietzsche, Kritischen Studienausgabe(KSA), hrsg. v. G. Colli und M. Montinari, dtv/de Gruyter, 1988, KSA 2, KSA 6.

Platon, "Phaidon", "Politeia", *Sämtliche werke* 3, ueber. v. F. Schleiermacher, Rowohlt, 1986.

O. Pöggeler, *Heidegger und hermeneutische Philosophie*, Alber, Freiburg/München 1983.

E. Tugendhat, *Der Wahrheitsbegriff bei Husserl und Heidegger*, De Gruyter, Berlin 1967.

허버트 마르쿠제, 『에로스와 문명』, 김인환 역, 나남, 1989.

막스 뮐러, 『종교학 입문』, 김구산 역, 동문선, 1988.

피터 버거, 『종교와 사회』, 이양구 역, 종로서적, 1986.

마르틴 부버, 『나와 너』, 김천배 역, 대한기독교서회, 1983.

멀치아 엘리아데, 『성과 속, 종교의 본질』, 이동하 역, 학민사, 1983.

토마스 오데아, 『종교사회학 입문』, 권규식 역, 대한기독교서회,

1982.

에른스트 캇시러, 『인간이란 무엇인가-문화철학 서설-』, 최명관
    역, 서광사, 1991.

지그문트 프로이트, 『토템과 타부』, 김종엽 역, 문예마당,
    1995.

시작과 역사성
— 하이데거의 횔덜린 해석을 중심으로 —

한 상 철

1. 들어가는 말

하이데거는 독일시인, 그중에서도 특히 횔덜린에 대해 여러 번 철학적인 분석을 시도한 바 있다. 본 논문에서는 그러한 하이데거의 횔덜린 해석이 지닌 의의를 다음과 같은 관점에서 분석해 보고자 한다. 첫째, 그의 횔덜린 해석은 종래의 해석학이 사용했던 텍스트 해석이나 감정이입의 방법과는 전적으로 다르다. 그렇지만 그의 『존재와 시간』에서 전개되었던 실존론적 해석학의 방식과는 맥락을 같이하는 부분과 그렇지 않은 부분이 존재한다. 둘째, 그의 해석은 숭고성과 명확성, 희랍적인 것과 독일적인 것의 해명에 목적이 있으며, 이를 위해 시작과 사유의 상관성, 시작의 역사성 등을 해명하려 하였다. 셋째, 그의 해석에 나타난 개념들 중 근본기분(Grundstimmung), 시적인 말들(Worte), 텍스트 사이의 대화 등의 개념은 데리다의 해체철학이 어떤 점에서 하이데거로부터 영향을 받았는지를 밝히는 데 중요한 실마리가 된다.

2. 횔덜린 해석 이전의 해석학과의 관계

2.1 종래의 텍스트 해석학에 대한 하이데거의 비판

하이데거는 그의『존재와 시간』에서 실존론적-존재론적 해석학을 전개한다. 이를 통해 종래의 텍스트 해석방법이나 정신과학의 인식론으로서의 해석학을 거부한다. 대신 이해와 해석의 존재론적 구조를 드러냄으로써 종래의 해석학에 대한 존재론적인 전향을 시도한다. 이러한 그의 시도가 횔덜린 시에 대한 해석에서도 어느 정도 나타난다. 어떤 점에서 일치하며 어떤 점에서 일치하지 않는지를 살핌으로써 그의 '횔덜린 해석'이 어떤 의미에서 '해석'인지를 밝혀 보고자 한다.

우선 하이데거는 횔덜린 시를 종래의 텍스트 해석적인 방식과는 다르게 접근한다. 예를 들어 횔덜린의 '게르마니엔(Germanien)'이라는 텍스트를 그것이 지닌 형식적인 특징과 내용적인 의미를 나누어 보면 다음과 같이 말할 수 있다. 즉 '게르마니엔'은 1연에 16행씩 7연으로 구성된 시이며, 유럽 시의 특징인 운율이나 각운이 나타나지 않는다. 또한 언어구사의 측면에서 보더라도 'denn'과 같은 이유를 나타내는 어휘는 시보다는 산문에 더 적합한데 그러한 산문적인 어휘들이 자주 사용되었다. (GR 16) 내용적으로도 게르마니엔은 '옛 신은 죽었고 새로운 신들이 나타나며, 그것의 미래에 게르마니엔은 특별한 사명을 지니고 있다'는 점을 표현한 것이다. 이런 내용을 표현하기 위해 독수리나 소녀라는 비유를 사용하였다. 하지만 이런 식으로 시를 분석하는 것은 단지 시에 '대해' 아는 것에 불과할 뿐, 시의 힘의 영역(Machtbereich)에로 뛰어드는 것은 아니다. (GR 19) 또한 이는 시를 단순히 사물존재적인(vorhanden) 읽을거리로밖에 보지 않는 것이다. 나아가 현존재가 일상성에 파묻혀 예술이 지닌 모든 힘의 영역으로부터 추방되어 있기 때문이기도 하다. (GR 20) 따

라서 일상성으로부터 빠져 나와 시작의 힘에로 들어가야만 휠덜
린의 시를 제대로 이해할 수 있다. (GR 22) '게르마니엔'이라는
하나의 시에 국한시키지 않고 시 일반에 대해서도 하이데거는 종
래의 해석학과는 다른 태도를 취한다. 특히 딜타이 해석학에서는
체험-표현-이해라는 도식에 의해 예술작품을 이해하려 하였다.
하지만 하이데거는 시가 정신적인 체험의 표현이라고 보는 입장
을 거부한다. 우선 시작이 체험의 표현이라고 보는 것은, 첫째,
그런 사고방식이 시작뿐 아니라 다른 모든 존재방식에도 타당하
다고 본다. 다른 존재방식들도 어떤 의미에서는 체험의 표현이라
고 볼 수 있으며 시작만이 체험의 표현인 것은 아니다. 둘째, 시
가 체험의 표현이라고 보는 사고방식은 근대 일반의 인간 존재양
식에 그 본질적인 근거를 두고 있다. 사념하고 사유해 낸 것 자
체도 자신의 사유대상으로 삼을 수 있다고 보는 "자유주의적" 사
고방식이 밑바닥에 깔려 있다. (GR 27, 28) ['자유주의적 사고'가
무엇을 의미하는지는 문맥상 설명이 자세하지 않아서, 필자로서는 잘
알지 못하겠다. 근대의 인식론적, 표상주의적 사고방식과 유사하다고
보여진다.] 또한 종래의 해석학은 저자가 자신의 체험을 아무리
잘 표현해도, 그에게는 숨겨져 있으나 표현을 통해 나타난 바를
독자가 읽어 낼 수 있기에, 텍스트의 독자는 저자보다도 더 잘
이해할 수도 있다고 말하여 왔다. 시인의 체험에 감정이입
(Einfühlung)하여 이해하는 것은 저자인 시인을 뛰어넘어 독자
가 저자가 체험한 현실을 '마치 ······처럼 (als ob)'으로 파악하는
것에 지나지 않는다. 더구나 이를 지나서 저자보다 더 잘 독자를
이해 (Besserverstehen)하려는 것은 가능치 않다고 하이데거는
단언한다. (GR 59) 그보다 본질적으로 시에서 문제삼아야 할 것
은 역사적 현존재의 근본틀이고, 시를 통해 우리는 누구인가
(wer wir sind)라는 물음을 제기하는 것이다. 하이데거는 휠덜
린이 '회상'에서 말한 "지속하는 것을 시인은 건립한다 (Was
bleibt aber, stiften die Dichter)"라고 말한 바를 실마리로 그

물음에 대한 대답을 추구한다. 횔덜린의 시는 신들의 신호
(Winke)가 시인을 통해 한 민족의 언어의 토대를 건립하고 이
것이 그 민족의 역사적 현존재 속에서 존재를 건립하며, 그 존재
에 미래의 비전을 제시한다. (GR 33)

2.2 『존재와 시간』과의 관계

하이데거는 전회를 통해 전기의 『존재와 시간』에서와는 약간
다른 입장을 시도하지만, 전적으로 별개의 다른 존재론을 시도하
는 것은 아니다. 그 점이 해석학적인 측면에서도 사실에 부합한
다는 것을 횔덜린의 시에 대한 하이데거의 해석에서도 어느 정도
는 보여 줄 수 있다고 생각한다. 하이데거는 횔덜린의 시 전체를
대상으로 해석을 시도한 것은 아니며, 단지 몇 개의 송가
(Hymne)를 중심으로 한 것이며, 비록 다른 사람들이 송가가 아
닌 것으로 분류하는 것도 송가의 입장에서 접근한다. [Hellin-
grath는 '회상(Andenken)'을 서정시로 분류하나, 하이데거는 송가라
고 본다. (An 24)] 이들 송가의 주제는 신에 대한 찬미이다. 따라
서 축제가 주요주제로 다루어지며, 고향을 떠나 있다가 고향으로
귀환하는 것도 일종의 축제에 해당한다. 고향을 상실해 있음은
신으로부터 멀어진 것에 해당되기에, 고향을 떠나 있을 때 신에
대한 진정한 찬미가 이루어질 수 있을 것이다. 이렇게 고향을 상
실한(unheimlich) 감정을 존재론적으로 보자면 다음과 같이 파
악될 수 있다. "인간이 존재자 사이에 머물면서 존재망각을 하고
있기에 인간은 고향이라고 느끼는 존재자 내에서 무에로 다가가
는 것이 고향상실이다."(Is 94) 이러한 고향상실은 자신이 거주
하는 곳이 단순히 고향이 아니라는 것이 아니고, 그가 찾는 고향
으로부터 스스로 멀어지는 과정 중에서 찾기 때문에 고향을 찾을
수 없다는 것을 의미한다. (Is 103) 따라서 횔덜린 송가에서의 고
향상실은 『존재와 시간』에서 말한 존재망각의 시적인 표현에 해
당된다고 볼 수 있다. 또한 횔덜린의 송가에서는 축제(Fest),

축제적인 것 (das Festige)이 주요 테마에 해당된다. 그런데 축제를 하는 것은 일상적인 행위로부터 벗어나는 (aussetzen) 것, 또한 노동으로부터의 휴식을 의미한다. 그 휴식, 그 벗어남은 단순한 벗어남이 아니라, 일상적인 것으로부터의 자유로움이다. 휠덜린은 '회상'이라는 송가에서는 "항상 현성하고 (wesend) 단순하면서도 존재자의 본래성을 형성하는 것은 일상적인 것 속에서 더 잘 나타날 수 있긴 하나, 축제하는 것은 그러한 비일상적인 것에 대해 자유로워짐을 통해 일상적인 것으로부터 자유로워지는 것이다"라고 말한다. (An 66) [반면에 '게르마니엔' 송가에서는 "사제들의 뒤를 따라 사원, 신상과 그 풍습도 사라졌다"고 표현하였다. 사원과 신의 동상은 신의 현전과 부재를 동시에 직접적으로 보여 주며, 신들의 역사적 현존재로서의 사원과 신의 동상이 일상성과 연관될 때 신들에 관한 풍습이나 제사의 관습이 존재한다. 그러므로 사원, 동상, 풍습이 사라진 것은 신이 없는 시대에 사는 역사적 현존재의 타락의 단계를 나타내려는 의도라고 하이데거는 본다. (GR 98)] 그러므로 송가의 주요주제인 고향상실과 축제 등의 테마로 미루어 보아, 인간이 존재망각에 빠져 있고 일상성 속에 파묻혀 있어서 그러한 통속성을 벗어나 자기본래의 존재가능성을 회복하려 한다는 점에서는 『존재와 시간』과 그 맥락을 대략 같이한다. 그러나 전기사유에서는 개별적인 실존을 중심으로 상호 공존재를 부수적으로 문제삼은 반면, 우선 휠덜린의 시해석에서는 개별적인 실존이 아니라, 민족이라는 상호 공존재 (Miteinandersein)가 주테마가 된다. 비록 그가 전기에 공존재 (Mitsein)에 대해 언급하긴 했으나, 구체적으로 '민족 (Volk)'과 민족의 역사성 등을 구체적으로 문제삼는 것은 아니다. 하이데거가 본 휠덜린은 민족의 역사적 존재는 조국 (Vaterland)이고, 이 조국은 시적으로 건립되고 사유적으로 조직되어야 한다는 점을 그의 시를 통해 보여 주고 있다. (GR 120) "일상적으로 가장 숨겨져 있는 것이 조국이며, 조국은 민족의 역사를 현존재적인 것으로 담지하고 있다"고 하이데

거는 본다. (GR 121)

개별적인 실존보다는 민족이라는 집단을 문제삼듯, 역사성도 개인의 탄생에서 죽음 사이에 성립하는 것을 문제삼는 것이 아니라, 민족의 역사적 시간인 연대(Jahre)를 문제삼는다. "민족의 역사적인 시간은 우리에게 숨겨져 있다. 이에 대해 알기 위해서는 자신의 출생과 사망이라는 인생의 시간으로부터 멀어져야만 한다"라고 하이데거는 말한다. (GR 50) 그러나 사적인(historisch) 시간은 우리에게 중요치 않다. 만일 우리가 민족의 근원적인 시간과 연관되어 있다면, 비록 그 연관이 사적인 시간을 통해 분명한 기억으로 남아 있지 않다 해도 그 연관은 현존할 수 있기 때문이다(da sein kann). ['게르마니엔'의 첫 행에 나오는 "Nicht sie……"라는 표현은 바로 민족의 근원적 시간이라는 의미에서의 시간 결정(Zeitentscheidung)을 가리킨다. (GR 51)] 그러한 연관이 탁월한 시인에 의해 일깨워진다고 보기에 하이데거는 횔덜린을 주목한 것이다. 민족의 역사적인 현존재, 흥성, 절정과 쇠퇴가 시로부터 생겨나서, 철학이라는 의미에서의 본래적인 지식(Wissen)이 되어야 하고, 이 양자로부터 한 민족의 현존재를 국가(Staat)를 통한 민족으로 실현시키는 정치학이 생긴다. (GR 51) 그러므로 횔덜린이 19세기에 시를 통해 민족의 역사성을 드러낸 바를, 하이데거는 20세기에 철학적인 지식으로 고양시키는 임무를 맡은 것이다. 이를 통해 분명해진 민족의 역사성을 정치적인 결단을 통해 실현하는 것이 요청된다.

이들이 공통적으로 주목하는 근원적이고 역사적인 시간은 시인, 사유자, 그리고 국가창조자의 시간, 즉 한 민족의 역사적인 현존재를 본래적으로 근거지우고 정초시키는 사람들의 시간이다. 이들 "본래적으로 창조하는 자들(die eigentlich Schaffenden)"의 시간을, 횔덜린은 '어머니인 대지(Der Mutter Erde)'라는 시에서, "대지 위에 솟아 있는 산봉우리(Gipfel)"로 표현하였다. (GR 51) 산봉우리처럼 고립되고 외롭게 존재하더라도, 다시 말해 서로 시간적인 간격이 멀리 떨어져 있고 당시 사람들로부터 이해를 받지 못했다 해도, 서로는 상대방을 잘 알 수 있다. 그런데 전기의 실존론적 해석학에서는 인간 현존재에 대한 존재론적 해석(Interpretation)이 결국 이해와 해석이라는 현존재의 존재방식 해명에 의존해 있음을 밝히려는 것이었다. 이에 반해 휠덜린 해석에 있어서는 이해와 해석이라는 현존재의 존재방식이 아닌 '시작'과 '존재사유' 사이의 본질해명이 그 초점에 있다. 하지만 본 논문에서는 시작의 본질을 역사성과 연관시켜 살펴보고자 한다.

3. 시작의 역사성

3.1 시작과 사유

"시작과 사유는 본래적인 탐구이고 탐구는 물음이다"(An 134)라는 하이데거의 말은 『존재와 시간』에서 "탐구는 물음이다"(SZ 4)라고 한 말을 보다 자세히 규정한 것에 해당되는 것처럼 보인다. 그러나 단순히 분절시켜 말한 것이 아니라, 다름아닌 시작을 탐구와 물음에 연관시키고 있기에 주목해야 한다.

원래 '시작하다(dichten)'라는 말은 라틴어 'dicere(=sagen)'에서 파생된 'dictare(반복해서 말하다, 대사를 들려주다, 언어적으로 정립하다, 작성하다)'에서 유래한 말이다. 17세기부터 'Dichtung'을 'poetisch'라고 불렀던 것에 한정시킨 것을 하이데거는 비판한다. (GR 29) 단순히 'poetisch'와 결부시켜서는 희랍어 'ποιεν'의 뜻과 마찬가지로 만들어 내고 산출해 낸 것에 지나지 않는다는 부정적인 의미를 떨쳐 버릴 수 없다. 만들어 내고 지어 낸 시적 표현들은 현실을 그대로 드러내지 못하고 비유(Bilder)를 통해 드러낸다. 시가 본질적으로 비유의 성격을 지니고 있기에 시적인 말함에는 말해질 수 없는 것(Unsagbare)이 남아 있을 수 있다. 그러나 시의 비유적인 의미를 기반으로 하는 해석(Auslegung)은, 일차적으로 비유에 의해 나타난 직관내용을 파악하고 나서, 이 내용으로부터 거꾸로 추적하여 본래적으로 말해져야 할 것은 무엇이었나를 파악한다. 반면에 하이데거는 시에서 비유적인 성격을 문제삼을 필요조차 없다고 본다. 그는 시적인 말함에 비춘다면 시에 대한 해석(Auslegung)은 근본적인 한계를 지니고 있다. (GR 120) 그 점은 '시적으로 말함(Sagen) 속에는 말해질 수 없는 것이 거론조차 되지 않고 남아 있을 수 있는데, 그러한 은폐성(Verborgenheit)과 위장(Verhüllung)도 개방성(Offenbarkeit)의 고유한 방식이며, 그러한 비밀(Geheimnis)에 대한 시적인 말함이 거부(Verleugnung)'(GR 119)라고 말하는 데서 잘 나타난다. 이러한 하이데거의 견해를 보다 잘 이해하기 위해서는, 위에서 언급한 라틴어 어원인 'dictare'를 유심히 살펴볼 필요가 있다. 'dictare'는 '기록하다, 이전에는 말해지지 않은 것을 말하다'의 의미도 또한 지니고 있다. (Is 8) 다시 말해 'dictare', 즉 시적으로 말해진 것에는 고유한 시작(始作 : Beginn)이 놓여 있다. 모든 시는 그 시 하나하나가 새롭게 시의 본질을 드러내는 것이며, 그리고 새로운 근원을 창조하는 것이기에, "모든 본질적인 시작(Dichtung)은 시작함(dichten)의 본질을 새롭게 시작한다(überdichten)"라고 하이데거는 말한다. (같은 책)

시작 자체는, 그 힘에 의해 인간이 역사적인 존재가 되는, 언어사건(Sprach-geschehnis) 내에서의 탁월한 생기이다. 언어 자체가 인간의 역사적 존재의 근원적 본질을 형성하고, 시적인 것은 그러한 역사적 현존재의 근본구조에 해당한다. [여기서 언어와 시적인 것은 결코 서로 다른 두 가지가 아니라, 역사적 존재의 동일한 틀(Gefüge)에 해당한다. (GR 68)] 인간본질을 먼저 규정하고 언어가 거기에 부가되는 것이 아니라, 그 존재의 근원적 본질이 언어 자체이다. (GR 67) 하이데거는 "존재의 심연의 열림이 없는 곳에서는 말하거나 명명할 필요가 생기지 않는다"(GR 135)고 말한다. 이를 바꿔 말하면, 'wer wir sind'라고 우리가 물을 때 그러한 존재물음은 당연히 언어 내지 시작에 대한 대화에로 인도되어야 한다는 말이 된다. 횔덜린은 이를 '회상'이라는 시에서, 인간의 본질에 대해 사유하지 않는 시인은 "seellos"하다는 표현을 통해 나타내고 있다. (An 151) 이상에서 보듯 시작에 존재의 시작(始作)이 있기에 시작이 존재사유에 적합한 것이 된다.

그러나 시적인 것과 존재사유가 서로 밀접히 연관되어 있지만, 일치하는 것은 아니다. 이 점을 하이데거는 "시적인 말함은, 비록 일치하지는 않지만, 사유적인 말함과 상응한다(entsprechen)"라는 말을 통해 지적하였다. (GR 41) 우선 시적으로 참된 말은 시적으로 존재하는 것을 명명하는 말이다. 시인은 본질상 시작되어야 할 것(ein Zu-dichtendes)을 시작한다. 본질적으로 시작되어야 할 것은 존재자가 아니라 존재이며, 그 존재는 현실적인 것(Wirkliches)이 아니라, 인간존재의 존재가능과 현실적인 것의 존재가능을 동시에 규정해 주는 것이다. 현실적인 것의 존재가능 안에서 인간존재는 스스로를 실현시킨다. 이를 하이데거는 "고향으로 되어감(heimischwerden) 속에서의 고향상실의 존재", 또 다른 말로는 "존재 자체로의 귀속성"이라고도 표현하였다. (Is 150) 그러므로 존재와의 관계에서 인간의 존재가능이 시적이다. 하이데거는 시적인 말함과 사유적인 말함이 상응하지만, 동일하지는 않다는 것을 개별과학과 철학과의 관계를 통해 해명한다. 시적인 말함도 결국 개별과학적인 것이며, 그 점에서 지식의 엄밀성에서 철학적인 사유는 앞서기 때문이다. 앞서 시, 철학, 정치학이 밀접하게 연관되어 있음을 밝혔었다. 이들 세 학문은 인간의 'dichten, denken, handeln'과 연관되어 있다. 비록 시인이 예감적으로 민족의 역사성을 노래하고, 정치가가 행위의 결단에 의해 조국의 새 역사를 창조한다 해도, 이들과 관련된 학문, 즉 시학이나 정치학은 개별과학에 속한다. 철학은 개별과학과 달리 사유의 엄밀함과 개념의 엄밀함이 필요하다. 그러한 철학과 개별과학 사이의 결정적 차이는 물음제기의 방식에 있다. 횔덜린 시처럼 시에서는 누구에게 무엇을 말했는지 독자가 눈치채지 못한 채 넘어갈 수도 있지만, 철학적 물음에서는 직접적으로 말해진 것이 아니라, 말함 속에 침묵한 것까지 심문한다. (GR 41)

하이데거가 횔덜린의 시에서 철학적인 사유와 철학적인 지식을 끌어내는 근본기재는 횔덜린 시에 나타난, 말함의 다양한 방식이다. 이를 '게르마니엔'을 예로 들어 살핀다면 다음과 같다. 19행까지는 'Ich'가 주어로 나타나지만, 27행부터는 'Wir'로 바뀐다. 38행에서는 'Der Mann'으로 다시 바뀐다. 그 사람은 동방으로부터 인도, 파르나소스, 이탈리아, 알프스를 바라보며 독수리가 크게 말하는 바를 듣고(60행), '너는 선택된 자'라고 말하는 것을 듣는다. (62행) 65행부터는 독수리가 말하는 주체가 된다. 여기까지는 대체로 말하는 주체의 변화가 두드러진다.

그런데 그 독수리가 말하는 것은 언어에 관해(69행), 또 소녀의 혼자말에도 황금빛으로 충만한 말이 들어 있음에 관해(73행), 더 나아가 '이야기함(Reden)'에로(81행 이하) 달라진다. 이것은 시에서 언급되는 내용이 달라지는 것을 나타낸다. 그러한 이야기함(Reden)에는 말해지지 않은 것(Ungesprochene)이 남아 있음을(85행), 또 그 말해지지 않은 것에는 명명되어야(nennen) 하지만 말해지지는 말아야 되는 것(95행)을 언급한다. 이러한 언급은 말함에 대한 일종의 메타적 진술에 해당한다. '말함' 자체의 성격을, 그 본질을 밝히는 진술이기 때문이다. 그리고 끝으로 성스러운 대지이고 어머니인 소녀에 대해 말한다. (97행 이하) 대지는 이러한 모든 것을 하나로 통괄하는 용광로와 같은 것에 해당된다. 따라서 말하는 주체, 그 내용, 진술형식이나 성격이 변하고 있기에, 누구에게 무엇을 이야기하고 있는지 독자가 눈치채지 못할 수 있다.

하나의 시 안에서 이렇듯 다양하게 변화하는 것들, 다시 말해 말하는 주체, 그 내용, 말하는 형식의 변화는 시작에 대한 근본적인 시각의 변화를 요구한다. 'Der Mann'과 '독수리' 사이의 관계에서처럼, 말하는 자가 말해진 것이 되기도 하고 그 반대가 되기도 하는 것은 화자와 청자의 구분에 근본적인 의문을 제기한다. 또한 85행 이하에서의 '말함'에 대한 본질규정에서처럼, 자기의 시적인 말함이 지니고 있는 성격에 대해 언급한 것은 '모든 시작에는 본질적인 시작(Beginn)이 깃들어 있다'는 앞서의 언급과 연관되어 있다. 본질적인 시작(始作)이 시작에 포함되어 있다는 것은 바꿔 말하자면, '자기존재에 대한 규정을 타자에 의존하지 않고 스스로 규정한다'는 것을 의미한다. [다른 측면에서는 '게르마니엔' 27행에 암시되어 있다시피, "시적인 말함이 어떻게 발생하는지 아무도 모른다"는 것을 또한 의미하기도 한다. 시는 더 이상 텍스트가 아니라, 어딘가가 균열된 소용돌이(Wirbel)이고, 그 소용돌이는 Sprechen이며, 그것의 언어틀이 시인에로 틈을 벌리고 있다. (Gr 45) 그러한 대화의 소용돌이는 밖에서 파악할 수는 없다. 그것의 운동에로 들어가지 않고서는 파악할 수 없다고 하이데거는 본다. (Gr 46)] 자기존재에 대한 규정을 타자에 의존하지 않는 자는 다름아닌 '신들(Götter)'이다. 따라서 시의 본질이해와 시작의 역사성 이해에 '신'에 대한 이해가 관건이 된다.

3.2 신들과 독일적인 것

횔덜린이 말하는 신은 기독교적인 신은 아니다. 희랍 신화에 나타나는 신들을 의미하지만, '아폴로'나 '디오니소스' 이외에는 직접 신들의 이름을 거론하는 경우는 드물다. 대개는 '신들(Götter)'이라고 표현하여, 신화를 통해 나타난 신들의 일반적인 성격을 문제삼는다. 하나하나의 신들을 만들어 내는 것은 자의적일 수 있으나, 신화에 나타난 신들의 일반적인 성격은 인간이 자의적으로 만들어 낸 것이 아니라고 본다면, 신화 속에 존재 자체

가 시적으로 나타난다고 보아도 큰 무리는 없을 것이다. (Is 139)

횔덜린의 시를 통해서 하이데거가 밝힌 '신들'의 성격은 대개 다음 3가지로 요약된다. 첫째는 유일하고 일회적인 존재가 스스로 회귀한다는 것, 둘째는 존재자 전체를 의미한다는 점, 셋째는 표현의 명확성을 나타낸다. 시를 통해서 신들을 표현하는 것은 시작과 신의 본질이 서로 상응하기 때문이다. 앞서 시작은 본질적인 시작(始作)을 지니고 있다고 하였는데, 모든 시초는 유일하며, 유일한 것은 시초적인 것이다. (An 94) 신화 속의 신들도 그 존재는 유일하며, 다른 존재의 시초를 이룬다는 점에서 시작의 성격과 동일하다. 신들이 존재의 시초, 나아가 역사의 시초를 이룬다는 것을 횔덜린은 '회상'에서 "시초의 인사"로 표현하였다. 여기서 인사한다는 것은 세 가지 의미로 1. 신성한 것이 인사하는 것, 2. 신과 인간이 인사받는 자가 되는 것, 3. 신과 인간들이 서로 관계맺는 것을 의미한다. 하이데거는 이러한 시초의 인사가 역사의 숨은 본질이다. (An 70) 그런데 역사적으로 변화해 나가는 것은 회귀(Wiederkehr)의 성격을 지닌다. 비록 유일하면서 시초를 이루는 것이긴 하지만, 지나간 것(Vergangenes)이 아니고, 기재했었던 것(Gewesenes)이 본질변화의 가능성 때문에 항상 새롭게 발견되고 실현되는 것이라면, 이는 유일한 것, 시초적인 것의 끊임없는 회귀를 의미하며, 다른 말로 역사의 전개를 의미한다. 하이데거가 역사적인 것에 대비시키는 것은 '일상적인 것'이다. 일상적인 것은 항상 동일한 것(Immer-selbiges)만을 추구하나, 'Sagen, Denken, Handeln'은 일회적인 (einmalig) 것을 추구한다. (GR 144, 145) 존재의 시초를 이루면서 끊임없이 역사를 통해 회귀하는 신은 모든 존재자를 존재하게 한다. 횔덜린 시에 나타난 "시초의 인사함"은 시적으로 말함이며, 사람과 사물을 존재하게 함(Seinlassen)이다. (An 50) 인사함은 시적인 말함(Sagen)이고 인사를 통해 인사받는 것이 존재적이게 된다. 그러므로 존재함은 시적으로 말함과 동일하다.

다만 모든 시인이 다 존재자를 존재하게 하는 것은 아니다. 횔덜린과 같은 탁월한 시인만이 존재자를 존재적이게 할 수 있다. '회상'의 마지막 행에서 "머무는 것을 시인은 건립한다"라고 했을 때, 이러한 건립(stiften)은 시인에 의해 특정한 역사적 진실이 밝혀진다는 것을 의미한다. (GR 144) 다시 말해 특정한 존재자 내지는 어떤 민족이 자신의 역사적 규정을 비로소 구체적으로 이해할 수 있게 된다는 것을 의미한다. 이것은 단순히 역사적 진실의 현재화(Vergegenwärtigung)만을 의미하지는 않는다. 기억된 것은 회귀하면서 현재에 머무르지 않고 미래에로 향해 가기 때문이다. 바로 미래에 대한 비전의 제시가 19세기 초 횔덜린에 의해 이루어졌었고, 이를 20세기에 이어받아 하이데거가 비로소 철학적인 지식으로 정립하고자 시도하고 있는 것이다. 이런 사태를 횔덜린은 "강물이 바다를 향해 흐르다가 갑자기 되짚어서 근원을 향해 흐르는 것"으로도 표현하였다. (An 54)

하이데거는 횔덜린의 시작을 통해 나타난 존재론적인 성격을, 첫째, 전체로서의 존재(다시 말해 희랍의 신)를 통해 역사적 현존재의 본질에 맞닥뜨리게 됨(Betroffenwerden)과 둘째, 존재자에 대한 (시적인) 묘사 속에서 존재를 포착할 수 있음(Fassenkönnen)으로 요약하였다. 횔덜린은 이를 각기 "하늘의 불"과 "묘사의 명확성"으로 표현했다. (GR 291) 희랍적인 것은 전자를 드러내는 대신 후자를 포기했고, 독일적인 것은 후자를 추구한 대신 전자를 포기하고 있다고 보아, 희랍적인 것과 독일적인 것을 횔덜린은 대립시켰다.

[하이데거는 니체도 이 양자를 디오니소스적인 것과 아폴론적인 것으로 명명하긴 했으나, 횔덜린에서와 같은 단순성과 순수성에는 이르지 못했다고 비판하고 있다. (GR 294)] 그런데 하이데거는 「횔덜린과 시작의 본질」이라는 논문에서 모든 높은 것을 준엄하게 용출시키는 숭고성(Hoheit)과, 모든 밝은 것을 밝게 하는 명확성(Klarheit) 이외에, 모든 해이된 것을 장난스럽게 흔드는 쾌활

성(Frohheit)을 덧붙이고, 이들 세 개념이 청징(淸澄 : die Heitere)이라는 개념 속에 함께 어우러져 있다고 말한다. (EH 18) 청징은 모든 즐거운 것들의 원천으로서 가장 즐거운 것, 이 속에서 쾌활화(Aufheiterung)가 일어나고, 이를 통해 어두운 심연이 빛을 향하여 열려지게 된다. 숭고성과 명확성 이외에, 쾌활성으로 대변되는 근본기분이 시작의 기본요건임을 알 수 있다.

4. 시적인 텍스트의 역사성

4.1 근본기분(Grundstimmung)

휠덜린 시에 나타난 근본기분은 각 시에 따라 그 내용이 다르다. 이는 하나하나의 시가 서로 다른 시가 될 수 있는 근거도 근본기분에 있다고 보아도 될 만할 정도이다. '게르마니엔'에서는 "비탄(Trauer)"이, '라인강'에서는 "고통받음(Leiden)"이, '회상'에서는 "수줍음(Scheu)"이 근본기분이다. (GR 82, 182, An 171) 여기서는 '게르마니엔'을 중심으로 설명하고자 한다. 휠덜린 시에서 신들은 근원적이면서 명확하고 모든 존재자의 토대이다. 하지만 신들은 이제 스스로 사라져 버렸고, 그러한 옛 신들을 부르는 것을 포기해야 하는데, 그러한 포기가 쉬운 것이 아니다. 그러한 포기는 고통이고 고통 속에서도 신을 부름은 탄식(Klagen)이다. '게르마니엔' 송가 5행에 나타난 탄식은 비탄(Trauer)이라는 근본기분에서 발생한다. (GR 82) 또한 19행에서의 결단—아무것도 부정하지 않고 간청하지도 않으리—도 비탄의 근본기분에서 발생한다. 비탄은 존재자 전체를 본질적으로 다른 방식으로 열어 준다. 개별적인 어떤 것에 대한 비탄이 아니라, 근본적인 기분 전체가 신성하게 비탄에 빠져 있다. 이런 신성한 비탄에서는 주/객관계가 성립치 않기에 대상이 기분이 되고 주관이 기분에 휩쓸리는 것(Gestimmtsein)도 가능하다. (GR

83) 또한 비탄은 지나간 것에 매달리는 것이 아니고 'da'와 '여기 (hier)'를 유지하고 지속하겠다는 것을 나타낸다. 신들을 이미 죽은 것으로 간주하고, 이러한 신들의 도망이 기재존재 (Gewesensein)를 파괴하는 것이 아니라, 창조해 내고 새롭게 유지하는 것을 말한다. 성스러운 비탄은 오래된 신에 대한 포기를 결심하기는 하나 신성(Göttlichkeit)은 유지하기 때문이다. 그러므로 근본기분에 의해 야기된, 참된 포기는 창조적이고 생산적이다. (GR 94) 이러한 근본기분은 그러므로 단순한 기분도 아니고, 영혼이나 정신에 대한 종래의 이론으로부터 파악할 수도 없다. 근본기분이 지닌 성격은 1. 신들이 달아난 후뿐 아니라, 신들이 달아나기 전부터 근본기분은 신들의 도래(Ankommen)를 설정한다. 그래서 기분 속에서 신들과의 연관으로 현존재를 이끈다(entrücken). 2. 나아가 대지와 고향에 대한 관계 속으로 밀어 넣는다(einrücken). 3. 기분은 어떤 것이 표상될 수 있는 영역, 즉 세계를 열어 놓는다(eröffnet). 4. 근본기분은 세계를 미리 열려질 수 있는 것으로서 근거지우면서 심연으로부터 분리하는 정초적인(gründend) 성격을 지닌다. (GR 139-141) 요약해서 말하면, 근본기분의 힘 때문에 현존재는 명백해질 수 있는 존재자 전체 속으로 노출되어 있다(ausgesetzt). 이러한 노출되어 있음은 타자와의 공존재(Mitsein)를 의미한다. (GR 143) 즉 역사적인 민족공동체의 근본틀을 나타낸다. 또한 노출되어 있음은 존재의 개방성(Offenbarkeit)을 의미하기에 표현의 명확성과도 관계된다. (GR 144) 근본기분이 근원적인 것은 근본기분이 포기에 대한 결단과 무제한적인 기다림이라는 극단적인 대립이 시간성의 본질로부터 통일적으로 나타나기 때문이다. (GR 117) 또 존재의 근원에 대해 통찰하는 사유에 근본적으로 속해 있기 때문이다. (An 171) 횔덜린은 이를 "내성(Innigkeit)"이라고 표현하였다. (GR 117) 그러므로 시작의 대상인 존재 자체를 드러낼 뿐 아니라, 시작의 다양한 말함도 가능하게 하는 근본기분은 시작함

과 동일시되어도 될 것이다. 그러나 아무리 존재를 드러낼 수 있는 근본기분에 파묻혀 있다 해도, 시작은 언어를 통해 명확해진다. 따라서 시작과 언어와의 관계를 살피는 것이 시작의 성격을 드러내는 데 도움이 될 것이다.

4.2 시적인 말들(Worte)

하이데거는 Sprache(언어)와 Wort(말, 단어)의 서로 다른 복수형인 Wörter(단어들)와 Worte(말들)를 구분하여 사용한다. 언어는 단어나 단어들에 대한 능력을 의미하며, '말들'은 언어의 근원을 가리킨다. (An 33) 횔덜린의 시작에 구체적으로 나타난 말들, 즉 시적인 말들이 어떤 성격을 지니고 있는지를 살펴보고자 한다. 그러기에 앞서 횔덜린의 언어관을 하이데거의 인도를 따라 개관해 볼 필요가 있다.

인간은 언어 때문에 존재의 증인이다. (GR 62) 하지만 단순히 언어적인 형상물이 그처럼 근원적인 방식으로 수행될 수 있는지 의문시될 수 있다. 또한 언어 내에서 존재의 드러남(Offenbarmachen)이 발생하지만, 이미 밝혀진 것이 사후에 단지 언어로 표현되는 것이 아니라, 언어 속에서 근원적인 벗겨짐(Enthüllung)과 위장(Verhüllung) 또한 발생하며, 나아가 숨김의 파생태인 가상(Schein)도 발생한다. 이를 횔덜린은 "언어는 인간이 보유해야 할 가장 위험한 보물"이라는 말로 표현했다고 하이데거는 본다. (GR 59) 위험하다는 것은 비존재를 통한 존재 자체에 대한 위협이기 때문이며, 가장 위험하다는 것은 언어가 존재위협의 가능성을 비로소 만들어 내고, 또한 열어 놓고 있기 때문이다. 가장 위험한 것으로서의 언어는 두 갈래진 것(Zweischneidigste)이고 가장 애매한 것(Zweideutigste)이다. 횔덜린은 언어의 이런 어려움 때문에 '그러나 언어란—우레 가운데서 신이 말하는 것'이라고도 표현하였다. (GR 64) 그래서 시작과 언어가 근원적으로 연관되어 있지만 타락한 언어는 잡담(Gerede)이 되

374

고, 그 타락한 형태로부터 언어에 대한 학문적인 고려가 생겨나며, 시작을 규칙의 예외로 고찰하는 사고방식이 생겨나게 되었다. 이러한 사고방식은 언어를 단순히 표현수단으로만 파악하는 도구적인 언어관이 그 근거에 있다. 언어를 의미와 사태에 대한 기호(Zeichen)로 파악하는 것이 도구적 언어관이다. 하이데거는 이러한 도구적인 언어관이 비록 언어에 대한 비본질(Unwesen)이긴 하지만, 이러한 비본질도 버릴 것이 아니라, 비본질에 대항해서 본질을 항상 유지해야 한다고 보는 절박한 강요의 계기로 삼아야 한다고 주장한다. 그러기 위해서는 모든 근원적인 말함의 정당한 변형의 무제한적 가능성(die unbeschränkte Möglichkeit der berichtmäßigen Abwandlung alles ursprünglichen Sagens)을 인정해야 한다고 말한다. (GR 65) 그러한 변형은 물음이나 진술의 반복(Wiederholung)이나 거듭 말함(Wiedersagen) 등을 가리킨다. 하이데거의 이런 주장에서 시적인 '말들'의 성격이 엿보인다. 시적 언어라 하더라도 근원적인 말함이 여러 언어표현으로 나타날 수 있으며, 그 가운데 근원적인 말함을 담지하고 있는 언어가 '말들'이다.

그러한 예는 '게르마니엔' 62행 이하에서의 신의 사자인 독수리의 외침과 같은 것이다. 이는 독일민족에게 사이(Zwischen)가 되고 중심(Mitte)이 되어 역사를 정초지우라는 감당하기 어려운 행운이 부과된 것을 의미한다. 이런 일은 이 민족이 그 현존재를 근원적으로 시적이고 사유적으로 건립할 때만 일어난다. 말들이 이러한 문장의 형태만 띤 것이 아니라 단어의 형태를 띨 수도 있다. '회상'에서의 "북동풍", "인사하다"와 같은 단어도 시적으로 근원적인 의미를 띠고 있어서 이를 통해 시 전체의 의미를 지탱하고 있다. (An 33)

그런데 비록 근원적인 말들이 시 전체를 지탱하고 있다 해도, 근원적인 말함이 시라는 형태로 드러날 때, 그러한 시가 하나의 완결된 통일체를 이루고 있다고 보아야 할 이유는 없다. 만일 그것이 사실이라면, 하나의 텍스트로 나타난 시작이 그 하나의 텍스트에만 나타나지 않고 다른 텍스트를 통해서도 상호보완적으로 나타날 수 있으리라는 것을 예상할 수 있다. 그 점을 하이데거는 횔덜린의 시에 대한 해석을 통해 보여 준다. [필자는 그 원인이 존재 자체의 심연과, 대화로서의 인간존재에 있다고 생각한다. 존재 자체는 하나의 심연이다. 인간도 본질적으로 존재자이면서 비존재자이고 존재자로서 이미 비존재로부터 규정된다. (An 112) 현존 (Anwesung)이 곧 부재 (Abwesung)이기도 하다. (An 117) 마찬가지로 이러한 존재의 심연으로부터 시적인 표현이 생겨나며, 그 심연의 어두움과 숨겨짐으로 인해 시적인 언어들은 오히려 명백해질 수도 있다. (An 149) 하지만 존재의 심연이 시작에도 심연을 성립시킨다. 그래서 하나의 텍스트에 나타나는 단절이나 도약, 또 보충을 요하는 내용이 다른 텍스트에도 나타날 수 있다.]

무제한적인 반복과 변형이 어떤 하나의 통일원리에 의해 하나의 텍스트로 구현된다는 보장은 없다. 반복과 변형의 과정에서 도약이나 단절 등이 나타날 수 있다. 그 단절이 다른 텍스트를 통해 보완될 수 있다면, 하나의 텍스트를 이해하려 할 때, 연관된 다른 텍스트에 대한 이해가 필수이다. 이를 텍스트 사이의 대화로 볼 수 있고, 이들 텍스트들이 또 다른 하나의 거대한 텍스트를 형성한다면 이는 시작 내의 소용돌이 (Wirbel)와도 연관된다.

4.3 텍스트 사이의 대화

텍스트 사이의 대화는 서로 다른 두 텍스트 사이의 대화, 역사적인 배경이 다른 텍스트 사이의 대화, 나아가 원본과 번역본 사이의 대화로 나뉘어진다. 서로 다른 두 텍스트 사이의 대화는 '게르마니엔' 송가와 '라인 강' 송가, '회상' 송가와 '이스터강' 송가 사이에 성립한다. 역사적 배경이 다른 텍스트 사이의 대화란 횔덜린의 '이스터 강' 송가와 소포클레스의 '안티고네' 사이에 성립한다. 원본과 번역본 사이의 대화란 소포클레스의 '안티고네' 희랍어 원문과 횔덜린의 독일어 번역본 사이의 관계를 이르는 것이다.

하이데거는 '게르마니엔' 송가와 '라인 강' 송가를 한 학기 강의에서 동시에 다루고 있다. 그 이유는 '게르마니엔' 송가의 38행과 39행 사이에는 도약이 있는데 그 도약을 메워 주는 것이 '라인 강' 송가라고 하이데거는 보기 때문이었다. (GR 287) 그러한 도약, 단절은 '그 사람(der Mann)이 누구인가'를 해명하지 않은 데서 발생한다. 그 사람이 누구인지 안다는 것은 횔덜린 시작의 형이상학적인 위치를 알아낸 것에 해당한다. 그 사람은 '라인 강' 송가에서 존재 자체의 중심인 반신(半神), 즉 시인이다. 그는 존재의 중간에서 자신의 위치를 고수하고, 신들과의 만남을 가능케 하고, 인간이 역사와 대지 위에 거주할 수 있게 건립하는 장소이기도 하다. 장소일 뿐 아니라 역사이기도 해서 그 시인이 속한 민족의 역사를 대변하기도 한다. (Gr 288) 또한 '회상'이라는 송가에는 2연과 3연 사이에 심연이 가로놓여 있다. (An 136) 고향을 상실한 존재에 대한 규정이 해명되지 않은 채 실종되어 버렸다. 하이데거는 이를 '이스터강' 송가에 나타난 장소성과 방랑성을 통해 해명하려 한다. 따라서 '게르마니엔'과 '라인강' 송가 사이의 관계는 '회상'과 '이스터강' 송가 사이의 관계와 같다고 말할 수 있다.

그런데 '이스터강' 송가를 해명할 때 '라인 강' 송가에서와는 약간 다른 형태의 전략을 시도하고 있다. 그것은 "횔덜린에게 있어서 독일의 역사적 인간성의 타자는 희랍"이며(Is 67), 희랍의 소포클레스의 '안티고네'와 횔덜린의 강에 대한 시는 동일한 것(das Selbe)을 시작하고 있다고 보고(Is 153), '안티고네'에 나타난 고향상실 존재를 해명한다. 여기서 타자란 그것이 대상성으로 인식되면서도 자기자신과 통일되어 있는 관계를 나타낸다. 이러한 자기-타자의 관계에서는, 타자를 단지 대상으로만 인식하게 되면 타자가 물러나거나 부정되므로, 타자를 통해 자기에로의 통로(Durchgang)의 가능성과 본래적인 것에로의 귀환의 가능성이 요청된다. (Is 68) 독일에게 희랍이 타자이듯이, 횔덜린에게 소포클레스는 타자이며, 비록 횔덜린이 독일민족의 역사성을 표현하려 했지만, 소포클레스에 나타난 희랍적 인간존재 규정이 그러한 횔덜린의 의도를 드러내는 데 적합한 '통로'에 해당한다고 하이데거는 본 것이다.

사실 횔덜린은 소포클레스의 격언시도 번역했고, '안티고네'도 번역한 바 있다. 하이데거는 이러한 번역 자체도 타자와의 대화의 일종으로 인식한다. 그래서 "역사적인 민족은 자기언어와 다른 언어와의 대화로부터 존재하며, 자기고유의 언어로부터 스스로 고향화(beheimatet)되지는 않는다. 그리고 번역도 대화이다" (Is 80)라고 말한다. 번역하는 것은 본래적인 것을 획득하기 위해 다른 언어와 대결(Auseinandersetzung)하는 것이다. 그래서 희랍어를 배우게 되면 그와 함께 독일인의 역사적 시원이 지닌 숨겨진 본질이 독일말의 명확성(Klarheit) 속에서 스스로 발견된다고 하이데거는 본다. (Is 81) 따라서 횔덜린의 번역어와 소포클레스의 원문을 대조하면서 횔덜린이 생각한 바를 드러내는 전략을 사용하고 있다.

5. 맺는 말을 대신하여 — 데리다와의 관계

이제까지의 논의를 통해서 시작의 성격을 숭고성, 명확성, 쾌활성이라는 시적인 표현으로 규정했었다. 그중 가장 중심이 되는 것은 숭고성과 명확성으로, 전자는 희랍적인 것, 서양적인 것의 핵심이며, 후자는 독일적인 것, 전자와 대립하면서도 역사적인 연관을 맺고 있는 것에 해당한다. [이 독일적인 것에 대립되는 것은 뚜렷이 미국적인 것이다. 심지어 하이데거는 "아메리카니즘은 고향인 유럽, 나아가 西양의 시작(始作)도 무효화시키려는 감행이다. 하지만 시원적인 것은 파괴될 수 없다. 미국의 참전은 역사에의 등장이 아니라 미국적인 무역사성이 빚은 행위이다. 서양의 시원적인 것의 숨겨진 정신은 이런 황폐화에는 눈을 주지 않고 시원적인 것의 휴식이 주는 방념으로부터 자신의 운명(Schicksal)의 시간을 기다린다"(Is 68)고까지 말하고 있다.] 이 양자의 관계는 하이데거가 본 휠덜린이 자기 시를 통해 가장 문제삼고 있는 것으로 나타나고 있다. 하지만 필자는 하이데거가 '휠덜린 시에 대한 해명'에서 '청정'의 의미로 거론된, 위의 세 성격이 밀접히 연관되어 있는 것으로 보고 분석을 시도하였다. 또 그러한 시도는 하이데거에서 데리다에로 가는 길을 드러내는 데 적합할 것이라고 생각되었기 때문이다. [데리다에 대한 본격적인 논의는 졸고 「데리다의 기호시학」(1995년 6월 10일 한국현상학회 발표논문) 참조.] 이제 간단하게나마 그 길이 어떻게 가능한지 윤곽을 보여 줌으로써 맺는 말을 대신할까 생각한다.

쾌활성으로 대변된 근본기분이란 개념은 하이데거의 사상을 통틀어 중요한 역할을 담당하고 있다. 그리고 시작에서는 이 근본기분이 시작의 필수적인 요건으로 되어 있다. 시작 자체를 유지시켜 주고 이끌어 나가는 통로이다. 여기서 근본기분과 시작과의 관계를 일면 구체화시키고, 일면 일반화시키면 데리다에서의 성적 욕망과 텍스트성의 관계가 이끌어져 나올 수 있다. 데리다 자신도 'Verstimmung'을 'textualité général'과 동일시할 수 있음을 말하고 있다. 필자가 생각할 때는 그 근본기분이 성적 욕망 등으로 구체화될 수 있음을 생각할 수 있다면, 왜 데리다가 텍스트에서 성(性)에 관해 언급하는지를 이해하는 데 도움이 될 수 있을 것으로 생각한다.

나아가 근본기분이 언어로 표현될 때, 그 언어는 근원적인 말함의 '무제약적인 반복과 변형'에 의해 생성됨을 앞서 보았었다. 그런데 데리다는 '근원적인 말함'과 같은 것은 거부하기에 그 자리에 대치시키는 것이 '유한한 언어체계'이다. 유한한 규칙과 단어를 가지고 있는 언어규칙 체계로부터 무한한 의미표현의 가능성이 생겨난다고 본다. 근본적으로 데리다의 '탈중심'의 사상은 이러한 언어학적인 의미에 기반을 두고 있다. 특히 데리다에서 '로고스 중심주의'에 대한 비판 등도 하이데거의 '무제약적인 반복과 변형'을 강조하면 가능할 수도 있다고 필자는 생각한다. 하지만 그때마다 문제되는 것은 하이데거의 '근원적인 말함'과 데리다의 '유한한 언어체계'의 차이이다. 더 나아가 그러한 반복이나 변형에 의한 텍스트의 생성에 단절이나 도약이 생길 수 있기에, 텍스트 사이의 대화를 통해 하나의 거대한 새로운 텍스트가 생성될 수도 있음을 보았다. 그러한 하이데거의 휠덜린 시 분석방법은 데리다의 '상호 텍스트성(intertextualité)'과 비교해 보아 별다른 차이를 느낄 수 없을 것 같다. 하이데거는 단지 이를 휠덜린의 몇 개 시에 국한해서 분석한 선구적인 것이고, 데리다는 이를 계승하여 텍스트 일반에 그 점을 주장하고 있다는 점에서 다르다고 필자는 생각한다. 원래 '상호 텍스트성'이 데리다가 아닌, 다른 문학이론가들에 의해 주장되었던 것이었음을 생각한다면, 하이데거의 휠덜린 시 해석은 어떻게 데리다가 철학과 문학의 접목을 가능하게 했는지를 설명하는 데 도움이 된다고 생각한다.

쾌활성으로 대변된 근본기분에서는 하이데거와 데리다 사이의 관계, 즉 구체화, 일반화, 대치, 계승의 관계를 해명하는 데 도움이 되는 반면, 숭고성과 명확성에 관해서는 데리다의 하이데거 거부가 뚜렷하다. '존재-신-론'에 대한 데리다의 거부, 의미의 '시초' 또는 '시원적인 것'에 대한 데리다의 부정, 또 니체에 대한 하이데거와의 차이 강조 등은, 필자에게는 데리다가 휠덜린-하이데거에서 나타난 숭고성과 명확성에 대한 의미부여를 거부하고 있는 것과 관계될 수 있다고 생각한다.

그러나 필자가 숭고성, 명확성, 쾌활성을 하이데거에서 연관되는 개념으로 보고 있다는 것에 주목한 이유는 데리다의 하이데거에 대한 입장, 즉 수용과 거부가 어떻게 나타나고 있는지를 설명하기 위한 목적만은 아니다. 그것은 그러한 데리다의 입장에 모순은 없는지를 살피기 위한 시도였다. 분명히 상호연관된 개념인데도 불구하고, 한 측면을 받아들이면서 다른 측면을 거부한다는 것은 지나친 자의적 조작의 가능성, 철학적인 모순이 성립할 수 있는 가능성이 있기 때문이다. 이는 하이데거를 계승하면서도 데리다와는 다른 입장을 취하기 위해서라면 더욱 필요한 입장이라고 생각한다. 비록 내 입장을 내세울 처지는 아직 아니나 그러한 시도를 위한 디딤돌로서 본 논문은 의의가 있다.

참 고 문 헌

1. 하이데거의 저술들

Sein und Zeit, Max Niemeyer Verlag, Tübingen, 1972 (약호는 SZ).

Erläuterungen zu Hölderlins Dichtung GA4, (약호는 EH).

Holzwege, GA 5 (약호는 Hw).

Vorträge und Aufsätze, GA 7, (약호는 VA).

Wegmarken, GA 9 (약호는 Wm).

Identität und Differenz, GA 11 (약호는 ID).

Unterwegs zur Sprache, GA 12 (약호는 US).

Hölderlins Hymnen 《Germanien》 und 《Der Rhein》, GA39 (약호는 GR).

Hölderlins 《Andenken》 GA52 (약호는 An).

Hölderlins 《Der Ister》 GA53 (약호는 Is).

2. 그 밖의 문헌들

장영태, 『횔덜린 — 생애와 문학·사상』, 문학과 지성사, 1987.
———, 『횔덜린 — 궁핍한 시대의 노래』, 혜원출판사, 1990.
한상철, 「데리다의 기호시학(sémiopoétique)」, 『철학』 45집.

부 록 — 현재까지 출간된 하이데거 전집목록

* Martin Heidegger, *Gesamtausgabe*, Vittorio Klostermann, Frankfurt a.M.

I. Abteilung: Veröffentlichte Schriften (1910-1976)
  1. Frühe Schriften (1912-1916)
     Herausgeber: Friedrich-Wilhelm von Herrmann 1978.

  2. Sein und Zeit (1927)
     Herausgeber: Friedrich-Wilhelm von Herrmann 1977.

  3. Kant und das Problem der Metaphysik (1929)
     Herausgeber: Friedrich-Wilhelm von Herrmann 1991.

  4. Erläuterungen zu Hölderlins Dichtung (1936-1968)
     Herausgeber: Friedrich-Wilhelm von Herrmann 1981.

  5. Holzwege (1935-1946)
     Herausgeber: Friedrich-Wilhelm von Herrmann 1978.

  9. Wegmarken (1919-1958)
     Herausgeber: Friedrich-Wilhelm von Herrmann 1976.

  12. Unterwegs zur Sprache (1950-1959)
     Herausgeber: Friedrich-Wilhelm von Herrmann 1985.

13. Aus der Erfahrung des Denkens (1910-1976)
Herausgeber: Hermann Heidegger 1983.

15. Seminare (1951-1973)
[Heraklit (Freiburg 1966/67, mit Eugen Fink)
Vier Seminare (Le Thor 1966, 1968, 1969; Zähringen 1973)
Züricher Seminar (Aussprache mit Martin Heidegger am 6.11.1951)]
Herausgeber: Curd Ochwadt 1986.

II. Abteilung: Vorlesungen 1919-1944

A. Marburger Vorlesungen 1923-1928

17. Einführung in die phänomenologische Forschung (Wintersemester 1923/24)
Herausgeber: Friedrich-Wilhelm von Herrmann 1994.

19. Platon: Sophistes (Wintersemester 1924/25)
Herausgeberin: Ingeborg Schüßler 1992.

20. Prolegomena zur Geschichte des Zeitbegriffs (Sommersemester 1925)
Herausgeberin: Petra Jaeger 1979, ²1988.

21. Logik. Die Frage nach der Wahrheit (Wintersemester 1925/26)
Herausgeber: Walter Biemel 1976.

22. Die Grundbegriffe der antiken Philosophie (Sommer-semester 1926)
    Herausgeber: Franz-Karl Blust 1993.

24. Die Grundprobleme der Phänomenologie (Sommer-semester 1927)
    Herausgeber: Friedrich-Wilhelm von Herrmann 1975, ²1989.

25. Phänomenologische Interpretation von Kants Kritik der reinen Vernunft (Wintersemester 1927/28)
    Herausgeberin: Ingtraud Görland 1977, ²1987.

26. Metaphysische Anfangsgründe der Logik im Ausgang von Leibniz (Sommersemester 1928)
    Herausgeber: Klaus Held 1978, ²1990.

B. Freiburger Vorlesungen 1928-1944

29/30. Die Grundbegriffe der Metaphysik. Welt-Endlich-keit-Einsamkeit (Wintersemester 1929/30)
    Herausgeber: Friedrich-Wilhelm von Herrmann 1983, ²1992.

31. Vom Wesen der menschlichen Freiheit. Einleitung in die Philosophie (Sommersemester 1930)
    Herausgeber: Hartmut Tietjen 1982.

32. Hegels Phänomenologie des Geistes (Wintersemester 1930/31)
Herausgeberin: Ingtraud Görland 1980, ²1988.

33. Aristoteles: Metaphysik Θ 1-3 (Sommersemester 1931)
Herausgeber: Heinrich Hüni 1981, ²1990.

34. Vom Wesen der Wahrheit, Zu Platons Höhlengleichnis und Theätet (Wintersemester 1931/32)
Herausgeber: Hermann Mörchen 1988.

39. Hölderlins Hymnen, "Germanien" und, "Der Rhein" (Wintersemester 1934/35)
Herausgeberin: Susanne Ziegler 1980.

40. Einführung in die Metaphysik (Sommersemester 1935)
Herausgeberin: Petra Jaeger 1983.

41. Die Frage nach dem Ding.
-Zu Kants Lehre von den transzendentalen Grundsätzen (Wintersemester 1935/36)
Herausgeberin: Petra Jaeger 1984.

42. Schelling: Über das Wesen der menschlichen Freiheit (Sommersemester 1936)
Herausgeberin: Ingrid Schüßler 1988.

43. Nietzsche: Der Wille zur Macht als Kunst (Wintersemester 1936/37)

Herausgeber: Bernd Heimbüchel 1985.

44. Nietzsches metaphysische Grundstellung im abend-
    ländischen Denken:
    -Die Lehre von der ewigen Wiederkehr des Gleichen
    (Sommersemester 1937)
    Herausgeberin: Marion Heinz 1986.

45. Grundfragen der Philosophie. Ausgewählte "Probleme"
    der "Logik"
    (Wintersemester 1937/38)
    Herausgeber: Friedrich-Wilhelm von Herrmann 1984,
    [2]1992.

47. Nietzsches Lehre vom Willen zur Macht als Erkenntnis
    (Sommersemester 1939)
    Herausgeber: Eberhard Hanser 1989.

48. Nietzsche. Der europäische Nihilismus (Ⅱ. Trimester
    1940)
    Herausgeberin: Petra Jaeger 1986.

49. Die Metaphysik des deutschen Idealismus. Zur erneuten
    Auslegung von Schelling:
    -Philosophische Untersuchungen über das Wesen der
    menschlichen Freiheit und die damit zusammenhängen-
    den Gegenstände (1809) (Ⅰ. Trimester 1941)
    Herausgeber: Günter Seubold 1991.

50.1: Nietzsches Metaphysik
(für Wintersemester 1941/42 angekündigt, aber nicht vorgetragen).
2: Einleitung in die Philosophie–Denken und Dichten (Wintersemester 1944/45)
Herausgeberin: Petra Jaeger 1990.

51. Grundbegriffe (Sommersemester 1941)
Herausgeberin: Petra Jaeger 1981, ²1991.

52. Hölderlins Hymne, "Andenken" (Wintersemester 1941/42)
Herausgeber: Curd Ochwadt 1982, ²1992.

53. Hölderlins Hymne, "Der Ister" (Sommersemester 1942)
Herausgeber: Walter Biemel 1984.

54. Parmenides (Wintersemester 1942/43)
Herausgeber: Manfred S. Frings 1982.

55. Heraklit
1: Der Anfang des abendländischen Denkens (Heraklit) (Sommersemester 1943)
2: Logik. Heraklits Lehre vom Logos (Sommersemester 1944)
Herausgeber: Manfred S. Frings 1979, ²1987.

C. Frühe Freiburger Vorlesungen 1919-1923

56/57. Zur Bestimmung der Philosophie.

1: Die Idee der Philosophie und das Weltanschauungsproblem (Kriegsnotsemester 1919).

2: Phänomenologie und transzendentale Wertphilosophie (Sommersemester 1919)

Herausgeber: Bernd Heimbüchel 1987.

58. Grundprobleme der Phänomenologie (Wintersemester 1919/20)

Herausgeber: Hans-Helmuth Gander 1992.

59. Phänomenologie der Anschauung und des Ausdrucks -Theorie der philosophischen Begriffsbildung (Sommersemester 1920)

Herausgeber: Claudius Strube 1993.

61. Phänomenologische Interpretationen zu Aristoteles. -Einführung in die phänomenologische Forschung (Wintersemester 1921/22)

Herausgeber: Walter Bröcker und Käte Bröcker-Oltmanns 1985.

63. Ontologie. Hermeneutik der Faktizität (Sommersemester 1923)

Herausgeberin: Käte Bröcker-Oltmanns 1988.

Ⅲ. Abteilung: Unveröffentlichte Abhandlungen-Vorträge -Gedachtes

65. Beiträge zur Philosophie (Vom Ereignis)
Herausgeber: Friedrich-Wilhelm von Herrmann 1989.

77. Feldweg-Gespräche (1944/45)
Herausgeberin: Ingrid Schüßler 1995.

79. Bremer und Freiburger Vorträge
1. Einblick in das, was ist (Bremer Vorträge 1949)
2. Grundsätze des Denkens (Freiburger Vorträge 1957)
Hrausgeber: Petra Jaeger 1994.

필자소개 (가나다순)

■ 김인석
숭실대학교 철학과 졸업
독일 Bochum 대학 철학박사
헤겔-아르히프에서 연구
현재 : 숭실대·국민대·호남신학대 강사
저서 : *Phänomenologie des faktischen Lebens*(박사논문), 1993
역서 :『우파니샤드』(문화읍, 1986)

■ 박찬국
서울대학교 철학과 졸업
동 대학원 석사
독일 Würzburg 대학 철학박사
현재 : 호서대 철학과 교수
저서 : *Die seinsgeschichtliche Überwindung des Nihilismus im Denken
Heideggers*(박사논문), 1993
역서 :『헤겔 철학과 현대의 위기』(서광사),『마르크스주의와 헤겔』(인간
사랑),『실존철학과 형이상학의 위기』(서광사),『니체와 니힐리즘』
(하이데거 전집 48권, 지성의 샘)
논문 :「하이데거에 있어서 니힐리즘의 극복과 존재 물음」(『철학사상』제3
호),「하이데거의『존재와 시간』에 있어서 죽음 개념에 대한 고찰」
(『호서대 인문논총』제13집, 1994),「인간소외의 극복에 대한 하이
데거와 마르크스 사상의 비교고찰」(『철학연구』제36집, 1995년 봄
호),「현대에 있어서 고향상실의 극복과 하이데거의 존재 물음」
(『하이데거의 존재사유』에 수록),「포이에르바하와 마르크스의 종
교비판에 대한 비판적 고찰」(『호서대 인문논총』제14집, 1995)

■ 신승환
가톨릭 대학교 신학부 및 서강대학교 철학과 졸업
독일 München 예수회철학대학 석사

독일 Regensburg 대학 철학박사
현재 : 가톨릭대 철학과 교수
역서 :『시간과 신화』,『생태학적 위기의 철학』
논문 :「형이상학-예술-탈현대주의. 마르틴 하이데거의 합리성 비판과 진리문제」,「하이데거에 있어서 형이상학적 사유의 극복」,「동서양의 생명이해」등

■ 염재철
서울대학교 미학과 졸업
동 대학원 석사
독일 Osnabrück 대학 철학박사
동 대학에서 Habilitation 준비중 귀국
현재 : 서울대 · 한양대 강사
저서 : *Heideggers Verwandlung des Denkens* (Königshausen & Neuman 출판사, 1995)
논문 :「하이데거 사상에서 예술이 중요시되는 것은?」(『미학』제20집, 1995),「하이데거의 사상길의 변천」(『철학』제48집, 1996)

■ 윤병렬
경남대학교 수학과 졸업
독일 Bonn 대학 철학박사
현재 : 중앙대 · 안양대 강사
저서 : *Der Wandel des Wahrheitsverständnisses im Denken Heideggers* (*Untersuchung seiner Wahrheitsauffassung im Lichte des husserlschen und griechischen Denkens*), (Shaker Verlag, 1996)

■ 이기상
가톨릭 대학교 신학부 졸업
벨기에 Louvin 대학 신학대학원 석사
독일 München 예수회철학대학 석사 및 철학박사
현재 : 한국외대 철학과 교수
저서 :『하이데거의 실존과 언어』,『하이데거의 존재와 현상』,『하이데거

392

철학에의 안내』 등
역서 :『실존철학』,『철학의 뒤안길』,『하이데거 사유의 길』,『하이데거와
      선』,『기술과 전향』(서광사, 1994),『형이상학이란 무엇인가?』
      (서광사, 1995) 등

■ 이선일
서울대학교 철학과 졸업
동 대학원 석사 및 철학박사
현재 : 인하대 강사
저서 :『하이데거의 기술의 문제』(서울대 박사논문, 1994)
역서 :『이데올로기의 시대』(서광사, 1986),『마르크스 레닌주의의 실천
      논쟁』(거름, 1989) 등
논문 :「존재와 알레테이아」(『철학연구』1991년 가을호),「기술의 극복을
      위한 하이데거의 시도」(『철학』1992년 가을호) 등

■ 이수정
건국대학교 철학과 졸업
일본 東京대학 석사 및 철학박사
현재 : 창원대 철학과 교수
저서 :『『存在と時間』から『時間と存在』へ―「存在」と「時間」の問題を中心に
      見たハイデガ-の思惟』(동경대 박사논문, 1990)『달려라 플라톤 날
      아라 칸트』(감수 및 공저) (해냄, 1995)
역서 :『현상학의 흐름』(이문출판사, 1988),『해석학의 흐름』(이문출판
      사, 1995)
논문 :「ハイデガ-哲學におけるアプリオリズムについて」,「ハイデガ-にお
      けるエルアイクニスについて」,「ハイデガ-の言語論」,「フッサールの
      言語論」,「하이데거의 궁극적 문제-에어아이크니스에 관하여」,「하
      이데거 철학의 구조와 성격」,「하이데거의 시간론」 등

■ 최상욱
연세대학교 독어독문학과 졸업
한신대학교 신학대학원에서 독문학 및 신학전공
독일 Göttingen 대학 철학과를 거쳐 Freiburg 대학 철학박사

현재 : 강남대 교수
저서 : *Sein und Sinn: Die Hermeneutik des Seins hinsichtlich des Und-Zusammenhangs* (Freiburg, 1992)
역서 : 『세계상의 시대』(서광사, 1995)
논문 : 「하이데거를 통해 본 존재론의 새로운 방향과 앞으로의 과제」, 「니체와 기독교」, 「하이데거에 있어서 의지와 하게-함의 역동적 상관관계에 대한 분석」 등

■ 한상철
서울대학교 철학과 졸업
동 대학원 석사 및 철학박사
현재 : 한양대 강사
저서 : 『하이데거와 리꾀르의 해석학적 사유』(서울대 박사논문, 1994)
논문 : 「데리다의 기호시학」(『철학』 제45집) 등

하이데거의 철학세계

1997년 2월 20일 1판 1쇄 인쇄
1997년 2월 25일 1판 1쇄 발행
편 자   한국하이데거학회
발행인   전 준 호
발행처   철 학 과 현 실 사
        서울시 서초구 양재동 338-10
        ⓣ 579-5908. 5909
등 록   1987. 12. 15 제1-583호

값 12,000원
ISBN 89-7775-184-5 03100
    편자와의 협의에 의하여 인지로 생략함